연구의 기초부터 고급통계방법론까지

SPSS, Process Macro, Amos, HLM 실습

HUMAN n BUSINESS
사람과 경영

저자 약력

남정민 namjm@dankook.ac.kr

- 단국대학교 일반대학원 미래ICT융합창업학과 학과장
- 단국대학교 창업대학원 글로벌벤처창업학과 학과장
- 단국대학교 부설 글로벌벤처전략연구소 소장
- 한국진로창업경영학회 편집위원장 겸 부회장
- 한국벤처창업학회 상임이사

유현경 happyhk1221@gmail.com

- 렛츠 챌린지 대표
- 단국대학교 일반대학원 미래ICT융합창업학과 창업학 박사
- 단국대학교 부설 글로벌벤처전략연구소 연구위원

※ Process Macro 영역 책임 연구

김수진 tnwls142@dankook.ac.kr

- 단국대학교 일반대학원 미래ICT융합창업학과 박사과정
- AI 양재 허브 교육운영팀 팀장

※ HLM 영역 책임 연구

이슬기 drlsk84@naver.com

- 단국대학교 일반대학원 미래ICT융합창업학과 박사과정
- 경기창조경제혁신센터 창업존 공공 엑셀러레이터

※ SPSS 영역 책임 연구

이성호 lsh69041@gmail.com

- 단국대학교 창업대학원 글로벌벤처창업학과 석사
- 블루포인트파트너스 투자심사역

※ AMOS 영역 책임 연구

매년 수많은 학생들이 석사 및 박사과정에 들어옵니다. 학생을 지도해야할 교수의 입장으로서 수많은 학생들이 들어온다는 것은 기쁨이고 행복이지만, 수많은 학생들의 연구를 지도하고 좋은 연구자로 성장시켜, 성공적으로 졸업시키는 과정은 큰 부담이기도 합니다. 교수입장에서는 효과적인 연구방법론 강의를 통해 학생들의 연구능력을 향상시키고 싶지만, 학생들을 하나하나 알려주기에는 국내 대학의 교육여건이 넉넉하지 못합니다. 이러한 이유로 일부 대학 및 학과에서는 내부 학생들이 통계 및 연구방법을 외부에 의뢰하는 것을 묵인하는 상황이기도 합니다. 연구방법론은 연구자에게 가장 중요한 경쟁력입니다. 이러한 핵심 역량을 키울 수 있는 연구과정을 스스로 경험하지 못한다면 절름발이 연구자로 남을 수밖에 없습니다. 이 교재는 석박사 연구자들이 절름발이 연구자로 남지 않도록 안내하는 지침서로서 역할을 수행하는 취지로 시작되었습니다.

직장을 다니면서 박사과정에 들어간 첫 학기가 생각이 납니다. 양적연구에 대한 막연한 두려움으로 질적연구 기반의 석사논문을 진행했기에 박사과정 시작단계에서도 데이터를 활용한 양적연구방법에 대한 막연한 두려움을 갖고 있었습니다. 도서관에서 통계책을 찾아보고, 서점에 가서 이런저런 연구방법론 책을 구입하여 학습했지만, 도통 무슨 말인지 이해가 되지 않았습니다. 연구에 대한 기초지식도 없었고, 연구주제에 따라 왜 이런 연구방법을 사용하는지에 대한 기본적인 이해 또한 없었습니다. 책으로는 부족하다는 생각에 인터넷에 있는 동영상 통계강좌를 수강했지만 이런저런 통계방법이 어떻게 인문사회연구에서 적용될 수 있는지에 대한 의문점은 사라지지 않았습니다. 박사과정에서 저의 학습욕구를 충분히 해결할 수 있는 교재 및 교과과정이 없었기 때문에 연구방법론별로 유명한 교수님들의 특강을 찾아다니기도 했습니다.

본 교재는 인문사회과학 분야에서 연구를 시작하는 석박사생들이 자신들의 힘으로 스스로 연구논문을 작성할 수 있는 힘을 키워주고, 시행착오를 줄일 수 있는 지침서의 역할을 수행하고자 제작되었습니다. 시행착오가 많았던 저의 연구경험을 기반하여 연구를 시작하는 연구 새내기에게 친절한 가이드로서 역할을 수행할 수 있도록 교재를 제작했습니다. 실제 교재의 프로토타입(prototype)을 연구방법론 수업에 적용하면서 내용을 수정보완했으며, 학습자 입장에서 교재를 집필하고자 노력했습니다.

본인의 힘으로 연구논문을 작성하기 위해서는 다양한 연구방법론에 대한 이해뿐만 아니라 자신의 연구가설과 모형에 적용할 수 있는 방법론을 찾을 수 있는 능력이 필요합니다. 수많은 석박사생들이 대학원에 들어와서 연구논문을 작성하고 있지만, 실제 스스로의 힘으로 논문을 마무리하는 사람은 소수에 불과합니다. 연구방법론에 대한 이해부족도 있지만, 스스로 데이터를 수집하고 가공하고, 검증한 경험이 없기 때문에 타인의 도움을 통해 논문을 진행하고 완성하는 모습을 보기도 합니다. 스타트업이 제품을 외주 개발 또는 생산하다보면 수준미달의 시제품을 납품받는 경우가 빈번하게 발생하지만, 제대로 된 수정보완 작업 없이 제품이 마무리되는 경우가 빈번하게 발생합니다. 논문도 마찬가지입니다. 많은 분들이 외부인에게 논문을 맡길 경우, 수준이하의 결과를 받는 경우가 허다하거나 논문심사과정에서 문제점이 발생하여 논문을 중도에 포기하는 경우가 발생될 수 있습니다.

대학에서 석박사과정 학생들을 지도하다 보면, 다양한 학생들을 만나게 됩니다. 특히 공부하는 직장인들이 다수를 이루는 국내 대학원의 상황에서 대부분의 석박사생들은 학업과 일을 병행하기 때문에 연구에 집중하기 힘든 분들이 많습니다. 이런 샐러던트(Saladent)의 경우 자신의 논문을 외부에 의뢰하는 유혹에 빠지기 쉽습니다. 아쉽게도 수년전에 저의 학생도 자신의 연구논문을 업체에게 부탁했다가 저에게 발각된 일이 생겼습니다. 연구가설에 부합하지 않은 터무니없는 연구방법론을 적용하여 가설검증을 진행했지만, 작은 문제제기에도 전혀 대응을 못함으로써 결국에는 논문 작성을 중단한 사례도 있습니다. 그 분은 매우 똑똑하고 경험도 많은 훌륭한 샐러던트였지만, 연구방법론이라는 장애물을 넘지 못해 결국에는 연구 전문성과 경험이 부족한 외부인에게 부탁함으로써 자신의 연구를 진행할 수 있는 기회를 놓치게 되었고, 지도교수와의 신뢰도 깨지게 되었습니다.

본 교재는 인문사회과학영역 새내기 연구자들이 자신의 연구주제를 설정하고, 연구계획서를 작성하고, 연구방법론 적용을 통해 가설을 검증하고, 결론으로 마무리하는 단계별로 내용을 집필했습니다. 이러한 프로세스를 효과적으로 적용하기 위해 다음과 같이 특징을 갖고 있습니다.

첫째, **연구의 시작에서 마무리까지 진행과정을 단계적으로 제시했습니다.** 논문쓰기의 기초 개념과 절차뿐만 아니라 논문작성의 효율성을 제고하기 위해 논문 프로세스를 단계별로 제시했고, 각 단계별로 주요한 체크포인트를 포함시켰습니다. 논문을 처음 쓰는 사람도 연구주제를 성공적으로 선정하고, 연구모형과 가설에 따라 통계방법을 결정하고 적용함으로써 양적연구를 진행하는 과정을 단계별로 제시했습니다. 특히 각각의 통계프로그램을 활용하여 실제 논문으로 진행하는 과정을 제시함으로써 학습자는 데이터를 활용해서 논문으로 적용하는 과정을 구체적으로 학습할 수 있습니다.

둘째, **SPSS에서 AMOSS, HLM, Process Macro까지 다양한 연구방법론을 하나의 책으로 제시했습니다.** 주니어 연구자들은 SPSS와 같이 비교적 쉬운 연구방법론을 사용하는 것이 바람직합니다. SPSS를 통해 대부분의 연구문제를 해결할 수 있으며, SPSS을 기반으로 한 다양한 분석방법을 효과적으로 활용한다면 훌륭한 논문을 완성할 수 있습니다. 연구경험이 쌓여 복잡한 경로에 대한 연구 주제나 다양한 수준(multi-level)의 연구를 진행하는 상황이 발생하는 등 고급통계방법 사용의 필요성이 증대됩니다. 걸음마도 떼지 않은 아이에게 달리기를 시킬 수 없는 것과 마찬가지로 접근하기 쉬운 SPSS는 AMOS, HLM, 프로세스 매크로와 이어지기 때문에 다양한 연구방법론을 연결하여 학습한다면 효과성이 배가 될 수 있습니다.

셋째, **책과 병행한 온라인 강의를 통해 학습효과성을 향상시켰습니다.** 매년 석사 및 박사 과정에서 연구방법론 수업을 진행하고 있습니다. 코로나 이전에는 오프라인 수업으로 연구방법론을 진행하면서 실제 통계프로그램을 사용하는 과정을 시연하고, 학생들이 구현하는 방식으로 진행했지만, 수업내용을 충분히 이해하고 자신의 연구에 적용하는 능력을 갖게 된 학생들의 수는 기대에 미치지 못했습니다. 방학때에는 통계특강도 진행하여 보충과정을 운영하면서 논문낙오자를 최소화시킬려고 노력했지만 기대에 못 미치는 결과를 얻었습니다. 그러던 중 코로나 이후 비대면수업으로 진행할 수밖에 없는 상황에 도달하면서, 수업시간에 사용할 주요 내용을 동영상으로 녹화했고, 이러한 내용을 학생들과 공유한 결과, 학생들의 학습성취도가 크게 향상되었다는 것을 알게 되었습니다. 연구방법론의 경우 학습자입장에서 이해되지 않은 곳에 대해 반복 학습할 수 있도록 동영상 자료를 제공함으로써 복잡한 통계프로그램을 사용하면서 발생할 수 있는 크고 작은 문제점을 영상을 통해 쉽게 학습할 수 있는 기회를 제공하게 됩니다. 본 교재에서 진행하는 모든 과정은 Youtube를 통해 온라인 학습할 수 있도록 병행하여 온오프라인 병행학습형태로 진행할 예정입니다.

본 교재의 내용을 충실히 따라한다면 모든 연구자들이 자신의 연구논문을 완성시킬 수 있습니다. 한 학기동안 모든 주니어연구자를 대상으로 이 교재의 시제품을 적용해본 결과, 연구의 기초부터 SPSS, AMOS, HLM, Process Macro 등과 같은 연구방법론의 활용을 모두 학습할 수 있었으며, 모든 참여자들은 개인별로 연구논문을 마무리하게 되었습니다. 특히 수업 참여자 70% 수준이 국내 등재학술지 수준으로 최종결과를 제출하게 되었다는 점에서 본 교재의 효과성을 기대할 수 있습니다.

저는 직장을 다니면서 석사과정과 박사과정을 마쳤습니다. 누구보다 연구에 대한 경험이 없는 샐러던트였기에 누구보다 더 많이 연구방법론을 학습하기 위해 동분서주했습니다. 아무도 초대하지 않은 학술대회였지만 이곳저곳 찾아다니면서 저의 부족한 연구결과를 발표하고 피드백을 받았습니다. 이러한 시행착오를 통해 다양한 연구방법론에 대한 학습과 논문이라는 결과를 쌓아가면서 연구자로서의 경험을 축적했습니다. 시간과 경험이 부족한 연구자였기에 누구보다 더 연구방법론에 대해 학습했고 연구에 적용했습니다. 이 책은 시간과 경험, 학습이 부족한 연구자들이 효과적으로 연구논문을 집필할 수 있도록 초급에서 고급까지 다양한 수준의 연구방법론을 학습할 수 있도록 여러분들의 입장에서 교재를 집필했습니다. 비록 부족한 내용도 많고 교정할 것도 많은 교재이지만 지속적으로 수정·보완함으로써 여러분들의 연구능력과 함께 성장하는 연구방법론 교재가 되도록 노력하겠습니다.

2022. 12.

단국대학교 죽전캠퍼스에서

저자 남정민

CONTENTS • 목차

Part I 연구란 무엇인가

Part II 논문 쓰기 절차

Part III SPSS를 활용한 통계분석

Part Ⅳ AMOS를 활용한 구조방정식 모델 통계분석

CONTENTS · 목차

Part V 프로세스 매크로를 활용한 분석

Part VI HLM을 이용한 다수준 분석

PART

I 연구란 무엇인가

PART Ⅰ

1 연구란 무엇인가?

과학은 현상에 내재하고 있는 속성과 법칙을 객관적인 방법으로 규명하여 보편적인 진리로 인식하고 그것을 응용하는 과정을 거친 이론을 의미한다. 즉, 과학은 대상이 무엇인가에 의해 정해지는 것이 아니라 그 대상을 다루는 방법인 과학적 연구에 의해 얻어진다.

Kerlinger(1973)은 과학적 연구를 연구의 대상이 되는 현상들 사이에 가정된 관계에 대한 가설적 명제들을 체계적이고(systematic), 통제하고(controlled), 실증적이며(empirical), 비판적인(critical) 관찰을 통해 검증하는 방법이라 정의하였다.

과학적 연구는 조사(research)와 이론(theory)을 필요로 하며, 이 두 요소는 아주 밀접한 관계를 가진다. 연구자는 신뢰할만한 조사 결과 없이 이론을 개발할 수 없으며, 과학은 조사와 이론 사이를 끊임없이 오가는 변증법적 과정을 통해 점진적으로 발전해 간다.

이론은 연구자를 중요한 문제로 인도하고 조사상의 의미 있는 변수를 구체화해주며, 변수들이 측정되고 관련되어있는 모형을 제시해준다. 그리고 조사는 이론의 타당성 검증을 가능하게 하여 이론의 확증 또는 수정 방향을 제시해준다. 따라서 연구자들은 조사와 이론을 오가면서 보다 세련되고 타당성 있는 이론을 구축함과 동시에 이론을 검증하는 데 있어 구체적이고 정교한 연구 방법을 개발하게 된다.

과학적 연구는 어떤 하나의 문제로부터 출발한다. 그 문제는 최종적으로 검증할 수 있는 형식이어야 하고, 일반적으로 둘 이상의 변수 간 관계로서 진술된 가설적 형태여야 한다. 연구자는 연구하고자 하는 분야와 관련된 선행 연구를 파악해야 하며, 주제와 관련된 문헌을 종합적으로 체계화해야 한다.

기존의 연구를 미리 살펴보는 것은 연구자에게 다음과 같은 이점을 가져다준다.

첫째, 과거 조사에서의 한계점에 관해 향후 연구 방향을 제시해준다.

둘째, 제기된 연구 주제의 영역을 명확하게 해준다.

셋째, 주요한 개념들에 관해 관찰할 수 있는 방법을 제시해준다.

선행 연구에 관한 이론적 고찰을 수행함과 동시에 자신의 생각을 동료들과 토론해보면서 연구 주제를 더욱 구체화할 수 있다. 이러한 과정이 끝나면 비로소 연구자는 자신의 가설에 대해 의미 있는 검증을 할 수 있게 된다.

과학적 연구 대상이 되는 현상 속에 내재된 규칙을 과학적 방법으로 발견하고, 이론과 법칙으로 일반화하기 위한 과학적 연구의 요건은 다음과 같다.

첫째, 과학적 연구는 논리적이어야 한다. 논리성(logicality)이란 어떤 현상이 나타나게 된 원인과 결과에 대한 설명이 시간적 순서와 이치에 맞아야 한다는 것을 의미한다. 시간적 순서란 원인의 변화가 결과의 변화보다 선행된 것을 나타낸다.

둘째, 과학적 연구는 검증 가능해야 한다. 검증 가능성(verifiability)은 객관적인 증거나 근거를 바탕으로 현상에 관한 모든 진술들을 경험적으로 검증하는 것을 의미한다. 여기서 경험적이란 의미는 연구 대상이 인간의 인식이나 사고체계 내에서 지각될 수 있는 것을 말하며, 경험적으로 검증한다는 것은 지각된 현상과 관련된 정보와 자료를 수집하고 분석하는 것을 말한다.

셋째, 과학적 연구는 재현 가능해야 한다. 재현 가능성(reproducibility)은 모든 이론이 한 번의 검증이나 관찰로 이루어진 것이 아니라 여러 차례 반복적으로 검증되거나 관찰된 후 정립된 것을 의미한다. 따라서 이론으로 정립되기 위해서는 그 이론에 대한 신뢰성을 확보하기 위해 조사를 반복적으로 수행할 수 있어야 한다.

넷째, 과학적 연구는 일반성이 있어야 한다. 일반성(generality)은 전체 현상 속에 내재한 공통된 특성을 밝히는 것을 의미하는데, 과학적 연구가 지향하는 것은 개별 현상을 분석하고 설명하기보다 좀 더 광범위하게 적용될 수 있는 일반적인 이해를 추구하고 예측하는데 있다. 따라서 현상에 대한 일반성의 범위가 넓을수록 훌륭한 과학적 연구가 된다.

과학적 연구의 목적이 특정 현상을 예측하고 설명할 수 있는 인과법칙을 정립하는데 있다면, 이러한 법칙을 정립하기 위해서는 과학적 기준에 의하여 현상과 변수들 간의 관계를 파악하고 과학적 방법을 통해 증명해야 한다.

과학적 방법은 일련의 연구 의사결정 단계로 처리될 수 있다. **연구자는 먼저 다루고자 하는 문제에 초점을 두고 변수, 측정절차, 표본추출 방법, 연구모형 그리고 가설을**

설정해야 한다. 또한 연구를 수행하기 전에 선정된 문제를 면밀히 검토해야 하며 관련 문헌들을 충분히 검토해야 한다. 즉, 연구자는 연구 주제와 관련된 많은 지식을 갖고 연구에 착수해야 하며 동시에 각 연구 단계에 걸쳐 세심한 주의를 기울여야 한다.

1) 연구방법론의 의의

일반적으로 연구방법론은 사회현상을 분석, 설명, 예측하는 연구 활동과 관련된 제반 규칙과 절차를 다루는 학문이라고 정의된다. 물론 이러한 정의를 모든 학자들이 수용하는 것은 아니지만 대다수의 학자들은 이러한 정의에 대하여 적극적인 동의를 표하고 있다. 예를 들면, 연구방법론의 정교화에 평생에 걸쳐 전념해 온 싱글톤과 그의 동료(Singleton et al., 1988)들은 "연구방법론은 세상사를 이해하는 방법에 관한 것이다"라고 주장한 바 있다.

연구방법론을 이렇게 정의하는 이유는 이것이 사회현상에 대한 이해를 하는 데 필수불가결한 기법(skills)과 통찰력(insights), 그리고 도구(tools) 등을 주로 다루고 있기 때문이다.

Check point
: 자신의 논문을 외부에 의뢰한다면?

연구자들 중 석박사논문을 진행할 때 사전에 연구경험이 없다면 통계분석을 잘하는 지인이나 논문업체에 의뢰하는 경우가 있다. 한두 번 분석으로 가설이 검증되고 연구 결과가 나타난다면 외부에 의뢰하는 것이 효과적일 수 있다. 그러나 실제 연구분석과정에서 많은 시간이 필요하고 그 과정에서 연구 모형이 변하기도 한다. 대부분의 교수진들은 분석 자체를 연구자들의 핵심 연구역량으로 생각하기 때문에 타인 또는 업체를 통해 분석한 결과에 대해 부정적인 시각을 갖는다. 석박사논문을 진행하면서 통계분석을 효과적으로 진행하는 방법은 단 한가지이다. 사전에 소논문이나 학술지 논문을 통해 자신의 연구과정을 확인해 보는 것이다. 이를 통해 본 논문 작성 시 발생할 수 있는 시행착오를 줄일 수 있고, 자신의 연구 주제와 부합한 연구가설과 연구방법을 찾고 활용할 수 있다. 자신의 연구에서 통계분석을 외부에 의뢰한다면, 해당 연구가 자신의 마지막 논문이 될 것이기 때문에 계속 연구를 진행할 연구자라면 스스로 차근차근 연구방법을 학습하는 것이 제일 중요하다.

우리 모두가 인정하는 것처럼 사회현상은 대부분 혼돈(chaos)의 상태로 그 모습을 드러낸다. 그렇기 때문에 사회현상을 이해하거나 관련 이슈의 해답을 찾기 위해서는 혼돈 속에 담겨져 있는 질서(order)를 찾는 것이 필요하다. 물론 질서는 개인적인 직관이나 철학 혹은 주관을 통해서 발견될 수도 있다. 하지만 그럴 경우 그러한 질서에 대한 합의의 문제가 발생한다. 직관이나 철학 혹은 주관을 달리하는 제2, 제3의 개인은 그와 같은 질서에 대해 의문을 제기할 수 있기 때문이다.

혼돈의 상태로 나타나는 사회현상으로부터 모두가 공감할 수 있는 질서를 찾아내려면 공유된 기법과 도구, 즉 연구방법을 만들어 놓고 이를 활용하는 것이 편리하다. 연구방법론이 제공하는 편리성은 간단명료한 이유에서 비롯된다. 공유된 기법과 도구가 있으면 제시된 질서에 대해 의문을 제기하는 개인이나 학자는 이를 활용하여 그 질서를 검증해 볼 수 있기 때문이다.

모든 사람이 공감할 수 있는 사회현상의 질서를 찾는 데 유용한 것이 공유된 기법과 도구를 정해 놓는 것이라는 데 인식을 같이한 연구자들은 연구방법론 발전에 공을 들인다. 이들은 합의를 통하여 특정한 절차나 규칙을 만들고, 또 다른 한편으로는 이렇게 만들어진 연구방법론을 사회현상의 연구에 적용하여 공감할 수 있는 질서를 규명하고 있다.

연구자들이 합의하여 만들어낸 절차나 규칙은 한번 만들어졌다고 해서 그것이 고정불변의 것으로 남는 것은 아니다. 인간의 지식탐구활동이 지속되면서 새로운 규칙이나 절차가 만들어지기도 하고, 기존의 것에 대한 변화가 시도되기도 한다.

2) 연구방법론의 중요성

사회현상을 연구하는데 연구방법론이 사용되어야 하는 가장 큰 이유는 연구대상인 사회현상의 특수성과 연구주체인 연구자의 속성에서 찾을 수 있다. 사회현상은 물질의 단순한 결합에 의하여 만들어지는 자연현상과 차이가 있다.

즉, 자연은 시간이 경과하더라도 외부의 영향이 없으면 원래 상태로 보존되는 경향이 강하다. 하지만 인간은 물질과는 달리 시간이 지나면 자연적으로 성장하는 성숙효과(maturation effect)를 보여줄 뿐만 아니라 감성(emotion)을 갖고 있어서 같은 자극에 대해서도 감정에 따라 반응을 달리할 수 있다. 인간이 갖고 있는 이러한 본질로 인해 사회현상은 시점이나 상황에 따라 동일한 것이라도 전혀 다른 성격을 드러낼 수 있다.

또한 사회현상을 연구하는 주체인 연구자가 신념이나 주관 혹은 철학을 달리할 수 있기 때문에 같은 현상을 자신의 편견(bias)이나 가치관(value system)에 따라 다른 해석을 내놓을 수 있다. 즉 사회현상은 자연현상에 비해 연구자에 따라 다르게 이해될 가능성이 크다.

그렇기 때문에 사회현상에 관한 연구 결과가 누구나 공감할 수 있는 것이 되기 위해서는 적어도 두 가지 전제 조건이 충족될 필요가 있다. 첫 번째 조건은 연구가 사회적 사실(social fact)에 기반을 두는 것이고, 두 번째 조건은 해석과정에서 가치개입을 최소화하는 것이다.

사회과학자들은 어떻게 하는 것이 이러한 조건을 효과적으로 충족시킬 수 있는가를 두고 오랜 고민을 해왔고, 또 그에 대한 대안을 제시해왔다. 그 과정에서 이들은 사회적 사실의 확보방식과 가치중립적인 해석방식을 전적으로 연구자 개인의 판단에 맡길 경우 또 다른 편견이 개입될 수 있다는 사실을 인식하였다. 오랜 시행착오 결과 이들은 모든 연구자들이 공유할 수 있는 절차와 규칙을 정해두고, 이에 입각해서 연구를 하는 것이 사실 확보와 가치차단이라는 면에서 최선은 아니어도 차선은 될 수 있다는 결론에 도달하였다.

이들이 이러한 결론에 도달하게 된 이유는 공유된 방법론에 입각하여 이루어진 연구는 제3의 연구자를 통해서 사회적 사실의 확보과정과 해석의 결과를 비교함으로써 객관성을 담보할 수 있기 때문이었다.

연구방법론이 사회현상의 연구에 등장하게 된 배경을 통해 알 수 있듯이 연구방법론은 객관적인 사실의 확보와 주관성 개입을 최소화할 수 있는 장치 가운데 하나이다. 그렇기 때문에 가변성이 상존하고 연구자의 주관이 개입될 수 있는 사회현상을 과학적으로 연구하기 위해서는 연구방법론을 엄격하게 적용하는 것이 필요하다.

연구방법론은 바로 객관적인 사회적 사실을 확보하고 해석에 있어 연구자의 주관을 최소화할 수 있는 장치이기 때문에 사회과학 연구에 적극적으로 활용되고 있다.

PART I

2 과학적 연구절차

1) 연역적 연구방법과 귀납적 연구방법

연구과정은 많은 활동이 끊임없이 순환하는 과정이다. 이론으로부터 시작하는 연구를 일반적으로 연역적연구(deductive reasoning)라 하고 관찰로부터 시작한 연구는 귀납적연구(inductive reasoning)라고 한다. [그림]과 같이 귀납적방법은 순환의 좌측에 있고 연역적 방법은 순환의 우측에 있다. 순환의 상반 부분은 논리적 방법, 즉 귀납과 연역의 논리를 통해 이론화과정을 실현하는 것을 말한다. 하반 부분은 실증적 방법, 즉 여러 연구방법을 활용하여 가설을 검증하고 연구를 진행하는 과정을 의미한다.

귀납적 방법과 연역적 방법에 대한 구체적인 설명에 앞서 방법론의 이러한 구분이 불러 올 수 있는 오해를 해소하는 것이 필요할 것 같다. 이 두 가지 방법론의 구분과 관련하여 특히 많이 빚어지는 오해 가운데 하나가 어떠한 것이 상대적으로 우수한지에 대한 것이다. 결론적으로 말하면 이 두 가지 방법론은 어떤 것이 좋고 어떤 것이 나쁘고 하는 것은 없다. 둘 다 사회현상에 대한 과학적 진실을 규명하는 데 유용한 것이다. 이들 가운데 하나가 특정 연구에 활용되고 다른 하나가 활용되지 않았다면 그것은 연구자의 선호, 주제의 성격, 연구의 시간적 한계 등을 고려해서 이루어진 것일 뿐이다.

① 연역적 연구방법

연역적 연구방법(deductive method)은 연구 주제에 대한 잠정적인 가설을 세우고, 이를 수집한 자료를 동원하여 검증하는 연구방법이다. 연역적 방법은 두괄식 문장을 생각하면 쉽게 이해될 수 있을 것이다. 흔히 두괄식 문장은 잠정적인 결론을 먼저 내리고 이를 뒷받침하는 근거를 제시하는 형식으로 이루어진다. 즉, 두괄식 문장은 과거에 입증된 진리나 사실에 의존해서 잠정적인 결론을 내리고, 그 결론과 직·간접적으로 관련된 증거를 제시하여 결론의 진위를 밝히는 방법으로 전개된다.

그림 1-1 과학적 연구절차의 구성요소

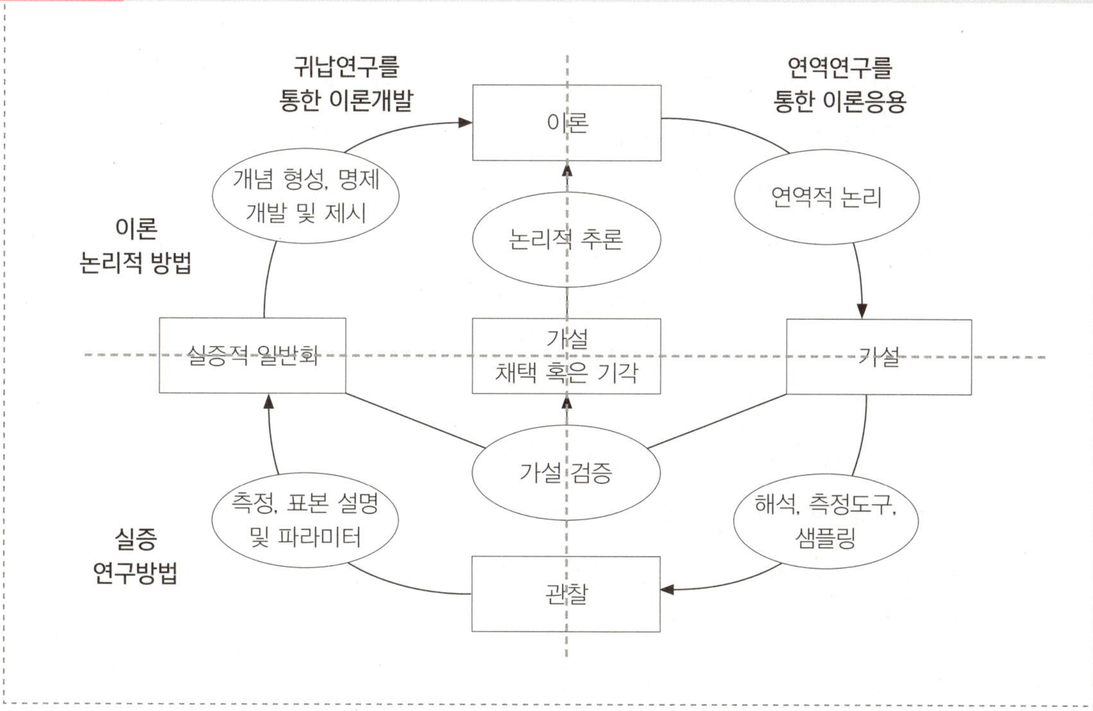

문장의 결론이 시작 부분에 제시되기 때문에 이렇게 구성된 문장을 두괄식이라고 부른다.

② 귀납적 연구방법

귀납적 연구방법(inductive method)은 자료를 수집하고 수집된 자료를 토대로 공통점을 찾아낸 후에 이를 근거로 결론에 도달하는 방식이다. 이러한 방법은 글의 전개방식에 비유하면 쉽게 이해될 수 있다. 우리는 문장에서 많은 사실을 기술하고 난 후에 이를 근거로 마지막에 결론을 주장하는 경우를 볼 수 있다. 우리는 이러한 문장을 미괄식으로 구성된 글이라고 말한다. 귀납적 방법도 이와 유사한 것이라고 이해하면 크게 틀리지 않는다.

2) 과학적 연구절차의 실행

과학적 연구과정은 네 가지 절차를 가지고 있다. 첫 번째 절차는 연구 문제를 제기하는 것이다. 두 번째 절차는 문헌연구를 진행하는 것이다. 세 번째 절차는 적합한 이론을 찾고 가설을 제시하는 것이다. 네 번째 절차는 실증연구를 설계하고 진행하는 것이다. 연구가 귀납적 연구인지 아니면 연역적 연구인지에 따라 위에 네 가지 절차는 꼭 한 가지 단일한 방향으로만 진행되는 것은 아니다.

첫째: 연구문제제기

연구문제는 어떤 현상 혹은 난제에 대한 호기심이다. 연구 문제는 두 개 혹은 여러 개 변수 사이의 잠재적 관계에 대한 진술이다. 연구문제의 제기는 일반적으로 "무엇이? 왜? 언제? 어떻게?" 등의 문제로부터 시작된다. 예를 들어, '대학생들이 대학 재학 중에 창업활동을 하면 취업할 때 어려움을 겪을 수 있는가?'와 같이 흥미로우면서도 중요한 연구 문제를 제기할 수 있어야 한다.

둘째: 문헌연구하기

일단 흥미로우면서도 중요한 연구 문제를 갖게 되면 연구자는 광범위한 문헌 리뷰를 진행해야 한다. 전면적으로 문헌을 리뷰하는 것은 선행 연구자들이 이미 연구문제를

그림 1-2 과학적 연구절차의 실행 매뉴얼

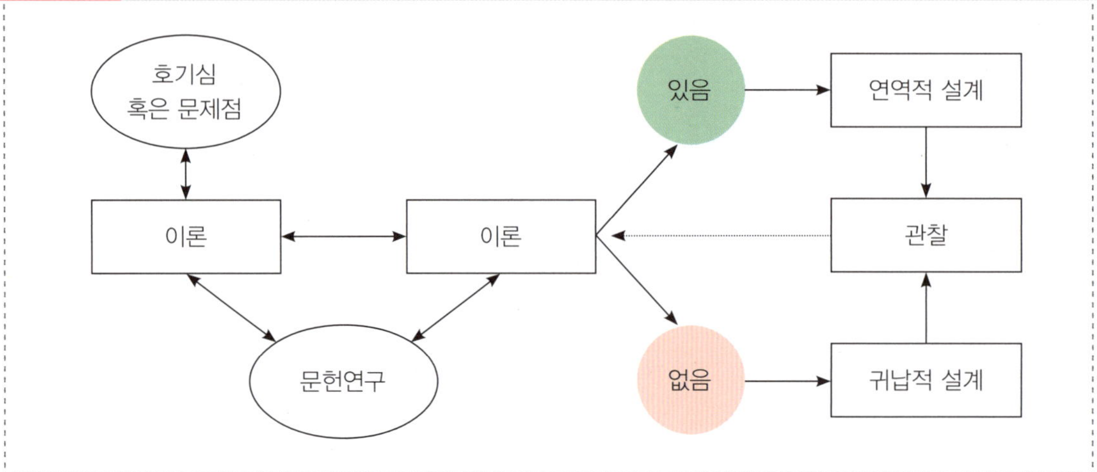

• Check point
: 연구 주제 선정의 어려움을 해결하는 방법

선행 연구의 결론 부분에 있는 〈연구의 시사점과 한계〉를 통해 아이디어를 도출할 수 있다. 연구자는 자신의 결과물에서 이론과 가설에 대해 검증한 후 부족하거나 아쉬웠던 점을 결론 부분에서 연구의 한계로 제시해 둔다. 새로운 연구자들에게는 바로 이곳이 새로운 주제를 발견할 수 있는 아이디어 창고가 된다. 일례로 선행 연구에서 '사내 기업가정신이 조직 수준의 성과에 국한된 한계점'을 제시했다면, 연구자는 향후 연구를 통해 조직 수준의 성과뿐만 아니라 개인 수준의 근로자 태도 등에 미치는 영향까지도 중점을 둔다면 기존 연구와 차별화된 연구를 진행할 수 있게 된다. 또한 자신이 가장 관심을 갖고 있거나, 흥미롭거나, 즐거움을 줄 수 있는 분야로 연구 주제를 선정한다면 즐겁고 행복한 마음으로 연구를 진행할 수 있게 된다.

해결했는지 여부를 판단할 수 있게 한다. 문헌에 대한 리뷰는 보다 정확한 구성개념을 제시하여 연구 문제를 개선하는 것을 돕거나 심지어 문헌의 부족 혹은 아직 검증하지 않은 명제들을 발견하는 것을 통해 연구 문제를 개선하여 자신의 연구를 보다 흥미롭고 중요하게 만든다.

셋째: 이론을 찾아 가설 제시하기

이론은 현상에 대해 "왜" 그리고 "어떻게"라는 문제에 대해 설명한다. 이론은 명확하게 정의된 구성개념과 명백한 논리를 사용하여 이런 구성개념이 왜 그리고 어떻게 연관되어 있는지를 설명한다. 기존의 이론은 연구 문제를 제시하고 의미가 있는 가설을 도출하는데 중요한 역할을 한다. 연구자는 자신의 연구 주제에 부합한 가설을 찾기 전에 이론에 대한 철저한 학습을 통해 연구가설을 명확하게 세울 수 있는 기초를 다져야 한다.

넷째: 실증연구하기

이 절차는 연구설계, 자료수집 및 자료분석을 포함한다. 연구설계는 연구자가 귀납적 연구를 진행하는지 아니면 연역적 연구를 진행하는지에 따라 다르다. 기존의 이론이 연구자를 도와 가설을 도출 할 수 있다면 연역적 연구를 선택하면 된다. 그러나 기존의 이론이 연구문제에 만족할만한 답을 제시할 수 없을 때 귀납적 연구방법을 택할 수 있다.

과학적 연구방법은 연구문제의 제기, 문헌리뷰, 이론을 찾아 가설도출, 실증연구 등 네 가지 절차를 통해 이루어진다. 이 네 가지 절차는 꼭 한 가지 방향을 따라야 하는 것은 아니다. 각 절차 사이에 순환관계가 존재할 수 있고, 절차 간 순서가 바뀔 수도 있다. 연구자는 이 네 가지의 절차를 중심으로 연구 주제와 가설에 부합한 연구를 진행할 수 있다.

• Check point
: 양적 연구와 질적 연구의 차이점

경험적 연구는 자료의 성격에 따라 크게 양적 연구(quantitative research)와 질적 연구(qualitative research)로 구분되는데, 양적 연구는 다루어지는 자료가 양적인 경우(예, 서베이연구 및 실험연구의 통계자료)이며 질적 연구는 자료가 질적인 경우(예, 역사연구를 위한 서술적 기록물)이다. 이를테면, 설문조사를 통해 학생들의 게임시간(일)과 성적을 각각 파악하고 이들 간의 관련성을 수치화해서 분석하는 것은 양적 연구의 단적인 예이다.

양적 연구와 질적 연구는 서로 대조되는 장단점을 보유하여서, 양적 연구의 장점(계량적 통계분석을 통한 연구 결과의 객관성 확보)과 질적 연구의 단점(연구자의 주관적 판단에 심하게 의지함으로 인한 연구 결과의 객관성 결여)이 엇비슷할 뿐더러 양적 연구의 단점(피상적인 연구 결과의 제시)과 질적 연구의 장점(심도 있는 연구 결과의 제시) 또한 엇비슷한 경향이 있다. 현대 사회과학에서는 질적 연구보다 양적 연구가 훨씬 더 많은데, 이는 양적 연구가 우수하기보다는 양적 연구의 단점보다 장점이 두드러지기 때문이다.

PART Ⅰ

3 연구 주제 선정 방법

1) 연구 주제 선정하기

논문을 작성하고자 할 때 가장 먼저 해야 할 일은 주제 선정이다. 주제를 선정하는 것이 연구논문의 절반 이상이라고 말할 수도 있다. 그러면 연구 주제는 어떻게 선정할 수 있을까?

사회과학적 연구는 사회현상 가운데 문제(problem)라고 생각되는 것에 대해 '왜(why) 저런 문제가 발생되었는가?', '저런 문제를 해결하기 위한 방법(method)은 무엇인가?'라고 하는 의문과 궁금증에서 출발한다. 연구자는 많은 의문 가운데 특별한 관심이 가는 분야를 연구 주제(research topic)로 선정하여 그 현상에 대한 분석과 설명을 제시하고 대안을 마련하는 작업을 한다. 이 때 말하는 연구 주제란 특정 사회현상을 인과의 관계로 이해할 수 있도록 연구자가 개념화한 것으로 이는 여러 형태의 구체적인 연구문제들을 포함할 수 있도록 구성된다. 효과적인 연구주제 선정방법은 다음과 같다.

■ 자신의 경험이나 관심 있는 이슈를 주제로 선정할 수 있다.

자신이 선정한 주제에 관심이 없다면 그 연구를 진행할 수 없다. 만약 자신이 정한 연구 주제에 호기심이나 관심이 생기지 않는다면 하지 않는 것이 좋다. 많은 석박사생들은 자신의 관심주제에 대해 진지하게 고민하지 않고 성급하게 주제를 정하는 경우가 많다. 자신의 연구 주제는 자신이 가장 관심을 갖고 있는 세상 속에 문제점을 해결하거나 밝히는 것을 우선순위로 삼아야 한다. 연구 주제는 멀리서 찾기보다는 자신의 경험과 주변에서 먼저 찾는 것이 좋다.

■ 충분한 선행 연구를 기반으로 선정할 수 있다.

선행 연구와 이론이 어느 정도 쌓여있어야 자신의 연구가 시작될 수 있다. 선행 연구나 이론이 없거나 부족하면, 자신의 연구 근거를 찾기가 쉽지 않다. 연구 경험이 부족한 석박사생들은 자신의 연구 주제가 세계 최초 또는 국내 최초라고 생각하는 경우도 있다. 그러나 실제 국내외 연구를 검색하다보면 수많은 연구가 동일한 주제나 모형으로 선행되어 연구된 것을 확인할 수 있다. 학문적으로 혹은 사회적으로 인정받는 연구가 되기 위해서는 선행 연구나 이론을 기반하여 논문이 작성되어야 한다.

■ 수업시간 및 학습과정에서 알았던 사실을 주제로 선정할 수 있다.

자신이 선정한 주제가 전공 및 수업내용과 관련 있으면 좋다. 석박사과정에서 수업시간에 제시한 내용은 최신 연구와 주요 연구를 기반하고 있다. 이를 토대로 연구 주제를 삼는 것이 시간과 비용을 아낄 수 있는 방법이다. 특히 한 학기 전공수업에서 자신의 연구 주제를 선정하고 연구논문을 진행하여 소기의 성과를 내자. 소기의 성과는 연구논문 프로포절에서 학술지 논문 게재까지 연구자의 노력에 달려 있다.

■ 다른 연구와 차별성이 있어야 한다.

자신이 선정한 주제가 이미 나온 주제와 차별성이 있어야 한다. 만약 선행 연구와 차별성이 없다면 연구 자체가 무의미해진다. 자신의 연구가 다른 연구와 어떤 차이가 있는지를 명확하게 제시해야 한다. 차별성을 모른다는 것은 연구에 대한 진지한 성찰이 부족하거나 충분한 선행 연구에 대한 고찰이 없었다는 것을 의미한다.

2) 연구 주제 차별화하기

석박사생들에게 연구 주제를 정하는 것은 매우 어려운 일이다. 좋은 아이디어라고 생각해서 연구 주제로 정하더라도 이미 다른 연구자들과 중복되는 경우도 매우 많을 것이다. 이럴 경우 같은 주제(연구 모형)일지라도 지역, 대상, 시대를 달리하면 좋은 논문이 될 수 있다.

■ 지역과 대상을 달리하라.

예를 들어 '기업가정신이 회복 탄력성에 미치는 영향'에 관한 연구를 모두 검토했는데, 전부 미국 지역을 대상으로 연구가 이루어졌다면 국내를 연구해보는 것도 하나의 방법이다. 미국과 한국을 비교하여 한국 창업자들의 회복 탄력성이 통계적으로 높다면 이 연구의 필요성은 확보한 것이다. 또한 기존 연구는 성인들을 대상으로 기업가정신이 회복 탄력성에 미치는 영향을 연구했다면, 청소년을 대상으로 삼는 것만으로도 좋은 연구 주제가 될 수 있다.

■ 시대(시점)을 달리하여 비교한 논문 :
국내 창업환경 및 창업 인식 변화에 관한연구_2016년과 2021년 변화를 중심으로
(남정민 외, 2021)
*2016년과 2021년 창업생태계를 비교분석하여 창업생태계 인식변화를 비교분석

■ 시대를 달리하여 비교하라.

만약 '창업생태계에 대한 창업자들의 인식'을 조사한 연구가 지난 정부에서 이루어졌다면, 현재 똑같은 연구 주제로 해보는 것도 한 방법이다. 정부의 창업정책 변화로 인해 연구 결과가 충분히 다를 수 있기 때문이다. 이를 통해 정책에 대한 결과를 현장의 목소리를 담아서 확인할 수 있다.

■ 세분화하라.

연구자의 연구 관심사가 청년의 창업의지와 창업행위인데, 선행 연구들이 청년들을 대상으로 이루어졌다면 세분화하는 방법을 활용할 수 있다. 국내 창업정책에서 청년의 연령은 20세 이상 39세 미만으로 삼는데, 청년을 평균 결혼연령으로 구분하여 초기 청년(20세 이상 30세 미만)과 후기 청년(30세 이상 40대 미만)으로 세분화하여 연구할 수 있다. 청년 세대를 결혼연령을 기준으로 초기와 후기로 나누어 창업의지와 창업행위를 연구한다면 다양하고 흥미로운 연구 결과를 도출할 수 있다.

■ 연구방법론을 달리 한다.

동일한 데이터라도 차별화된 통계프로그램과 연구방법론으로 차별화된 연구를 진행할 수 있다. 선행 연구에서 창업팀의 성과를 창업기업 단위에서 측정한 재무적 성과 중심의 연구가 대부분이라면 차별화된 연구를 위해 조직수준과 개인수준을 병행하는 다수준 연구를 진행할 수 있다. 이를 통해 조직수준의 창업기업의 특성이 구성원의 성과(태도)에 미치는 연구를 진행함으로써 기존 연구와 차별화된 연구를 모색할 수 있다.

■ 연구방법론을 차별화 시킨 논문 :
사내기업가정신과 구성원의 직무만족 및 이직의도에 관한 다수준분석
(김도희·남정민, 2019)
*기존 단일수준으로 분석한 사내기업가정신의 효과성을 다수준분석(multi-level analysis)을 통해 연구결과의 신뢰성 및 정확성을 향상

PART Ⅰ

4 변수의 의미와 연구 모형

연구에 있어 기본적으로 이해해야 할 것들 중 하나가 바로 변수의 종류와 의미이다. 논문을 쓰다 보면 연구방법이나 연구 결과에 통제변수, 독립변수, 종속변수, 매개변수, 조절변수 등의 용어가 쓰이는 것을 보게 된다. 실제 많은 석박사생들이 변수의 의미를 제대로 이해하지 못하고 연구 가설 및 모형을 설계한다. 변수의 정확한 의미를 알고 사용하는 것만으로도 연구방법을 이해하는데 중요한 시작점이 된다.

1) 독립변수와 종속변수

독립변수(원인변수, 예측변수, 설명변수, 가설변수)는 **종속변수**(결과변수)의 원인이 되는 변수이다. 종속변수는 독립변수의 결과가 되는 변수이다. 두 변수는 연구 주제에서 인과관계를 살펴보는 가장 기본이 되는 틀이다.

■ 독립변수와 종속변수의 관계에서 독립변수는 시간적으로 선행되어야 한다.

독립변수가 원인이 되는 변수이기 때문에 시간적으로 선행되어야 한다. 예를 들어 '창업교육을 수강하면 창업의지가 높아진다'는 가설에서 창업교육은 창업의지에 선행되어야 한다. 즉, 측정시점에서 창업교육은 창업의지보다 선행되어야 한다.

■ 독립변수와 종속변수의 관계는 선행 연구를 기반해야 한다.

선행 연구를 고찰하여 독립변수와 종속변수간의 상관관계가 있는지 확인해야 한다. 만약 상관관계가 없다면 인과관계가 없다는 의미이다. 연구자는 선행 연구에서 상관관계를 근거할 수 없다면 논리적으로 상관관계를 설명할 수 있어야 한다. 지도교수 또는 다른 연구자에게 논리적으로 설명할 수 없다면 연구진행은 어렵게 된다.

그림 1-3 변수의 의미

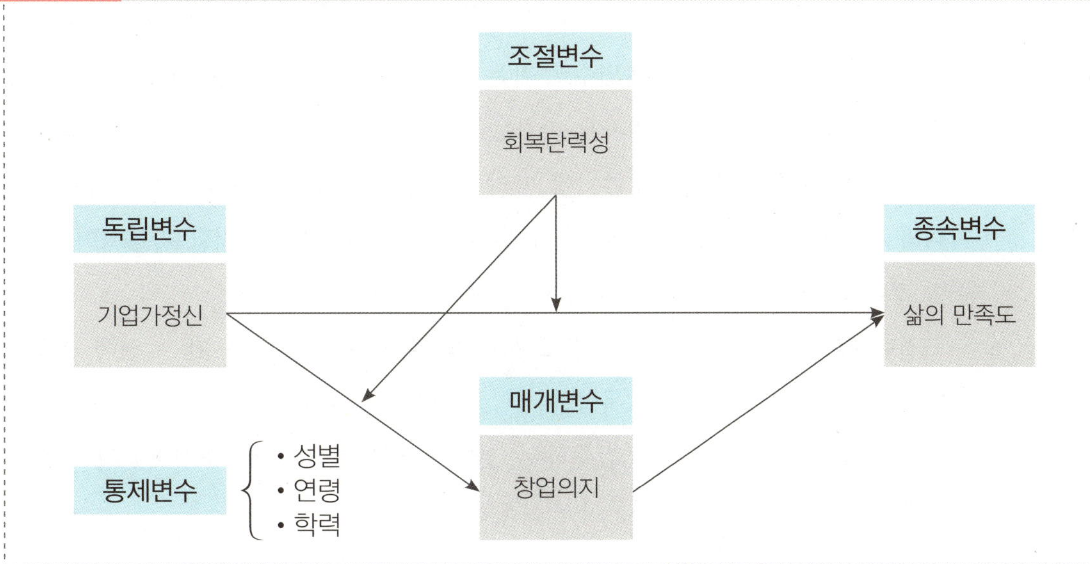

■ 닭이 먼저인지 달걀이 먼저인지 확인해야 한다.

예를 들어 '기업가정신이 높으면 창업의지가 높다'라는 가설을 설정한다. 기업가정신은 창업의지에 영향을 미칠 수 있음을 밝히려고 하지만, 바꾸어 말하면 '창업의지가 높으면 기업가정신이 높아질 수 있다'라고 주장할 수 있다. 이럴 경우 지도교수 또는 다른 연구자에게 논리적으로 선행관계를 설명할 수 있어야 한다. 이를 위해 재차 강조하지만 '선행 연구'에 대한 철저한 학습과 고찰이 필요하다.

2) 매개변수

매개변수는 독립변수와 종속변수를 연결하는 매개체의 역할을 한다. 독립변수가 매개변수에 영향을 주고 매개변수가 종속변수에 영향을 준다는 결과를 얻고 싶을 때 사용한다. 기존 이론과 연구에서 독립변수와 종속변수 간 직접적인 경로만 찾았다면, 매개변수를 밝힌다는 것은 독립변수가 매개변수를 거쳐 종속변수로 간다는 간접적인 경로를 밝혀내는 것이다. 연구모형에 매개변수를 넣기 위해서는 독립변수에서 종속변수로 가는 이론과 선행 연구가 충분히 전제되어야 한다.

3) 조절변수

조절변수는 독립변수와 종속변수로 가는 영향력을 조절하는 변수이다. 독립변수인 청소년의 기업가정신이 창업의지에 미치는 영향력은 '부모의 창업가 여부'(명목형 변수) 또는 '개인의 소득수준'(연속형 변수)에 따라 달라질 수 있다. 부모가 창업가일 경우, 자녀의 창업에 대해 긍정적인 태도를 보일 수 있으며 창업을 지지할 가능성이 높다. 이럴 경우 독립변수와 종속변수의 관계는 강화될 수 있다.

조절변수도 매개변수와 마찬가지로 독립변수에서 종속변수로 가는 선행 연구가 많거나 이론이 탄탄해야 한다. 독립변수와 종속변수 간 관계에서 추가적인 환경요건이 궁금하기 때문에 조절변수를 검증하는 것이다. 이러한 이유로 조절변수의 역할을 설명할 수 있는 선행 연구나 이론이 충분해야 한다.

4) 통제변수

통제변수는 선행 연구 및 이론에서 종속변수에 영향을 미친다고 이미 검증된 변수를 말한다. 특히 독립변수가 종속변수에 영향을 주는 상황에서 통제변수는 환경을 제약하여 실질적으로 영향을 주는지 확인하기 위해 사용한다.

연구 분야 및 연구자에 따라 통제변수를 연구에 넣기도 하고 제외하기도 한다. 실질적으로 독립변수가 종속변수에 영향을 주는지 확인하기 위해서는 분석 시 포함해야 한다. 통제변수 여부에 따라 독립변수가 종속변수에 미치는 영향력이 달라질 수 있기 때문이다.

통제변수를 사용할 경우에는 이미 종속변수에 영향을 미친다고 검증이 된 변수를 포함시켜야 한다. 종속변수에 큰 영향력이 있는 통제변수가 연구모형에 포함된다면 영향력에 대한 결과의 타당성은 높아지기 때문이다. 이것이 통제변수를 넣을 때도 신중하게 넣어야 하는 이유이다.

PART Ⅰ

5 척도의 종류와 연구에의 적용

연구자는 연구모형 및 가설 설계 시 척도를 정확하게 알고 적용해야 한다. 척도는 크게 명목척도, 서열척도, 등간척도, 비율척도가 있으며, '명서등비'로 외워두면 좋다.

이 중 명목척도에 의해 측정된 자료가 가장 적은 정보를 가지며, 그 다음으로 서열척도, 등간척도, 그리고 비율척도의 순으로 점차 많은 정보를 갖는다. 연구설계 시 가능한 정보가 많은 척도를 사용하는 것이 바람직한 방법이다.

1) 명목척도

명목척도는 측정대상을 상호배타적인 집단으로 구분하는데 이용된다. 상호배타적인 분류란 모든 개개인의 측정대상을 어느 한 집단에 속하도록 분류할 수 있어야 하며, 동일한 집단에 속해 있는 대상은 동일한 값을 가져야 한다. 결과값을 상호배타적으로 분류하기 위하여 각각의 응답대안에 임의적으로 숫자를 부여한 척도이기 때문에 그 자체로 크거나 작다는 의미를 갖지는 않는다. 대표적인 예로는 성별, 결혼여부, 근로자 여부, 학력 등이 있다.

'당신은 결혼을 했습니까?'라는 질문에 대한 응답으로 미혼을 0으로 기혼을 1로 했을 경우, 그 숫자 자체가 크거나 작다는 의미를 갖지 않는다.

예시 ← 명목척도의 예

1. 귀하의 결혼 상태는?
   ① 미혼 ② 결혼 ③ 기타
2. 귀하의 성별은?
   ① 남성 ② 여성
3. 귀하의 학력은?
   ① 중학교 졸업 이하 ② 고등학교 졸업 ③ 대학 졸업 ④ 대학원 졸업

2) 서열척도

서열척도는 부여한 숫자가 커질수록 간격은 일정하지 않지만 점점 커지거나 작아지는 척도이다. 예를 들어, 달리기 시합 결과를 빠른 순서로 1, 2, 3위로 배열할 경우에 1위와 2위의 시간 차이가 2위와 3위의 시간 차이와 같다고 할 수 없다. 대표적인 예로는 선호도, 성적등수 등이 있다.

3) 등간척도

범주와 서열의 정보와 더불어 거리의 정보를 갖는 척도이다. 간격척도에서 숫자간의 차이는 절대적 의미를 갖는다. IQ의 경우 'IQ 100, 101, 102'과 같이 든다면 모두 1이라는 동일한 간격을 두고 커진다. 그 외 대표적인 예로는 온도, 서기 연도 등을 들 수 있다.

4) 비율척도

비율척도는 등간척도와 마찬가지로 간격이 일정한 척도이지만 숫자 0의 존재 유무에 따라 달라진다. 비율척도는 절대적 '0'을 포함하며 각각의 값이 절대적 의미를 갖는다. 따라서 각각의 척도의 의미를 누구나 동일하게 받아들인다. 대표적인 예로 키와 무게, 나이 등이 있다.

통계 논문을 진행할 때는 가능한 명목척도나 서열척도보다 연속형 변수인 등간척도와 비율척도를 사용하는 것이 바람직하다. 비율척도>등간척도>서열척도>명목척도 순으로 더 많은 정보가 포함되기 때문이다.

리커트 척도는 여러 개의 문항을 하나의 척도로 묶은 것을 말한다. '1=매우 아니다, 2=아니다, 3=보통이다, 4=그렇다, 5=매우 그렇다'는 사실 서열척도이다. 하지만 등간척도로 보는 것이 더 맞다. 서열척도를 여러 개 묶어 리커트 척도를 만들었고, 이 리커트 척도를 등간척도로 간주하기 때문이다. 여기서 중요한 건 서열척도는

문제 다음 척도는 무엇일까요?

Q1. 귀하의 졸업 후 진로계획은 어떻게 되십니까? *
① 창업 ② 취업 ③ 대학원, 유학 등 진학 ④ 프리랜서 활동 ⑤ 기타(　　　　)

Q2. 관계성에 대한 질문입니다. 다음 각 문항에 대하여 자신에게 해당되는 항목에 응답해주십시오.

문항	매우 그렇다	그렇다	보통이다	그렇지 않다	매우 그렇지 않다
나는 평소 주변 사람들로부터 사랑과 관심을 받는 것을 느낀다.	①	②	③	④	⑤
나는 내가 만나는 사람들과 잘 지낸다고 느낀다.	①	②	③	④	⑤
나는 평소 내 주변 사람들을 정말 좋아한다.	①	②	③	④	⑤
나는 내 주변 사람들과 평소에 서로 도움을 주고 받는다.	①	②	③	④	⑤

Q3. 당신의 나이는? (　　　) 세

회귀분석에서 사용할 수 없지만 서열척도를 여러 개 묶은 것은 등간척도로 보기 때문에 회귀분석에서 활용할 수 있다.

명목척도를 회귀분석에서 사용하기 위해서는 더미변수로 변환해야 한다. 더미변수란 명목척도를 비율척도화한 변수를 말한다. 비율척도화했다는 말은 0과 1로 변환시켰다는 것을 의미한다. 남자는 1, 여자를 0으로 더미 변환했다면, 결과해석에서 남자일수록 결과값(키)이 '크다' 또는 '작다'로 해석할 수 있다.

• Check point
: 명목척도와 서열척도를 더미변수로 만드는 방법

더미(dummy)변수는 0과 1로만 코딩하는 것이다. 예를 들어 보기가 '1. 미혼 2. 기혼'이면 '0. 미혼, 1. 기혼'으로 변환하면 된다. 만약 학과 및 전공처럼 보기가 여러 개인 경우에는 다음과 같이 하면 된다.

전공(인문사회=1, 상경=2, 공학=3, 자연=4)의 예로 들어서 살펴보면, 보기가 총 4개인데 총 3개의 더미변수를 만들어야 한다. 만약 보기가 5개였다면 더미변수 4개를 만들어야 한다. 그리고 기준이 되는 보기를 설정해야 한다. 어떤 것을 기준으로 설정해도 상관없지만 비교적 쉽게 기준을 정하려면 가장 많이 응답한 보기를 기준으로 설정하면 된다. 여기서는 '인문사회'를 기준으로 설정한다.

- 더미변수1 – 인문사회=0, 상경=1, 공학=0, 자연=0 ⋯→ 더미변수(상경)
- 더미변수2 – 인문사회=0, 상경=0, 공학=1, 자연=0 ⋯→ 더미변수(공학)
- 더미변수3 – 인문사회=0, 상경=0, 공학=0, 자연=1 ⋯→ 더미변수(자연)

총 3개의 더미변수를 만들 수 있고 '인문사회'가 기준이라는 것은 어느 더미변수든 '인문사회'를 0으로 설정한다는 것이다. 각각의 더미변수를 독립변수로 설정해서 해석하면 다음과 같다.

- 더미변수1 – '상경계열 일수록 ○○○이 높은(낮은) 것으로 나타났다.'
- 더미변수2 – '공학계열 일수록 ○○○이 높은(낮은) 것으로 나타났다.'
- 더미변수3 – '자연계열 일수록 ○○○이 높은(낮은) 것으로 나타났다.'

PART Ⅰ

6 가설과 유의수준 해석

1) 가설의 의미

가설(hypothesis)이란 어떤 문제를 검정하기 전에 세워지는 잠정적인 문장이라고 할 수 있다. 예를 들어, 우울증에 걸린 사람들을 치료할 수 있는 방법은 무엇일까? 라는 문제를 생각해보자. 기존에 우울증을 치료하는 데에는 약물치료, 상담치료, 운동요법 등의 방법이 있다. 여기에 어떤 연구자가 "우울증을 치료하는 새로운 방법으로 관광활동이 효과가 있을 것이다"라고 추론하고 이를 검정하고자 한다. 이때 검정하기 전에 세워지는 잠정적인 문장이 가설인 것이다. 이것의 가설은 "관광활동은 우울증환자들의 우울성향에 부(-)의 영향을 미칠 것이다."로 설정할 수 있다.

가설은 이와 같이 검정이 이루어지기 전에 세워지는 것이므로 문제에 대한 해답이 될 수 있을지 없을 지는 아직 알 수 없으나, 연구자가 이론 혹은 경험에 기초하여 잠정적으로 해답이라고 생각하는 것이라 할 수 있다. 그런데 모든 연구에서 가설을 반드시 설정할 필요는 없다. 연구자는 연구의 특성에 따라 가설을 설정할 것인가 아니면 설정하지 않을 것인가를 결정한다. 그러나 과학적 연구에서의 가설은 연구자가 규명하고자 하는 주요 핵심사항이므로, 가설을 설정하는 것은 과학적 연구에서 중요한 하나의 절차이다.

과학적 연구는 원인(cause)이 결과(effect)에 영향을 미치는 인과관계(causal relationship)를 가정하고 있다. 따라서 가설을 설정할 때는 반드시 원인과 결과를 문장에 제시하여야 한다. 예를 들어, 가족의 사랑이 많으면 우울증에 걸릴 확률이 낮다고 가정해보자. 여기서 "가족의 사랑"은 원인 변수가 되고 "우울증"은 결과 변수가 된다. 이러한 원인과 결과를 포함한 가설 문장은 "가족의 사랑은 우울증에 부(-)의 영향을 미칠 것이다."로 설정하면 된다.

2) 귀무가설(영가설)과 연구가설

가설의 종류에는 귀무가설(혹은 영가설)과 연구가설 두 종류가 있다. 귀무가설(영가설)은 H0로 표시하며, 검정할 가설의 내용에는 차이가 없다 혹은 효과가 없다(없다는 것은 0이므로, 이를 영가설이라고도 함)고 진술하는 가설이다. 연구가설은 H1으로 표시하며, 검정할 가설의 내용에는 차이가 있다 혹은 효과가 있다고 진술하는 가설이다. 연구가설은 연구자가 세운 새로운 가설이고, 일반적으로 논문에서 가설이 채택되었다고 하는 것은 연구가설이 채택되었다는 것을 의미한다.

귀무가설(영가설)과 연구가설 설정의 예를 들어 설명하면 다음과 같다.

앞에서 "우울증을 치료하는 새로운 방법으로 관광활동이 효과가 있을 것이다"라고 추론하고 가설을 설정하였다. 이를 귀무가설(영가설)과 연구가설로 구분하여 설정하면 다음과 같다.

- 귀무가설(영가설) H0=관광활동은 우울증 환자들의 우울성향을 감소시켜 주지 않을 것이다.
- 연구가설 H1=관광활동은 우울증 환자들의 우울성향을 감소시켜줄 것이다.

귀무가설(영가설)은 검정할 가설의 내용에는 차이가 없다 혹은 효과가 없다고 진술하는 가설이므로 "우울성향을 감소시켜 주지는 않을 것이다"라고 설정한다. 연구가설은 그 반대의 진술에 해당하는 가설의 내용에는 차이가 있다 혹은 효과가 있다고 진술하는 가설이므로 "우울성향을 감소시켜줄 것이다"라고 설정하면 된다.

논문에서 제시하는 가설은 연구가설이다. 귀무가설(영가설)은 논문에서 제시하지 않는다. 단지 연구가설의 반대되는 의미로서 연구가설이 기각되었을 때 해석의 차이에서 머릿속에 기억하고 있으면 된다.

3) 가설의 유의도 수준

논문에서는 앞에서 설명한 연구가설을 제시하고, 연구가설이 기각되는지 아니면 채택되는지를 검정한다. 그렇다면 가설이 기각되었다 혹은 채택되었다라고 하는 기준은 무엇일까? 이는 유의도 수준(significant level)에 기준하여 가설 채택 유무를 결정한다. 즉, 유의도 수준 내에 들어가면 가설은 채택되었다고 한다.

유의도 수준은 α(알파) 또는 p(probability: 확률)로 표시한다. α(알파) 또는 p값은 가설채택 유무를 결정하는 기준값으로 일반적으로 사회과학 분야에서는 α=0.05 또는 p〈0.05을 기준으로 한다. α=0.05라는 것은 표본의 결과가 모집단의 본질과 관계없이 표본의 특성에 의해 우연히 나타났을 확률이 100번 가운데 5번 이하라는 뜻이다. 즉, 통계치가 모수치를 대표하는 정도에 있어서 오차가 5%이며, 표본통계치의 신뢰도가 95%라는 것을 의미한다. 이렇듯 일반적으로 사회과학 분야에서는 5%의 오차를 인정하고 95%의 신뢰도를 확보하면 된다. 그러나 인간의 생명을 다루는 의약품을 개발할 경우에는 5%의 오차가 매우 클 수가 있다. 이럴 경우에는 α=0.01 또는 p〈0.01을 기준으로 하는데, 이는 99%의 신뢰도를 확보하고 1%의 오차만을 인정하는 기준이다. 만약 1%의 오차도 크다고 생각할 때는 α=0.001 또는 p〈0.001을 기준으로 하여 99.9%를 확보하고 0.1%의 오차를 인정하면 된다.

유의도 수준을 기준으로 가설의 채택과 기각을 해석하는 방법은 다음과 같다.

> α=0.05 일 때,
> α가 p값보다 클 때(α > p값), 귀무가설은 기각되고 연구가설은 채택하고,
> α가 p값보다 작을 때(α < p값), 귀무가설은 채택하고 연구가설은 기각한다.

이것을 예를 들어 설명하면 다음과 같다. “관광활동은 우울증 환자들의 우울성향을 감소시켜줄 것이다”라는 가설을 검정한 결과 p값이 0.03이 나왔다고 하자. 그렇다면 이 가설은 채택되었을까? 아니면 기각되었을까?(일반적으로 사회과학분야에서 α=0.05을 기준) p값이 0.03으로 α가 p값보다 클 때에 해당하여 귀무가설은 기각되고 연구가설은 채택하게 된다. 연구가설 채택의 의미는 “관광활동은 우울증 환자들의 우울성향을 감소시켜주는 것으로 나타났다”는 것을 의미한다.

가설을 채택하고 기각하는 기준에는 p값 이외에도 t값이 있다. α=0.05일 때, t값은 1.96이다. 즉, t값이 ±1.96이상이 되면 α=0.05에서 유의적이라고 해석한다.

t값의 절대치	양측검정 시
절대치 t값 ≧ 2.58	α=0.01에서 유의적
절대치 t값 ≧ 1.96	α=0.05에서 유의적
절대치 t값 ≧ 1.645	α=0.10에서 유의적

지금까지의 설명은 통계를 처음 접하는 사람들이라면 이해하기가 어려울 것이다. 그러나 가설을 기각하고 채택하는 기준은 꼭 알고 넘어가야 할 부분이다. 그렇다고 너무 걱정하지 말자. 앞으로 계속 가설을 채택하고 기각하는 것과 관련한 설명이 될 것이다. 천천히 그리고 조금씩 본서의 책장을 넘기다 보면, 가설의 기각과 채택은 쉽게 이해가 될 것이다.

PART Ⅰ

7 연구 설계의 분석 수준

1) 분석 수준의 정의 및 분류

분석수준은 가설검증을 위해 수집되는 사건(events)이나 대상(objects)의 속성(entities)을 의미한다.

이것은 연구문제에 대한 답을 구하기 위해 누구를 대상으로 무엇을 비교할 것인가라는 이슈와 맞물려 있다. 예컨대, 조사연구를 위해 표본조사를 할 경우 분석 수준은 추출의 대상이 되는 모집단의 최소단위라고 할 수 있다. 이것은 관찰 대상의 범위, 수준 그리고 속성과 불가분의 관계에 있기 때문에 연구자는 연구 설계단계에서 이를 명백하게 결정해야 한다.

사회현상을 규명하는 연구에서 연구의 초점이 되는 분석 수준은 개인(individual), 집단(group), 공식조직(organization) 등이다.

첫째, 개인은 사회과학의 분석 수준들 가운데 가장 빈번하게 사용되는 분석 수준이다. 연구자는 개인의 속성을 규명하는 연구에서 개인을 분석 수준로 활용하는 경우가 특히 많다. 이에 해당하는 예로는 연령, 성, 교육정도 등과 같은 개인적 차이가 삶의 만족에 어떤 차이를 불러오는가를 설명하는 연구와 공무원의 근속기간, 직무만족 등과 같은 개인적 차이가 조직몰입에 어떤 차이를 불러오는가를 설명하는 연구 등을 들 수 있다. 또한 연구자들은 집단의 속성을 규명하는 연구에서도 개인을 분석 수준으로 활용하기도 한다. 상류층의 구성원들로부터 수집된 각 개인의 속성을 토대로 상류층의 문화적 특성을 설명하는 것이 그 예이다. 개인을 분석 수준로 사용하는 데에도 불구하고 집단의 속성을 설명할 수 있는 것은 집단은 개인들이 모여 형성된 모집단이라는 사실에 있다. 다시 말해, 연구자가 비록 집단으로 표현되는 말, 즉 지역주민들, 공무원들, 교수들 등과 같은 복수용어를 사용하더라도 이러한 경우 분석 수준은 변함없이 개인이다.

둘째, 집단도 사회과학에서 개인 못지않게 많이 활용되는 분석 수준이다. 집단을 분석 수준으로 활용하는 경우, 연구자는 집단전체가 통일적으로 보여주는 속성에 관심을 갖는 것이지 집단 구성원 개개인이 보여주는 속성에 관심을 갖는 것은 아니다. 예를 들어 국내 폭력조직의 특성을 집단수준의 분석 수준로 연구할 경우, 연구자는 각 폭력조직의 계층구조, 지휘체계 등에 관심을 갖는 것이다(각 조직의 개별 구성원이 보여주는 특징에 대하여 관심을 갖는 것은 아니다). 사회과학 연구에서 주로 사용되는 집단은 가족, 또래집단, 장애인집단, 미혼모집단 등이다. 집단이 분석 수준이 되는 경우 주의를 요하는 것은 집단을 구성하는 개인의 특성이 그 집단의 특성이 될 수도 있다는 것이다. 이해를 도모하기 위하여 예를 들자면, 가장의 학력 수준에 따른 가정의 소득수준의 차이를 비교하는 연구 같은 것이다. 이 연구는 가정을 분석 수준으로 하지만 가정의 구성원인 가장의 학력과 소득이 가정 전체의 특성으로 간주된다.

셋째, 공식조직도 사회과학에서 적지 않게 활용되는 분석 수준이다. 공식조직의 예로는 회사와 같은 영리조직, 복지재단과 같은 비영리조직, 자치단체와 같은 정부조직, 교회와 같은 종교조직, 대학과 같은 교육조직 등을 들 수 있다. 공식조직을 분석 수준으로 활용하는 예로는 대학별 취업자 수 비교, 회사별 매출실적 조사, 사회복지기관별 예산규모 비교 등을 들 수 있다. 이러한 조직들 가운데 특히 빈번하게 사회과학연구의 분석 수준로 등장하는 것이 재화의 생산과 배분을 전담하는 기업이다. 기업과 관련된 현상이 사회구성원에게 미치는 영향이 점점 더 커져가고 있기 때문에 앞으로 이것은 더욱더 빈번하게 사회과학의 분석 수준으로 활용될 것이다.

2) 분석 수준과 논리적 오류

연구 설계가 분석 수준를 아무리 신중하게 결정 한다하더라도 실제 연구는 논리적 오류의 가능성으로부터 자유롭지 못하다. 그 이유는 연구 설계가 제시한 분석 수준는 항상 배타적이지 않으며, 연구 설계가 제시한 분석 수준에 충실하게 부응해서 수집된 자료라고 하더라도 오류로부터 자유롭지 못한 해석 과정을 거치는 것은 필연적이기 때문이다.

앞서 소개한 것처럼, 연구자는 많은 경우 전수조사 대신 표본조사를 하기 때문에 관찰된 개인의 특성을 토대로 집단의 특성을 해석하기도 하고, 집단의 속성을 토대로 개인의 속성을 해석하기도 한다. 이러한 해석과 추리의 과정에서 필연적으로 생태학적 오류(ecological fallacy)와 환원주의(reductionism)를 야기한다. 연구 설계가 명확한 분석 수준을 설정하기 위하여 관심을 기울이는 이유도 바로 이러한 논리적 오류를 최소화하기 위해서이다.

첫째, 생태학적 오류는 개인보다 큰 집단에 관한 조사에 근거해서, 개인에 대한 결론을 내릴 때 나타날 수 있는 오류를 말한다. 예를 들면, A라는 고등학교에는 B고등학교보다 가족의 사회경제적 지위가 높은 아이들이 많이 다닌다. 그리고 A학교는 B학교보다 대학진학률이 높다. 이런 두 자료는 두 개의 고등학교의 특성을 보여주는 것들이다. 그런데 이걸 보고, 사회경제적 지위가 높은 아이들이 대학진학률도 높다는 결론을 내릴 수 있는가? 학교와 가족과 개인이라는 분석 수준과 그들의 행위 특성들을 제대로 가려내야 한다.

둘째, 환원주의는 일명 개체주의적 오류(individualistic fallacy)라고도 불리는 것으로, 개인적 특성에 관한 정보를 가지고 그가 속한 집단이나 사회의 특성을 파악하고자 할 때 발생할 수 있는 오류이다. 예를 들면, 경제학자가 모든 것이 경제적 변수로만 설명된다고 하는 것, 심리학자가 심리적 요인으로만 설명된다고 하는 것 등이 전형적인 환원주의에 해당한다. 사회현상이란 워낙 많은 요인들의 복합작용으로 일어나는 것이라 이를 개인적 특성에만 의존해서 설명하는 것은 환원주의에 빠질 위험이 크다.

PART I

8 통계 분석 계획

처음 논문을 설계할 때부터 연구목적을 달성하는데 가장 적합한 통계분석 방법은 미리 계획하고 있어야 한다. 저자는 어려운 통계분석을 이용하여 작성한 논문이 참신한 논문이라고 생각하는 연구자를 종종 보았다. 그러나 분석방법은 연구 목적을 달성하는데 가장 적합한 분석방법을 선택하여 이용하면 되는 것이지, 어려운 방법을 이용하여 논문을 작성하였다고 해서 좋은 논문이라고 생각하는 것은 올바르지 않다고 생각한다. 논문에서 통계분석과 관련하여 가장 중요한 것 중 하나는 새로운 현상을 발견하려는 참신한 연구 목적의 설정과 이를 달성하는데 가장 적합한 분석방법을 선택하는 것이다. 따라서 통계분석 방법을 결정하는 가장 중요한 필요조건에 대하여 알고 있어야 한다.

통계분석 방법을 결정하는데 가장 중요한 필수조건은 변수의 척도이다. 척도의 형태에 따라 선택할 수 있는 분석방법은 다르다. 만약 연구의 목적을 달성하기 위해 t-test를 실시해야 하는 경우라면, 독립변수는 명목척도 또는 서열척도, 종속변수는 등간척도 또는 비율척도로 이루어져야 한다. 만약 독립변수가 등간척도라면 t-test를 실시할 수 없다. 따라서 연구자는 처음 연구를 설계할 때부터 이러한 내용을 알고 있어야 연구에 적합한 측정도구를 선정하고 분석방법도 미리 계획할 수 있는 것이다. 다음은 양적 연구에서 데이터를 분석하는 방법이다. 자세한 분석방법은 다음 파트에서 다룰 예정이므로 간단한 개념위주로 살펴보고자 한다.

■ 독립변수가 등간척도라면 원칙적으로 t-test를 실시할 수 없지만, 등간척도를 명목척도로 변환하여 진행할 수 있다. 일례로 조직신뢰를 리커트 5점 척도로 측정했다면, 1점과 2점을 조직신뢰 저집단, 3~5점을 조직신뢰 고집단으로 구분하여 변환한다면 t-test를 통해 집단비교를 할 수 있다.

1) 데이터 코딩

데이터 코딩은 통계분석 방법은 아니지만, 통계분석을 하기 위해 반드시 거쳐야 하는 사전 단계이다. 설문지를 작성하고 조사응답자를 대상으로 설문지를 배포하여 회수하였다. 회수한 설문지로 무엇을 할 것인가? 제일 먼저 해야 할 단계가 회수한 설문지를 하나씩 검토하여 무성의하게 응답한 설문지나 결측치가 많은 설문지 등을 제거하는 것이다. 그 이후 남은 설문지로 데이터 코딩을 실시한다. 데이터 코딩은 가급적이면 SPSS에 직접 실시하는 것이 가장 좋다. 그러나 상황이 여의치 않을 때는 엑셀(EXCEL)에서 코딩하고 SPSS에 복사하면 된다.

2) 빈도분석

빈도분석은 가장 기초적인 분석방법으로 변수의 분포도를 구할 때 주로 사용한다. 명목척도, 서열척도, 등간척도, 비율척도 모두에 이용한다. 등간척도와 비율척도는 주로 평균과 표준편차를 구할 때 사용하는 경우가 많다. 빈도분석은 가장 간단하면서 광범위하게 이용되는 분석방법이다. 논문에서는 주로 응답자의 인구 통계적 특성을 제시할 때 이용한다.

3) 요인분석

요인분석은 측정하고자 하는 변수들을 상관관계가 높은 것끼리 묶어서 변수를 단순화 시키는데 사용한다. 이를 타당성 검정이라고도 한다. 요인분석을 하기 위해서는 측정도구가 등간척도나 비율척도로 구성되어 있어야 한다. 논문에서 요인분석은 측정도구로 선정한 변수들이 선행 연구 이론과 동일하게 요인이 적재되는가를 확인하고, 만약 잘못 적재된 변수나 설명력이 부족한 변수들은 이 과정에서 제거한다.

4) 신뢰도 분석

신뢰도 분석은 요인분석으로 추출된 요인들이 동질적인 변수들로 구성되어 있는가를 판단할 때 이용하는 분석방법이다. 따라서 논문에서 측정도구로 선정한 변수들이 선행 연구 이론과 동일하게 요인이 적재되는가를 요인분석을 실시하여 확인한 후, 요인으로 추출된 변수들을 가지고 신뢰도 분석을 실시한다. 만약 신뢰도

분석 결과 신뢰도를 저해하는 항목이 나타난다면 이를 제거하여야 한다. 신뢰도 분석을 실시하기 위해서는 측정할 변수가 등간척도나 비율척도로 구성되어야 한다.

5) 변수계산

변수계산은 통계분석에 해당하는 것은 아니지만 본격적으로 통계분석 전에 이루어지는 과정이다. 요인분석을 실시하여 선행이론에서 기초로 잘못 적재된 변수나 설명력이 부족한 변수를 제거하고, 신뢰도 분석을 통해 신뢰도를 저해하는 항목을 제거한 후, 최종적으로 남은 항목들을 가지고 합이나 평균 등의 변수계산을 해주어야 한다. 변수계산을 하여 새로운 변수로 저장한 후, 이것을 가지고 추가 분석에 활용한다.

6) 상관관계분석

상관관계분석은 논문에서 설정한 가설을 검정하기에 앞서 모든 연구가설에 사용되는 측정변수들 간의 관계의 강도를 제시함으로써 변수들 간 관련성에 대한 대체적인 윤곽을 제시해준다. 비록 연구자가 쓰고자 하는 논문이 가설을 설정하지 않았더라도, 변수들 간의 인과관계를 증명하는 논문이라면 상관관계 분석결과를 제시하는 것이 바람직할 것이다.

상관관계분석은 변수가 등간척도, 비율척도일 경우에는 피어슨의 상관관계분석을 실시하고, 서열척도인 경우에는 스피어만의 상관관계분석을 실시한다.

7) 단순/다중 회귀분석

회귀분석은 독립변수(영향을 주는 변수)가 종속변수(영향을 받는 변수)에 어떠한 영향을 미치는 지를 파악하기 위해 실시하는 분석이다. 즉, 두 변수 간의 인과관계를 분석하는 통계기법이다. 단순 회귀분석은 독립변수가 한 개이고 종속변수가 한 개 일 때, 다중

회귀분석은 독립변수가 두 개 이상일 때 사용한다.

논문에서 단순/다중 회귀분석은 측정도구를 선행이론에 부합하게 요인분석을 실시하고, 요인으로 추출된 변수들을 신뢰도 분석을 실시하는 등의 변수정제과정을 거친 후 변수계산을 통하여 생성된 새로운 변수를 가지고 실시한다. 독립변수와 종속변수 모두 등간척도와 비율척도로 구성되어야 한다.

8) 위계적 회귀분석

위계적 회귀분석은 회귀분석의 일종으로, 많은 독립변수 중 종속변수에 상대적으로 가장 큰 영향력을 미치는 독립변수를 파악할 때 사용하는 분석 방법이다. 즉, 종속변수에 영향을 미치는 독립변수들을 크기순으로 회귀분석에 포함시키는 분석이다. 독립변수와 종속변수 모두 등간척도와 비율척도로 구성되어야 한다.

9) 더미변수를 이용한 회귀분석

더미변수를 이용한 회귀분석은 회귀분석의 일종이다. 단순/다중 회귀분석, 위계적 회귀분석은 독립변수와 종속변수 모두 등간척도와 비율척도로 구성되어 있어야 하지만, 더미변수를 이용한 회귀분석은 독립변수가 명목척도 혹은 서열척도이고, 종속변수가 등간척도 또는 비율척도로 구성되어 있을 때 이용한다는 차이점이 있다. 명목척도 또는 서열척도로 구성된 독립변수는 더미변수로 전환한 후 회귀분석을 실시해야 한다.

10) 조절효과 분석과 매개효과 분석

조절변수란 독립변수와 종속변수 사이의 관계를 체계적으로 변화시키는 일종의 독립변수이다. 예를 들어, 대통령 선거에서 후보자의 공약에 대한 평가가(독립변수) 대통령 당선(종속변수)에 미치는 영향은 성별에 따라 달라질 것으로 가정하였다고 하자. 즉, 대통령 후보자의 공약에 대한 평가가 대통령 당선에 미치는 영향은 여성이 남성보다 영향력이 더 크게 나타날 것으로 예측하고 분석을 실시하였다. 이 경우 성별을 조절변수(moderating variable)라 한다. 조절변수는 명목척도, 서열척도, 등간척도, 비율척도 등 모든 척도에 가능하다.

매개변인이란 종속변인에 영향을 주는 독립변인 이외의 변인으로, 그 효과가 직접적인 것은 아니지만 연구에서 통제되어야 할 변인이다. 독립변인이 매개변인에 영향을 미치고 이 매개변인이 다시 종속변인에 영향을 주는 흐름이 가능하다. 예를 들어, 기업가정신이 창업행위에 영향을 준다고 가정할 때, 창업의지가 이들의 효과를 매개하는 역할을 한다. 창업의지가 창업행위에 영향을 미칠 수 있기 때문이다. 또 다른 예로, 사회경제적 수준에 따라 학업 성취도에 차이가 있다면 부모의 사회·경제적 지위가 학업 성취도를 예언하는 데 매개변인으로 작용하게 된다.

11) t 검증(t-test)

t-test는 종속변수에 대한 독립변수의 집단 간 평균의 차이를 구할 때 이용하는 분석방법이다. 여기서 독립변수는 두 집단으로 구성되어야 한다. t-test는 독립표본 t-test와 대응표본 t-test 두 가지 종류가 있다. 독립표본 t-test는 말 그대로 집단이 서로 독립되어 있는 것을 말한다. 예를 들어 성별은 남성과 여성으로 구별될 수 있고 이것은 서로 독립된 집단이다. 따라서 성별(남성과 여성)에 따른 우울증의 차이를 구할 때는 독립표본 t-test를 이용하면 된다. 그러나 동일 표본에서 측정된 두 변수 값의 평균 차이를 검정할 때는 대응표본 t-test를 이용한다. 예를 들어, 동일한 학생들을 대상으로 실험 전과 실험 후의 평균의 차이를 구할 때 사용한다. 독립표본 t-test와 대응표본 t-test는 독립변수가 명목척도 또는 서열척도로 구성되어야 하고, 종속변수는 등간척도 또는 비율척도로 구성되어야 한다.

12) 일원배치 분산분석

일원배치 분산분석은 t-test와 같이 집단 간 평균의 차이를 구하는 분석 기법이다.

• Check point : 독립표본t검증과 대응표본t검증 비교

두 집단 또는 두 상관적인 표본의 평균치가 동일한 모집단에서 추출되었는지를 검증하는 모수치 통계 기법이다. 단순한 실험에서 가장 많이 사용하는 방법으로 두 집단 간의 통계적 차이를 검증하는 모수적 검증 방법 중 하나이다.

* 분산분석(ANOVA)은 3집단 이상 표본의 평균치의 차이를 검증하는 통계 기법이고, t검증은 두 모집단의 평균을 비교하는 분석 방법이다.

• 독립표본t검증 : 두 모집단간 평균차이 검증

예 남녀에 따라 스마트폰 사용시간이 다를 것이다.

예 남한 vs 북한 거주자들의 하루 쌀밥 소비량을 다를 것이다.

• 대응표본t검증(A Paired-Difference Test) : 표본의 값들이 짝(pair)을 이루고 있으며, 짝을 이룬 값들을 비교하는 경우이며, IPA(Importance-Performance Analysis)분석을 통해 정책제안 및 제도개선 연구에 많이 활용하고 있다.

예 코로나 2차 접종 전후 코로나 항체 형성율 비교

예 창업교육 참여경험에 따른 기업가정신 변화 비교

예 창업자들이 인식하는 창업정책의 중요도와 만족도 분석

창업 교육 및 창업지원에 대한 IPA 검증: 전체결과

구분	중요도	성취도	중요도·성취도 차이	t	순위
스카우트	3.89(8)	3.21(4)	.673	18.063***	12
네트워킹	4.00(4)	3.33(3)	.669	17.055***	13
특허 및 지식재산 출원, 등록지원	3.99(6)	3.14(6)	.855	20.297***	4
창업전문가 멘토링 및 컨설팅	4.04(3)	3.50(1)	.541	13.954***	16
시제품 제작 지원	3.82(11)	3.07(10)	.747	17.434***	8
자금 및 투자지원	4.19(1)	3.13(7)	1.063	23.389***	1
창업 공간 및 시설(장비) 지원	4.08(2)	3.16(5)	.916	20.073***	2
경영자문 지원 (세무, 회계, 법률 등)	4.00(4)	3.12(9)	.887	19.999***	3
마케팅 및 판로 지원	3.87(9)	3.13(7)	.740	17.007***	9
R&D 지원	3.74(13)	3.05(13)	.684	16.438***	11
온라인 창업 지원 포털	3.71(15)	3.35(2)	.352	7.753***	17
창업 휴학제	3.68(16)	3.06(12)	.625	12.869***	14
창업 실습	3.79(12)	3.02(16)	.765	16.114***	6
창업 현장실습	3.91(7)	3.05(13)	.854	18.110***	5
창업 학점 교류제	3.50(17)	2.95(17)	.553	11.867***	15
창업 연계 전공	3.74(13)	3.04(15)	.696	14.974***	10
창업 장학금	3.83(10)	3.07(10)	.757	15.355***	7

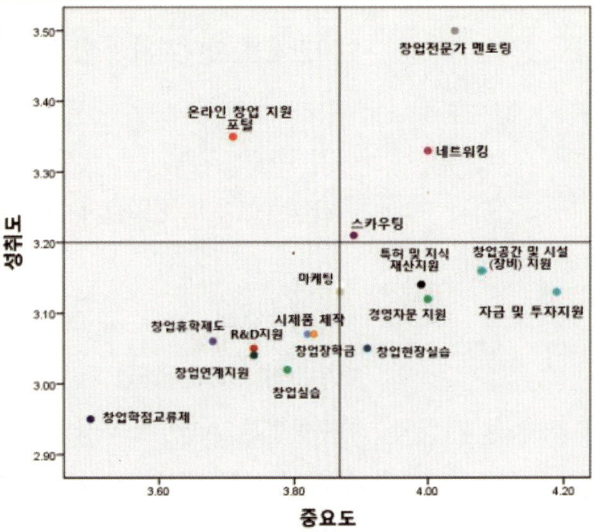

IPA 중요도-성취도 매트릭스(n=608)

대응표본t검증을 활용한 IPA분석 연구
[출처 : 대한 창업지원제도 개선방안 도출을 위한 IPA분석(남정민 외, 2021)]

그런데 t-test와 다른 점은 반드시 독립변수는 3개 이상의 범주로 구성되어야 한다는 것이다. 독립변수의 집단이 최소 3집단 이상으로 구성되어 있다 보니 집단 내에서도 평균의 차이가 어느 집단 간에 발생하는지 알 수가 없다. 따라서 사후검정을 통해서 집단 내 평균차이를 규명해야 한다. 독립변수가 명목척도 또는 서열척도로 구성되어야 하고, 종속변수는 등간척도 또는 비율척도로 구성되어야 한다.

13) 구조방정식모델 (SEM : Structural Equation Modeling)

구조방정식모델링(Structural Equation Modeling: SEM)은 사회과학 분야에서 개발된 측정이론에 기초한 '확인적 요인분석'과 계량경제학에서 개발된 연립방정식모델에 기초한 '경로분석'이 결합된 방법론이며, 변수 간의 상관관계 및 인과관계를 검증하기 위한 통계기법으로 관찰되지 않은 잠재적 요인들의 인과관계까지도 검정할 수 있다.

경로분석은 다수의 회귀모델을 동시에 검정할 수 있고, 관찰변수 간 인과관계를 처리할 수 있지만, 구조방정식모델링(SEM)은 관찰할 수 없는 구성적 개념인 잠재변인 간 인과관계를 검정할 수 있다. 이처럼 구조방정식모델링(SEM)은 경로분석 보다 발전된 형태의 통계적 분석방법으로 측정모델과 잠재변수모델(구조모델)을 통해 변수 간 인과관계를 파악하기 위한 목적으로 사용되며 사회과학 분야에서 널리 사용되고 있다.

14) 다수준 분석 (Multi-level Analysis)

개인수준과 조직수준(또는 집단수준)을 동시에 포함하여 분석하는 연구방법론이다. 대부분의 연구는 개인 차원의 연구 또는 집단 차원의 연구로 구분되어 왔으나, 최근 연구방법론의 발달로 인해 개인수준과 집단수준의 상호관계에 대한 연구와 집단에 속한 개인에 대한 집단의 영향력을 밝히는 연구 등 개인과 집단을 아우르는 연구가 각광을 받고 있다. 다수준 분석은 횡단 수준과 종단 수준의 다수준으로 발전되고 있으며, 다수준을 위한 통계프로그램은 HLM(Hierarchical Linear Modeling) 등이 있다.

15) 프로세스 매크로 (PROCESS Macro)

고급통계분석방법에서 매개효과분석과 조절효과분석을 통합한 조절된 매개효과(moderated mediation analysis)가 매우 중요한 위치를 차지한다. 이 분야의 최고 권위자인 Ohio 주립대의 Hayes 교수가 개발한 프로세스 매크로는 매개효과와 조절효과를 한번에 검증하기 위해 개발되었다. 프로세스 매크로는 다양한 연구모형(model.1 ~ model.74)을 분석할 수 있는데, 연구자는 자신의 연구모형을 기준으로 기존에는 분석하기 힘들었던 '조절된 매개효과'나 '복잡한 구조의 매개모형' 측정에 효과적이다. 최근에는 매개효과 검증방법에 있어 기존의 '바론(Baron)과 케니(Kenny)가 제안한 회귀분석 방법'과 '소벨테스트(Sobel-test) 분석방법'의 문제점을 해결하기 위해 'SPSS프로세스 매크로를 활용한 분석방법'을 많이 사용하고 있다.

PART I

9 공공데이터를 활용한 연구 진행

양적 연구를 진행하는 방법에는 여러 가지가 있지만 대체로 설문지를 돌리거나 2차 자료를 활용한다. 2차 자료는 이미 다른 조사자들에 의해서 수집된 자료를 말하는데, 양적 연구에서 가장 많이 활용하는 2차 자료는 바로 공공데이터이다. 공공데이터는 공공기관에서 조사를 진행해서 제공해주는 데이터를 말한다.

공공데이터는 기관 홈페이지를 통해 무료로 다운로드하거나 담당자에게 요청하여 구할 수 있으며, 시간 및 비용 면에서 직접 설문응답을 받는 것보다 훨씬 경제적이다. 공공데이터의 케이스는 몇 천 명에서 수십만 명에 이르기 때문에 표본의 신뢰도가 높게 나온다. 하지만 연구자의 연구모형 및 가설에 부합하는 변수를 찾기 어렵다는 문제점을 갖고 있다.

공공데이터를 활용하는 방법은 직접 설문조사를 진행하는 것보다 장점이 많기 때문에 먼저 공공데이터를 확인하는 것도 좋은 방법이다. 특히 해당 공공데이터를

• Check point

: 2차 자료(secondary data)란 무엇인가?

2차 자료는 당면한 조사목적이 아닌 다른 목적을 위해 수집되고 정리되어 있는 자료로서 직·간접적으로 조사목적에 도움을 줄 수 있는 기존의 모든 자료들을 말한다. 최근 공공데이터의 개방으로 인해 2차 자료가 충분해지고 있으며, 2차 자료가 충분할 경우 1차 자료를 수집하지 않아도 된다. 2차 자료는 일반적으로 수집하기 쉽고 수집비용이 1차 자료에 비해 상대적으로 저렴하고, 신뢰성이 높은 공공기관에서 발간되는 경우가 많아지면서 효용성이 커지고 있다.

그러나 2차 자료는 다른 조사목적을 수행하기 위해 수집된 자료이므로 자료수집목적, 측정단위, 조작적 정의 등이 자신의 연구 주제 및 방향과 일치하지 않는 경우가 있기 때문에 사용에 주의가 필요하다. 또한 관련된 정보라도 시간이 상당히 경과하여 효용이 없는 경우나 자료의 신뢰도 및 타당도가 낮을 수 있다는 문제점도 있다.

[출처 : 채서일, 276, 사회과학조사방법론]

활용한 선행 연구를 종합적으로 검토하다보면 각 변수의 사용방법 및 연구모형 구상에 큰 도움이 될 수 있다. 해당 기관 홈페이지에서 해당 공공데이터를 활용한 논문을 다운받을 수 있기 때문에 선행논문과 설문지를 병행하여 검토해야 한다.

1) 주요 공공데이터 검색하기

자신의 연구 주제를 검색어로 입력해 공공데이터를 찾을 수 있다. 공공데이터는 공공데이터 포털(www.data.go.kr)을 통해 확인할 수 있다. 자신의 연구와 부합된 데이터를 발견했다면 해당 기관으로 들어가서 데이터를 구해보면 된다.

▲ 공공데이터 포털

2) 해당 기관에서 공공데이터 구하기

창업기업의 인적관리 방법을 연구하기 위해 본 교재에서는 한국직업능력개발원의 '인적자본기업패널'을 활용하고자 한다. '인적자본기업패널'을 검색하여 해당 사이트에 들어가면 된다.

해당 사이트에는 '인적자본기업패널'과 한국교육고용패널' 두 가지가 있는데 인적자원패널은 기업단위 조사패널이며, 종단분석이 가능하도록 기업별로 2년 주기로 조사되고 있다. 특히 기업성과와 연계될 수 있도록 2차 자료(한신평 데이터, 특허청 특허자료)와 병합되어 있으며, 기업과 소속 근로자를 연결시킨 데이터로서 다수준분석(Multi-level Analysis) 가능하도록 설계되어 있다.

• Check point
: 공공데이터를 활용한 연구자의 논문

논문제목	발행연도	패널명	분석방법	주요변수	표본
창업 성공에 영향을 미치는 창업준비단계 핵심요인 연구	2013	한국노동 패널	회귀분석 / 로지스틱 회귀	창업동기의 자발성 / 창업준비성 (자금,기술,인력,아이템확보) / 자기자본비율 / 창업만족도 / 창업생존율	2005년부터 2008년까지 190명 생존분석
업종별 창업 성공요인에 관한 탐색적 연구	2014	한국노동 패널	회귀분석	사업만족도 / 사업소득 / 경제적 특성, 상황적특성, 교육 및 기술수중 / 공동창업여부 / 창업편의성	창업자 901명 추출(6년자료)
사내기업가정신과 구성원의 직무만족 및 이직의도에 관한 다수준 분석	2019	인적자본 기업패널	다수준 분석	사내기업가정신 / 조직신뢰 / 직무만족, 이직의도	240개 사업장, 5709명
PLS 구조방정식 모형을 활용한 기업가적 지향성과 시장점유율간의 실증 분석	2020	인적자본 기업패널	PLS구조 방정식	기업가정신 / 기업가적 지향성 / R&D역량 / BSC미래가치 역량 / 시장점유율	320개 기업 1805명
제조 중소기업의 조직문화유형이 직무만족에 미치는 영향 조직신뢰 조절효과를 중심으로	2020	인적자본 기업패널	회귀분석	조직문화유형(혁신, 관계, 위계, 과업) / 직무만족 / 조직신뢰	459명
인재우대 정책이 팀장의 인지된 조직 내부프로세스 역량과 직무만족도에 미치는 영향에 관한 다수준 분석	2021	인적자본 기업패널	다수준 분석	인재우대정책 / 사내기업가정신 / 조직 내부프로세스 역량 / 직무만족도	79개기업 / 팀장급 367명
작업장 혁신과 혁신성과 간의 관계에 있어서 노동조합 태도의 조절효과 연구	2021	사업체 패널	회귀분석	작업장혁신(기술개선, 역량향상, 외부화), 노동조합의 태도, 혁신성과	30인이상 사업체 인사담당자 343명
일반고 학생의 자아인식 및 수업태도와 진로성숙의 관계에 대한 연구	2021	한국교육 고용패널	회귀분석 / 프로세스 매크로	자아인식, 수업태도 / 진로탐색효능감 / 진로성숙 / 부모와 대화빈도	245개 고등학교 5943명 학생

상단 '패널연구–인적자본기업패널–자료다운로드'로 들어가면 사용지침서 및 데이터 파일(TXT, STATA, SAS, SPSS), 설문지–레이아웃–코드북을 다운받을 수 있다. 이런 패널조사에는 사용지침서와 설문지를 꼼꼼히 확인하면서 자신의 연구 목적에 맞는 변수를 찾을 수 있다.

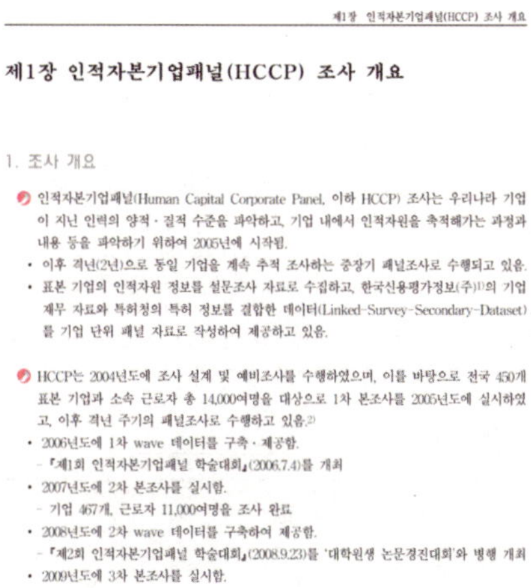

제1장 인적자본기업패널(HCCP) 조사 개요

제1장 인적자본기업패널(HCCP) 조사 개요

1. 조사 개요

- 인적자본기업패널(Human Capital Corporate Panel, 이하 HCCP) 조사는 우리나라 기업이 지닌 인력의 양적·질적 수준을 파악하고, 기업 내에서 인적자원을 축적해가는 과정과 내용 등을 파악하기 위하여 2005년에 시작됨.
  - 이후 격년(2년)으로 동일 기업을 계속 추적 조사하는 중장기 패널조사로 수행되고 있음.
  - 표본 기업의 인적자원 정보를 설문조사 자료로 수집하고, 한국신용평가정보(주)[1]의 기업 재무 자료와 특허청의 특허 정보를 결합한 데이터(Linked-Survey-Secondary-Dataset)를 기업 단위 패널 자료로 작성하여 제공하고 있음.

- HCCP는 2004년도에 조사 설계 및 예비조사를 수행하였으며, 이를 바탕으로 전국 450개 표본 기업과 소속 근로자 총 14,000여명을 대상으로 1차 본조사를 2005년도에 실시하였고, 이후 격년 주기의 패널조사로 수행하고 있음.[2]
  - 2006년도에 1차 wave 데이터를 구축·제공함.
    - 『제1회 인적자본기업패널 학술대회』(2006.7.4)를 개최
  - 2007년도에 2차 본조사를 실시함.
    - 기업 467개, 근로자 11,000여명을 조사 완료
  - 2008년도에 2차 wave 데이터를 구축하여 제공함.
    - 『제2회 인적자본기업패널 학술대회』(2008.9.23)를 '대학원생 논문경진대회'와 병행 개최
  - 2009년도에 3차 본조사를 실시함.

▲ 인적자본기업패널 사용지침서

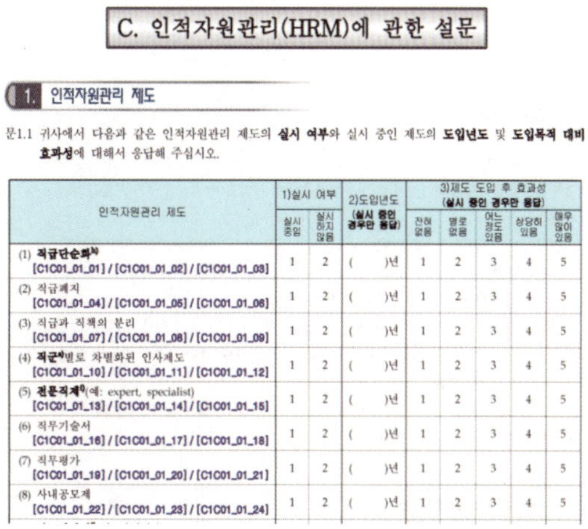

C. 인적자원관리(HRM)에 관한 설문

1. 인적자원관리 제도

문1.1 귀사에서 다음과 같은 인적자원관리 제도의 **실시 여부**와 실시 중인 제도의 **도입년도** 및 **도입목적 대비 효과성**에 대해서 응답해 주십시오.

인적자원관리 제도	1)실시 여부		2)도입년도 (실시 중인 경우만 응답)	3)제도 도입 후 효과성 (실시 중인 경우만 응답)				
	실시 중임	실시하지 않음		전혀 없음	별로 없음	어느 정도 있음	상당히 있음	매우 많이 있음
(1) **직급단순화**[3] [C1C01_01_01] / [C1C01_01_02] / [C1C01_01_03]	1	2	( )년	1	2	3	4	5
(2) 직급폐지 [C1C01_01_04] / [C1C01_01_05] / [C1C01_01_06]	1	2	( )년	1	2	3	4	5
(3) 직급과 직책의 분리 [C1C01_01_07] / [C1C01_01_08] / [C1C01_01_09]	1	2	( )년	1	2	3	4	5
(4) **직군**[4]별로 차별화된 인사제도 [C1C01_01_10] / [C1C01_01_11] / [C1C01_01_12]	1	2	( )년	1	2	3	4	5
(5) **전문직제**[5](예: expert, specialist) [C1C01_01_13] / [C1C01_01_14] / [C1C01_01_15]	1	2	( )년	1	2	3	4	5
(6) 직무기술서 [C1C01_01_16] / [C1C01_01_17] / [C1C01_01_18]	1	2	( )년	1	2	3	4	5
(7) 직무평가 [C1C01_01_19] / [C1C01_01_20] / [C1C01_01_21]	1	2	( )년	1	2	3	4	5
(8) 사내공모제 [C1C01_01_22] / [C1C01_01_23] / [C1C01_01_24]	1	2	( )년	1	2	3	4	5

▲ 인적자본기업패널 설문지

'인적자본기업패널'을 활용한 선행 연구를 벤치마킹함으로써 기존 연구자들의 연구모형과 가설, 주요 변수, 변수의 조작적 정의 등을 이해하고 자신의 연구에 적용하거나 확장할 수 있다. 학술대회 화면에서 '교육훈련'을 검색하며, 기존

학술대회에서 발표한 '교육훈련'이란 주제의 연구논문을 검색할 수 있다. '검색-첨부문서 다운로드'를 통해 해당 논문을 확인할 수 있고, 검색된 선행 연구를 통해 주요 변수와 척도를 확인할 수 있다. 해당 논문에 '조사설계' 및 '조작적 정의'에서 각 변수를 어떻게 측정했고 어떤 방법으로 조작화 한 것인지에 대해 확인해야 한다. 연구논문에서 원척도에 대한 정보는 매우 중요한 자료이기 때문에 참고할 논문은 신중하게 검토하여 선정해야 한다.

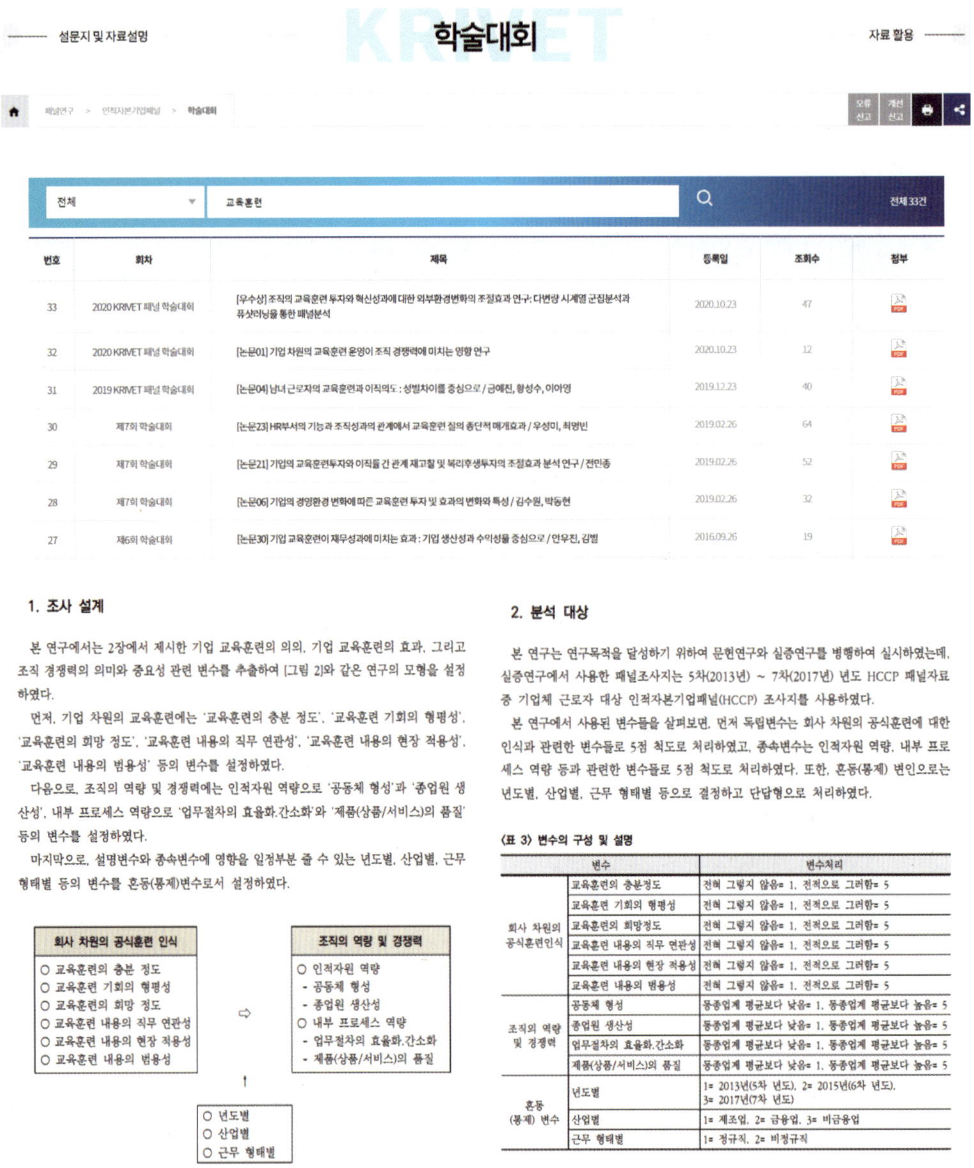

설문지 및 자료설명 | 학술대회 | 자료 활용

패널연구 > 인적자본기업패널 > 학술대회

전체 | 교육훈련 | 전체 33건

번호	회차	제목	등록일	조회수	첨부
33	2020 KRIVET 패널 학술대회	[우수상] 조직의 교육훈련 투자와 혁신성과에 대한 외부환경변화의 조절효과 연구: 다변량 시계열 군집분석과 퓨샷러닝을 통한 패널분석	2020.10.23	47	PDF
32	2020 KRIVET 패널 학술대회	[논문01] 기업 차원의 교육훈련 운영이 조직 경쟁력에 미치는 영향 연구	2020.10.23	12	PDF
31	2019 KRIVET 패널 학술대회	[논문04] 남녀 근로자의 교육훈련과 이직의도 : 성별차이를 중심으로 / 금예진, 황성수, 이아영	2019.12.23	40	PDF
30	제7회 학술대회	[논문23] HR부서의 기능과 조직성과의 관계에서 교육훈련 질의 종단적 매개효과 / 우성미, 최명빈	2019.02.26	64	PDF
29	제7회 학술대회	[논문21] 기업의 교육훈련투자와 이직률 간 관계 재고찰 및 복리후생투자의 조절효과 분석 연구 / 전민종	2019.02.26	52	PDF
28	제7회 학술대회	[논문06] 기업의 경영환경 변화에 따른 교육훈련 투자 및 효과의 변화와 특성 / 김수원, 박동현	2019.02.26	32	PDF
27	제6회 학술대회	[논문30] 기업 교육훈련이 재무성과에 미치는 효과 : 기업 생산성과 수익성을 중심으로 / 안우진, 김별	2016.09.26	19	PDF

1. 조사 설계

본 연구에서는 2장에서 제시한 기업 교육훈련의 의의, 기업 교육훈련의 효과, 그리고 조직 경쟁력의 의미와 중요성 관련 변수를 추출하여 [그림 2]와 같은 연구의 모형을 설정하였다.

먼저, 기업 차원의 교육훈련에는 '교육훈련의 충분 정도', '교육훈련 기회의 형평성', '교육훈련의 희망 정도', '교육훈련 내용의 직무 연관성', '교육훈련 내용의 현장 적용성', '교육훈련 내용의 범용성' 등의 변수를 설정하였다.

다음으로, 조직의 역량 및 경쟁력에는 인적자원 역량으로 '공동체 형성'과 '종업원 생산성', 내부 프로세스 역량으로 '업무절차의 효율화.간소화'와 '제품(상품/서비스)의 품질' 등의 변수를 설정하였다.

마지막으로, 설명변수와 종속변수에 영향을 일정부분 줄 수 있는 년도별, 산업별, 근무 형태별 등의 변수를 혼동(통제)변수로서 설정하였다.

2. 분석 대상

본 연구는 연구목적을 달성하기 위하여 문헌연구와 실증연구를 병행하여 실시하였는데, 실증연구에서 사용한 패널조사지는 5차(2013년) ~ 7차(2017년) 년도 HCCP 패널자료 중 기업체 근로자 대상 인적자본기업패널(HCCP) 조사지를 사용하였다.

본 연구에서 사용된 변수들을 살펴보면, 먼저 독립변수는 회사 차원의 공식훈련에 대한 인식과 관련한 변수들로 5점 척도로 처리하였고, 종속변수는 인적자원 역량, 내부 프로세스 역량 등과 관련한 변수들로 5점 척도로 처리하였다. 또한, 혼동(통제) 변인으로는 년도별, 산업별, 근무 형태별 등으로 결정하고 단답형으로 처리하였다.

〈표 3〉 변수의 구성 및 설명

변수		변수처리
회사 차원의 공식훈련인식	교육훈련의 충분정도	전혀 그렇지 않음= 1, 전적으로 그러함= 5
	교육훈련 기회의 형평성	전혀 그렇지 않음= 1, 전적으로 그러함= 5
	교육훈련의 희망정도	전혀 그렇지 않음= 1, 전적으로 그러함= 5
	교육훈련 내용의 직무 연관성	전혀 그렇지 않음= 1, 전적으로 그러함= 5
	교육훈련 내용의 현장 적용성	전혀 그렇지 않음= 1, 전적으로 그러함= 5
	교육훈련 내용의 범용성	전혀 그렇지 않음= 1, 전적으로 그러함= 5
조직의 역량 및 경쟁력	공동체 형성	동종업계 평균보다 낮음= 1, 동종업계 평균보다 높음= 5
	종업원 생산성	동종업계 평균보다 낮음= 1, 동종업계 평균보다 높음= 5
	업무절차의 효율화.간소화	동종업계 평균보다 낮음= 1, 동종업계 평균보다 높음= 5
	제품(상품/서비스)의 품질	동종업계 평균보다 낮음= 1, 동종업계 평균보다 높음= 5
혼동(통제) 변수	년도별	1= 2013년(5차 년도), 2= 2015년(6차 년도), 3= 2017년(7차 년도)
	산업별	1= 제조업, 2= 금융업, 3= 비금융업
	근무 형태별	1= 정규직, 2= 비정규직

▲ 김수원(2020), 기업 차원의 교육훈련 운영이 조직 경쟁력에 미치는 영향 연구

• Check point
: 횡단연구와 종단연구

- 횡단연구(cross-sectional research)란, 한 시점에 단 한 번 연구대상을 관찰하는 연구 설계를 말한다. 이는 많은 응답자로부터 다양한 변인을 한 시점에서 단 한 번 조사하는 경우에 주로 사용된다. 횡단연구는 상대적으로 적은 시간과 비용으로 다양한 변인에 대한 많은 정보를 얻을 수 있는 장점이 있으나, 변인 간의 인과관계 추론에 제약이 따른다. 횡단연구에 자주 활용되는 연구 설계는 바로 설문조사(survey)이다.
- 종단연구(longitudinal research)는 동일한 대상에 대해 긴 시간 동안에 걸쳐 추적 조사하여 분석하는 연구방법이다. 이러한 종단연구에는 패널조사(pannel study), 추세조사(trend study), 그리고 코호트조사(cohort study)가 있다.
- 패널조사는 특정 조사대상을 사전에 선정하고 이들을 대상으로 반복조사를 실시하는 방법이다. 예를 들어, 용인시 창업자들의 창업만족도 변화를 조사한다고 가정해 보자. 이를 위해 용인시민 가운데 일부를 사전에 패널로 선정하게 된다. 그리고 이들을 대상으로 6개월 또는 1년 단위로 창업만족도를 조사하고, 조사결과를 비교분석함으로써 용인시 창업자들의 창업만족도 변화를 조사하게 된다. 이처럼 패널조사의 경우 측정기간 동안 패널이 탈락할 수 있다는 단점이 있다. 실제 국내 창업자들의 창업생존율은 매우 낮은 수준이기 때문에 패널구성원의 탈락률은 매우 높아질 수 있다. 의미 있는 연구조사를 위해서는 패널구성원의 유지가 필수조건이 된다.
- 추세조사는 패널조사와 달리 사전에 조사대상자를 선정해 두지 않고, 다른 시점의 반복측정을 통해 얻은 시계열 자료를 이용하는 조사이다. 일례로 시대에 따른 창업환경에 따른 인식을 조사한다면, 2000년, 2010년, 2020년의 국내 30대 창업자들의 창업환경에 대한 인식을 조사하고, 조사결과들을 비교 분석하게 되는 것이다. 엄격한 의미에서 동일대상은 아니나 동일한 특성을 가진 대상으로 조건화하고 변화된 결과를 비교분석할 수 있다.
- 코호트조사는 특정한 시기에 태어났거나 동일시점에 특정한 사건을 경험한 사람들을 대상(베이비붐 세대, X세대, 386세대 등)으로 조사한다. 추세조사는 조사대상이 되는 집단구성원의 모집단이 변화하는 것과 달리 코호트조사는 집단구성원의 모집단이 변화하지 않는다. 또한 패널조사는 패널이라 불리는 조사 샘플이 동일하게 유지되지만, 코호트조사는 집단구성원의 모집단은 동일하지만 조사시점 마다 샘플로 선정된 조사대상은 변할 수 있다.

3) 연구기관별 2차 데이터 현황과 활용하기

국내 다양한 공공기관에서 다양한 주제의 2차 데이터를 공개하고 있다. 2차 데이터의 구조적 한계점으로 인해 자신의 연구내용과 정확하게 부합한 데이터는 찾기 어려울 수 있으나, 시간과 비용문제를 최소화할 수 있고 신뢰도 있는 공공 데이터를 무료로 이용할 수 있다는 큰 장점을 갖고 있다. 물론 공공데이터를 원활하게 활용하기 위해서는 선행 연구 조사뿐만 아니라 설문구조에 부합한 다양한 연구방법론을 능숙하게 사용할 수 있는 연구능력이 필요하다. 걱정할 필요 없다! 본 교재에서 제시하는 연구방법론을 이해하고 사용할 수 있다면 아래 2차 데이터를 활용한 연구는 그리 어렵지 않게 진행할 수 있다.

연구기관	조사명	시작연도	조사주기	표본 수	조사대상	표집방법	조사내용
국민연금 연구원	국민 노후보장 패널조사 (KReIS)	2005	격년	5,110가구	표본가구의 만 50세 이상의 개인 및 그의 배우자 8,686명	확률비례 층화	가구원 인적사항, 주거, 가구지출, 소득, 직업력 및 퇴직, 고용 및 취업, 고용 및 이직, 직업력 및 은퇴, 은퇴 및 구직, 노후준비, 공적 연금, 개인연금, 건강보험, 소득 및 이전지출, 자산 및 부채, 상속 및 증여, 가족관계, 돌봄, 삶의 만족도 및 건강
근로복지 공단	산재보험 패널조사	2013	매년	2,000명	산재근로자	층화비례 추출법	인적특성, 산재서비스, 재해발생사업장, 현재 경제활동 판별, 재해 이후 경제활동, 건강 및 삶의 질, 개인소득, 가구 일반사항
서울대학교 노화 고령사회 연구소	베이비부머 패널조사	2010	격년	4,668명	1955~1963년 출생자	–	사회인구학적 특성, 가족관계, 직업경력, 은퇴, 재정상황, 은퇴준비, 건강, 생애사건, 사회적 관계, 삶의 가치
서울특별시 교육연구 정보원	서울교육 종단연구 (SELS)	2010	매년	16,500명	초4학년 중1학년 고1학년	다단계 층화 표출	가정생활, 학교생활, 방과 후 학교 및 사교육 참여, 학습시간, 자기주도적 학습태도, 여가활동, 건강, 가정배경, 교육비, 교사 배경 특성, 교사 근무시간, 학교장의 학교운영, 교육과정 편성 및 운영 등
육아정책 연구소	아동 패널조사	2008	매년	2,078명	표본가구의 0세 아동	층화 다단계 표본 추출법	대상 아동의 인구학적 특성, 건강특성, 발달 영역별 특성, 기질, 기초습관, 양육특성, 아버지 특성, 어머니 특성, 경제적 특성, 사회보장 지원여부, 대리양육 여부, 기관, 시설 향후 이용 계획 등
한국고용 정보원	대졸자 직업이동 경로조사 (GOMS)	2006	매년	26,000명	전문대, 교육대학, 4년제 대학 졸업자	다단계 층화 추출법	교육과정, 일자리, 재학 중 취업, 훈련과정, 자격증, 전공, 소득, 사회보험, 이직, 일자리 선택 시 중요도, 공무원 시험준비, 혼인상태, 거주지, 부모학력 등
한국고용 정보원	청년패널조사 (YP)	2001	매년	5,956명	표본가구 중 만 15~29세에 해당하는 청년층 가구원	산업 직업별 고용 조사에서 이중추출	학교생활, 교육평가, 사교육, 해외연수, 여가생활, 일자리, 구직활동 관련, 직업관 및 진로, 직업교육훈련 및 자격증, 진로결정성 및 경제활동여성, 직장체험, 인적사항
		2007	매년	10,206명			※새로운 표본으로 시작 교육력, 아르바이트 및 휴학, 직업력, 구직활동 관련, 진로, 사교육, 해외연수, 문화적 자본, 직업교육훈련 및 자격증, 정부청년실업대책, 인적 사항
한국교육 개발원	한국교육 종단연구 (KELS)	2005	매년	6,908명	2005년 전국 150개 중학교 1학년 학생	다단계 층화 군집추출법	[학생 수준] 인구통계적 특성, 개인적 특성, 수업요인, 학교생활, 교우관계, 가정생활, 진로, 수입, 직업능력 수준, 직무 만족도 [학교 수준] 학교특성, 교육평가, 교수활동, 교사활동, 상급학교 진학률, 학생수준 지표의 평균

연구기관	조사명	시작 연도	조사 주기	표본 수	조사대상	표집방법	조사내용
한국노동 연구원	사업체 패널조사	2006	매년	4,275개 사업장	상용근로자 30인(일반), 20인(공공) 이상	층화 추출	사업장 특성, 고용현황 및 고용 관리, 보상 및 평가, 인적자원관리 및 직업조직, 인적자원개발, 기업복지 및 산업재해, 응답자 정보, 노사관계
	한국 고령화 연구패널 조사 (KLoSA)	2006	격년	10,000명	45세 이상 중고령자 (제주도 제외)	집락층화 표집	인구, 가족(자녀, 손자녀, 부모, 형제자매), 건강 상태, ADL과 간병인, 의료보장과 시설이용, 인지력, 신체기능, 고용, 소득, 자산, 주관적 기대감, 삶의 만족도 등
	한국 노동 패널조사 (KLIPS)	1998	매년	6,700 가구	표본가구의 15세 이상 가구원	2단계 층화집락 계통추출	가구원 정보, 사적 이전, 주거, 사교육, 소득, 소비, 저축, 자산, 부채, 경제활동상태, 주된 일자리 특성(근로계약, 기업형태 및 규모, 근로시간, 임금, 사회보험 등), 자격증, 학력, 혼인, 출산, 건강, 생활만족도 등
한국보건사회 연구원	의료패널 조사	2007	매년	8,000 가구	표본가구의 가구원	층화 추출	사회경제적 특성, 자산규모 및 생활비 지축, 의약품 구매, 노인장기요양, 인구사회경제적 특성, 경제활동 및 소득, 건강수준, 의약품 복용 형태, 병원 이용 목적 및 비용, 의료비 재원, 임신 및 출산, 생활습관, 의료접근성, 민간의료보험 등
	인구패널 조사	2007	매년	6,000~10,000명	–	확률비례 층화	교육, 직업, 건강, 소득, 주거 등
	한국복지 패널조사	2006	매년	7,000가구 (일반가구, 저소득층 가구 각각 3,500가구)	표본가구의 가구원	층화 이중 추출	가구원 일반사항, 보육, 교육, 건강 및 의료, 주거, 사회보험, 공공부조, 사회복지서비스, 소득, 지출 및 저축, 자산 및 부채, 직업이력, 경제활동상태, 고용지원프로그램, 생활실태 등
한국여성정책 연구원	여성가족 패널조사	2007	격년	10,000명	만 19세~64세 이하의 여성이 가구원으로 거주하고 있는 가구와 해당 여성가구원	다단계 층화 계통추출	가구원 및 가족사항, 가구소득 및 소비, 주거상태, 자산 및 부채, 성장과정 및 학교생활, 남편 일자리, 형제와의 관계, 첫 직장경험, 장애인 및 환자, 혼인 상태, 출산경험과 자녀, 결혼과 부부생활, 현재의 경제활동, 사회보험, 차별사항, 일 만족도, 교육 및 훈련, 모성보호 제도 등
	여성관리자 패널조사	2007	격년	2,351명	100인 이상 기업이 종사하고 있는 대리급 이상 관리자	층화 2단 단순임의 추출	현 직장사항, 인사관리, 경력개발, 취업력, 학력, 자격증, 교육훈련, 삶에 대한 만족도, 혼인, 배우자, 자녀
한국장애인 고용촉진공단	장애인고용 패널조사	2008	매년	5,000명	만 15~75세의 '장애인복지법' 제2조에서 규정하고 있는 유형의 장애인	층화 계통 추출	인적 사항, 장애유형 및 등급, 장애 발생시기, 원인, 상태, 경재활동, 직무수행능력, 전공/진로, 고용서비스, 직업능력개발, 건강, 운동, 수면, 여가, 임신, 출산, 양육과 일, 가사부담과 일, 은퇴, 노후준비, 근로소득, 사적 이전소득, 가구구성, 소득, 지출, 자산, 주거형태 등
한국 조세 연구원	재정패널	2008	매년	5,010가구	–	2단계 집락 추출법	인적 사항, 주택 및 자동차, 지출, 소득이전, 자산 및 부채, 연금 및 보험, 소득세 납부
학국직업능력 개발원	인적자본 기업패널	2005	격년	450개 기업과 소속 14,000명 근로자	근로자수 100인 이상이면서 일반기업 이상	산업별, 규모별, 기업형태별	경영일반, HR부서, 인적자원관리, 인적자원개발, 인력현황, 연구개발, 기본정보, 현직장 기본정보, 회사의 경쟁력 수준, 직무분석, 직업 환경 등
	한국 교육고용 패널조사	2004	매년	6,000명 (중학교, 일반계 고교, 전문계 고교 각 2,000명)	2004년 중학교, 일반계 고교, 전문계 고교 3학년 재학생	층화 집락 추출법	소속대학, 대학 만족도, 전공 및 공부, 성적, 진학 계획, 졸업 후 진로계획, 구직활동, 직업경험, 현재의 직업생활, 취업의사 및 준비, 영어 교육, 제2외국어 교육, 공무원시험 준비, 교양/취미 교육, 가구형태와 구성원, 가구소득 및 지출, 여가생활
한국청소년 정책연구원	청소년 패널조사	2003 (중2) 2004 (초4)	매년	3,697명 (중2) 2,949명 (초4)	청소년 및 부모	층화 다단계집락 표집	[학생] 인적 사항, 직업선택, 향수 진로설정, 진로준비, 여가, 생활영역별 시간배분 및 중요도, 자아관 등 [부모] 가족구성, 동거여부, 학력, 직업, 근로형태, 소득, 사교육비, 주거형태 등

[출처: 김희삼.2014 한국사회정책연합 공동학술대회 패널자료를 이용한 연구방법]

PART I

10 연구논문 검색

이미 이루어진 선행 연구에 무엇이 있는지 검색하기 위해서는 각종 학술사이트를 활용해야 한다. 구글스칼라, RISS, 대학 전자도서관, 네이버 등 각종 사이트를 통해 검색하고 다운로드를 받아야 한다.

■ RISS(한국교육학술정보원)

RISS(www.riss.kr)에서는 학위논문, 국내외 학술지논문, 단행본, 공개강의, 연구보고서 등의 자료를 이용할 수 있다. 국내에서 생산된 거의 모든 논문 자료를 담고 있다. 국내 석박사 논문, 정책보고서, 일반 및 전공 서적 등을 검색하고 다운로드 받을 수 있기 때문에 요긴하게 사용할 수 있다.

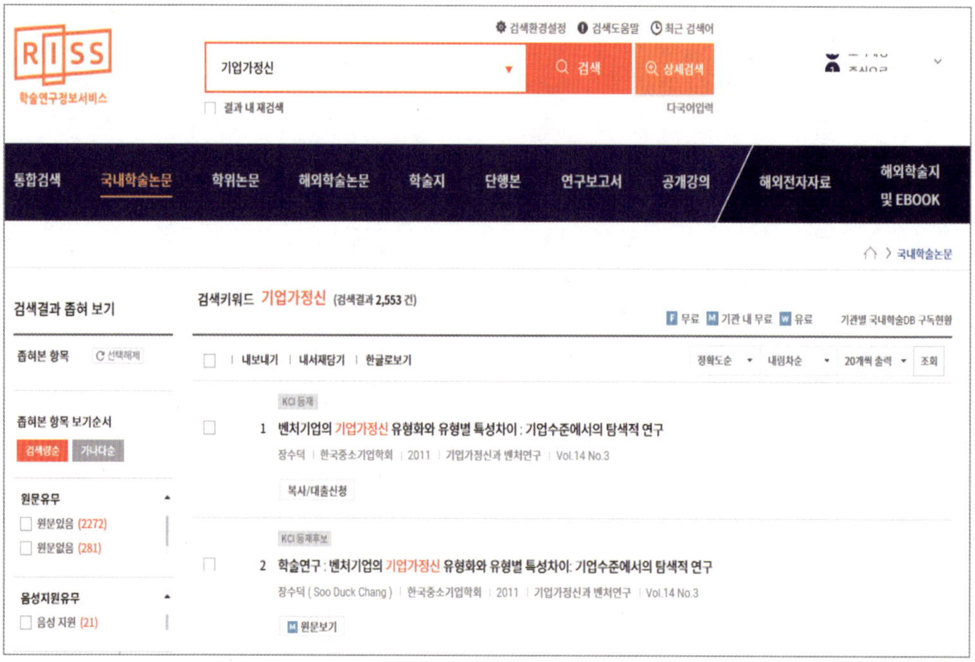

▲ RISS 학술검색

■ 구글학술검색

구글학술검색(scholar.google.co.kr)은 보고서 및 뉴스뿐만 아니라 해외저널에서 발간한 최신 논문을 검색하고 해당 페이지를 연결하여 논문을 다운로드 받을 수 있다. 구글 학술검색을 이용하면 각종 유료 자료뿐만 아니라 PDF파일로 제공하는 공개 자료도 얻을 수 있다. 특히 SSCI 및 SCI급 해외 논문을 검색하고 다운받을 때 매우 편리하게 사용할 수 있다.

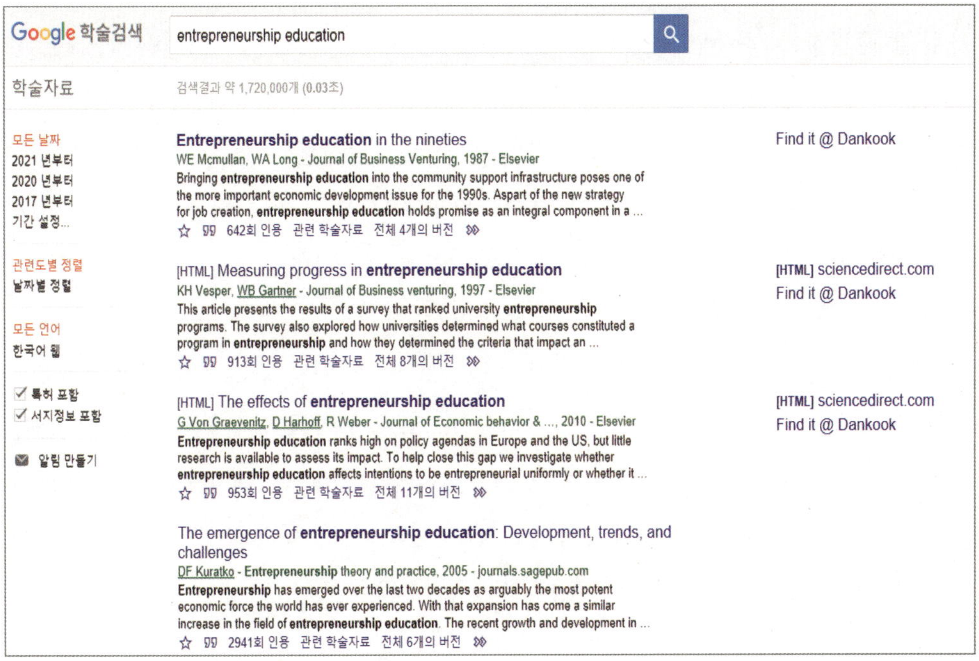

▲ 구글 학술검색

대학교 중앙도서관 홈페이지의 검색기를 통해 각종 학술자료를 검색하고 다운로드 받을 수 있다. 자신이 속한 대학을 통해 다운을 받기 때문에 자료 구입비용이 들지 않을 수도 있지만, 학교마다 유·무료는 다르게 나타난다.

PART I

11 양적 연구에서 주로 사용하는 통계프로그램 이해하기

연구논문을 진행하는 과정에서 가장 중요한 파트는 연구내용에 부합한 통계방법 활용이다. 데이터를 활용하는 양적 연구에서는 통계를 통해 자신의 연구 주제와 가설을 증명해야 하지만, 연구에 갓 입문한 연구자에게는 큰 어려움이 따른다. 대부분의 대학원 커리큘럼에는 '연구방법론' 수업이 있다. 연구자의 입장에서는 가장 중요한 무기를 얻을 수 있는 수업이지만, 실제 연구방법론 수업은 교수진의 경력과 전공, 관점에 따라 편차가 크기 때문에 수업을 듣는다 해도 연구 및 통계의 감을 잡지 못하는 경우가 많다.

양적 연구에서 가장 중요한 것은 연구자가 생각하는 연구 주제와 핵심변수, 연구모형, 검증방법을 통합적으로 연결해야 한다는 것이다. 즉 다양한 연구가설과 변수, 모형에 부합한 연구 방법을 찾고 적용함으로써 결과를 예측할 수 있어야 한다. 본 교재에서는 사회과학에서 주로 사용하는 대표적인 통계프로그램인 SPSS, AMOS, HLM, Process Macro를 학습함으로써 자신의 연구 주제와 가설, 연구모형에 부합하는 연구방법론을 찾고 적용하는데 도움을 주고자 한다.

1) SPSS를 활용한 연구방법

통계 프로그램 입문자라면 SPSS로 시작하면 된다. SPSS는 다른 통계프로그램보다 쉽고 편리하다. 처음부터 어려운 통계프로그램을 사용한다면 통계분석을 쉽게 포기하거나 통계에 대한 거부감만 생길 수 있다. 연구모형이나 연구조건이 동일하다면 SPSS를 사용하거나 어려운 통계프로그램인 SAS나 STATA 사용해도 통계값은 동일하게 나온다.

■ SPSS활용한 연구논문 진행과정 예시

SPSS를 활용한 연구논문의 전반적 흐름을 파악하기 위해 등재된 논문을 토대로 검토해보자.

[논문제목] 한국, 일본, 싱가포르 시니어 창업가의 기회형 창업수준이 창업성과에 미치는 효과_정부 창업지원 프로그램의 조절효과

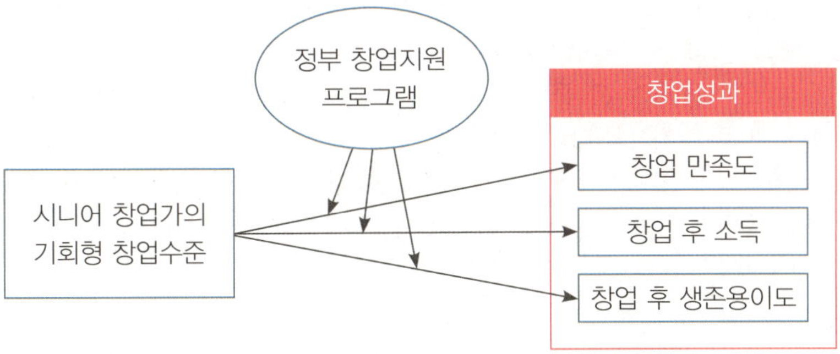

가설1. 시니어 창업가의 기회형 창업수준은 창업 만족도에 정(+)의 영향을 줄 것이다.
가설2. 시니어 창업가의 기회형 창업수준은 창업후 소득에 정(+)의 영향을 줄 것이다.
가설3. 시니어 창업가의 기회형 창업수준은 창업후 생존용이도에 정(+)의 영향을 줄 것이다.
가설4. 정부 창업지원 프로그램은 시니어 창업가의 기회형 창업수준이 창업성과에 미치는 영향에 있어서 유의한 조절작용을 할 것이다.

위 논문에서 제시한 연구모형과 연구가설을 보면 사용된 주요변수와 영향관계를 파악할 수 있다. 〈그림〉의 연구모형에서 독립변수인 기회형 창업수준, 종속변수인 창업만족도, 창업후 소득, 창업후 생존용이도, 조절변수인 창업지원 프로그램이 활용되었고, 총 4개의 통제변수가 포함되어 있다.

Ⅲ. 자료 및 분석방법

3.1. 자료수집

본 연구는 2016년 GETR(Global Entrepreneurship Trend Report) 데이터 중 아시아의 혁신주도형 국가인 한국, 일본, 싱가포르 3개국의 시니어 창업가를 연구의 대상으로 하였다. 3개국의 창업경험이 있거나 창업을 진행 중인 시니어 창업자 672명(한국 328명, 일본 118명, 싱가포르226명)의 데이터가 표본에 포함되었다.

논문에서 Ⅰ(서론) 및 Ⅱ(연구의 이론적 배경) 다음에는 연구방법(Ⅲ. 자료 및 분석방법)이 나온다. 연구방법에는 데이터 수집과정과 절차, 수집기간, 최종분석 수 등을 확인할 수 있다.

3.3 분석 절차 및 방법

본 연구를 위해 수집된 자료는 SPSS 22.0 프로그램을 활용하여 다음과 같이 분석하였다. 첫째, 조사대상자의 국가, 성별, 결혼여부, 최종학력, 연령 등 인구통계학적 특성을 기술통계분석을 통해 빈도와 백분율을 산출하였다. 둘째, 복수 응답으로 수집된 조사 국가별 시니어 창업가의 창업 업종 비교를 위해 변수군 정의를 통한 교차분석을 실시였다. 셋째, 본 연구의 주요 변수인 기회형 창업 수준, 창업 만족도, 창업후 소득, 창업후 생존용이도, 정부 창업지원 프로그램 간의 상관관계를 확인하기 위해 피어슨 상관관계 분석(Pearson's correlation analysis)을 실시하였고, 마지막으로 본 연구의 목적인 시니어 창업가의 기회형 창업수준이 창업성과에 미치는 효과 및 정부 창업지원 프로그램의 조절효과를 알아보기 위해 바론(Baron)과 케니(Kenny)가 제안한 위계적 회귀분석을 실시하였다. 실증분석에서 성별, 최종학력, 결혼여부 등을 통제하였고, 국가의 영향을 통제하기 위해 국가를 더미변환하여 통제변수로 투입하였다.

분석 절차 및 분석방법에는 어떤 통계프로그램을 활용하고 어떤 분석절차를 통해 진행되었는지 확인할 수 있다. 이 논문에서는 빈도분석, 교차분석, 상관관계분석 및 회귀분석을 사용하였다는 것을 파악할 수 있다.

Ⅳ. 연구 결과

4.1 분석대상의 특징

본 연구에는 한국, 일본, 싱가포르 3개국의 시니어 창업자 672명이 포함되었으며 이들의 특징은 아래 [표3]과 같다. 국가별로는 한국이 328명, 일본 118명, 싱가포르 226명으로 일본의 표본수가 다소 적게 포함되었음을 알 수 있다. 분석대상의 63.1%가 남자, 36.9%가 여자였으며, 기혼이 81.7%로 미혼인 18.3%에 비해 월등히 많았다. 최종학력은 대학교졸이 45.5%로 절반 정도를 차지했으며, 그 다음으로 고등학교졸(39.4%), 중학교졸(7.6%), 대학원졸(5.4%) 순으로 나타났다. 연령별 구성을 분석해 보면 40대 43.2%, 50대 43.9%, 60대 12.9%로 40~50대가 분석대상의 대부분을 차지하고 있는 것을 알 수 있다.

[표3] 분석 대상 국가 및 표본

구분		N	%	구분		N	%
국가	한국	328	48.8	결혼여부	미혼	123	18.3
	일본	118	17.6		기혼	549	81.7
	싱가포르	226	33.6	최종학력	초등미만	7	1.0
성별	남성	424	63.1		초등졸	7	1.0
	여성	248	36.9		중학교졸	51	7.6
연령	40대	290	43.2		고등학교졸	265	39.4
	50대	295	43.9		대학교졸	306	45.5
	60대	87	12.9		대학원졸	36	5.4

SPSS를 활용한 빈도분석을 통해 조사대상자(표본)의 인구통계학적 특성을 진행할 수 있다. 빈도분석을 통해 조사대상자 중 성별, 연령, 학력 등 다양한 특성을 인원과 비율로 파악할 수 있다. 평균과 표준편차는 '기술통계분석'을 통해 진행할 수 있다. 또한 변수들의 신뢰도와 타당도를 측정할 수 있는 '신뢰도분석'과 '요인분석'을 진행함으로써 기초분석을 마무리 할 수 있다.[1)]

4.3.1 상관관계분석

본 연구의 주요 변수인 기회형 창업수준, 창업 만족도, 창업후 소득, 창업후 생존용이도, 정부 창업지원 프로그램 간의 상관관계를 확인하기 위해 피어슨 상관관계 분석(Pearson's correlation analysis)을 실시하였다. 그 결과 독립변수인 기회형 창업수준은 종속변수인 창업 만족도(r=.245, p<.001), 창업후 소득(r=.256, p<.001), 창업후 생존용이도(r=.279, p<.001), 그리고 조절변수인 정부 창업지원 프로그램(r=.219, p<.001) 모두와 유의한 정(+)적 상관관계를 보여 시니어 창업가의 기회형 창업수준이 창업성과와 강한 정(+)의 상관관계가 있음을 보여주고 있다. 또한 창업 성과 변수인 창업 만족도, 창업후 소득, 창업후 생존용이도 또한 서로간의 강한 정(+)적 상관관계를 보여 창업성과 변수로서 서로간의 관련이 있음을 확인할 수 있었다.

[표5] 주요 변수 간 상관관계 분석

변수	기회형 창업수준	창업 만족도	창업 후 소득	창업 후 생존용이도	정부창업지원 프로그램
	1	2	3	4	5
1	1				
2	.245***	1			
3	.256***	.562***	1		
4	.279***	.246***	.357***	1	
5	.219***	.299***	.296***	.421***	1

*p<.05, **p<.01, ***p<.001

주요 변수의 상관관계는 주요 변수간의 상호관계의 방향과 강도를 확인할 수 있다. 정(+)의 관계와 부(-)의 관계, 상관관계 없음 등을 통해 주요 변수 간의 영향력을 확인할 수 있다. 보통 핵심 분석인 회귀분석 이전에 주요 변수의 관련성을 파악하는데 사용한다.

SPSS를 활용한 회귀분석을 통해 '기회형 창업수준'의 주효과와 '정부창업지원프로그램'의 조절효과를 검증할 수 있다. 본 논문에서는 기회형 창업수준이 창업만족도에 미치는 영향관계는 검증되었으나, 정부창업지원프로그램의 조절효과는 검증되지 않았다.

1) 본 연구에서는 주요 변수들이 단일문항으로 측정된 한계로 인해 신뢰도분석과 요인분석을 진행하지 않았다. 정부에서 수집한 2차 데이터로 인해 변수들의 신뢰성과 타당성을 측정하지 못하는 한계점을 가지고 있다는 점을 이해해 주기 바란다.

4.3.2 기회형 창업수준이 창업 만족도에 미치는 영향 및 정부 창업지원 프로그램 조절효과 검증

본 연구의 효과 검증을 위해 위계적 회귀분석을 통하여 모형1에서 기회형 창업수준이 창업만족도에 미치는 영향을 검증하고, 모형2 및 모형3 단계에서 정부 창업지원 프로그램의 조절효과를 검증하였다. 다중공선성 문제를 해결하기 위해, 독립변수와 조절변수는 표준화 변환을 실시하여 분석하였다. 분석 결과, 모형1에서 기회형 창업수준은 창업 만족도(β=.154, p<.001)에 유의한 양(+)의 영향을 미치는 것으로 나타났고, 모형의 설명력은 16.1%으로 통계적으로 유의하게 나타났다(F=18.342, p<.001). 이는 기회형 창업수준이 높을수록 창업 만족도가 높아진다는 것을 의미한다. 모형2에서는 정부 창업지원 프로그램이 창업 만족도에 대한 유의한 양(+) 변수임이 확인되었으며(β=.186, p<.001) 설명력은 19.1%로 증가되었고 모형 또한 통계적으로 유의하였다(F=19.326, p<.001). 한편 모형3에서 기회형 창업수준×정부 창업지원 프로그램의 상호작용항을 투입하였을 때는 추가 설명량이 유의하게 나타나지 않아 정부 창업지원 프로그램의 조절효과가 통계적으로 유의하지 않은 것으로 나타났다. 즉 기회형 창업수준과 창업 만족도의 관계에서 정부 창업지원 프로그램의 도움정도가 창업 만족도를 영향을 주지 않는 것으로 나타났다.

[표6] 기회형 창업수준이 창업 만족도에 미치는 영향 및 정부 창업지원 프로그램 조절효과

변수	모형 1		모형 2		모형 3	
	B	β	B	β	B	β
(상수)	2.564		1.949		1.911	
성별(남성)	0.012	0.004	0.025	0.009	0.029	0.010
최종학력	0.132	0.078	0.143	0.084	0.142	0.083
결혼여부(기혼)	0.495	0.136***	0.427	0.118***	0.431	0.119***
국가(dummy1)_일본	−0.063	−0.018	−0.014	−0.004	0.013	0.004
국가(dummy2)_싱가포르	0.906	0.313***	0.802	0.277***	0.797	0.275***
기회형창업수준	0.133	0.154***	0.105	0.122***	0.105	0.121***
정부창업지원프로그램			0.182	0.186***	0.188	0.192***
기회형창업수준 × 정부창업지원프로그램					0.064	0.053
F	18.342***		19.326***		17.181***	
R^2 (adj.R^2)	.161(.152)		.191(.181)		.194(.182)	
R^2 change	.161		.030		.003	

*p<.05, **p<.01, ***p<.001

2) AMOS를 활용한 연구방법

구조방정식모형(Structural Equation Model : SEM)은 변수들 간의 인과관계를 밝히는 기법이다. 구조방정식모형을 진행하기 위해서 본 교재에서는 AMOS를 활용한 연구방법을 제시하고자 한다. 구조방정식모형은 요인분석, 상관분석, 회귀분석을 결합한 방식으로 다음과 같은 장점이 있다.

첫째, 구조방정식은 다수의 독립변수와 종속변수들 간의 인과관계나 상관관계를

동시에 볼 수 있다. SPSS를 활용한 회귀분석에서는 종속변수의 개수에 따라 각각 검증해야 하나, 구조방정식은 종속변수의 개수와 상관없이 한 번에 검증할 수 있는 장점이 있다.

둘째, 구조방정식 모형에서는 잠재변수를 사용할 수 있다. 예를 들어, 창업만족도를 구성하는 문항이 4개라면, 회귀분석에서는 4개 문항을 평균하거나 합산하여 창업만족도를 도출한다. 즉 4개 문항 각각의 특징을 살리지 못하는 문제점을 갖고 있다면, 구조방정식에서는 잠재변수를 활용하여 4개 문항의 분산을 그대로 반영함으로써 더욱 정확한 분석이 가능하다.

셋째, 회귀분석에서는 직접효과의 유의성과 방향성을 중심으로 검증한다면, 구조방정식에서는 직접효과뿐만 아니라 간접효과도 파악할 수 있다. 회귀분석에서도 물론 위계적 회귀분석을 통해 매개변수를 통한 간접효과 여부를 파악할 수 있지만, 간접효과의 크기를 정확히 확인할 수는 없다.

■ AMOS를 활용한 연구논문 진행과정 예시

구조방정식을 통한 논문을 작성할 경우 단계별로 어떤 분석방법을 사용해야 하는지 이해할 필요가 있다. 구조방정식을 활용한 분석절차는 [그림]와 같다. 신뢰도분석, 빈도분석, 기술통계분석, 상관관계분석까지는 SPSS를 활용하며, 확인적요인분석 및 경로분석은 Amos를 활용하여 논문에 제시하면 된다.

[논문제목] 전통시장 청년몰 청년상인의 기업가정신 및 정부지원 프로그램이 창업성과에 미치는 영향 : 창업준비성, 상인과의 협력의 매개효과를 중심으로

가설1. 정부지원 프로그램은 창업성과에 긍정적 영향을 미칠 것이다.

가설2. 기업가정신은 창업성과의 긍정적 영향을 미칠 것이다.

가설3. 정부지원 프로그램, 기업가정신과 창업성과의 관계에서 창업준비성이 매개효과가 있을 것이다.

가설4. 정부지원 프로그램, 기업가정신과 창업성과의 관계에서 상인과의 협력이 매개효과가 있을 것이다.

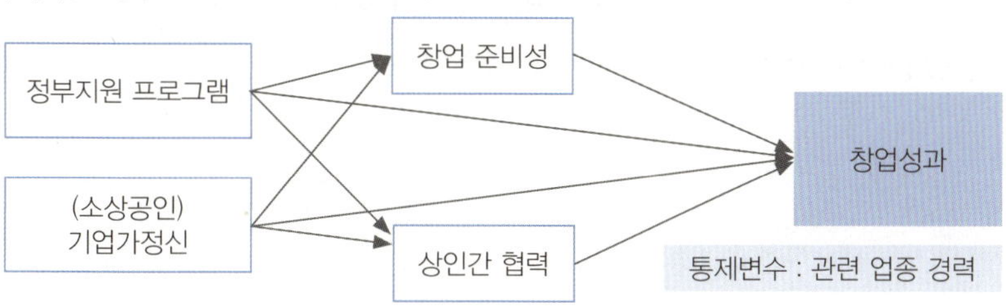

위 논문에서 제시한 연구모형과 연구가설을 보면 사용된 주요변수와 영향관계를 파악할 수 있다. 〈그림〉의 연구모형에서 독립변수인 정부지원프로그램, 기업가정신, 종속변수인 창업성과, 매개변수인 창업준비성, 상인간 협력이 활용되었고, 업종 경력이 통제변수로 포함되어 있다.

Ⅲ. 연구방법
3.2. 자료수집 및 분석방법 본 연구에서는 연구범위와 목적에 따라 전국 35개 지역의 청년몰 시장의 청년상인들을 대상으로 설문조사를 진행하였다. 설문조사는 청년몰 특성상 영업준비 시간을 제외한 시간에 전국 35개 지역의 청년몰 시장을 직접 방문하여 네이버온라인 설문지를 이용(QR코드 생성), 조사하였고 설문조사는 2020년 6월 1일부터 2020년 7월 31일까지 2개월 동안 실시하였다. 2020년 7월 현재 청년상인의 수는 594명 중 약 49%인 291명이 응답하였으며 불성실한 응답이나 결측값으로 사용할 수 없는 설문지 5부를 제외한 286명 응답을 자료 분석에 사용하였다. 본 연구의 자료는 SPSS 25.0와 AMOS 25.0 프로그램을 사용하여 다음과 같은 단계로 통계적 분석하였다. 첫째, 연구의 척도들의 신뢰도를 확인하기 위해 척도별 내적 합치도(Cronbach's α)를 산출하였다. 둘째, 연구대상의 특성을 파악하기 위해 빈도분석(Frequency analysis)을 시행, 연구변인의 수준을 파악하기 위해 기술통계 분석하였다. 셋째, 연구변수간의 상관관계를 알아보기 위하여 상관분석(Pearson's correlation)을 실시하였다. 넷째, 잠재변수를 구성하는 관측변수들의 타당도를 검증하기 위해 확인적 요인분석(Confirmatory factor analysis)을 하고, 수렴타당도, 판별타당도를 검증하였다. 다섯째, 변수 간 직접효과, 간접효과의 유의성을 검증하기 위해 팬텀변수(Phantom variables)를 활용한 부트스트랩(Bootstrap)분석하였다.

자료수집 및 분석방법에서 데이터 수집과정과 절차, 수집기관, 표본 등을 제시해야 한다. 그리고 SPSS와 AMOS를 활용하여 기술통계분석, 상관분석, 확인적 요인분석, 경로분석을 사용하였다는 것을 확인할 수 있다. (*지면관계상 빈도분석결과, 상관분석결과, 수렴타당도 및 판별타당도검증결과는 생략)

구조방정식모형을 사용할 때, Amos라는 통계프로그램을 주로 활용한다. 이 논문에서는 구조방정식을 사용하기 전에 신뢰도분석, 빈도분석, 기술통계분석, 상관분석을 진행하였고, 구조방정식모형을 활용한 후 매개효과 검증을 위해 팬텀변수를 활용한 부트스트랩분석을 진행하였다.

Ⅳ. 연구 결과

4.1 신뢰도 분석

본 연구의 측정 도구가 측정하고자 하는 것을 응답자가 얼마나 일관성 있게 응답하였는지 파악하기 위해 신뢰도 분석하였다. 신뢰도란 측정대상을 여러 번 측정하였을 때에도 같은 결과가 나타나고, 어떤 지표를 구성하는 항목 간에 일관성이 있다는 것을 의미한다. 이를 검증하기 위해 크론바흐 알파(Cronbach's alpha) 계수를 이용하였다. 일반적으로 알파 계수가 0.6 이상이면 비교적 신뢰도가 높은 것으로 보고 있는데(Hair et al., 1998), 모든 변수의 알파 계수가 0.6 이상으로 나타나 신뢰도가 높은 것으로 판단되었다.

[표6] 신뢰도 분석

변수		문항 수	Cronbach's α
정부지원 프로그램	자금지원 프로그램	4	.853
	교육지원 프로그램	5	.915
	컨설팅지원 프로그램	5	.925

신뢰도분석은 측정도구가 측정하고자 하는 것을 얼마나 일관성 있게 측정하는가를 확인함으로써 요인 내 항목들이 일관성이 있는지 확인하는 분석이다. AMOS를 활용하여 논문을 작성할 때는 SPSS를 병행하여 분석을 진행해야 하며, 신뢰도분석은 SPSS를 통해 진행할 수 있다.

4.4 확인적 요인분석

측정모형의 적합도를 보면, χ2(df=209) 값은 400.151(p<.001)로 나타났으나, χ2 값은 표본의 크기와 모형의 복잡성에 많은 영향을 받기 때문에 다른 적합도 지수를 확인하였다(Hairet al., 1998). 그 결과, RMSEA=.057로 적합했으며, GFI=.892로 기준치에 근사했고, IFI=.946, TLI=.933, CFI=.945로 모두 양호한 수준으로 나타나 측정모형이 적합한 것으로 판단되었다. 확인적 요인분석에서 각 관측 변인이 잠재변인을 잘 반영하는지 파악하기 위해 관측 변인들의 요인 부하량을 확인한 결과, 모든 요인 부하량이 유의하게 나타나 관측 변인들이 해당 잠재변인을 잘 반영하는 것으로 판단되었다.

[표9] 확인적 요인분석 결과

요인			B	S.E.	β	C.R.	p
정부지원 프로그램	→	자금지원 프로그램	1.000		.614		
정부지원 프로그램	→	교육지원 프로그램	1.402	0.130	.865	10.827***	<.001
정부지원 프로그램	→	컨설팅지원 프로그램	1.412	0.130	.892	10.826***	<.001
기업가정신	→	혁신성	1.000		.798		
기업가정신	→	진취성	1.098	0.072	.899	15.340***	<.001
기업가정신	→	위험감수성	0.710	0.079	.535	8.966***	<.001

χ2(p)=400.151(p<.001), CFI=945, TLI=.933, IFI=.946, RMSEA=.057 ***p<.001

요인분석은 변수를 구성하는 항목들이 동일한 구성개념을 측정하고 있는지를 파악하는 분석방법이다. 요인분석방법은 SPSS를 활용한 탐색적 요인분석과 AMOS를 활용한 확인적 요인분석이 있다. 탐색적 요인분석은 요인 수를 줄이거나 새로운 측정도구를 만들고 싶을 때 주로 사용한다. 이론이나 선행 연구를 통해서 잠재변수와 측정변수 간의 관계를 정확하게 알지 못할 때 사용하는 분석방법이다. 반면 확인적 요인분석은 이론이나 선행 연구를 통해서 잠재변수와 측정변수 간의 관계를 알고 있을 때 사용하는 요인분석으로 보통 AMOS에서 진행한다. 두 요인분석의 자세한 차이는 해당 장에서 자세히 설명하고자 한다.

4.5 구조모형 분석검증

본 연구에서는 청년몰 입점 업력을 통제변수로 사용하여 정부지원 프로그램, 기업가정신이 창업준비성과 상인과의 협력에 미치는 영향, 정부지원 프로그램, 기업가정신, 창업준비성, 상인과의 협력이 창업성과에 미치는 영향을 보고자 하며, 정부지원 프로그램, 기업가정신과 창업성과의 관계에서 창업준비성과 상인과의 협력의 매개효과를 검증하고자 한다. 연구모형의 적합도를 보면, χ2(df=138) 값은 279.671(p<.001)로 나타났으나, χ2 값은 표본의 크기와 모형의 복잡성에 많은 영향을 받기 때문에 다른 적합도 지수를 확인하였다(Hair et al., 1998). 그 결과, RMSEA=.060으로 적합했으며, GFI=.908, IFI=.949, TLI=.936, CFI=.948로 모두 양호한 수준으로 나타나 연구모형이 적합한 것으로 판단되었다. 구조모형에서 잠재변인 간 영향 관계를 검증하기 위해 경로분석을 실시하였으며, 그 결과는 다음과 같다. 기업가정신은 창업준비성에 통계적으로 유의한 정(+)의 영향을 미치는 것으로 나타났고(β=.627, p<.001), 정부지원 프로그램(β=.197, p<.01)과 기업가정신(β=.550, p<.001)은 상인과의 협력에 유의한 정(+)의 영향을 미치는 것으로 나타났으며, 정부지원 프로그램(β=.192, p<.01), 기업가정신(β=.510, p<.001), 창업준비성(β=.268, p<.001), 청년몰 입점 업력(β=.139, p<.01)은 창업성과에 유의한 정(+)의 영향을 미치는 것으로 나타났다. 기업가정신이 높을수록 창업준비성은 높아지고, 정부지원프로그램과 기업가정신이 높을수록 상인과의 협력은 높아지고, 정부지원 프로그램, 기업가정신, 창업준비성, 청년몰 입점업력이 높을수록 창업성과는 높아진다고 할 수 있다.

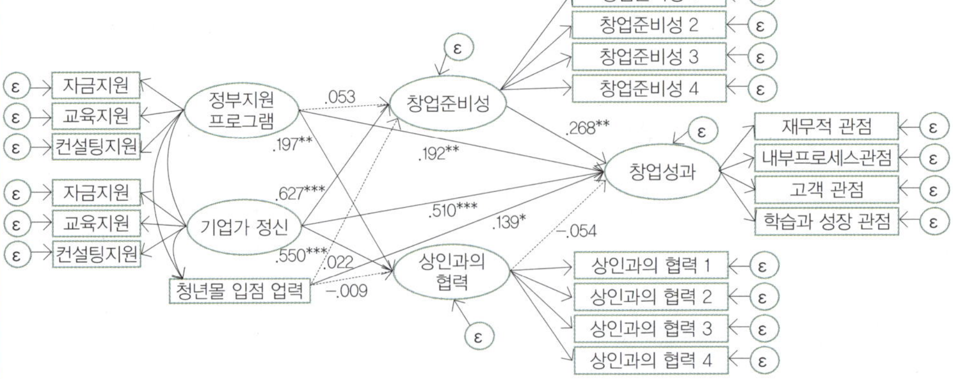

[표14] 연구모형의 경로분석 결과

경로			B	S.E.	β	C.R.	p
정부지원 프로그램	→	창업준비성	0.084	0.098	.053	0.857	.391
기업가정신	→	창업준비성	0.937	0.109	.627	8.584***	<.001
청년몰 입점 업력	→	창업준비성	0.013	0.033	.022	0.400	.689
정부지원 프로그램	→	상인과의 협력	0.246	0.076	.197	3.224**	.001
기업가정신	→	상인과의 협력	0.643	0.081	.550	7.891***	<.001
청년몰 입점 업력	→	상인과의 협력	−0.004	0.024	−.009	−0.171	.864
정부지원 프로그램	→	창업성과	0.229	0.070	.192	3.265**	.001
기업가정신	→	창업성과	0.569	0.107	.510	5.328***	<.001
창업준비성	→	창업성과	0.200	0.058	.268	3.454***	<.001
상인과의 협력	→	창업성과	−0.052	0.067	−.054	−0.780	.435
청년몰 입점 업력	→	창업성과	0.062	0.022	.139	2.842**	.004

χ2(p)=279.671(p<.001), CFI=.948, TLI=.936, IFI=.949, GFI=.908, RMSEA=.060, **p<.01, ***p<.001

구조모형 검증 부분도 측정모형을 검증할 때처럼 모형적합도에 문제가 없는지 제시하면 되며, 문제가 없다면 주요변수 간 경로의 결과 값을 제시하면 된다. 〈표〉를 통해 제시된 결과를 이미지화 시켜 전체 경로를 제시하기 위해서는 Amos를 통해 그린 모형그림을 캡쳐해서 사용하거나, 별도의 그림을 그려서 제시해도 된다.

4.5 매개효과 검증

구조모형에서 각 변인들 간의 직접효과, 간접효과 및 전체효과를 더 자세히 살펴보기 위해 모형의 효과분해를 실시하였다. 모형을 통해 밝혀진 변인 간의 간접효과를 분석하는 것은 변수들 간의 구조적 관계를 좀 더 세밀히 파악하고, 매개효과의 유의성을 검증하는 것을 목적으로 한다. 부트스트랩(Bootstrap)을 통해 직접효과, 간접효과, 총 효과의 크기를 산출하고, 그 유의성을 검증하였다.

기업가정신의 창업준비성에 대한 직접효과(β=.627, p<.001), 정부지원 프로그램(β=.197, p<.01)과 기업가정신(β=.550, p<.001)의 상인과의 협력에 대한 직접효과, 정부지원 프로그램(β=.192, p<.01), 기업가정신(β=.510, p<.001), 창업준비성(β=.268, p<.001), 청년몰 입점 업력(β=.139, p<.01)의 창업성과에 대한 직접효과가 통계적으로 유의하게 나타났다. 또한, 간접효과 분석 결과, 기업가정신은 창업성과에 간접적으로 정(+)의 영향을 미치는 것으로 나타났다(β=.138, p<.05).

[표14] 연구모형의 경로분석 결과

경로			직접효과(β)	간접효과(β)	총효과(β)
정부지원 프로그램	→	창업준비성	.053	–	.053
기업가정신	→	창업준비성	.627***	–	.627***
청년몰 입점 업력	→	창업준비성	.022	–	.022
정부지원 프로그램	→	상인과의 협력	.197**	–	.197**
기업가정신	→	상인과의 협력	.550***	–	.550***
청년몰 입점 업력	→	상인과의 협력	–.009	–	–.009
정부지원 프로그램	→	창업성과	.192**	.003	.196**
기업가정신	→	창업성과	.510***	.138*	.647***
창업준비성	→	창업성과	.268***	–	.268***
상인과의 협력	→	창업성과	–.054	–	–.054
청년몰 입점 업력	→	창업성과	.139**	.006	.145**

*p<.05, **p<.01, ***p<.001

매개효과 검증 부분에서는 직접효과, 간접효과, 총효과에 대한 추정치를 제시한다. 구조방정식을 활용한 매개효과검증은 부트스트래핑을 통해 검증한다. Amos는 부트스트래핑으로 모형에 대한 반복적인 검증을 진행하며 직접효과뿐만 아니라 간접효과의 크기와 유의성을 검증한다. 이와 같이 기존 구조방정식을 활용한 논문을 이해하고, 이 책을 통해 실습해본다면 Amos를 활용한 구조방정식모형을 자신의 논문에 적용하는데 도움이 될 것이다.

3) HLM을 활용한 연구방법

위계선형모델(HLM : Hierarchical Linear Model)은 위계구조를 가진 데이터를 분석하기 위한 목적으로 개발된 통계분석 방법으로 서로 다른 수준에서 측정된 데이터를 동시에 분석하는 모델이다.

위계선형모델은 서로 다른 수준에서 측정된 변수들 간의 관련성을 분석하는 모델로서 각기 다른 수준을 가지고 있는 위계구조 데이터를 같은 수준에 있는 것으로 가정하여 분석하는 기존의 통계기법에서 발생한 오류를 해결할 수 있다.

위계선형모델의 장점은 하위수준인 개인과 상위수준인 기업이라는 분석 단위를 동시에 분석함으로써 기존의 회귀분석 방법에 비해 보다 더 효과적으로 모수를 추정할 수 있다. 위계선형모델은 단일 수준의 일반회귀모형에 비해 잔차들의 독립성이라는 가정에서 자유로우며, 종속변수의 분산을 각 수준별로 구별하여 산출해 낼 수 있다. SPSS를 활용하여 신뢰도 및 타당도 분석, 기술통계분석, 상관관계분석 등을 진행한 뒤에 위계선형모델 분석이 진행된다. 다시 말해 SPSS활용 방법이 기초가 되어야지 원활하게 위계선형모델 분석이 가능하다고 볼 수 있다.

■ HLM을 활용한 연구논문 진행과정 예시

논문제목 : 사내기업가정신과 구성원의 직무만족 및 이직의도에 관한 다수준 분석(multi-level analysis)_사내기업가정신의 영향력과 조직신뢰의 조절효과 검증

〈그림1〉 연구모형

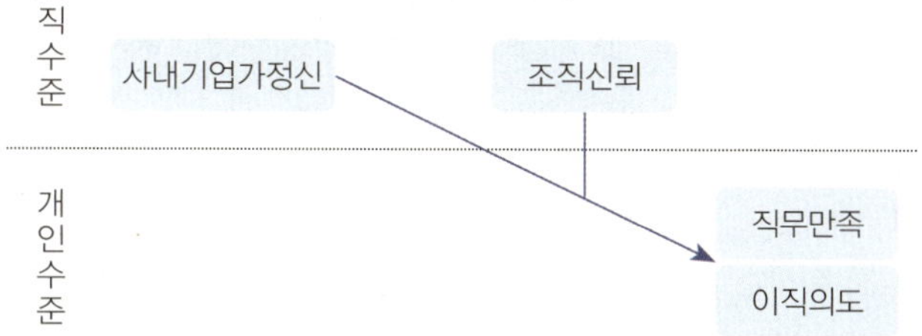

*통제변수 : 응답자 특성(성별, 직렬, 연력, 학력, 기업규모, 기업연령)

가설1-1. 사내기업가정신은 구성원의 직무만족에 정(+)의 영향을 미칠 것이다.
가설1-2. 사내기업가정신은 구성원의 이직의도에 부(-)의 영향을 미칠 것이다.
가설2-1. 조직신뢰는 사내기업가정신과 구성원의 직무만족의 관계를 조절할 것이다.
가설2-2. 조직신뢰는 사내기업가정신과 구성원의 이직의도의 관계를 조절할 것이다.

위 논문에서 제시한 연구모형과 연구가설을 보면 사용된 주요변수와 영향관계를 파악할 수 있다. 〈그림〉의 연구모형에서 독립변수는 사내기업가정신이며, 종속변수는 직무만족과 이직의도이고, 조절변수는 조직신뢰가 활용되었다. HLM은 다른 수준의 변수를 동시에 연구모형에 포함시켜 분석할 수 있는데, 사내기업가정신과 조직신뢰는 조직(기업)수준의 변수이며, 직무만족과 이직의도는 해당 조직에 속한 개인수준에서 측정한 변수로서 본 연구모형에 포함시켰다.

Ⅲ. 연구방법

3.1 자료수집 및 분석방법

본 연구를 수행하기 위해 2017년도 인적자본기업패널 자료를 사용하였다. 기업변수의 경우는 Head데이터를 활용했으며, 근로자변수의 경우 Work데이터를 활용했다. 특히 개별 기업 별로 응답자가 10명 미만인 경우 분석대상에서 제외했으며, 전체 표본 중 80%로 차지하는 제조업에 국한

하여 분석을 실시하였다. 최종적으로 국내 240개 사업장을 총 5,709명을 대상으로 가설검증을 실시하였다.

3.2 변수의 측정

선행 연구를 참고하여 사내기업가정신의 대표적인 하위차원인 진취성, 위험감수성 및 혁신성을 측정할 수 있는 문항인 '우리조직은 변화와 새로운 시도를 장려한다', '우리조직은 혁신 에 대한 적절한 보상이 이루어진다', '우리조직은 성실한 사람보다 창의적인 사람을 우대한다' 등 3개 문항을 평균하여 산출하였다. 직무만족의 경우는 '현재 일에 대한 만족', '현재 받는 임금에 만족', '현 직장의 인간관계에 만족' 등으로 측정 하였다. 이직의도는 가까운 미래에 조직을 떠날 가능성에 대한 개인의 주관적 평가이다(Mobley, 1982). 즉, 조직 이탈 전 조직이탈을 고려하는 조직구성원 개인의 태도이다. 이를 측정하기 위해 '더 좋은 조건을 제시할 경우 이직을 고려함', '회사를 떠난다면 많은 것을 잃게 됨(역척도)' 등 2개 문항을 평균하여 산출하였다. 조직신뢰는 '동료간 상호신뢰', '평가보상에 대한 신뢰', '회사 경영진에 대한 신뢰' 등 3개 문항을 평균하여 산출하였다.

끝으로 본 연구에서는 연구 결과의 정확성을 높이기 위해서 기존 연구에서 구성원의 태도에 영향을 미치는 것으로 밝혀졌던 기업연령 및 기업규모 등을 조직수준에서 통제했으며, 개인수준에서는 성별, 연령, 학력, 직렬 등을 통제하였다.

3.3 다수준 접근 방법

본 연구에서 사용한 HLM(Hierarchical Linear Model)을 활용한 다수준분석방법은 개인차원으로 환원하는(disaggregated) 방식과 상위 차원을 통합하는(aggregated) 방식의 한계를 극복하고, 개인차원의 개별 응답자료와 속한 상위차원의 설문자료 및 객관적으로 생성된 자료(조직의 규모, 업종, 기업연령 등)를 통합하여 하나의 모형에 수용한다. 즉, 개인의 태도를 측정하기 위해서 개인차원의 변수(성별, 직급, 직무 등)와 조직 차원의 변수(사내기업가정신, 조직신뢰 등)를 동시에 모형에 포함시켜 이들 사이의 영향관계를 보는 것이다.

자료수집 및 분석방법에서 데이터 수집과정과 절차, 수집기관, 표본 등을 제시하여야 한다. 변수의 조작적 정의를 설명하기 위해 설문문항을 제시하고 그에 대한 선행논문으로 뒷받침한 것을 알 수 있다. 그리고 HLM의 다수준분석방법을 활용하기 위해 조직수준과 개인수준을 분리한 것을 확인할 수 있다.

Ⅳ. 연구 결과

4.1 타당도 및 신뢰도, 상관분석 결과

독립변수와 종속변수, 조절변수 모두 복수의 문항으로 측정하였는데, 이 변수들의 측정항목에 대한 신뢰도 분석(reliability test)을 실시하였다. 분석결과 사내기업가정신(3개 문항) 0.835, 직무만족(3개 문항) 0.764, 조직신뢰(3개 문항) 0.832, 이직의도(2개 문항) 0.610로 나타났으며, 개인수준과 조직수준으로 구분하여 실시한 요인분석 결과 각 변수는 단일 항목으로 구성되는 것으로 확인되었다(〈표3〉, 〈표4〉). 가설 검증에 앞서 변수 간의 관련성을 파악하기 위해서 연구에 포함된 변수들에 대한 상관분석을 실시하였다. 분석결과 기업가정신은 본 연구의 주요 변수인 직무만족, 이직의도, 조직신뢰와 통계적으로 유의한 상관성이 존재하는 것으로 나타났다(〈표 5〉 참조).

[표3] 개인수준 요인분석

변수명	구성요소	
	1	2
(직무만족1) 현재 일에 만족	.815	.279
(직무만족2) 현재 받는 임금에 만족	.759	.160
(직무만족3) 현 직장의 인간관계 만족	.749	.453
(이직의도1) 더 좋은 조건을 제시할 경우 이직을 고려함	−.655	.528
(이직의도2) 회사를 떠난다면 많은 것을 잃게 될 것임(역척도 변환)	−.661	.517

[표4] 조직수준 요인분석

변수명	구성요소	
	1	2
(조직신뢰1) 동료들 간에 서로 신뢰함	.708	.545
(조직신뢰2) 평가 및 보상이 공정하게 이루어짐	.840	.227
(조직신뢰3) 회사 경영진을 믿고 따를 수 있음	.838	.213
(사내기업가정신1) 변화와 새로운 시도를 장려함	.802	.304
(사내기업가정신2) 혁신에 대한 적절한 보상이 이루어짐	.854	−.231
(사내기업가정신3) 성실한 사람보다 창의적인 사람을 우대함	.743	−.423

[표5] 상관관계분석결과

	평균	표준편차	1	2	3	4
기업가정신	3.27	0.76	1			
직무만족	3.60	0.67	.54**	1		
이직의도	2.86	0.88	−.40**	−.50**	1	
조직신뢰	3.43	0.73	.70**	.62**	−.42**	1
a) 표본특징 : 개인수준=7428 b)		*p<.05, **p<.01, ***p<.001				

측정도구가 측정하고자 하는 것이 얼마나 일관성 있게 측정되었는가를 확인하고자 신뢰도분석을 진행하였으며, 요인 내 항목들의 일관성을 확인하고자 요인분석을 진행하였다. 주요 변수의 상관관계는 주요 변수간의 상호관계의 방향과 강도를 확인할 수 있다. 정(+)의 관계와 부(-)의 관계, 상관관계 없음 등을 통해 주요변수간의 영향력을 확인할 수 있다. 보통 핵심 분석인 회귀분석 이전에 주요변수의 관련성을 파악하는데 사용한다. HLM의 경우 개인수준과 조직수준을 분리하여 분석을 진행해야 하며, 신뢰도분석, 요인분석 그리고 상관관계분석은 SPSS를 통해 진행할 수 있다.

4.2 조직수준 변수 측정의 타당성 분석

본 연구에서는 개인수준에서 측정된 사내기업가정신 및 조직신뢰가 조직수준의 구성개념으로 합산되어 조직수준으로 승화시키는지에 대한 타당성을 확보하기 위해 ICC(1)과 ICC(2)을 측정하였다. 집단 내 상관계수인 ICC(1)과 집단평균의 신뢰도에 해당하는 ICC(2)의 결과는 ICC(1)은 0.20이상, ICC(2)는 0.60이상일 때 바람직하다고 볼 수 있다(Bliese, 2000; James et al., 1984). 검증결과, 사내기업가정신의 ICC(1)은 0.39로, 이 변수의 개인 간 분산 중에서 3% 이상이 조직 특성으로 설명된다. 이는 집단 내 동질성에 대한 지지결과로 측정변수가 조직 수준의 변수로 고려될 필요가 있음을 나타낸다(한태영·김원형, 2006). 또한 개인의 조직신뢰 점수의 조직 평균 점수에 대한 신뢰도를 나타내는 ICC(2)는 0.781로 기업수준 변수로 분석하는데 충분하고, 매우 높은 안정성을 가지고 있는 것으로 나타났다.

다수준분석의 경우 데이터의 특성에 따라 개인수준에서 조직수준으로 승화시키는 경우가 있는데, 이를 검증하기 위해 조직수준 변수 측정의 타당성 분석을 진행하여 확인할 수 있다.

4.3 위계적 선형모형 분석결과

가설1-1 (사내기업가정신이 직무만족에 미치는 영향력)에 대한 검증을 위해 HLM(위계적 선형 모형)을 이용한 다수준 분석을 하였다. 분석결과 사내기업가정신은 직무만족에 통계적으로 유의한 정(+)의 영향을 주는 것으로 나타났다(γ=0.492, $p<0.01$; 〈표 6〉, 모형1의 1단계). 따라서 가설 1-1은 지지되었다. 가설1-2(사내기업가정신이 이직의도에 미치는 영향력)에 대한 검증결과, 사내기업가정신은 이직의도에 통계적으로 유의한 부(-)의 영향을 주는 것으로 나타났다(γ=-0.569, $p<0.01$; 〈표 6〉, 모형2의 1단계). 따라서 가설 1-2은 지지되었다. 사내기업가정신과 근로자의 태도 간의 관계에서 조직신뢰의 조절효과를 밝히기 위한 분석을 실시하였다(〈표 6〉, 모형1 및 모형2의 3단계). 분석결과 가설2-1(사내기업가정신과 직무만족 관계에서 조직신뢰의 조절효과)은 통계적으로 유의한 정(+)의 영향력을 주는 것으로 나타났지만(γ=0.232 $p<0.05$; 〈표 6〉, 모형1의 3단계), 가설2-2(사내기업가정신과 이직의도 관계에서 조직신뢰의 조절효과)는 통계적으로 유의하지 않은 것으로 나타났다(γ=0.021, $p>0.05$; 〈표 6〉, 모형2의 3단계). 즉 가설2-2는 기각되었다.

[표6] 위계적 선형모형 검증 결과

구분	모형1 직무만족			모형2 이직의도		
	1단계	2단계	3단계	1단계	2단계	3단계
상수	3.116***	3.131***	3.134***	4.250***	4.246***	4.247***
	(0.051)	(0.050)	(0.050)	(0.064)	(0.064)	(0.064)
개인수준(L1)						
성별	0.038	0.038	0.037	-0.173***	-0.174***	-0.174***
	(0.023)	(0.023)	(0.023)	(0.029)	(0.029)	(0.029)
학력	0.070***	0.069**	0.068**	0.033	0.035	0.035
	(0.024)	(0.024)	(0.024)	(0.030)	(0.030)	(0.030)
연령	0.006***	0.006***	0.006***	-0.027***	-0.027***	-0.027***
	(0.001)	(0.001)	(0.001)	(0.001)	(0.001)	(0.001)
직렬	0.211***	0.209***	0.209***	-0.167***	-0.166***	-0.166***
	(0.023)	(0.023)	(0.023)	(0.028)	(0.028)	(0.028)
조직수준(L2)						
기업규모1 (300인 이상 1000인 미만)	0.088***	0.102***	0.105***	-0.169***	-0.183***	-0.183***
	(0.030)	(0.027)	(0.027)	(0.043)	(0.042)	(0.042)
기업규모2 (1000인 이상 2000인 미만)	0.169**	0.173***	0.140**	-0.203*	-0.210*	-0.213*
	(0.057)	(0.051)	(0.052)	(0.084)	(0.080)	(0.083)
기업규모3 (2000인 이상)	0.160**	0.147**	0.150**	-0.297**	-0.286**	-0.286**
	(0.056)	(0.050)	(0.049)	(0.082)	(0.079)	(0.079)
기업연령	0.000	-0.000	-0.000	-0.002	-0.001	-0.001
	(0.001)	(0.001)	(0.000)	(0.001)	(0.001)	(0.001)
사내기업가정신	0.492***	0.115	-0.658*	-0.569***	-0.233*	-0.304
	(0.041)	(0.062)	(0.309)	(0.059)	(0.094)	(0.483)
조직신뢰		0.560***	-0.177		-0.499***	-0.566
		(0.073)	(0.297)		(0.111)	(0.463)
사내기업가정신＊조직신뢰			0.232*			0.021
			(0.090)			(0.142)
Deviance	11079.462	11031.877	11026.561	13652.441	13637.449	13637.655

a) L1 = Level 1(개인수준); L2 = Level 2(조직수준), b) *p<.06, **p<.01, ***p<.001

개인수준과 조직수준을 분리하여 위계적 회귀분석한 결과, 가설 1-1(사내기업가정신 → 직무만족)과 가설 1-2(사내기업가정신 → 이직의도)는 지지되었다. 가설 2-1(사내기업가정신 → 직무만족간의 조절효과)는 지지되었으나, 가설 2-2(사내기업가정신 → 이직의도간의 조절효과)는 기각되었다. HLM을 활용하여 위계적 선형모형을 검증한 결과는 SPSS를 활용한 회귀모형과 비슷한 형태로 나타난다. 독립변수와 통제변수, 조절효과를 보기 위한 상호작용변수, 매개변수 등을 통해 가설을 검증할 수 있으며, 특히 개인수준의 변수와 조직수준의 변수를 동시에 포함시킴으로써 개인수준에 미치는 조직 및 개인수준의 영향을 동시에 검증할 수 있다.

4) Process Macro를 활용한 연구방법

Hayes 교수가 개발한 프로세스 매크로는 매개효과와 조절효과를 한번에 검증하기 위해 개발되었다. 프로세스 매크로 모형 그림(model.1 ~ model.74)을 통해 조절효과와 매개효과를 동시에 검증할 수 있다. 또한, 최근에는 SPSS, AMOS 뿐만 아니라 SPSS와 MACRO를 복합적으로 활용하여 분석하는 경우가 늘어나고 있다.

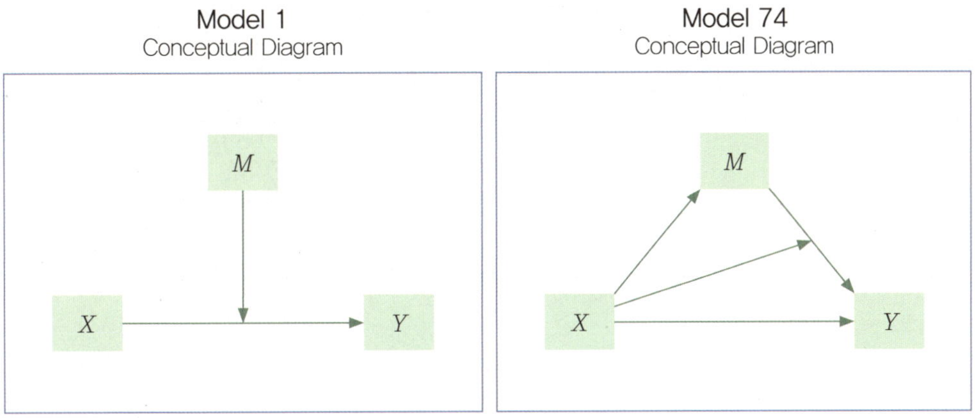

■ 프로세스 매크로를 활용한 연구논문 진행과정 예시

연구모형에서 독립변수는 직무요구이며, 종속변수는 생활만족으로 나타나고 있다. 매개변수는 모바일활용 및 일-가정갈등 등 2개가 포함되어 있다.

논문제목 : 직무요구와 생활만족의 관계에서 퇴근 후 모바일기기 업무사용과 일-가정 갈등의 다중매개역할

가설1. 직무요구가 생활만족의 관계에서 일-가정 갈등은 매개역할을 할 것이다.
가설2. 직무요구와 생활만족의 관계에서 퇴근 후 모바일기기 업무사용은 매개역할을 할 것이다.
가설3. 직무요구와 생활만족의 관계에서 퇴근 후 모바일기기 업무사용과 일-가정 갈등은 다중매개역할을 할 것이다.

4.3 가설의 검증

다중매개효과를 검증하기 위해, 먼저 SPSS의 중다회귀분석을 활용하여 변수들간의 영향력 및 다중공정성을 분석하였다. 퇴근 후 모바일 업무사용 및 일-가정 갈등의 다중매개효과를 검증하기 위해 통제변수를 고려한 상태에서 SPSS PROCESS macro를 활용하여 Preacher & Hayes(2008)가 제안한 절차에 따라 분석하였다.

가. 생활만족에 대한 직무요구, 퇴근 후 모바일 업무사용 및 일-가정 갈등의 영향력

중다회귀분석을 실시한 결과, 다중공선성은 모든 변인들에서 VIF가 3.115 미만으로 다중공선성의 문제가 없었다. 회귀분석 결과 〈표 5〉, 모형 1은 설명력()이 .107(p<.05)로 통계적으로 유의미했으며, 생활만족에 대해 직무요구는 -.197(p<.05)로서 유의미한 정(+)의 영향을 주었다. 퇴근 후 모바일 업무사용과 일-가정 갈등을 추가적으로 투입한 모형 2의 설명력()이 .160(p<.01)으로 유의미했다. 또한 생활만족에 대해 직무요구와 퇴근 후 모바일 업무사용은 각각 -.013(n.s), .034(n.s)로 유의하지 않았으나, 일-가정 갈등은 -.323(p<.05)으로 유의미한 영향을 주었다.

[표5] 생활만족에 대한 독립변수의 영향력

변수		모형1		모형2	
		B	베타	B	베타
상수		3.944(.402)		3.685(.404)	
생활만족	연령	-.065(.082)	-.109	-.051(.081)	-.086
	학력	.071(.093	.080	.067(.091)	.075
	근속	-.024(.058)	-.061	-.032(.058)	-.082
	월수입	.222(.079)**	.293**	.225(.078)**	.297**
	근무시간	-.049(.031)	-.141	-.025(.032)	-.071
독립변수	직무요구	-.133(.062)*	-.197*	-.008(.078)	.759
	모바일 사용			.016(.054)	.823
	일가정 갈등			-.178(.069)	.800
R^2		.107		.160	
F		2.487*		2.895**	

주: *p<.05, **p<.01, ***p<.001, B는 비표준화계수이며, ( )은 표준오차임.

나. 퇴근 후 모바일 업무사용과 일-가정 갈등에 대한 직무요구의 효과

직무요구가 퇴근 후 모바일 업무사용과 일-가정 갈등에 주는 영향을 검증한 결과 〈표 6〉, 직무요구는 퇴근 후 모바일 업무사용에 정(+)의 영향을 주었으며(B=.492, p<.001), 일-가정 갈등에도 정(+)의 영향을 주었다(B=.624, p<.001).

[표6] 퇴근 후 모바일 업무사용과 일-가정 갈등에 대한 직무요구의 효과

변수		모바일 업무 사용		일-가정 갈등	
		B	베타	B	베타
상수		-.951(.726)		-1.545(.574)	
통제변수	연령	.170(.148)	.137	.094(.117)	.087
	학력	-.083(.167)	-.045	-.033(.132)	-.020
	근속	-.150(.105)	-.184	-.058(.083)	-.083
	월수입	.229(.143)	.145	.040(.113)	.029
	근무시간	.183(.055)**	.251**	.154(.044)**	.242**
직무요구		.690(.113)***	-.197*	.762(.089)***	.624***
R^2		.107		.447	
F		2.487*		16.721***	

주: *p<.05, **p<.01, ***p<.001, B는 비표준화계수이며, ( )은 표준오차임.

본 연구에서 다중매개효과 검증은 통제변수를 고려한 상태에서 SPSS PROCESS macro를 활용하였다.

다. 퇴근 후 모바일 업무사용과 일-가정 갈등의 다중매개효과 검증

본 연구의 다중매개효과 검증은 통제변수를 고려한 상태에서 SPSS PROCESS macro를 활용하여 Preacher & Hayes(2008)가 제안한 절차로 검증하였다.

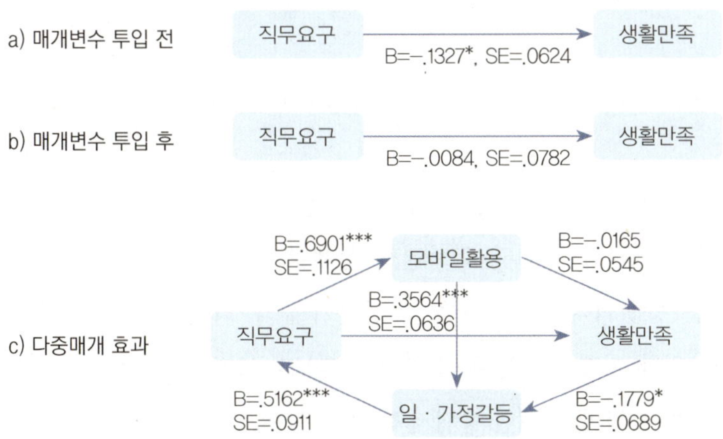

먼저, 매개변인이 없는 모형분석으로, 직무요구는 생활만족에 직접적으로 부정적인 영향(B=-.1327, p<.05)을 주었다. 2단계는 매개효과 검증으로 [그림 1]의 b와 c와 같이, 퇴근 후 모바일 업무사용과 일-가정 갈등의 매개변수가 동시에 투입된 이후에 직무요구가 생활만족에 미치는 영향(B=-.0084, n.s)은 유의미하지 않았다. 그러나 생활만족에 대한 매개변인인 일-가정 갈등의 직접효과는 유의하였으나(B=-.1779, p<.05), 퇴근 후 모바일 업무사용의 직접효과는 유의미하지 않았다(B=.0165, n.s). 마지막으로 다중매개효과에 대한 유의성 검증으로, Shrout & Bolger(2002)가 제안한 부트스트래핑 절차로 검증하였다.

퇴근 후 모바일 업무사용과 일–가정갈등의 다중매개효과의 유의성 검증결과 〈표 7〉, 첫째, 직무요구가 일–가정 갈등을 거쳐 생활만족에 미치는 간접효과(–.0918)는 부트스트랩 신뢰구간(–.2011,–.0175)에 0이 포함되지 않으므로 음의 간접효과가 유의하였다. 즉, 직무요구를 높게 지각하는 비서직 여성노동자들은 일–가정 갈등이 더욱 증가하게 되며, 이러한 부정적인 효과는 생활만족의 감소로 이어진다는 것이다. 따라서 가설 1은 지지되었다. 둘째, 직무요구가 퇴근 후 모바일 업무사용을 거쳐 생활만족에 미치는 간접효과(.0114)는 부트스트랩 신뢰구간(–.0601, .0860)에 0이 포함되어 간접효과가 나타나지 않았다. 따라서 가설 2는 기각되었다. 마지막으로 직무요구가 퇴근 후 모바일 업무사용에서 일–가정 갈등을 거쳐 생활만족에 영향을 주는 특정간접효과(–.0438)의 부트스트랩 신뢰구간(–.0936, –.0100)은 0이 포함되지 않아 유의한 음의 값을 보였다. 즉, 직무요구를 높게 지각하는 비서직 여성들은 퇴근 후 모바일 업무사용에 대한 부정적인 인식이 증가하고, 이는 다시 일–가정 갈등에 더 큰 부정적인 영향을 주게 되고, 결국 생활만족을 감소시키게 된다는 것이다. 따라서 가설 3은 지지되었다. 이처럼 퇴근 후 모바일 업무사용과 일–가정 갈등의 총 간접효과는 모든 특정간접효과들의 합계(.0114–.0918–.0438=–.1242)이고, 부트스트랩 신뢰구간(–.2557, –.0232)은 0을 포함하지 않기 때문에 유의한 음의 총 간접효과가 나타났다.

[표7] 퇴근 후 모바일 업무사용과 일–가정 갈등의 다중매개효과의 유의성 검증결과

매개경로	estimate	S.E.	BC 95% CI
총 간접효과	–.1242	.0594	–.2557 ~ –.0232
직무요구→모바일 사용→생활만족	.0114	.0372	–.0601 ~ .0860
직무요구→일·가정 갈등→생활만족	–.0918	.0468	–.2011 ~ –.0175
직무요구→모바일 사용 →일·가정 갈등→생활만족	–.0438	.0206	–.0936 ~ –.0100

5) 엑셀시트를 활용한 AHP(Analytic Hierarchy Process)분석

AHP는 의사결정의 계층구조를 구성하고 있는 주요요소 간의 쌍대비교를 통해 평가자의 주관적 판단과 관련된 의사결정 문제를 처리하기 위해 산업 전반에 널리 사용되는 연구 방법이다. 즉, AHP는 전문가들의 의견을 종합하여 의사결정을 원활하게 하기 위한 기법으로 많은 수의 응답자보다 소수 전문가의 참여로도 결과를 도출할 수 있으며, 응답에 참여한 응답자의 전문성, 적절성 등이 더 중요시된다.

또한, AHP 기법을 사용함에 있어 평가자의 판단에 논리적 일관성이 유지되었는지 검증하기 위해 일관성비율(CR: consistency rate)을 사용하는 데 일반적으로 CR값이 0.1 미만일 경우 일관성이 있는 것으로 판단하며, 0.2까지 용인할 수 있는 수준으로 권고된다. 0.2를 초과하는 경우 일관성에 문제가 있는 것으로 판단하여 재조사를 통해 일관성을 확보하여야 한다.

■ 엑셀프로그램을 활용한 AHP논문 진행과정 예시

엑셀프로그램으로 활용한 연구논문의 전반적 흐름을 파악하기 위해 등재된 논문을 토대로 검토해보자.

논문제목 : AHP를 활용한 액셀러레이터의 산업별 투자결정요인 우선순위에 대한 연구

엑셀러레이터 투자결정요인 계층구조

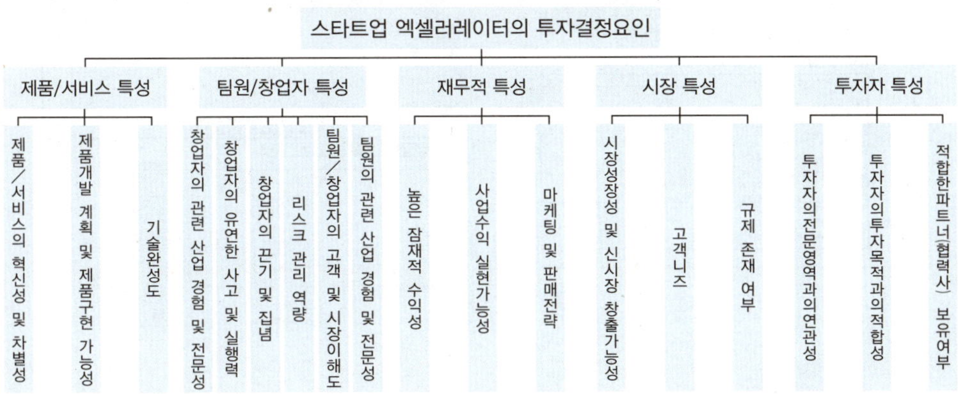

위 논문은 스타트업 투자자들이 창업기업을 투자할 때 우선적으로 고려하는 투자결정요인의 우선요인을 도출하는 것이다. 〈그림〉은 선행연구에서 제시하고 있는 각 영역별 투자결정요인을 상위수준과 하위수준으로 계층화시킨 것이다. AHP분석은 연구 주제 및 대상에 있어 전문성을 갖춘 응답자만 확보된다면, 소수의 전문성이 있는 모집단으로도 분석이 가능한 분석기법이기도 하다.

4.1 자료수집 및 참여자 분석

AHP 설문은 서울 및 경기지역의 민간 및 공공 액셀러레이터 기관을 대표하는 액셀러레이터 및 투자 담당자 등을 포함하여 ICT 및 제조업 분야에 투자경험이 있는 전문가 12명으로 구성하였다. AHP 분석의 장점은 소수의 전문성 있는 모집단으로도 분석이 가능한 유용한 기법으로 실무지식과 전문적 경험이 있는 집단의 특성 및 규모에 동질성이 확보된다면 10명 이내로도 충분히 분석이 가능하다.

조사기간은 2021년 12월 10일부터 12월 24일까지 총 14일에 걸쳐 진행되었다. 12월 10일부터 12월 17일까지 ICT 분야의 설문지를 1차 배포하여 회수하였고, 12월 18일부터 12월 24일까지 제조업 분야의 설문지를 2차 배포하여 회수하였다. 일관성 지수가 0.2 이상인 응답자의 경우 재설문을 실시하여 총 12명의 데이터로 분석을 실시하였다.

본 연구를 진행하기 위해 선행연구자가 구조화한 엑셀시트를 활용하여 AHP분석을 진행하였다. 특히 응답자의 신뢰도가 낮게 나타난 경우에는 추가적인 질의응답을

통해 신뢰도를 향상시켰고, 일부 응답자의 경우 응답의 일관성이 매우 낮게 나타나 연구대상에서 제외하였다.

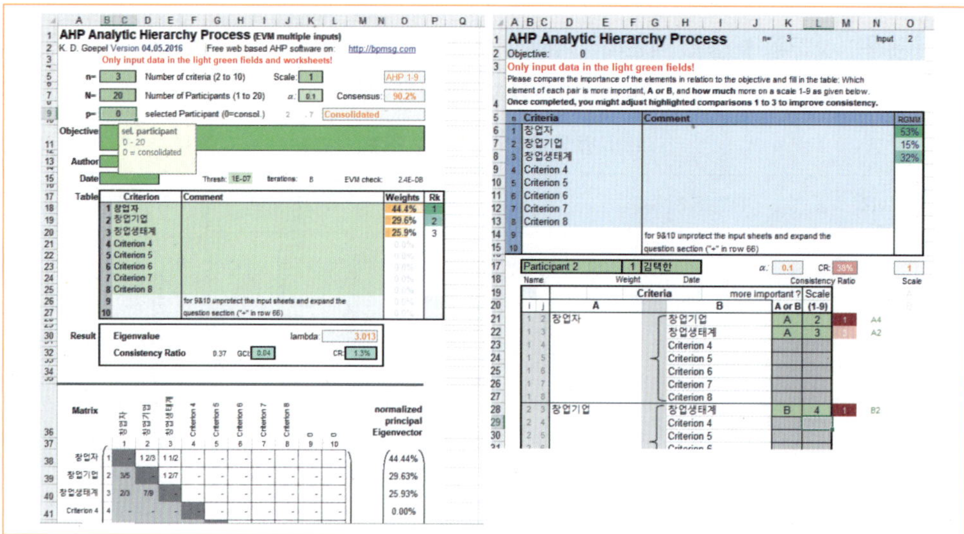

연구결과 상위수준별 우선순위와 하위수준별 우선순위, 종합우선순위가 도출되었다. 이를 통해 엑셀러레이터가 투자심사시 고려하는 결정요인을 파악하게 되었다. 또한 응답자를 구분하거나, 분석대상을 구분한다면 추가연구(업종별, 투자대상별)를 진행할 수도 있다.

ICT 분야 투자결정요인에 대한 응답분석 결과

상위요인	주요요인 가중치	순위	하위요인	세부요인 가중치	순위	종합 가중치	종합 순위
제품/서비스 특성	.106	3	제품/서비스의 혁신성 및 차별성	.729	1	.077	5
			제품개발 계획 및 제품구현 가능성	.161	2	.017	13
			기술완성도	.109	3	.012	15
팀원/창업자 특성	.487	1	창업자의 관련 산업 경험 및 전문성	.085	5	.041	8
			창업자의 유연한 사고 및 실행력	.370	1	.180	2
			창업자의 끈기 및 집념	.179	3	.087	4
			리스크 관리 역량	.039	6	.019	12
			팀원/창업자의 고객 및 시장 이해도	.231	2	.112	3
			팀원의 관련 산업 경험 및 전문성	.098	4	.048	6
재무적 특성	.061	4	높은 잠재적 수익성	.247	2	.015	14
			사업수익 실현 가능성	.663	1	.040	9
			마케팅 및 판매전략	.090	3	.005	18
시장 특성	.309	2	시장성장성 및 신시장 창출가능성	.730	1	.226	1
			고객 니즈	.130	3	.040	10
			규제 존재여부	.140	2	.043	7
투자자 특성	.037	5	투자자의 전문영역과의 연관성	.542	1	.020	11
			투자자의 투자 목적과 적합성	.251	2	.009	16
			적합한 파트너(협력사) 보유 여부	.207	3	.008	17

PART II

논문 쓰기 절차

1. 연구 주제 탐색
2. 선행 연구 조사
3. 연구모형 및 가설 설정
4. 연구계획서 작성
5. 설문지 작성
6. 설문지 배포 및 회수
7. 통계분석
8. 이론과 본문 작성
9. 결론과 마무리

연구논문을 쓰는 순서는 연구자의 개인적 성향 및 지도교수님의 지도방향에 따라 다르게 나타난다. 경험이 많은 연구자와 달리 이제 처음 논문을 쓰는 분들에게는 각 단계별로 연구논문을 쓰는 순서와 절차에 대한 개괄적인 이해와 적용방법이 필요하며, 이를 위해서 아래와 같이 연구논문을 쓰는 순서를 제시하고자 한다.

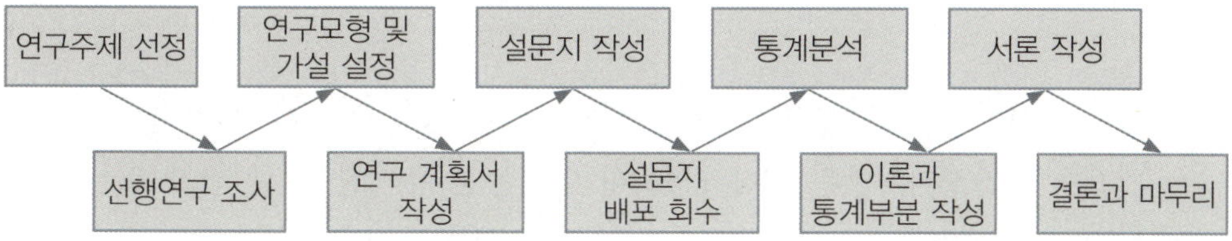

• Check point
: 학위 논문의 기본적 구성

학위 논문의 기본적 구성요소는 약간씩 다를 수 있지만 대체로 유사한 부분을 공유하고 있다. 학위 논문은 연구 결과를 보고하는 형태의 글쓰기 중에서 가장 상세하고 양이 많은 편이라고 할 수 있다. 하지만 근본적인 측면에서는 과학적 방법에 의해 연구된 내용을 논리적으로 쓴 글이라는 측면에서 리포트, 연구 보고서 등과 기본적으로 동일한 구성 요소를 담고 있다고 보아야 한다.

내용이나 깊이, 상세 설명 등의 측면에서 보면, 연구자는 학위 논문이나 연구 보고서를 작성할 때 가장 전문적이고 상세한 글쓰기를 하게 될 가능성이 높다. 반면에 리포트나 학술지에 발표할 목적으로 하는 연구 논문은 상대적으로 매우 축약된 형태의 짧은 글쓰기라는 점에서 차이가 있다. 이에 따라 학위 논문의 구성요소는 리포트 등과는 달라진다.

학위 논문의 구성요소는 양적 연구방법과 질적 연구방법에 따라 조금 차이가 있다. 양적 연구를 전제한다면, 연구 제목, 목차, 서론, 이론적 배경, 연구방법(연구모형), 분석 결과 및 해석, 요약 및 결론, 참고문헌, 부록 등이 들어가야 한다.

구성 항목	세부 설명
제목	연구 주제, 연구방법, 변수관계 등이 함축적으로 나타날 수 있도록 구성해야 한다.
목차	연구를 하면서 얻은 연구 결과물의 목차를 제시하면 된다. 보통 논문의 구성항목을 그대로 제시한다.
Ⅰ. 서론	문제의식, 연구목적, 연구 주제에 대해 설명한다.
Ⅱ. 이론적 배경	연구를 위해 참고한 이론 및 선행 연구, 관련 연구 결과를 통한 변수 설정, 변수 간의 관계를 바탕으로 연구자가 설정한 가설을 제시한다.
Ⅲ. 연구방법(연구모형)	연구대상, 질문지 작성 과정, 자료수집 방법, 자료 분석 방법 등을 제시한다. 특히 이론적 모형과 측정이나 분석모형을 상세하게 설명한다.
Ⅳ. 분석 결과 및 해석	자료를 분석한 결과를 제시하고 그 결과에 관한 해석을 설명한다.
Ⅴ. 요약 및 결론	연구에서 얻은 결과를 간단하게 정리하고 연구 결과를 통해 연구가 제시할 수 있는 정책적 함의와 기존 연구와의 차별성, 그리고 연구의 한계, 미래 연구에서 행할 과제 등을 결론에서 제시한다.
참고문헌	학위 논문 작성 전반에 활용한 참고문헌을 제시한다.
부록	분석 결과와 관련되어 추가적으로 제시할 분석표 등을 여기에 첨부할 수 있다. 그리고 질문지를 작성하여 제시할 경우에도 여기에 첨부한다.

PART Ⅱ

1 연구 주제 탐색

첫 시작은 연구 주제 탐색이다. 주제 탐색은 논문 작성 시 가장 중요한 부분이며 많은 시간이 소요된다. 많은 석박사생들이 학위논문 주제를 논문 학기 또는 이전 학기에 급하게 선정한다. 연구 주제에 대한 고민은 오래 할수록 좋고, 다양한 시행착오를 거치는 것이 바람직하다. 최초 연구 주제가 끝까지 유지될 확률은 높지 않으나, 자신의 연구 주제에 대해 오랫동안 고민하고, 큰 범위에서라도 미리 선정해 두면 주제에 대한 정보의 양과 질이 높아질 수밖에 없다.

PART Ⅱ

2 선행 연구 조사

선행 연구는 주로 연구자의 연구 주제와 관련이 있는 학문영역에서 기존에 발표된 연구 결과물을 대상으로 삼아 이루어진다. 무슨 매체가 되었든 유용한 연구 결과를 담고 있는 것이면 연구자는 이를 세심하게 검토할 필요가 있다. 연구자는 학술저널, 학위논문, 책, 정부보고서를 충실하게 검토함으로써 기존 연구의 한계점과 새로운 연구의 방향성을 찾을 수 있다. 연구자는 선행 연구를 다음과 같은 순서로 조사한다면 더욱 효과적으로 연구를 진행할 수 있다.

첫째, 학술저널을 집중적으로 활용한다. 학술저널은 해당분야의 전문가 또는 연구 집단이 조성한 학회에서 발행하는 것으로서, 각 분야의 전문가와 연구자가 이를 통해 자신의 연구 결과물을 발표하기 때문에 유용한 선행 연구의 토대가 될 수 있다. 학술저널은 도서관이나 인터넷을 이용하면 언제든지 접근할 수 있다.

둘째, 연구자들은 학위논문도 활발하게 활용할 수 있다. 학위논문은 독창적인 연구 성과물을 담고 있기 때문에 선행 연구 고찰의 훌륭한 대상이 될 수 있다. 학위논문은 대학도서관이나 국회도서관 등에 비치되어 있기 때문에 연구자들은 이를 언제든지 열람할 수 있다.

셋째, 연구자들이 선행 연구의 검토를 위해 책을 활용하는 경우도 적지 않다. 특히 연구자들이 관심을 갖는 책은 독창적인 연구내용을 담고 있거나 연구논문을 모아놓은 책이다. 여러 책 가운데 어떤 책이 이런 유형인지를 구별하기 쉽지 않지만 선배 연구자나 해당 분야의 전문가 조언을 구한다면 어렵지 않게 유용한 책들을 구할 수 있다.

넷째, 선행 연구를 검토하는 과정에서 연구자들은 정부보고서도 활발하게 활용한다. 정책보고서는 현안과제와 관련된 전문가의 연구 결과물을 담고 있기 때문에 최근의 이슈, 연구경향 등에 관한 정보를 제공하는 좋은 출처가 될 수 있다. 특히 정책보고서는 현실 개선에 활용될 수 있는 정책대안을 담고 있기 때문에 해당분야의 연구가 어떤 문제를 집중해야 하는가를 알려 줄 수 있다.

연구 주제를 효과적으로 선정하기 위해서는 지도교수님과 선배 연구자들의 최근 논문을 검색하고 학습하는 것이 중요하다. 학과 특성과 지도교수의 특성에 따라 다르겠지만, 많은 연구실에서는 자신들의 연구과정 및 결과를 공유하고 소통하는

• Check point
: 대표적인 논문을 찾고 내재화 하자!

자신의 연구 주제와 관련된 국내외 논문을 50~60편을 연구하면, 자신의 연구 주제와 관련성이 높거나, 벤치마킹하고 싶은 대표적인 논문을 찾을 수 있다. 이런 논문 1~2개 정도는 핵심 논문으로 설정하고 반복해서 정독하기 바란다. 문체, 문맥, 구조를 반복적으로 깊게 정독하다보면 실제 논문을 쓸 때 억지로 말을 바꿔 쓰거나 문장의 변화를 주지 않아도 자기 문장이 자연스럽게 나오게 된다. 연구를 시작하는 사람에게는 문장력을 키우고 논리력을 키우는 매우 중요한 방법이 된다.

사이트가 있다. 이곳을 통해 지도교수 및 선배 연구자들의 연구논문 및 학위논문을 확보하여 학습하는 것이 중요하다. 만약 이런 곳이 없다면 연구자 이름으로 검색하는 방법을 통해 관련 논문들을 모을 수 있다.

'구글학술검색'이나 'RISS학술검색'을 이용하여 관련 논문들을 모으고 정리할 수 있다. 검색 결과 많이 언급된 주제 단어나 최근 연구 주제 중에서 연구자의 관심을

• Check point
: 이론이 중요한 이유

이론의 중요성은 연구가설의 구성단계에서 특히 부각된다. 그 이유는 연역적 연구방법은 이론에 입각해서 가설을 구성하고 자료에 의거해서 그 가설의 진위를 규명하기 때문이다. 보통 연역적 연구에서는 이론에서 원인으로 제시된 개념이 가설설정 과정에서 독립변인이 되고, 결과로 제시된 개념이 종속변인이 된다. 이론을 충분히 이해하지 못하면 타당한 가설을 설정할 수도 없다. 이런 의미에서 보면 연구 주제와 잘 맞아떨어지는 이론을 선정하는 것은 좋은 연구 결과를 얻어내는 데 필요한 필수조건이 된다.

이론의 중요성은 다음과 같다. 첫째, 이론은 연구의 방향을 결정하는 토대가 된다. 연구자는 기존의 이론체계를 배경으로 해서 어떤 주제나 문제에 대해 조사함으로써 그 결과를 예측할 수 있는 연구방향을 결정할 수 있다.

둘째, 이론은 현실을 개념화하고 분류할 수 있도록 해준다. 이론은 개념들 사이의 관계를 제시함으로써 연구에 필요한 사실을 제시할 수 있을 뿐만 아니라 현상을 분류하고 체계화하여 상호관계를 설정할 수 있는 기초를 제공할 수 있다. 예를 들면, 연구대상을 성별로 구별 할 것인가 아니면 연령별, 교육수준별, 경제수준별로 구분 할 것인가 등은 이론체계에 입각해서 결정할 수 있다.

셋째, 이론은 사실을 예측하고 설명할 수 있게 해준다. 이론은 사실과 사실의 관계를 논리적으로 설명해주기 때문에 이론을 탐구하게 되면 탐구된 이론을 통해 새로운 사실을 예측할 수 있다. 예를 들어, 목표설정이론에서 개인과 조직의 목적이 일치할 경우 개인의 모티베이션이 강화된다고 설명하고 있다면, 개인의 목표와 조직의 목표를 일치시킬 수 있도록 하는 조직의 심리적·제도적 후원은 개인의 모티베이션을 강화시킬 수 있다고 예측할 수 있을 것이다.

넷째, 이론은 지식의 축적과 보완을 가능하게 해준다. 기존 이론에 입각하여 구축된 새로운 가설이 채택된다는 것은 이론의 확장을 의미한다. 이러한 이론의 확장은 기존 이론이 존재하던 당시에는 알려지지 않았던 현상을 설명할 수 있도록 하여 결과적으로 지식축적에 도움을 준다. 같은 맥락에서 이론은 새로운 가설의 검증과정에서 드러난 결과를 통해 기존 지식의 결함을 보완할 수 있는 기회를 제공하기도 한다.

끄는 연구 주제와 변수를 모을 수 있다.

선행 연구조사에 있어 가장 중요한 과정이 관련 이론에 대한 조사 및 정리이다. 이론(theory)은 사회현상을 이해하는 데 필요한 가장 기초적인 도구이다. 이론은 사회현상의 개념(concept)을 활용하여 인과관계로 설명을 하기 때문에 이론을 개념과 개념으로 이루어진 인과의 진술(causal statement)이라고 정의한다. 이론은 오랜 세월동안 인간이 학문 활동을 한 결과가 축적되어서 만들어진 것이다. 인간의 학문 활동 역사가 긴 만큼 대부분의 사회현상과 관련된 많은 이론들이 여러 분야에 걸쳐 축적되어 있다. 연구자가 비록 새로운 현상을 연구한다 하더라도 그 현상을 유추해서 이해할 수 있는 이론은 이미 축적되어 있는 것이 현실이다.

PART Ⅱ

3 연구모형 및 가설 설정

연구 이슈와 변수를 도출했다면, 그중에 어떤 변수를 독립변수로 하고 어떤 변수를 종속변수로 할지 선정하여 연구 주제를 만든다. 연구가설은 연구자가 생각하는 연구의 가정이다. '이런 원인 때문에 이런 결과가 나올 것이다'라는 연구자의 생각이다.

연구문제를 통해 의문을 가지고, 주요 가설을 선정하며, 연구 모형과 변수의 특성을 통해 각 변수를 검증할 수 있는 요인들을 구체적으로 살펴보면 세부 가설을 효과적으로 세울 수 있다. 특히 선행 연구에 근거하여 자신의 논리를 세우고 연구 가설과 모형을 설계한다면 탄탄한 구조를 갖는 연구모형을 만들 수 있다.

연구 경험이 부족한 석박사 연구자들은 연구가설 및 연구모형을 설정할 때 동일방법편의(common method bias)라는 문제에 빠질 수 있다. 보통 설문지 데이터를 하나의 원천으로부터 수집할 때 발생할 수 있는 오류로서, 이 경우 응답자들은 의식적 혹은 무의식적으로 독립변수와 종속변수를 같은 방향으로 응답할 수 있다. 이렇게 응답을 하면 실제 이론과는 별개로 독립변수와 종속변수의 관계가 당연한 결과가 나오게 되는 오류가 발생한다. 동일한 응답자로부터 동일한 방법으로 독립, 매개, 조절, 종속변수 모두를 측정할 때 각 변수 간의 상관관계가 실제보다 과장되게 나타나는 오류를 동일방법편의라고 한다.

표 2-1 연구단계별 동일방법편의 해결방안

연구 단계	해결 방안	설명
연구설계 단계	응답원천 분리 측정환경 분리	독립변수와 종속변수 자료 원천을 달리 한다. 변수들의 측정시기와 측정환경을 달리 한다.
자료수집 단계	설문지 문항 변경 변수 추가	문항 순서 변경, 상이한 척도 형식 사용 표시변수 설정
통계처리 단계	Haman's Single Method MTMM에 적합한 측정 모형 활용	주성분 분석의 제1 요인 제거 측정모형 활용

PART Ⅱ

4 연구계획서 작성

연구 주제 선정과 선행 연구조사, 연구 모형 및 가설 설정을 토대로 연구 계획서 작성 및 확인(승인)이 필요하다. 연구 계획서가 있어야 연구자가 어떤 방향으로 연구를 진행하는지 연구자와 다른 사람이 알 수 있고, 구체적으로 수정할 수 있는 근거가 생긴다. 설문 조사나 패널데이터를 이용한 양적 연구로 진행할지, 사례연구나 인터뷰를 통한 질적 연구로 진행할지에 따라 연구의 방향성은 달라진다.

연구계획서는 향후 진행할 학위논문의 축소판이다. 연구 주제 및 선정이유, 선행 연구, 연구가설 및 연구모형, 분석방법 및 예상되는 연구 결과, 참고문헌 등을 포함해야 한다.

1) 연구의 목적 및 필요성

연구의 목적과 필요성이 핵심이다. 왜 이 논문을 써야 하는지, 왜 이 주제에 대해 관심을 가졌는지, 이 연구의 학술적·실무적 의미는 무엇인지에 대해 진지하고 설득력

•Check point
: 자신의 연구계획을 학회지 심사기준을 통해 스스로 평가해 보자

1. 제목과 연구목적, 내용의 일치 여부	2. 연구방법의 적정성
3. 연구 내용의 독창성 및 타당성	4. 최근까지의 연구동향 반영도
5. 연구 결과의 기여도	6. 참고문헌 및 표기의 정확성

학술지에 논문을 투고하면 심사결과를 받게 된다. 심사결과에 기준이 되는 심사내용을 보면 주제를 선정할 때 무엇을 주의해야 할지 생각할 수 있다. '내용의 독창성 및 타당성' 및 '연구동향 반영도', '연구 결과의 기여도' 등 주요 평가요소에서 선행 연구의 한계점을 해결하는 차별성을 주요한 기준으로 삼고 있다.

있게 제시해야 한다. 연구 주제와 관련된 연구의 흐름과 문제점, 차별화 방안이 포함되어야 한다.

참조 - 연구의 목적 및 필요성

국내 대학의 기업가정신 및 창업교육을 선진화시키기 위해서는 이론을 앞세우거나, 일회성 특강에 그치는 활동을 지양하고 창업 전 과정에 단계별 맞춤형 교육과정의 개발이 필요하며, 창업교육 관련 교과목을 모듈화시킴으로써 기업가정신의 함양, 아이디어 개발 및 발굴을 위한 사업화 과정 등 창업에 관한 구체적인 사항들을 단계별로 구성해야 한다(정차근, 2014). 이런 의미에서 이론교육뿐만 아니라 아이디어 창출 과정에서부터 창업단계에 이르기까지 전 주기적 창업의 직·간접 경험을 배양하기 위한 새로운 교육방법론의 필요성이 대두된다. 특히 창업과정은 끊임없는 문제해결의 연속이며, 기존의 수동적인 학습이 아닌 문제해결 중심의 능동적인 학습이 요구되기 때문에 기존의 이론적 및 수동적 창업교육의 효과성은 제한적일 수밖에 없다. 이러한 점에서 교육공학 영역에서 주목하고 있는 문제중심학습(PBL, Problem-based learning) 및 플립러닝(Flipped Learning) 방식을 기업가정신교육에 적용함으로써 창업과정에서 발생할 수 있는 실제적인 문제를 학습자들이 스스로 해결하는 방식과 온라인을 통한 선행학습을 기반으로 온오프(On-Off) 방식이 병행된 토론 및 문제해결로 진행하는 방식의 수업형태가 요구된다. 본 연구는 문제중심학습 및 플립러닝을 적용한 기업가정신온라인교육의 효과성을 검증하고자 한다.

[출처 : 기업가정신 온라인교육의 효과성 검증 : 플립러닝 및 PBL기반 기업가정신교육 적용사례(2017), 벤처창업연구, 12(2).]

2) 연구 대상 및 조사 방법

누구를 대상으로 설문조사를 진행하고, 어떤 지역에서 어떤 조사방법을 사용하여 기술할지를 서술한다. 선행 연구에서 제시한 연구 대상 및 조사방법을 제시하고, 이와 차별화 할 수 있는 방안이 포함되어야 한다.

참조 - 연구대상 및 조사 방법

연구의 대상은 수도권 4년제 대학에 재학생이다. 실험집단은 '기업가정신과 창업'에 수강하여 기업가정신온라인교육에 참여한 학생이며, 통제집단은 같은 학기에 개설된 특강중심의 기업가사례수업에 참여한 학생이다. 교육방법의 효과성을 정량적으로 밝히기 위해 실험집단과 통제집단을 구분하여 설계했으며, 사전-사후 검사 통제집단설계(Pretest-Posttest Control Group Design)방식으로 교과목의 효과성을 밝히고자 한다. 집단 간 동질성 검증 및 교육의 효과성 검증을 위해 Statistics 23.0 프로그램을 사용하며, 교육효과성은 분산분석을 통해 검증하고자 한다.

3) 연구 가설 및 분석 방법

연구 주제와 가설에 맞는 연구 방법을 제시하고, 어떤 통계 방법론을 사용할 것인지 기술한다. 연구 주제와 가설을 효과적으로 검증하기 위한 연구방법을 제시해야 한다.

4) 예상되는 연구 결과

예상되는 연구 결과를 제시하고, 이러한 연구 결과로 인해 예상되는 학문적·실무적·정책적 시사점을 제시한다. 예상되는 연구 결과가 우리 사회에 어떠한 기여를 할 것인지, 학문적으로는 어떠한 기여가 될 것인지에 대해 논리적으로 제시한다.

5) 연구추진계획

연구계획서 승인 이후 향후 연구진행 절차 및 기간을 제시한다. 시간이 많다고 해서 좋은 논문이 나오는 것은 아니다. 자신이 학위논문을 작성할 동안에 충분히 시간을 할애할 수 있음을 제시하고, 논문을 효과적으로 진행할 수 있는 시간과 과정을 제시하는 것만으로 충분하다.

참조 — 연구추진계획

- 연구계획 수립 : 2023.1.1 ~ 1.30
- 설문조사 및 인터뷰 진행 : 2023.2.1 ~ 2.28
- 분석 및 집필 : 2023.3. 1 ~ 4.15
- 논문심사 및 제출 : 2023.4.15. ~ 5.30

6) 참고문헌

인용은 자신의 논리를 입증하고 정당화하기 위해 다른 사람의 글을 가져오는 것이다. 다른 사람들의 글을 가져왔기에 어디서 가져왔는지 출처를 밝혀야 한다.

인용한 글의 출처를 전부 정리해 놓는 곳이 참고문헌 영역이다. 일반적인 사실이나 지식에 대해서는 인용표시를 하지 않아도 된다. 인용방식은 각 학교나 학회마다 차이가 있다. 일반적으로 APA스타일을 기준으로 하는데, APA는 미국 심리학회(American Psychological Association) 규정지침으로 국내 여러 학교 및 학회에서 사용한다.

참고문헌을 보면 연구자의 연구진행과정을 점검할 수 있고, 연구의 질적수준을 평가할 수 있다. 본인의 연구 주제에 부합한 다양한 국내외 연구논문과 서적, 온라인 자료 등을 종합적으로 검토하고 제시함으로써 연구 수준의 신뢰성을 높여야 한다.

참고문헌의 경우 보통 논문 말미에 제시하고, 한글 문헌과 영문 문헌 순서로 기입한다. 한글 문헌은 가나다순으로 작성하고, 영문은 알파벳순으로 작성한다. 그 외 문헌은 영문 문헌 다음에 제시한다.

참조 ― 연구의 목적 및 필요성

제28조(인용표기)

1. 인용 논문의 표기는 간단한 경우는 각주로 처리하지 않고 본문 중에서 다음의 예와 같이 처리한다. 영문 저자의 경우 국문으로 번역하지 않고 영문표기를 원칙으로 한다.
2. 두 개 이상의 서지정보가 내주 인용될 경우, 제1저자의 자음/알파벳 순으로 작성한다.
   1) Carrell, Kuzmits & Elbert, 1995; Cascio, 1993; Milkovich & Boudreau, 1994
   2) 권석균·이영면, 1999; 박경규, 1991; 이재규·김성국·권중생, 1996
   3) Sherman et al., 1997; 이진규 외, 1993
3. 3인 이상 저자의 논문을 처음 인용할 때에는 전체 저자를 제시하지만(이재규·김성국·권중생, 1996), 3인 이상 저자의 논문을 두 번 이상 인용한 경우, 이탤릭체 'et al.',또는 '외'를 사용한다(이재규 외, 1996).

제29조(참고문헌)

1. 각 문헌은 한글 문헌, 기타 동양 문헌, 영어, 기타 서양 문헌 순으로 배치하며, 배열순서는 동양 문헌은 가나다순으로, 서양 문헌은 알파벳순으로 하고, 배열 순서대로 일련번호를 매긴다.
2. 같은 저자의 여러 문헌은 연도순으로 배치하며 같은 해에 발행된 문헌이 둘 이상일 경우에는 글에서 언급된 순서에 따라 발생연도 뒤에 a, b, c를 첨가하여 구분한다.
3. 논문(학위 논문 포함)이나 기사 등은 " "로 표시하고, 저서 또는 역서(편저서, 학회지, 월간지, 주간지, 일간지 포함)는 국문 또는 기타 동양 문헌의 경우에는『 』으로, 영어의 경우에는 기호 없이 이탤릭체로 아래 예와 같이 표기한다..

예 1) 박내희(1997), **인사관리**, 박영사.
2) 이인석(1999), 혁신행동의 선행요인에 관한 실증연구, **인사관리연구**, 제23집 1권, 89-113.
3) 중앙일보(1997. 3. 27), 큰 걸음 성장 반세기.
4) Santora, J. E.(1992 a), Rating the Boss at Chrysler, *Personnel Journal*, 2, 38-45.
5) Milkovich, G. T., & Boudreau, J. W.(1994), *Human Resource Management*, 7th ed., Boston: Irwin.

[출처 : 한국진로창업경영학회 홈페이지]

PART Ⅱ

5 설문지 작성

설문지는 가장 널리 사용되는 대표적인 1차 자료 수집방법이다. 이것은 응답자의 답변을 요구하는 일련의 질문으로 구성된 설문지를 이용하여 필요한 자료를 수집한다. 즉, 설문지법은 필요한 정보를 얻어낼 수 있는 질문양식을 만들고 그 양식에 응답자가 답하도록 함으로써 자료를 수집한다.

연구자들은 사회현상을 연구하는 데 필요한 자료, 특히 양적 자료를 수집하는 데 설문지법을 주로 이용한다. 그 이유는 이 방법이 다른 자료수집 방법과는 다른 몇 가지 특성을 갖고 있기 때문이다(김석용, 2010).

첫째, 이것은 표준화된 설문지를 사용하기 때문에 응답결과를 비교할 수 있다. 즉, 설문지법은 모든 응답자에게 동일한 내용과 방식으로 질문함으로써 측정오류를 최소화할 수 있기 때문에 조사결과가 직접 비교될 수 있다.

둘째, 이것은 빠른 시간에 핵심적인 사안을 선별하여 정직한 정보를 수집할 수 있도록 한다. 다시 말해, 연구 주제와 직접적으로 관련된 것들로 질문을 구성하기 때문에 응답내용을 압축할 수 있고, 다수를 대상으로 설문지를 배포하기 때문에 익명성을 높여 솔직한 응답을 얻어낼 수 있다.

셋째, 이것은 광범위한 영역에 걸친 자료를 얻을 수 있도록 한다. 객관적인 사실과 관련된 자료뿐만 아니라 응답자의 믿음, 감정, 규범, 과거의 행동 등과 같이 관찰법이나 실험법에 의해 포착하기 어려운 정보까지도 수집할 수 있도록 한다.

넷째, 이것은 질문에 대한 응답 내용을 수량화할 수 있기 때문에 양적 자료의 수집을 가능하게 한다. 응답을 범주화시켜 자료를 수치화할 수 있도록 한다.

설문조사는 조사 대상과 조사 방법에 근거하여 이루어진다. 양적 연구에서는 오프라인 설문조사를 통해 직접 대면하여 설문지를 배포하고 회수하는 방식으로 진행된다. 최근 구글 DOCS나 네이버폼을 이용한 온라인 설문조사를 활용하여 온라인과 모바일로 진행하는 경우가 많아졌다.

연구자는 선행 연구자들이 오랫동안 사용해온 설문지나 신뢰도 값이 높은 설문지를 사용해야 한다. 기존 연구에서 측정 문항의 신뢰도 값이 높고, 타당성이 높게 나타난 설문 문항을 활용한다면 자신의 연구에서도 신뢰도 있는 결과가 나타날 가능성이 높아진다.

• Check point
: 효과적인 설문지 만드는 방법

○ 1개의 설문 문항에는 1개의 질문만 들어가야 한다.

예 당신은 현재 직무 및 직장에 만족하십니까? (×)

☞ 하나의 문항으로 두 가지 내용의 질문을 하면 안 된다.

○ 응답항목 간의 내용이 중복되어서는 안된다.

예 귀하의 창업자금은 주로 어디에서 확보했습니까?

① 자기자본 ② 부모님 ③ 은행대출 ④ 투자 ⑤ 가족 ⑥ 기타

☞ 이 경우 가족 속에 부모님이 포함되기 때문에 항목 간에 배타적이지 않게 된다.

○ 범주형 변수로 만들기보다는 연속형 변수로 만들자.

예 당신의 연령은? ① 10대 ② 20대 ③ 30대 ④ 40대 ⑤ 50대

☞ 당신의 연령은? (　　)세 (*응답자가 실제 나이를 기입하는 것이 바람직하다.)

○ 응답할 보기가 없는 설문문항이나 구간이 명확하지 않은 설문문항은 잘못된 설문문항이다.

예 당신의 전공분야는? ① 경영계열 ② 공학계열 ③ 자연계열 ④ 기타(　　)

☞ 철희는 예체능계열이고, 영희는 의학계열일 경우 모두 '④기타'에 응답해야 한다. 이럴 경우 주요 응답이 '기타'로 처리되는 문제점이 발생하기 때문에 예상되는 모든 결과를 문항을 통해 제시해야 한다.

○ 가능한 설문지 앞부분에는 간단하고 흥미 있는 질문이나, 누구나 쉽게 답할 수 있는 질문항목이 배치되고, 앞에서 한 응답이 뒤의 응답에 영향을 미치지 않도록 이질적인 질문들이 사이사이에 배치되어야 한다.

○ 설문문항은 최소한으로 줄인다.

☞ 전체 설문문항이 70~80개 이상 넘어갈 경우, 응답자의 집중도가 떨어져 설문응답의 신뢰도가 낮아진다. 설문지에 온갖 변수를 포함시키는 것은 과욕이며, 본인의 연구경험이 부족하다는 것을 밝히는 신호가 된다.

○ 설문지는 한눈에 들어오도록 가독성이 높게 한다.

☞ 특히 모바일이나 온라인으로 설문지를 만들 경우, 수차례 설문지의 구성 및 디자인을 점검해야 한다. 실제 화면상으로는 설문문항이 깨지는 등 가독성이 매우 떨어질 수 있다.

○ 완성된 설문지는 사전 조사를 통해 신뢰성을 확인한다.

☞ 완성된 설문지는 필히 사전 테스트를 진행해야 한다. 사전 테스트는 30명 내외로 수행하면 되며, 이를 통해 설문의 오타 및 문제점, 그리고 가설의 방향성을 점검할 수 있다. 30명 내외로 설문응답을 받을 경우 정규분포가 가정되기 때문에 상관분석 등 기초분석을 통해 연구가설을 미리 예측할 수 있다. 그리고 설문에 대한 응답에서 결측치가 많이 발생할 경우, 설문을 수정보완 할 수 있다.

PART Ⅱ

6 설문지 배포 및 회수

설문조사는 연구 목적과 대상에 부합하도록 진행해야 한다. 연구대상에 따라 설문응답을 효과적으로 받을 수 있는 집단에 접근해야 한다. 대학생의 창업활동에 대해 연구한다면, 대학에 있는 창업동아리 및 학생 창업경진대회 참여한 창업팀 등 창업을 준비하거나 진행하고 있는 대상에 효과적으로 접근해야 한다. 연구목적에 맞는 연구대상에 접근한다면 설문조사의 신뢰성을 높이고, 분석결과가 유의하게 나올 가능성을 높일 수 있는 전략이다.

설문조사를 진행할 때는 응답자에게 금전적인 보상이나 작은 선물(소액 상품권)을 제공하는 것이 좋다. 작은 성의를 보여준다면 성실하게 응답할 가능성이 높고, 설문결과의 신뢰성을 높일 수 있다. 연구 목적에 맞게끔 수집 인원을 설정한다면, 응답 순서별로 기프티콘을 전송하는 방식이나, 작은 기념품을 바로 주는 방식으로 진행할 수 있다.

본 교재에서는 온라인 방식으로 설문을 진행하는 방법에 대해 제시한다. 온라인 설문조사는 오프라인 또는 면대면 방식에 비해 응답률이 떨어지고, 응답의 신뢰도가 낮아지는 문제점을 갖고 있다. 구조화된 설문지 작성과 온라인을 보완하는 오프라인 방식의 병행을 통한다면 온라인 설문의 문제점을 일정수준으로 해소시킬 수 있다.

1) 네이버폼으로 설문조사 하는 방법

네이버폼을 활용한 설문지 제작은 그리 복잡하거나 어렵지 않다. 아래와 같이 단계적으로 진행하여 네이버폼을 활용하여 설문지를 제작하고 회수한다면, 효과적으로 데이터를 구축하고 분석할 수 있는 결과를 얻을 수 있다.

• Check point : 설문조사를 원활하게 진행하는 방법

○ 온라인조사보다는 오프라인 조사를 통해 현장에서 직접 수행하는 것이 좋다.

- 일반적으로 온라인 설문조사는 오프라인 설문조사에 비해 응답률이 떨어지고, 응답문항에 대한 신뢰도가 상대적으로 낮게 나타난다.

○ 응답자에게 작은 보상을 준다.

- 온라인 설문조사를 진행한다면, 응답한 결과가 신뢰성 있게 나온 응답자에 대해 상품이나 기념품을 준다고 명시한다면 응답률을 높이거나 응답결과의 신뢰성을 높일 수 있다.

○ 설문조사 업체를 이용해도 된다.

- 설문조사 업체에서는 연구목적에 부합한 패널을 제공해준다. 패널은 연령, 성별, 직업 등을 나눈 응답자 집단으로서, 연구자의 요청에 따라 패널을 제공받을 수 있다.

Tip) 회수용 봉투에 질문지의 고유번호 기록해 두기

모든 질문지를 발송하면서 동봉하는 회수용 봉투에 질문지의 고유번호를 기록해 둘 수 있다. 질문지의 고유번호는 질문을 받은 사람이 누구인지를 파악하여 해당 질문이 회수되지 않았을 때 회수를 요청하는 등의 활동을 위해 필요하다. 고유번호의 표시는 회수용 봉투의 안쪽에 조사자만이 식별할 수 있도록 기입하여 응답대상자가 파악하지 못하게 하는 것이 좋다.

또한 고유번호는 연구자가 잘 관리하여 외부로 유출되지 않도록 해야 하며, 응답지가 돌아온 경우에는 고유번호를 삭제하여 응답자의 사적인 정보와 연결하지 않도록 유의하면서 연구윤리에 위배되지 않도록 해야 한다. 또한 이런 과정에 대해 각 대학 등 기관 IRB의 연구윤리 규정에서 금지하고 있다면 회수율을 높이기 위한 다른 방법을 모색해 보아야 한다.

회수용 봉투에 적은 고유번호는 각 번호별로 해당 기관, 해당 지역, 해당 응답자 등을 파악할 수 있도록 기입하여, 배포 및 회수 등을 쉽게 확인할 수 있도록 해두는 것이 좋다. 연구자가 이를 따로 기록해 두는 특별한 양식은 없으며, 연구대상자의 회수율 등을 파악하는 데 중요한 자료가 되므로 잘 보관하여야 한다.

① 검색창에 네이버 오피스를 검색한다.

② 폼 형식을 선택한다.

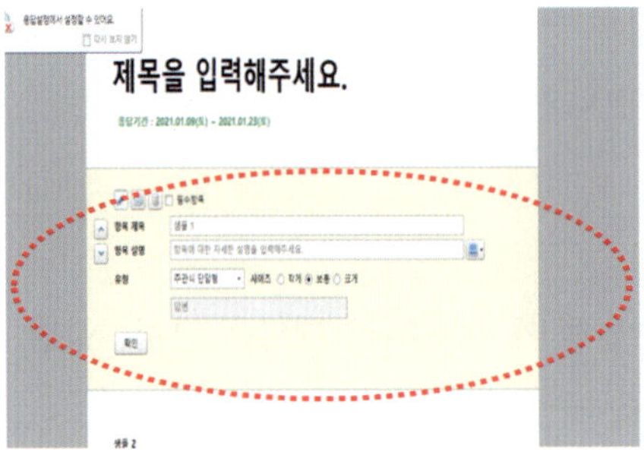

③ 항목제목과 항목설명을 입력하고, 설문조사 기간을 설정한다.

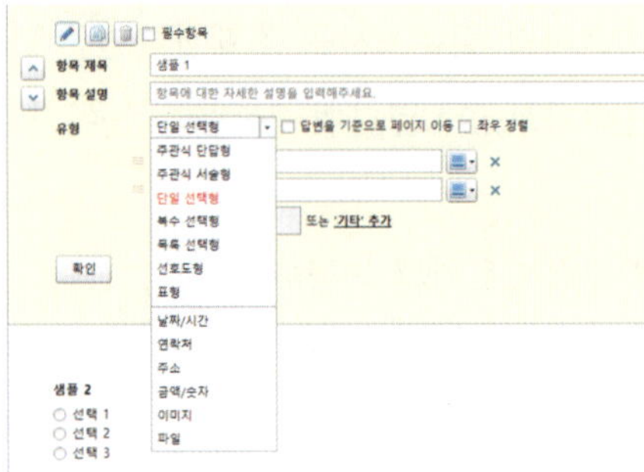

④ 항목 유형을 선택하고 설문 내용을 입력한다.

⑤ 저장버튼을 눌러 저장 위치 지정 후 저장한다.

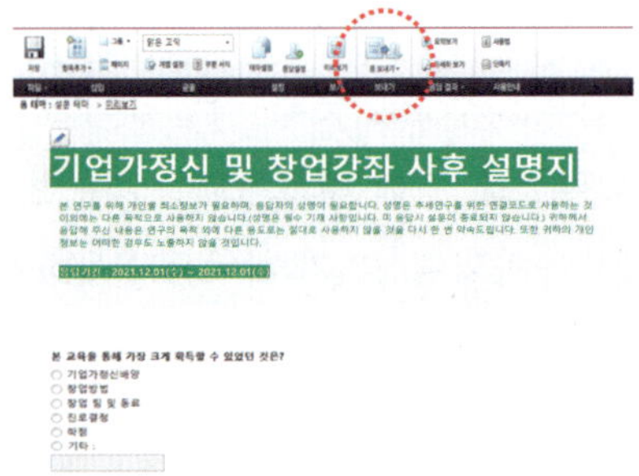

⑥ 저장 후 폼 보내기 버튼을 누른다.

⑦ 폼 보내기에서 '공유하기'를 누른 후 URL 복사하여 공유한다.

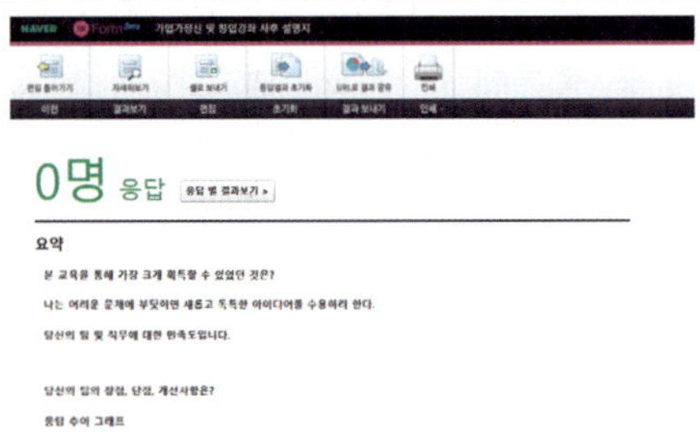

⑧ 상단의 요약보기 버튼을 누르면 설문조사 결과를 확인한다.

2) 구글로 설문조사 하는 방법

구글설문지를 이용하여 설문조사를 진행할 경우, 여러 사람이 병행작업을 할 수 있는 장점을 갖게 되며, 네이버폼보다 모바일에 더욱 최적화된 템플릿을 제공하는 강점을 갖고 있다. 구글을 통해 설문지를 만드는 방법은 네이버폼으로 만드는 방법과 거의 동일하기 때문에 본 교재에서는 생략하도록 한다.

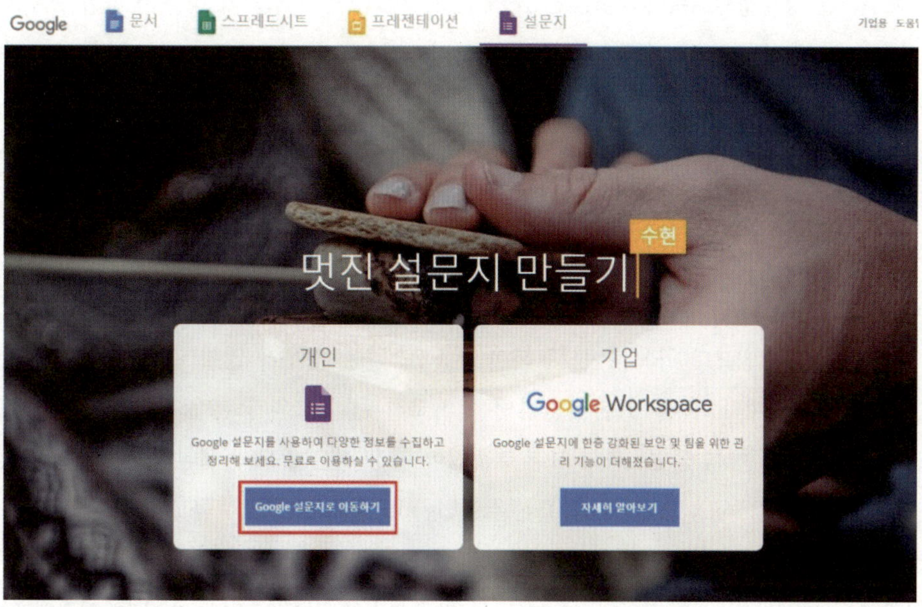

멋진 설문지 만들기라는 타이틀과 함께 개인용 및 기업용 플랫폼으로 나누어지는 것을 볼 수 있습니다. 특수한 목적을 위한 설문이 아니라면 개인용을 클릭해 주면 되겠습니다.

• Check point
: 표본의 크기는 어느 정도가 적절한가?

표본의 크기(sample size)는 모집단의 특성을 대표할 수 있는 적정한 규모만 되면 충분하다. 조사에 동원된 표본의 규모가 크다고 항상 좋은 결과를 얻는 것은 아니기 때문에 그렇다. 실용성의 측면에서 보더라도 표본의 크기는 과다한 규모의 것보다는 모집단의 특성을 왜곡하지 않고 대표할 수 있는 최소의 규모가 오히려 더 바람직하다. 표본의 적정규모는 공식에 의해 결정되는 것이 아니라 여러 상황요인에 따라 달라질 수 있다. 이러한 요인들은 정리하면 다음과 같다.

첫째 요인은 모집단의 동질성(homogeneity) 정도이다. 구성요소가 동질적인 모집단의 경우에는 모집단의 표준편차가 작고, 그에 따라서 표본오차도 작아진다. 따라서 이러한 특성을 갖는 모집단은 상대적으로 적은 규모의 표본으로도 잘 대표될 수 있다. 반면 구성요소가 이질적인 모집단의 경우에는 모집단의 표준편차가 크고, 그에 따라서 표본오차도 커진다. 따라서 이러한 특성을 갖고 있는 모집단은 상대적으로 큰 규모의 표본을 통해서만 대표될 수 있다.

둘째 요인은 연구에서 요구되는 정확성의 수준(desired accuracy)이다. 연구 결과가 아주 정확한 모수치의 추정을 요구하는 경우에는 표본의 크기가 상대적으로 커야 한다. 정확성은 오차의 정도, 즉 표본오차에 의해서 결정되기 때문에 그렇다. 표본오차는 표준편차를 N의 제곱근으로 나누어 계산되기 때문에 표준편차가 동일한 경우 표본오차를 줄이기 위해서는 무엇보다 표본의 크기가 커져야 한다. 반면, 연구 결과가 정확한 모수치의 추정을 요구하지 않는 경우, 예를 들면 사전 검사(pilot study)의 경우 표본의 크기는 30명 안팎의 소규모의 표본을 이용하여도 무방하다.

셋째 요인은 표본추출방법(sampling design)이다. 표본추출방법을 논의할 때 설명한 것처럼 확률 표본추출방법이 비확률 표본추출방법보다 규모가 큰 표본을 필요로 하는 경우가 많다. 연구자가 모집단의 특성을 충분히 알고 조사하기 때문이다. 확률 표본추출방법은 비교적 큰 규모의 표본을 요구하지만 기법에 따라 표본의 크기가 달라질 수 있다. 예를 들면, 층화 표본추출법이 가장 작은 규모의 표본을 사용하고, 집락 표본추출법이 가장 큰 규모의 표본을 사용한다. 층화 표본추출법이 상대적으로 적은 규모의 표본을 사용할 수 있는 이유는, 이것이 단순 무작위 표본추출법이나 집락 표본추출법보다 표본 크기가 작아도 같은 수준의 대표성을 유지할 수 있기 때문이다. 집락 표본추출법이 큰 규모의 표본을 사용해야 하는 이유는 이것이 단순 무작위 표본추출법이나 층화 표본추출법보다 표본 크기가 훨씬 커야 같은 수준의 대표성을 유지할 수 있기 때문이다.

넷째 요인은 질문의 내용이나 형식의 복잡성(complexity) 정도이다. 질문의 형식이나 내용이 복잡한 경우 그렇지 않은 경우보다 더 큰 규모의 표본을 필요로 한다. 그 이유는 무응답과 신뢰할 수 없는 응답이 나올 가능성이 상대적으로 크기 때문이다. 또한 오랜 시간에 걸쳐 진행되는 종단연구(time series study)는 응답자의 탈락을 고려해야 하기 때문에 단시간에 이루어지는 횡단연구(cross sectional study)보다 상대적으로 큰 규모의 표본을 선정하는 것이 필요하다.

다섯째 요인은 가용자원(available resources)의 한계이다. 일반적으로 자료수집에 필요한 시간과 비용이 충분한 경우가 그렇지 못한 경우보다 상대적으로 규모가 큰 표본을 활용할 수 있다. 표본의 구체적인 크기는 자료수집에 할당된 비용과 시간을 하나의 표본을 수집하는 소요되는 시간과 비용으로 나누면 계산할 수 있다.

PART Ⅱ

7 통계분석

설문조사가 마무리 되면 설문지에 번호를 매기는 작업을 한다. 각 설문지에 번호(설문지 ID)를 부여하지 않으면, 설문지 코딩과정에서 발생하는 문제점이나 분석과정에서 발생하는 오류를 해결하기 어렵다.

1) 데이터 코딩

분석결과가 올바르게 나오려면 연구 가설에 맞는 분석방법을 사용하고 데이터 코딩에 오류가 나지 않아야 한다. 데이터코딩은 SPSS에 바로 입력하거나 엑셀로 입력한 후 SPSS로 변환하여 사용하기도 한다. SPSS를 이용하여 데이터코딩을 할 때는

그림 2-1 엑셀에 세로 입력

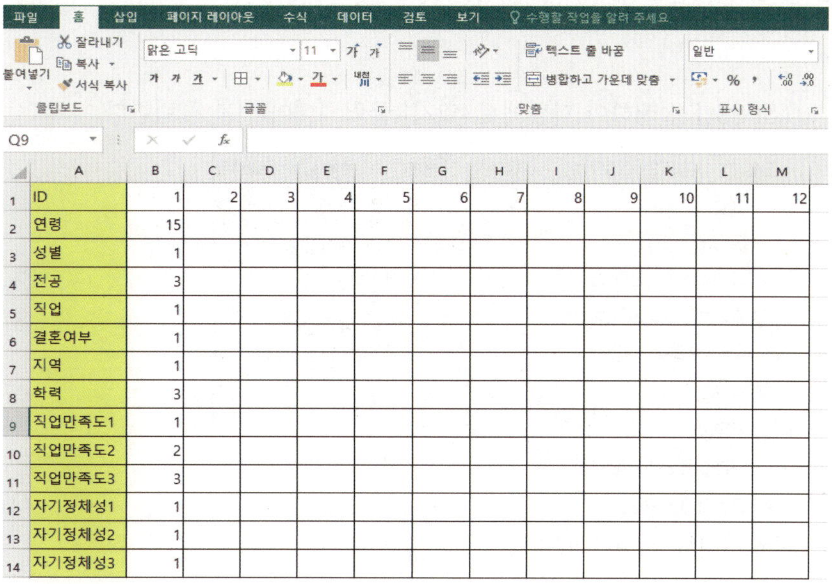

	A	B	C	D	E	F	G	H	I	J	K	L	M
1	ID	1	2	3	4	5	6	7	8	9	10	11	12
2	연령	15											
3	성별	1											
4	전공	3											
5	직업	1											
6	결혼여부	1											
7	지역	1											
8	학력	3											
9	직업만족도1	1											
10	직업만족도2	2											
11	직업만족도3	3											
12	자기정체성1	1											
13	자기정체성2	1											
14	자기정체성3	1											

그림 2-2 행렬/바꿈

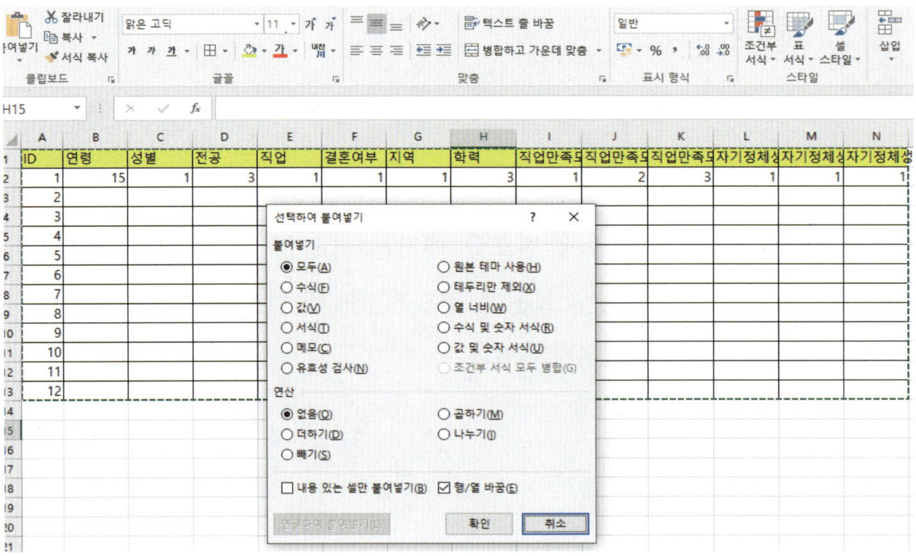

가로로 입력하는 방식이기 때문에 [먼저 엑셀에 세로 입력 → 행렬/바꿈 → SPSS로 전환]하는 방법을 추천한다.

2) 엑셀파일을 SPSS로 전환하기

① SPSS를 실행하여 파일에서 [열기] 클릭, [데이터]를 클릭한다.

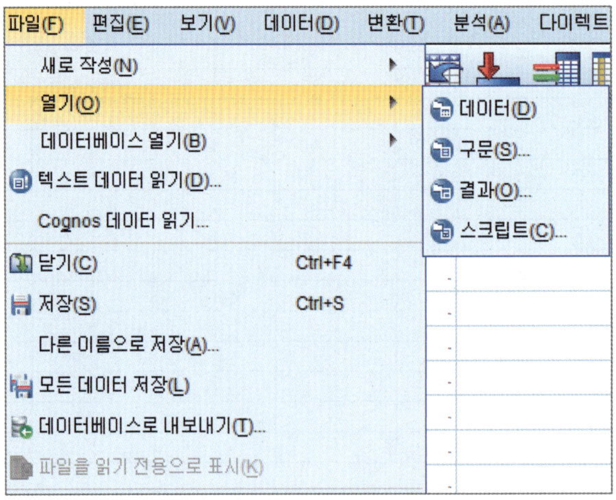

② 데이터 열기 창에서 파일 유형을 'Excel'로 선택해 클릭한다.

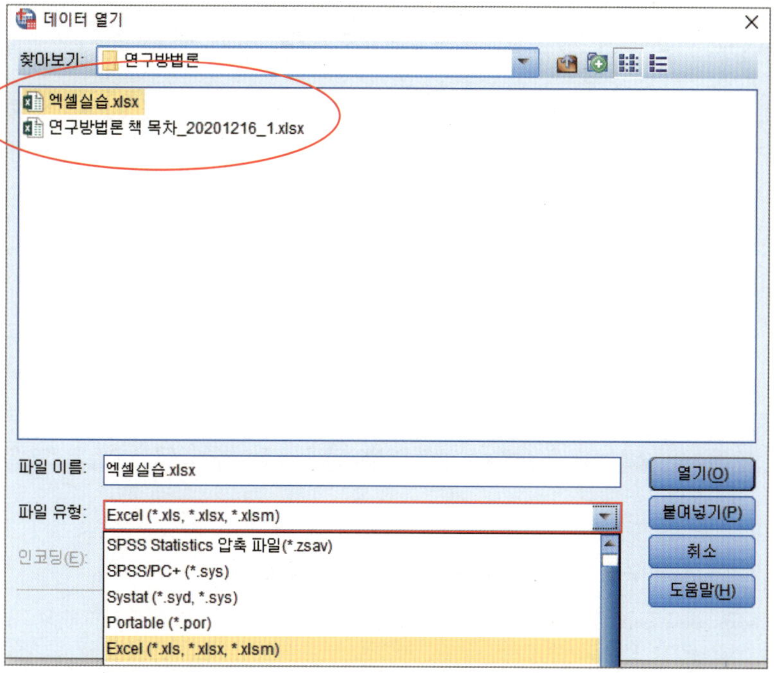

③ [Excel 파일 읽기] 창이 열리면 확인을 클릭한다.

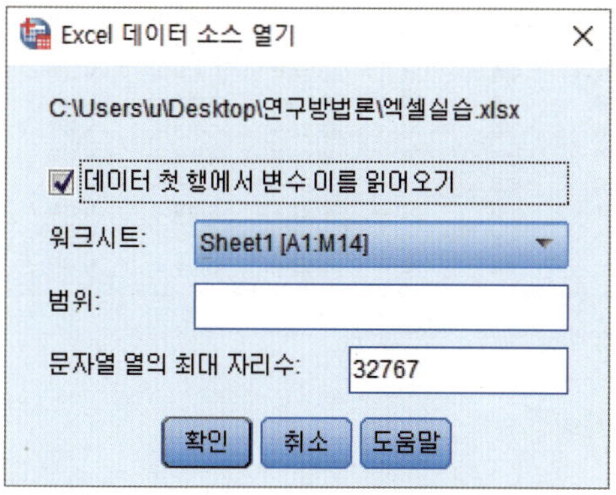

④ [데이터 보기]에서 엑셀에서 코딩한 자료와 비교한다. 앞서 제시한 [행렬/바꿈]으로 처리한 엑셀 파일을 SPSS로 불러왔기 때문에 가로는 변수명 순으로, 세로는 응답자 순으로 정렬된 것을 확인 할 수 있다.

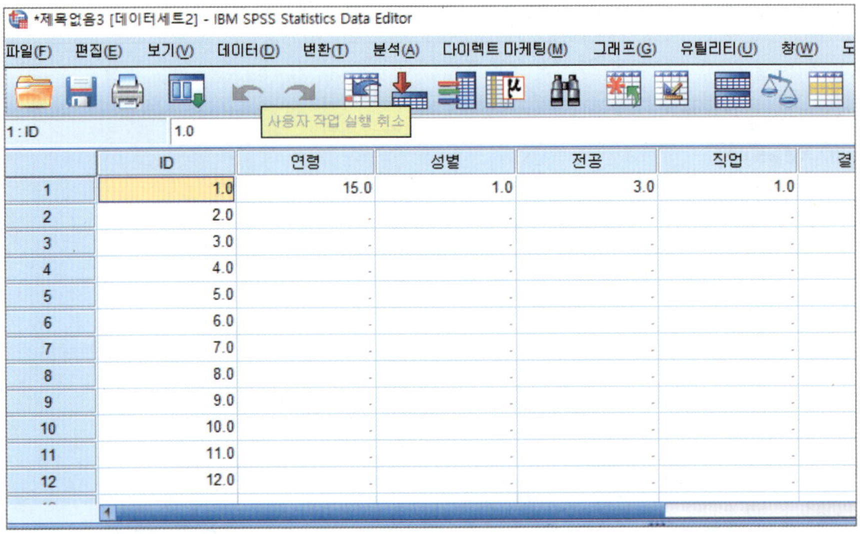

⑤ [변수 보기]에서 변수명 및 척도를 확인하고 재설정 한다.

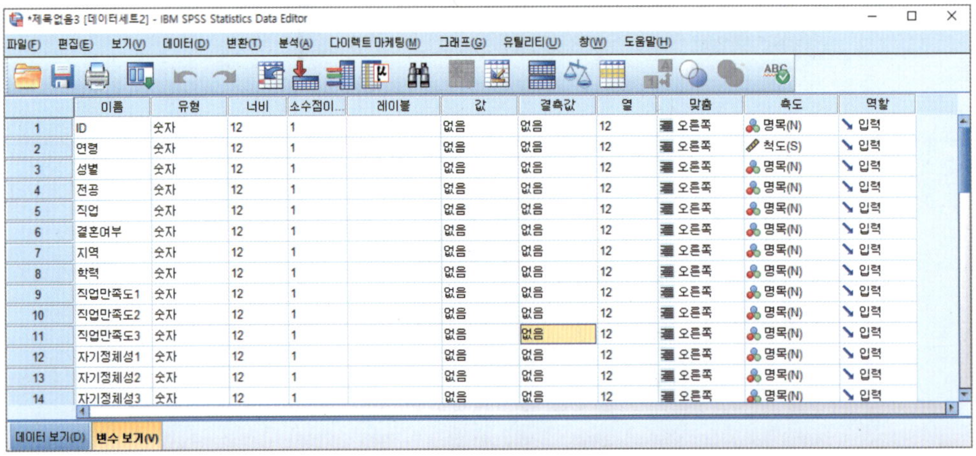

3) 빈도분석을 통해 결측값 제거하기

코딩을 완료하면 빈도분석을 실시한다. 빈도분석은 분석-기술통계량-빈도분석 순으로 클릭하면 된다. 빈도분석으로 코딩 오류를 발견하고, 주요 가설에 도움이 되는 기초분석을 진행할 수 있기 때문에 빈도분석 및 기술통계분석을 꼼꼼히 해야 한다.

그림 2-3 SPSS 빈도분석 출력결과

연령

		빈도	퍼센트	올바른 퍼센트	누적 퍼센트
유효함	8.0	4	33.3	40.0	40.0
	11.0	2	16.7	20.0	60.0
	15.0	1	8.3	10.0	70.0
	22.0	2	16.7	20.0	90.0
	34.0	1	8.3	10.0	100.0
	총계	10	83.3	100.0	
결측값	시스템	2	16.7		
총계		12	100.0		

⇨ 결측값

4) 다양한 통계분석 진행하기

통계분석은 연구자의 핵심 경쟁력이다. 연구자는 자신의 주제와 연구방법에 부합한 통계분석 기법을 사용해야 한다. 통계분석방법을 충분히 이해하고 적용하기 위해서는 이론적 학습뿐만 아니라 실제 경험이 중요하다.

고급 통계방법론을 학습해도 연구문제 해결 경험이 충분하지 않다면, 잘못된 분석방법으로 잘못된 결과를 도출하는 것이 연구이다. 연구능력을 향상시키기 위해서는 어려운 연구방법론을 학습하기에 앞서 수학공식을 풀듯이 쉬운 방법을 사용하면서 내공을 키우는 것이 더 바람직한 방법이다. 따라서 무조건 어려운 연구, 연구방법을 사용하여 논문 분량을 늘이기보다는 연구자가 설명할 수 있고 주제와 가설에 맞는 익숙한 통계분석 방법을 사용하는 것이 바람직하다.

■ 집단비교 분석 및 변수의 상관성 분석

분석방법은 크게 '집단을 비교하는 분석 방법'과 '변수 간의 관계나 연속성을 검증하는 분석 방법'으로 구분된다. 새로운 분석 방법들이 생겨나고 있지만 대부분 이 두 가지 방법을 벗어나지 않는다.

표 2-2 주요 통계분석방법

* 연속형 변수는 키, 체중, 성적 등 숫자에 의미가 있고, 크고 작음을 숫자로 비교 가능한 변수
** 명목형 변수는 성별, 지역 등 숫자에 아무런 의미가 없고, 단지 분류하기 위해 부여한 변수이기 때문에 숫자가 크고 작음을 나타내지 않는다.

구분	분석방법	적용 변수	적용가능한 연구가설
집단 간 비교분석	카이검증	명목 변수 → 명목 변수	여성이 남성보다 아이폰을 더 많이 사용할 것이다.
	t-test, ANOVA	명목 변수 → 연속 변수	고등학생이 중학생보다 창업의지가 더 높을 것이다.
변수 간 상관성 검증	상관분석, 회귀분석	연속 변수 → 연속 변수	(상관분석) 기업가정신과 창업의지는 정(+)의 상관관계가 있다. (회귀분석) 기업가정신이 높을수록 창업의지가 높을 것이다.
	로지스틱 회귀분석	연속 변수 → 명목 변수	창업만족도가 높을수록 3년 이내 창업 생존(율)이 높을 것이다.

양적 연구에서 많이 사용하는 방법 중 '집단 간 차이를 비교하는 분석 방법'에는 카이검증, t-test, ANOVA가 있다. 카이검증은 독립변수와 종속변수가 둘 다 명목(범주)형 자료일 때 사용하는 분석방법이다. t-test와 ANOVA는 독립변수가 명목형 자료이지만, 종속변수는 숫자로 나타내는 연속형 자료일 때 사용하는 분석방법이다.

'변수 간 상관성을 검증하는 분석방법' 중에 논문에서 많이 쓰는 분석 방법은 상관관계분석과 회귀분석이다. 두 분석방법은 독립변수와 종속변수 모두 숫자로 크기를 비교할 수 있는 연속형 자료일 때 사용한다. 특히 많은 양적 연구에서 사용되는 독립변수와 종속변수 간의 인과관계를 밝히기 위해서는 회귀분석을 주로 사용한다.

끝으로 독립변수가 연속형 자료이고, 종속변수가 명목형 자료일 때 사용하는 대표적인 분석방법은 로지스틱 회귀분석이다. 기업가정신이 독립변수이고 종속변수가 창업의지일 경우에는 회귀분석을 사용하나, 만약 종속변수가 명목형 변수인 창업여부가 될 경우에는 로지스틱 회귀분석을 사용한다.

PART Ⅱ

8 이론과 본문 작성

연구 계획서 작성을 통해 연구 주제와 가설, 설문지가 만들어지면서 연구자가 사용하는 측정도구나 설문 문항의 이론적 배경이 이미 결정된다. 이제 연구 주제와 설문 문항을 왜 선택했는지 이론과 선행 연구를 중심으로 이론적 배경을 작성하면 된다. 선행 연구를 참고하여 문장을 작성하기 때문에 인용 방법을 많이 사용하게 된다.

이론적 배경을 잘 쓰기 위해서는 좋은 논문을 찾고 제대로 인용해야 한다. 만약 선행 연구자의 논문 내용을 인용처리 없이 사용한다면 '표절'이라는 문제점이 발생한다. 논문 심사에서 표절은 엄격하게 금지하고 있으며, 카피킬러(표절확인)프로그램으로 표절을 확인할 수 있다.

표절문제를 해결하기 위해서는 선행 연구를 제대로 '인용'하면 된다. 인용은 '직접인용'과 '간접인용', '재인용' 등이 있다. 직접인용은 가져오려는 문구 앞에 연구자 이름과 발행 연도를 기술하고, 선행 논문의 좋은 문구를 그대로 가져와 붙인 다음 그 문구의 앞뒤로 큰 따옴표(" ")를 붙여 표기하는 방식이다.

간접인용은 연구자가 인용하고자 하는 논문이나 문장을 연구자의 고유 언어로 변경하여 기술하는 방법이다. 간접인용은 큰따옴표를 붙이지 않고 저자 이름과 발행연도만 언급한다.

재인용은 연구자가 인용한 문장이 다른 논문에서 이미 인용한 문장일 때 사용하는 방법이다. 재인용 표기방법은 먼저 원문의 저자와 발행연도를 적고 세미콜론(;)을 사용한 후, 2차 문헌의 저자와 발행연도를 기록한 다음 '재인용'이라고 언급하면 된다. 이어서 직접 인용과 마찬가지로 큰 따옴표를 표기하여 인용한 문장이나 문구를 기록하면 된다.

원문(홍길동, 2017)

한국의 '초중고 기업가정신교육 경험'은 분석대상 20개국 중 최하위수준(19위)에 있으며, '대학' 및 '평생교육' 차원의 기업가정신교육은 중위권(15위)에 불과하다. 또한 전 세계적으로 청년층 대상 기업가정신교육은 활성화되고 있으나, 중고령자에 대한 기업가정신교육은 상대적으로 미약한 수준이다. 향후 평생교육 차원의 교육 확대가 요구되며, 재직자 및 은퇴예정자 대상 기업가정신 교육 개발 및 확대가 요구된다.

간접인용

2016년 주요 20개국의 창업교육 현황을 분석한 연구(홍길동, 2017)에서 한국은 기업가정신교육 참여율이 '초중고', '대학', '평생교육' 전 영역에서 최하 수준에 머무는 것으로 나타났다.

직접인용

한국의 창업교육 현황을 분석한 연구에서 홍길동(2017)은 '한국의 초중고 기업가정신교육 경험은 분석대상 20개국 중 최하위수준(19위)에 있으며, 대학 및 평생교육 차원의 기업가정신교육은 중위권(15위)에 불과하다'라고 언급하고 있다.

재인용

1차 문헌 원문 : 홍길동(2017)

향후 평생교육 차원의 교육 확대가 요구되며, 재직자 및 은퇴예정자 대상 기업가정신 교육 개발 및 확대가 요구된다.

2차 문헌 원문 : 장보고(2019)

홍길동(2017)에 따르면 "향후 평생교육 차원의 교육 확대가 요구되며, 재직자 및 은퇴예정자 대상 기업가정신 교육 개발 및 확대가 요구된다."

재인용

홍길동(2017; 장보고, 2019에서 재인용)에 따르면 "향후 평생교육 차원의 교육 확대가 요구되며, 재직자 및 은퇴예정자 대상 기업가정신 교육 개발 및 확대가 요구된다."

• Check point
: 학술지 논문 심사 제출시 체크리스트

연구 경험이 부족한 연구자들은 학회지 논문 심사투고시 아래와 같은 사항을 체크하시면 논문의 학술지 게재가능성이 향상될 것입니다.

1. 연구논문 제목과 연구요약의 일치성을 확인한다.

- 제목과 연구요약 내용이 일치하지 않으면 심사자 입장에서는 집필자를 연구초보자로 판단할 수 있고, 연구논문의 질적 수준이 낮다는 선입견을 가질 수 있기 때문에 '제목'과 '연구요약'을 철저히 검토해야 한다.

2. 연구요약에서 제시한 연구결과와 시사점에 대해 최대한 간단히 줄여서 제시한다.

- 요약문은 장황하게 작성하지 말고 전체 연구내용에 대한 핵심만 추출하여 제시한다. 연구요약 내용이 장황하면 공격받기 쉬운 허점이 드러날 수 있다.

3. 연구가설을 제시할 때 가설에 대한 이유, 논거, 선행연구결과를 명확하게 제시한다.

- 연구가설을 제시할 때는 앞서 이에 대한 이유와 논거, 선행연구결과를 필히 제시해야 한다.

4. 오타 및 문맥에 대해서는 타인의 도움을 얻어서라도 중복 체크하여 확실히 점검한다.

- 오타 및 문맥 이상, 참고문헌 제시방법 오류 등을 최종점검하고, 학회에서 제시한 기준에 맞게 논문을 작성했는지 최종 점검한다.

5. 최근 5년간의 선행연구를 철저히 인용하여 논문에 반영해야 한다.

- 일부 연구자들이 선행연구를 인용 및 재인용을 하다보면, 10여년이 지난 선행연구로 참고문헌이 채워지는 문제점이 발생한다. 선행연구 고찰을 철저히 하여 최근의 연구논문을 인용해야 할 것이다.

PART Ⅱ

9 결론과 마무리

결론에서는 크게 [연구 결과] 및 [연구의 시사점], [연구의 한계 및 제언]으로 구성된다.

1) 연구 결과

가설검증 결과에 대한 정리와 연구 전체의 핵심적인 내용에 대한 전반적인 정리가 필요하다. 연구 결과에서는 각 가설에 대한 채택 및 기각 여부를 명확하게 제시해야 한다. 대부분의 석박사과정생들은 연구 결과 작성단계에서 간략한 연구 결과로 논문을 마무리 하려 한다. 결과부분이 풍성해야 좋은 논문이 될 수 있다. 그러기 위해서는 실제 연구 결과에 대한 폭넓은 사고의 결과를 제시해야 한다.

가설이 채택될 경우, 선행 연구와 비교하여 채택된 논리적인 이유와 함께 주요 선행 연구와의 관계를 제시해야 한다. 가설이 채택되지 않을 경우에는 자신의 가설이 기각된 이유에 대해 폭넓은 선행 연구를 통한 고찰이 필요하다. 폭넓은 선행 연구를 고찰하다보면 자신의 연구와 유사한 결과가 나타난 연구를 확보할 수 있다. 이를 통해 기각된 이유에 대한 논리적인 근거를 제시하거나 논문의 문제점이나 차별점을 제시해야 한다.

2) 연구의 시사점

연구의 시사점은 학문적 시사점, 정책적 시사점, 실무적 시사점 등 연구 결과가 각 영역에 기여하거나 시사하는 점을 풍성하게 제시해야 한다. 연구 결과는 세상을 긍정적으로 변화시키는 역할을 해야 한다. 자신의 연구가 세상에 이로운 결과를 주기 위해서는 연구의 시사점을 충실히 제시해야 한다.

3) 연구의 한계와 제언

연구의 한계는 자신의 논문으로 해결하지 못한 연구문제를 제시하거나, 자신의 논문에서 나타난 연구방법 전반에 대한 문제점을 제시하는 부분이다. 제언은 자신의 논문의 한계점을 기반으로 향후 논문에서 해결해야 할 방향을 제시한다. 대부분의 연구자들은 자신의 연구의 문제점을 정확히 알고 있다. 이러한 문제점은 논문 심사과정 중에 반드시 나타날 수밖에 없으며, 이에 대한 해결을 논문에서 처리하지 못할 수도 있다. 이럴 경우 연구의 한계와 제언에서 자신의 연구에 대한 솔직한 문제점을 제시해야 한다. 솔직하게 털어놓지 않으면 심사자의 입장에서는 '모르는구나'라고 판단할 수 있다. 이럴 경우 최악의 결과가 나타날 수도 있다.

• Check point
: 석사학위나 박사학위 논문을 학술 논문으로 게재할 때 저자 표시 문제

최근 우리 사회에서 제자의 석사학위 또는 박사학위 논문을 지도교수가 저자로 하여 학술지 논문으로 발표하여 사회적으로 문제가 된 경우들이 있다. 이는 연구윤리를 어긴 것일까?

간단히 말하면 제자의 석사학위 논문이나 박사학위 논문을 지도교수가 단독저자로 연구 논문을 발표한 경우는 연구윤리를 어긴 것으로 본다. 그러나 해당 논문이 학위자의 석사학위나 박사학위 논문을 수정하여 낸 것임을 표기하고, 지도교수가 공동저자로 표기되는 것은 연구윤리 측면에서 문제가 없는 것으로 인정하는 추세이다. 박사학위자만이 제1저자가 되도록 규정을 정한 일부 학회지의 경우에 투고할 때에는 지도교수가 제1저자가 되고 학위자가 교신저자가 될 수 있다.

이렇게 지도교수를 공동저자 등으로 인정하는 것은 석사학위나 박사학위 논문이 개인적인 연구 결과물이 아니라 지도교수와 공동으로 만들어낸 것임을 인정하기 때문이다. 특히 지도교수가 논문의 아이디어, 연구 주제 등의 형성에 큰 영향을 주고, 연구 과정에서 끊임없이 관여하는 경우가 많아서 그러한 지도교수의 노고를 인정하기 때문이다.

PART

III SPSS를 활용한 통계분석

1. 변수세팅
2. 데이터 코딩
3. 데이터 핸들링
4. 빈도분석
5. 기술 통계분석
6. 타당도 분석
7. 신뢰도 분석
8. 일원배치 분산분석
9. 이원배치 분산분석
10. 상관분석
11. 회귀분석
12. 더미변환
13. 위계적 회귀분석
14. 로지스틱 회귀분석
15. 조절효과
16. 매개효과

PART Ⅲ

1 변수세팅

변수세팅은 변수의 이름과 유형 등을 세팅하는 것을 의미한다. 변수세팅은 가장 기본적인 부분이다. 기본적으로 변수세팅을 알아야만 SPSS를 활용할 수 있다. 변수세팅은 변수보기에서 진행한다.

SPSS하단에 변수보기를 클릭하면 이름, 유형, 너비 등 변수에 대한 정보를 세팅하는 부분을 확인할 수 있다. 각각이 의미하는 바가 무엇이며 어떻게 세팅해야 하는지 살펴보자.

① 이름

가장 첫 번째에 보이는 "이름"은 변수 이름을 작성하는 곳이다. 변수명은 자유롭게 작성해도 좋으나 간결하게 작성하는 것이 구분하기 쉽다. 또한, 다른 프로그램과 연동할 예정이라면 영어로 작성하는 것이 좋다. 한글도 인식은 되지만 종종 오류가 발생하기 때문이다.

변수명을 숫자로 시작하거나 변수명에 특수문자(*,&,#,% 등)나 띄어쓰기를 하면 입력이 되지 않고 에러가 발생한다. 띄어쓰기가 필요한 경우에는 밑줄(_)을 사용한다.

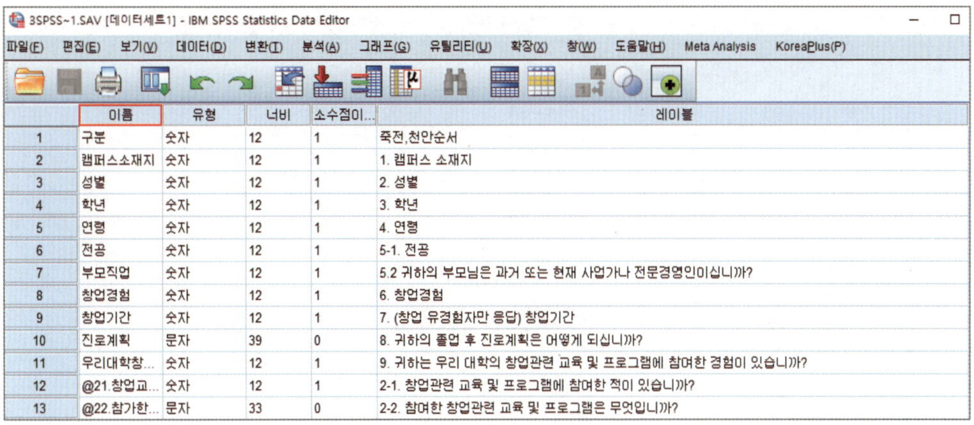

3SPSS~1.SAV [데이터세트1] - IBM SPSS Statistics Data Editor

파일(F) 편집(E) 보기(V) 데이터(D) 변환(T) 분석(A) 그래프(G) 유틸리티(U) 확장(X) 창(W) 도움말(H) Meta Analysis KoreaPlus(P)

	이름	유형	너비	소수점이...	레이블
1	구분	숫자	12	1	죽전,천안순서
2	캠퍼스소재지	숫자	12	1	1. 캠퍼스 소재지
3	성별	숫자	12	1	2. 성별
4	학년	숫자	12	1	3. 학년
5	연령	숫자	12	1	4. 연령
6	전공	숫자	12	1	5-1. 전공
7	부모직업	숫자	12	1	5.2 귀하의 부모님은 과거 또는 현재 사업가나 전문경영인이십니까?
8	창업경험	숫자	12	1	6. 창업경험
9	창업기간	숫자	12	1	7. (창업 유경험자만 응답) 창업기간
10	진로계획	문자	39	0	8. 귀하의 졸업 후 진로계획은 어떻게 되십니까?
11	우리대학창...	숫자	12	1	9. 귀하는 우리 대학의 창업관련 교육 및 프로그램에 참여한 경험이 있습니까?
12	@21.창업교...	숫자	12	1	2-1. 창업관련 교육 및 프로그램에 참여한 적이 있습니까?
13	@22.참가한...	문자	33	0	2-2. 참여한 창업관련 교육 및 프로그램은 무엇입니까?

② 레이블(설명)

레이블(설명)은 변수에 대해 추가 설명을 작성하는 곳이다. 즉, 변수가 무엇을 의미하는지 명확하게 파악하기 위한 보조 설명을 작성하는 곳이다. 레이블 작성이 필수는 아니며 이름이 충분히 어떤 변수인지를 전달한다면 레이블을 작성하지 않아도 된다. 설문에서는 보통 리커트척도(Likert scale)를 많이 사용한다. 이 경우, 변수명은 짧게 작성하고 레이블에 변수명과 문항을 작성한다.

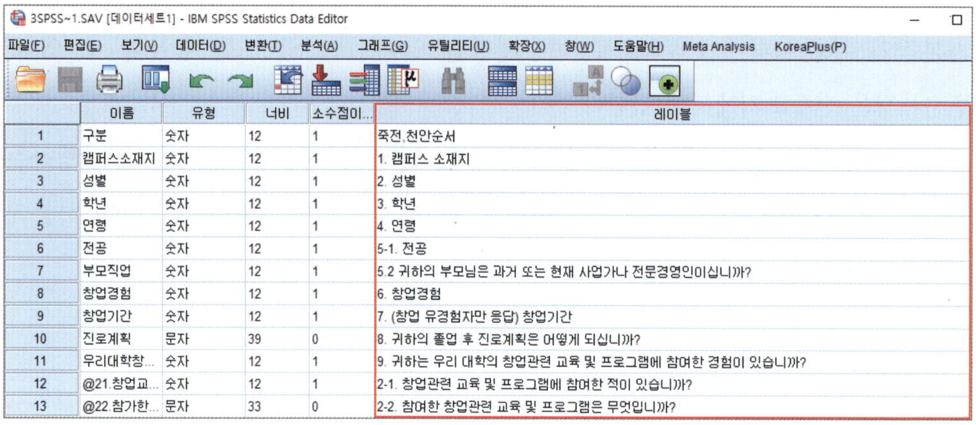

③ 유형

유형은 코딩하는 변수가 숫자인지 문자인지 설정해주는 곳이다. 유형을 클릭하면 유형창이 뜬다. 숫자, 콤마, 점, 지수 표기법, 날짜, 달러, 문자열 등 여러 가지로 나열되어 있다. 하지만 보통 숫자와 문자 중에 사용한다.

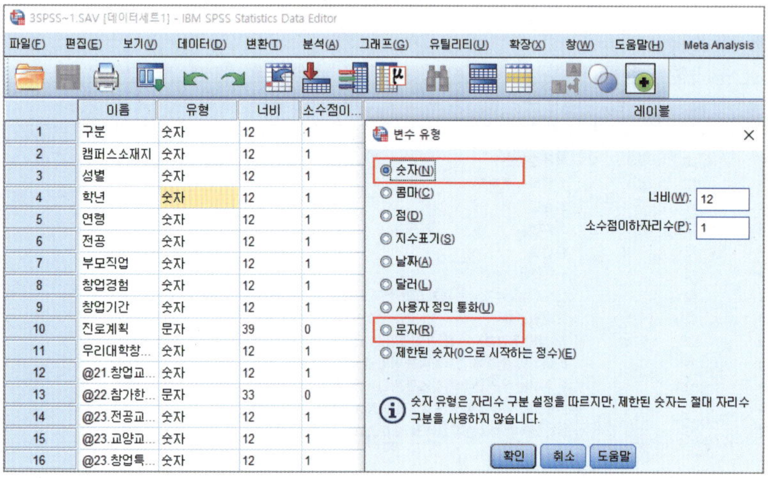

④ 너비

너비는 숫자수와 문자수를 의미한다. 예를 들어, 너비 6은 숫자 6개 작성, 한국어 2글자, 영어 6자를 작성할 수 있다. 보통 너비를 별도로 지정하지 않는 경우가 많다. 하지만 숫자나 문자가 많아질 것 같다면 너비를 약 30~40정도로 지정하고 시작하면 된다.

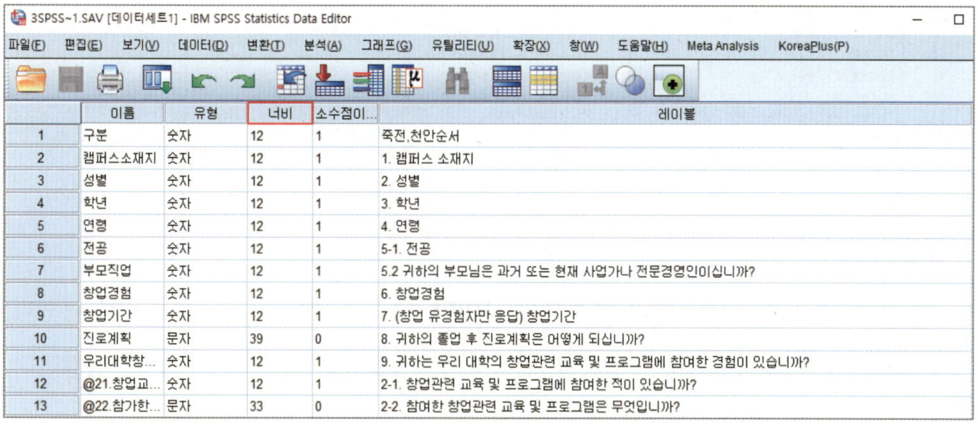

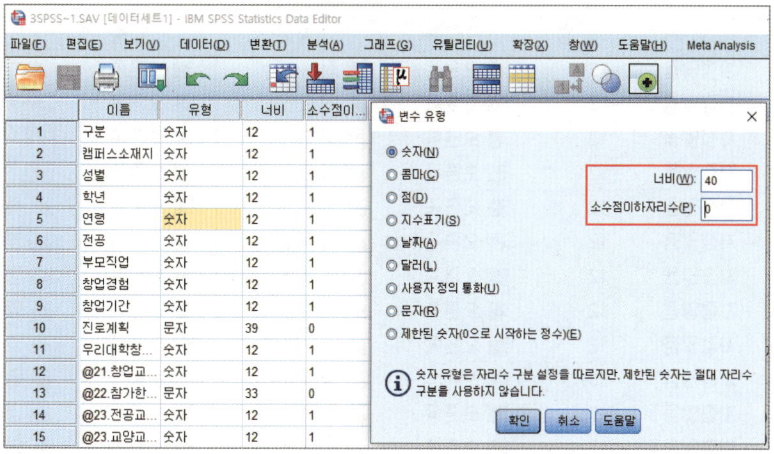

⑤ 값

값은 질문에 있는 보기를 작성하는 곳이다. 보기가 없는 경우나 등간척도, 비율척도는 그 값을 적지 않는다.

값을 작성하는 방법은 간단하다. 예를 들어, 설문에서 "현재 몇 학년입니까?"의 질문과 1번 1학년, 2번 2학년, 3번 3학년, 4번 4학년의 응답이 설정되어 있는 경우, 값을 누르고 기준 값에 1, 1학년을 입력 후 ENTER를 누른다. 이어서 2, 3, 4도 반복하여 값을 설정한다.

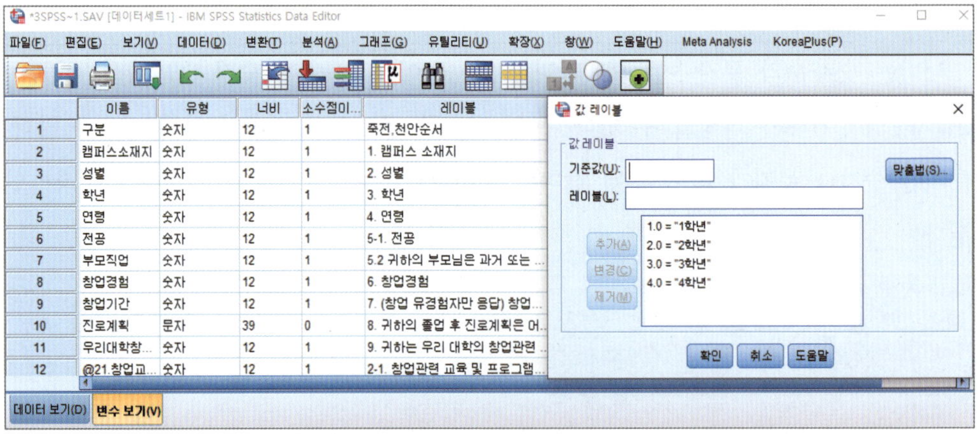

■ 측도

측도는 변수가 어떤 척도인지 설정하는 곳이다. 측도는 척도, 순서, 명목으로 나뉜다. 비율척도, 등간척도인 경우 "척도"를 설정하고, 서열척도인 경우 "순서"를 설정한다. 명목척도인 경우 "명목"을 설정한다.

PART Ⅲ

2 데이터 코딩

1) 주요 개념

SPSS에서 데이터 코딩은 설문지에 응답한 내용 등을 입력하는 것을 의미한다. 데이터를 코딩하는 방법은 SPSS에 직접 입력과 엑셀을 활용하는 두가지 방법이 있다.

2) 실습하기

관련자료 : 데이터코딩실습.Excel

■ SPSS에 직접 입력

데이터 보기에서는 변수 보기에서 세팅한 변수명과 케이스를 볼 수 있다. 각각의 케이스에 대해 설문결과(숫자)를 직접 입력한다.

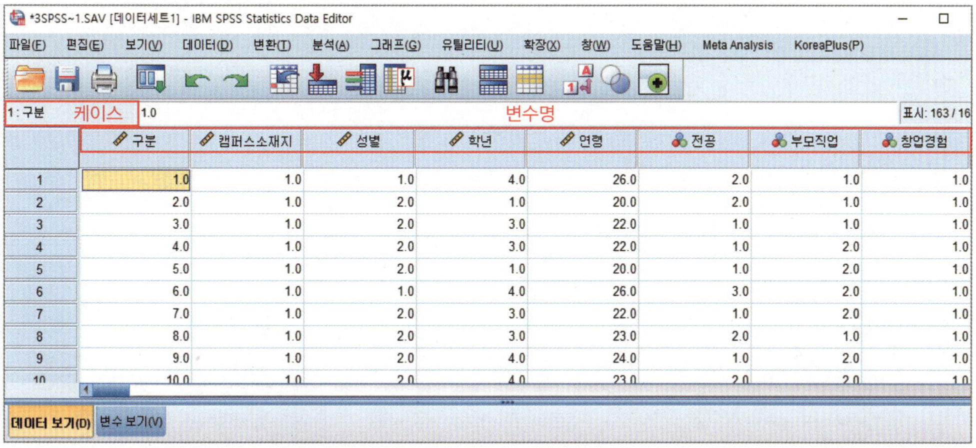

■ 엑셀을 활용한 데이터 코딩

엑셀을 활용한 첫 번째 방법은 엑셀에서 결과 값을 Ctrl+C로 복사하여 데이터

보기에 Ctrl+V로 붙여 넣는 방법이다. 하지만 데이터가 많을 경우, 복사하고 붙여 넣는 과정에서 오류가 발생하기 쉽다. 가장 보편적으로 사용하는 방법은 설문데이터를 엑셀에 입력하고 SPSS에서 불러오는 방법이다. 편리하며 오류가 적기 때문에 되도록 이 방법을 추천한다.

① 파일에서 [열기] 버튼을 클릭한 뒤 [데이터]를 클릭한다.

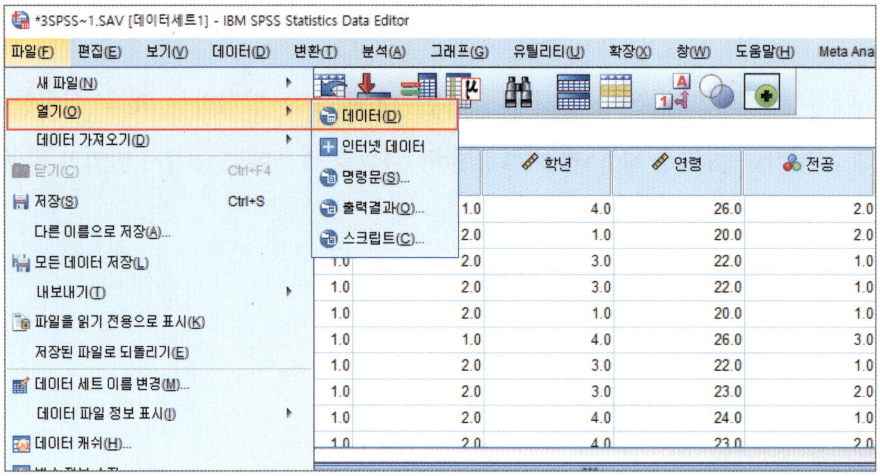

② 데이터 열기 창에서 파일유형을 'Excel'로 선택하고 해당 파일을 선택한 후 열기를 클릭한다.

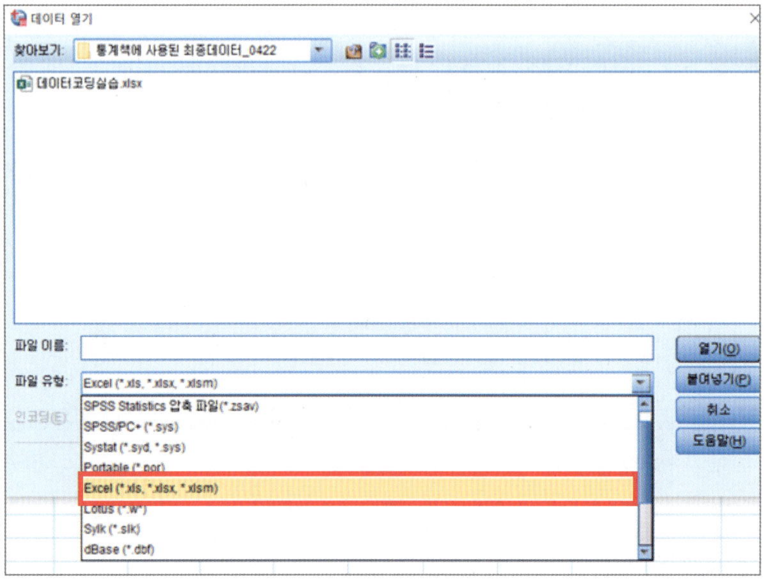

③ [EXCEL 파일 읽기] 창이 열리면 확인을 클릭한다.

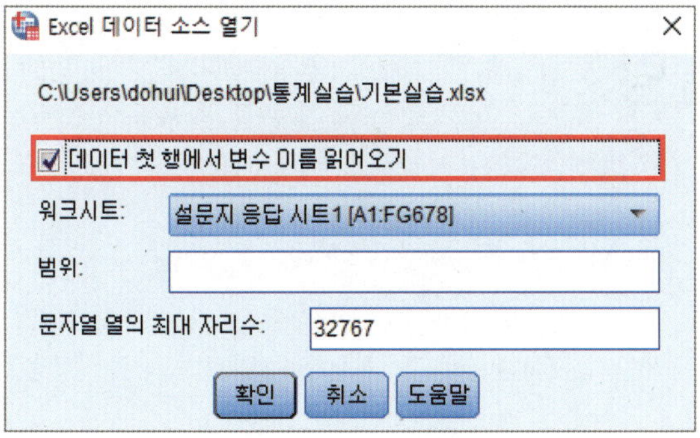

④ [데이터 보기]에서 엑셀에서 코딩한 자료와 비교하여 잘못된 부분은 없는지 확인한다.

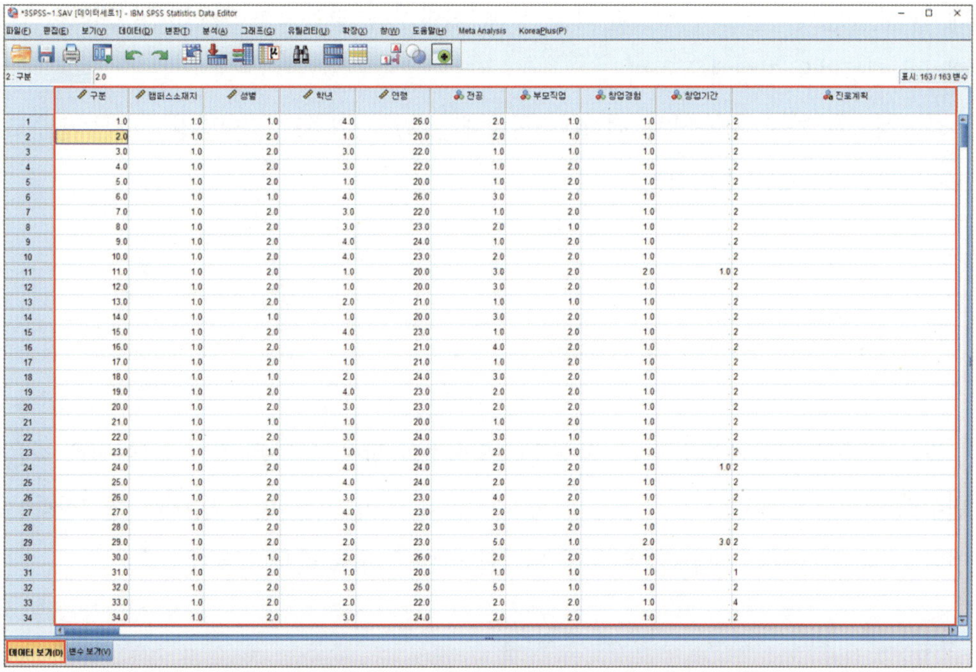

PART Ⅲ

3 데이터 핸들링

1) 주요 개념

데이터 핸들링이란 변수를 계산하거나 코딩을 변경하는 것을 의미한다. 예를 들어, 비율척도를 서열화 할 때나, 역코딩 할 때, 변수의 합, 평균 등을 구할 때 사용한다. 데이터핸들링은 데이터 분석의 기본이 되기 때문에 기본적으로 알아야 하는 부분이다. 데이터핸들링 전 반드시 빈도분석을 통해 이상치와 결측치를 확인하여 처리한 후 데이터 핸들링을 진행해야 한다.

대표적으로 자주 사용하는 데이터핸들링에는 '같은 변수로 코딩변경', '다른 변수로 코딩변경', '변수계산'이 있다.

2) 같은 변수(다른 변수)로 코딩변경

같은 변수로 코딩변경과 다른 변수로 코딩변경의 활용 목적은 같다. 차이점은 같은 변수로 코딩변경은 변수를 새롭게 생성하지 않고 이미 있는 변수 안에서 변경한다는 것이고, 다른 변수로 코딩변경은 코딩 변경한 변수를 새로 만든다는 것이다.

예시 ─ 같은 변수(다른 변수)로 코딩변경

가. 비율척도를 서열화 할 때

예 나이를 10대 이하, 20대, 30대, 40대, 50대 이상으로 서열화할 때

나. 여러 변수 값을 하나로 묶을 때

예 1=전문 학사 2. 학사 3. 석사 4. 박사

→ 1=학사, 2=석, 박사

다. 역코딩 할 때

예 ① 매우 그렇다 ② 그렇다 ③ 보통이다 ④ 그렇지 않다 ⑤ 전혀 그렇지 않다

→ ① 전혀 그렇지 않다 ② 그렇지 않다 ③ 보통이다 ④ 그렇다 ⑤ 매우 그렇다

• Check point
: 다른 변수로 코딩변경을 추천하는 이유

되도록이면 같은 변수로 코딩보다는 다른 변수로 코딩을 사용하는 것을 추천한다. SPSS를 사용하면서 가장 많이 하는 실수 중 하나는 수정된 내용을 정확하게 기록하지 않는 것이다. 물론 수정된 내용을 꼼꼼하게 기록하면서 정리 및 분석을 진행하다보면 시간이 더 걸린다. 하지만 데이터가 수정된 내용을 정확하게 기록하지 않아 수정된 데이터가 무엇인지 헷갈리면 처음부터 데이터핸들링을 다시 해야 한다. 수정된 변수가 무엇인지 확인하기 위해서는 다른 변수로 코딩을 사용하는 것이 혼선을 막는데 도움이 된다.

■ SPSS 실습 : 비율척도를 서열화할 때

연구문제 : 비율척도를 서열화 할 때
관련자료 : SPSS기초변수 (키)

① 변환에서 [다른 변수로 코딩변경]을 클릭한다.

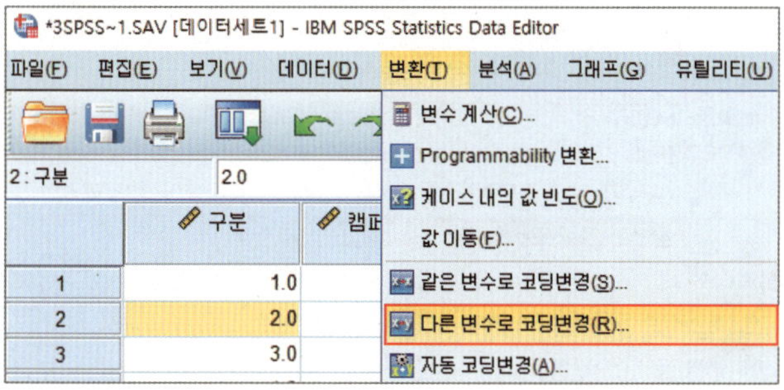

② 코딩을 변경하고자 하는 변수인 '키'를 클릭하고 화살표를 클릭한다.

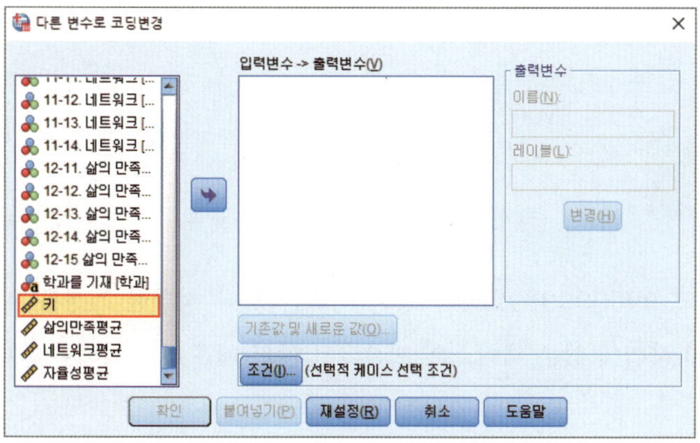

③ 출력변수 이름에 '키서열화'를 작성한 후 변경(바꾸기) 클릭(변경을 반드시 클릭하여야 함). 이후 기존값 및 새로운 값을 클릭한다.

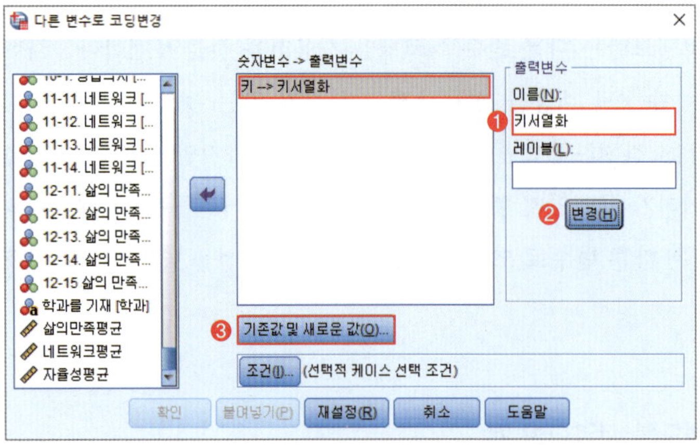

④ 키가 160대 이하 1, 170대 2, 180대 이상을 3으로 설정한다.

기존 값에 있는 '최저값에서 다음 값까지 범위'에 169.999999999999를 작성한다. '새로운 값'에 있는 '값'에 1을 작성하고 추가를 클릭한다.

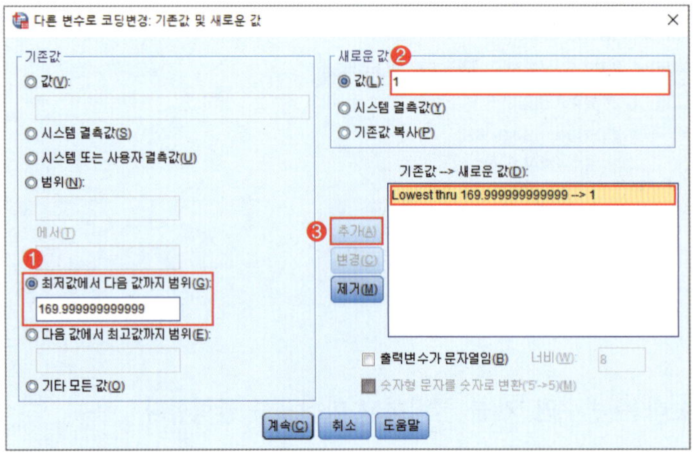

• Check point
: 최저값 범위 작성시 .9999999999를 넣는 이유

최저값 범위를 작성할 때, 169로 작성하지 않고 999999999999를 넣는 이유는 보다 정확한 측정을 위해서이다. 169로 범위를 지정할 경우 169와 170 사이에 있는 케이스는 포함되지 않기 때문에 주의해야 한다.

⑤ 170대를 2로 설정하기 위해서는 '기존값'에 있는 '범위'에 170과 179.999999999999를 입력한다. 새로운 값에 있는 값에 2를 작성하고 추가버튼을 클릭한다.

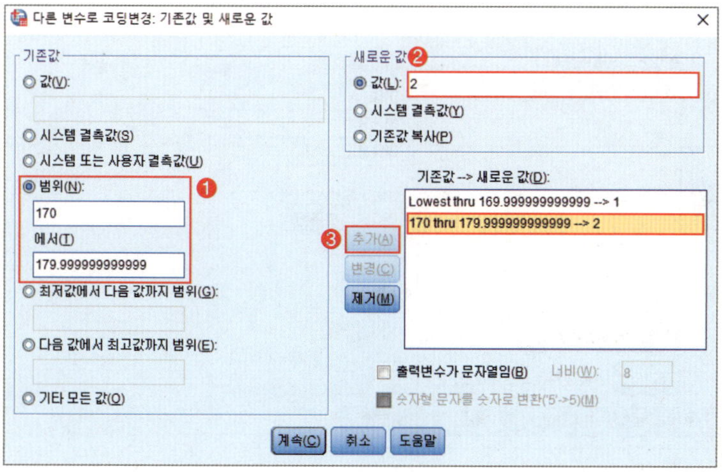

⑥ 180대 이상을 입력하기 위해서는 '기존값'에 있는 '다음 값에서 최곳값까지 범위'에 180을 입력한다. 새로운 값에 3을 작성하고 추가를 클릭한 후 계속을 클릭한다.

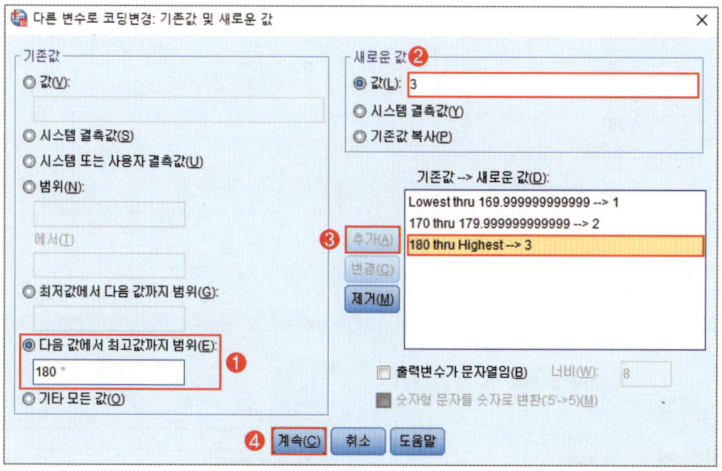

⑦ 계속 버튼을 누른 후, 확인 버튼을 누르면 새롭게 작성된 변수를 확인할 수 있을 것이다.

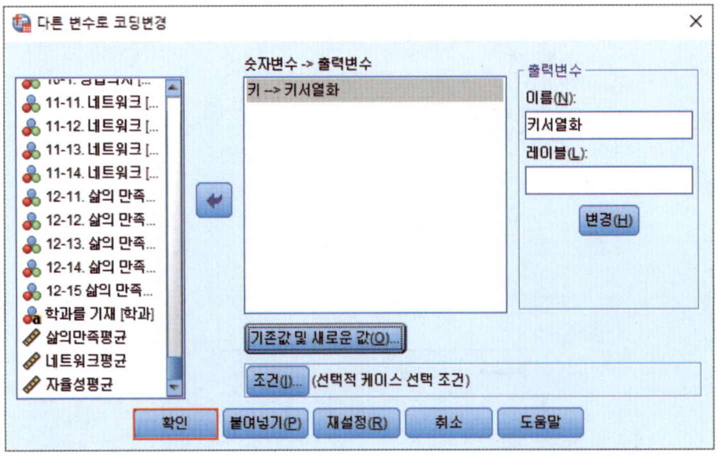

⑧ 데이터를 비교해 보며 문제가 있는지 확인한다.

키	키서열화
165.0	1.00
170.0	2.00
180.0	3.00
150.0	1.00
120.0	1.00
190.0	3.00
152.0	1.00
166.0	1.00

• Check point
: 결측값의 코딩변경

Excel 파일에서 SPSS프로그램으로 데이터를 옮길 때, 가끔 0의 값이 결측값(·)으로 변하여 통계를 돌릴 때 데이터오류가 날 수 있다. 그럴 때는 '변환-같은변수로 코딩변경'에서 결측값을 0으로 변환해줘야 한다.

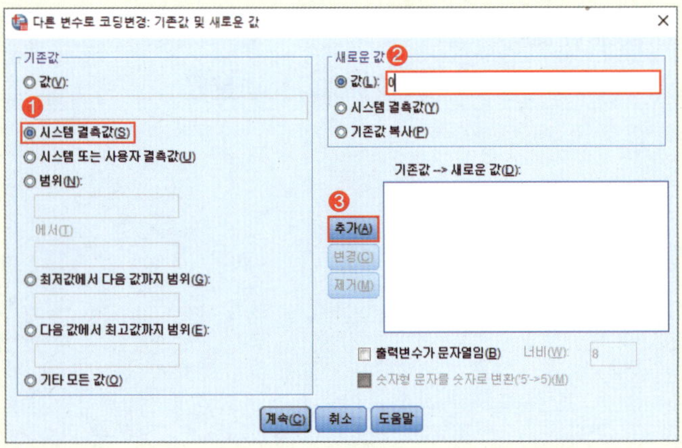

3) 역코딩하는 경우

데이터를 역코딩 하는 경우는 자주 쓰일 수 있는 부분이다. 역코딩은 쉽게 생각하면 문항을 반대로 코딩하는 것을 의미한다. 예를 들어, 삶의 만족을 설명하는 긍정문과 부정문이 있다고 가정해보자. "1. 나는 나의 삶에 만족한다."라는 문항과 "2. 나는 내 삶의 여건이 좋지 않다고 생각한다."라는 두 문항이 있을 때, "1. 나는 나의 삶에 만족한다."문항은 점수가 높을수록 삶에 대해 만족하는 것이며, "2. 나는 내 삶의 여건이 좋지 않다고 생각한다."은 점수가 높을수록 삶에 대해 불만족하는 것이다. 따라서 점수가 높을수록 삶의 만족도가 높은 것으로 코딩해야 하기에 "2. 나는 내 삶의 여건이 좋지 않다고 생각한다." 문항을 역코딩해야 한다.

■ SPSS 실습: 역코딩하기

연구문제 : 역코딩 할 때
관련자료 : SPSS기초변수 (삶의 만족)

① 역코딩 할 변수를 레이블에서 확인한다.

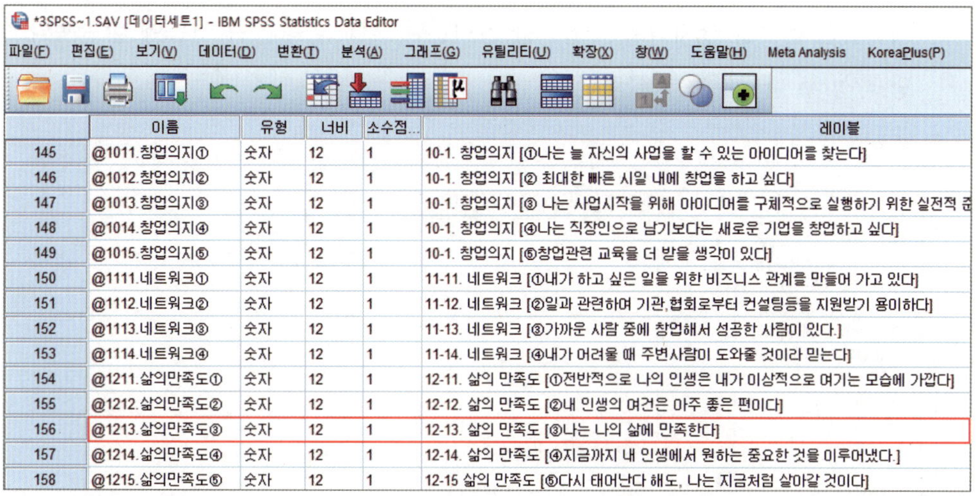

	이름	유형	너비	소수점...	레이블
145	@1011.창업의지①	숫자	12	1	10-1. 창업의지 [①나는 늘 자신의 사업을 할 수 있는 아이디어를 찾는다]
146	@1012.창업의지②	숫자	12	1	10-1. 창업의지 [② 최대한 빠른 시일 내에 창업을 하고 싶다]
147	@1013.창업의지③	숫자	12	1	10-1. 창업의지 [③ 나는 사업시작을 위해 아이디어를 구체적으로 실행하기 위한 실전적 준
148	@1014.창업의지④	숫자	12	1	10-1. 창업의지 [④나는 직장인으로 남기보다는 새로운 기업을 창업하고 싶다]
149	@1015.창업의지⑤	숫자	12	1	10-1. 창업의지 [⑤창업관련 교육을 더 받을 생각이 있다]
150	@1111.네트워크①	숫자	12	1	11-11. 네트워크 [①내가 하고 싶은 일을 위한 비즈니스 관계를 만들어 가고 있다]
151	@1112.네트워크②	숫자	12	1	11-12. 네트워크 [②일과 관련하여 기관,협회로부터 컨설팅등을 지원받기 용이하다]
152	@1113.네트워크③	숫자	12	1	11-13. 네트워크 [③가까운 사람 중에 창업해서 성공한 사람이 있다.]
153	@1114.네트워크④	숫자	12	1	11-14. 네트워크 [④내가 어려울 때 주변사람이 도와줄 것이라 믿는다]
154	@1211.삶의만족도①	숫자	12	1	12-11. 삶의 만족도 [①전반적으로 나의 인생은 내가 이상적으로 여기는 모습에 가깝다]
155	@1212.삶의만족도②	숫자	12	1	12-12. 삶의 만족도 [②내 인생의 여건은 아주 좋은 편이다]
156	@1213.삶의만족도③	숫자	12	1	12-13. 삶의 만족도 [③나는 나의 삶에 만족한다]
157	@1214.삶의만족도④	숫자	12	1	12-14. 삶의 만족도 [④지금까지 내 인생에서 원하는 중요한 것을 이루어냈다.]
158	@1215.삶의만족도⑤	숫자	12	1	12-15 삶의 만족도 [⑤다시 태어난다 해도, 나는 지금처럼 살아갈 것이다]

삶의 만족도를 측정하는 경우 '나는 나의 삶에 만족한다' 항목을 역척도로 바꿔보겠다. 즉, 이 항목은 점수가 높을수록 삶의 만족도가 낮아지도록 항목을 변환해보겠다.

② 최소값과 최대값이 어떻게 설정되어 있는지 변수값을 확인한다.

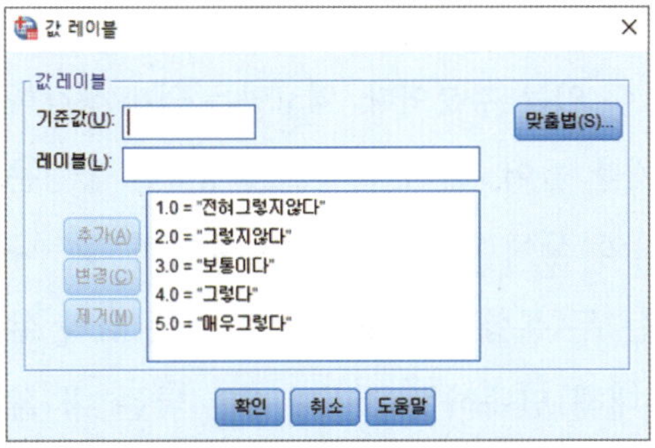

③ 변환에서 [다른 변수로 코딩]을 클릭한다.

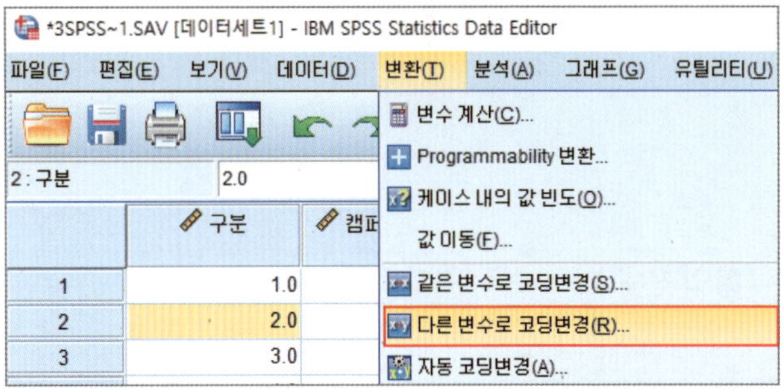

④ 역코딩한 변수를 클릭하고 화살표를 클릭한다. 결과(출력)변수 '이름'에 삶만족역코딩 작성 후 바꾸기(변경) 클릭한다.

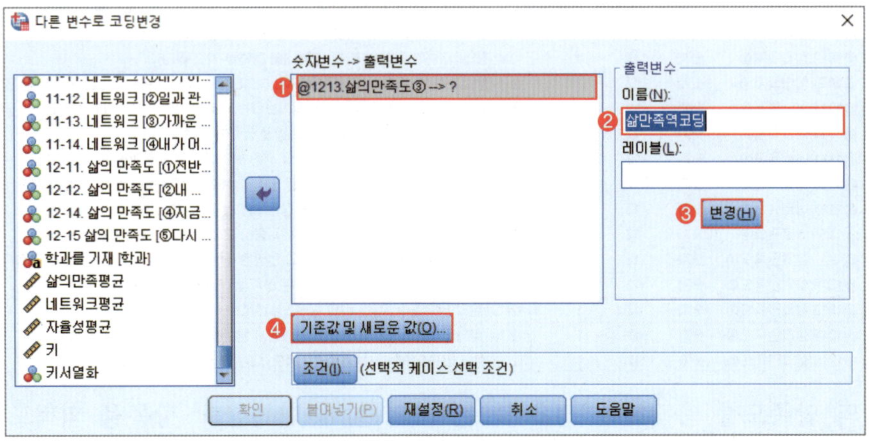

⑤ '1=전혀그렇지않다'을 '5=매우그렇다'으로 바꾸기 위해 기존값에 있는 '값'에 '1'을 작성하고 '새로운 값'에 있는 '값'에 5를 작성한 후 추가를 클릭한다.

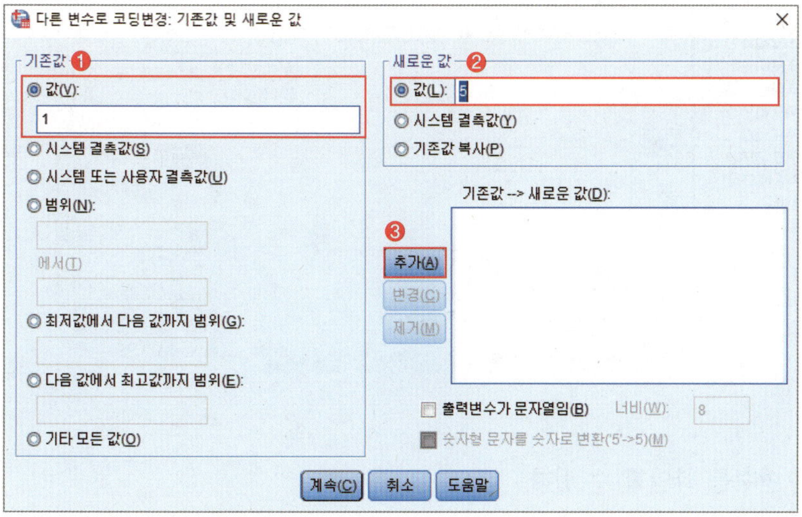

- 기존값 '1' = 새로운 값'5' 추가버튼
- 기존값 '2' = 새로운 값'4' 추가버튼
- 기존값 '3' = 새로운 값'3' 추가버튼
- 기존값 '4' = 새로운 값'2' 추가버튼
- 기존값 '5' = 새로운 값'1' 추가버튼

⑥ '기존값'에 있는 '기타 모든 값'을 클릭하고 '새로운 값'에서는 '시스템 결측값' 선택 후 추가 클릭 후 계속을 클릭한다.

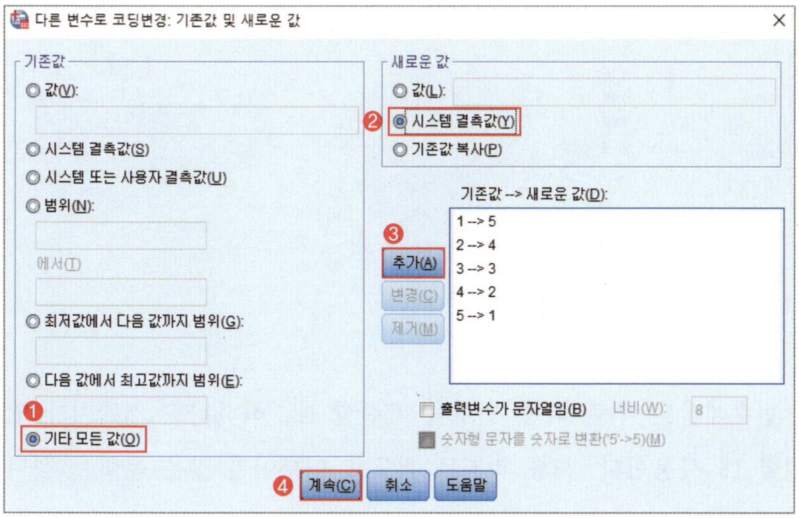

⑦ 다른 변수로 코딩 창에서 확인을 클릭한다.

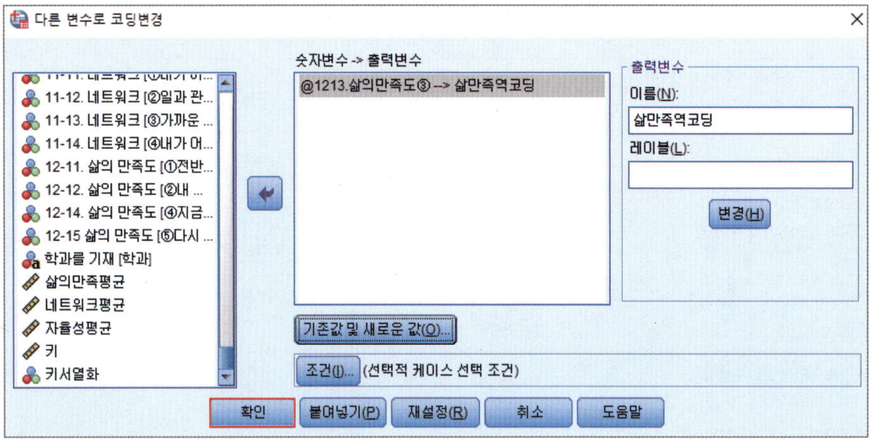

⑧ 역코딩된 변수를 확인할 수 있다.

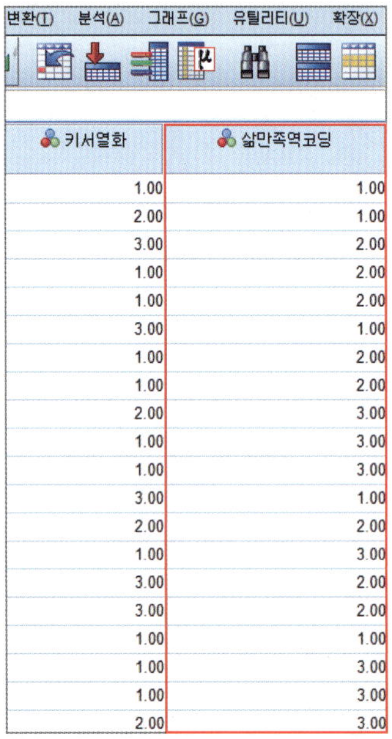

키서열화	삶만족역코딩
1.00	1.00
2.00	1.00
3.00	2.00
1.00	2.00
1.00	2.00
3.00	1.00
1.00	2.00
1.00	2.00
2.00	3.00
1.00	3.00
1.00	3.00
3.00	1.00
2.00	2.00
1.00	3.00
3.00	2.00
3.00	2.00
1.00	1.00
1.00	3.00
1.00	3.00
2.00	3.00

4) 변수계산 하기(합, 평균 등)

일반적으로 변수계산은 주로 각종 변수를 계산할 때, 하나라도 결측치가 있는 케이스를 확인할 때 사용한다. 보통 리커트 척도로 이루어진 많은 문항을 하나의 문항으로 만들 때 변수들의 합을 사용한다.

• Check point
: 변수계산 전 점검사항

역코딩문항(점수가 높을수록 반대로 해설되는 문항)이 있는지 확인하여 같은 변수로 코딩변경이나 다른변수로 코딩변경을 먼저 실시한 후 변수계산을 진행해야 한다. 결측치가 있다면 결측치도 정리한 후 변수계산을 해야한다.

■ SPSS 실습 : 변수 합 구하기

① 합할 변수들의 레이블과 값을 확인한다. 이후 역코딩 문항과 결측치가 있는지 확인한 뒤, 다른 변수(또는 같은 변수)로 코딩변경을 실시하여 역코딩을 진행한 다음 변수계산 진행한다.

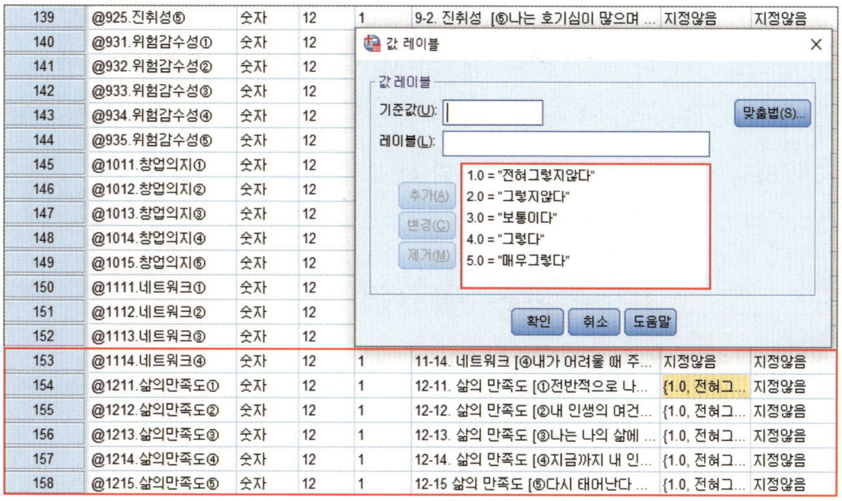

② 변환에서 [변수계산]을 클릭한다.

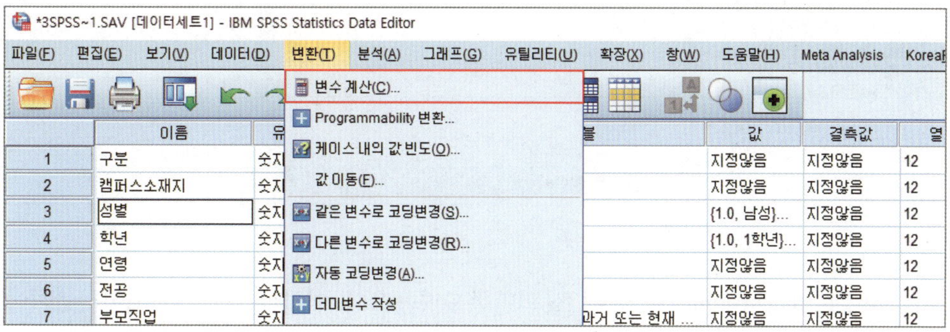

• Check point
: 변수가 정규분포를 이루지 않을 때는 어떻게 하나요?

변수의 왜도와 첨도를 확인하면 정규분포가 이루는지 확인할 수 있습니다. 변수의 왜도와 첨도를 확인했는데 정규분포가 나타나지 않는다면 변수계산에서 로그나 루트로 변환해야 합니다. 일반적으로 정규분포 기준(West et al., 1995)은 |왜도| < 3, |첨도| < 8입니다.
연령 같은 경우 0세에서 100세까지 편차가 크지 않지만, 연소득의 경우 0원에서 1억 이상으로 편차가 크고 빈도가 높은 케이스가 평균값에 속하지 않을 수 있기 때문에 연소득과 같은 변수는 보통 로그나 루트로 변환합니다.
예를 들어 10,000과 1억을 상용로그(log10x와 같이 10을 밑으로 하는 로그)로 변환하면 4과 8이 되지만, 루트를 취하면 100과 10,000으로 변환됩니다.

③ 목표변수명에 '삶의만족도합'을 작성한 후 유형 및 레이블에서 삶의만족도에 관련된 항목을 찾는다. 숫자표현식에 'SUM( )'을 작성 후 괄호 안에 합하고자 하는 변수 '삶의만족도①'을 더블클릭하여 넣는다. 그리고 '삶의만족도①' 뒤에 to를 작성하고 '삶의만족도⑤'를 더블클릭 한 후 확인을 클릭한다.

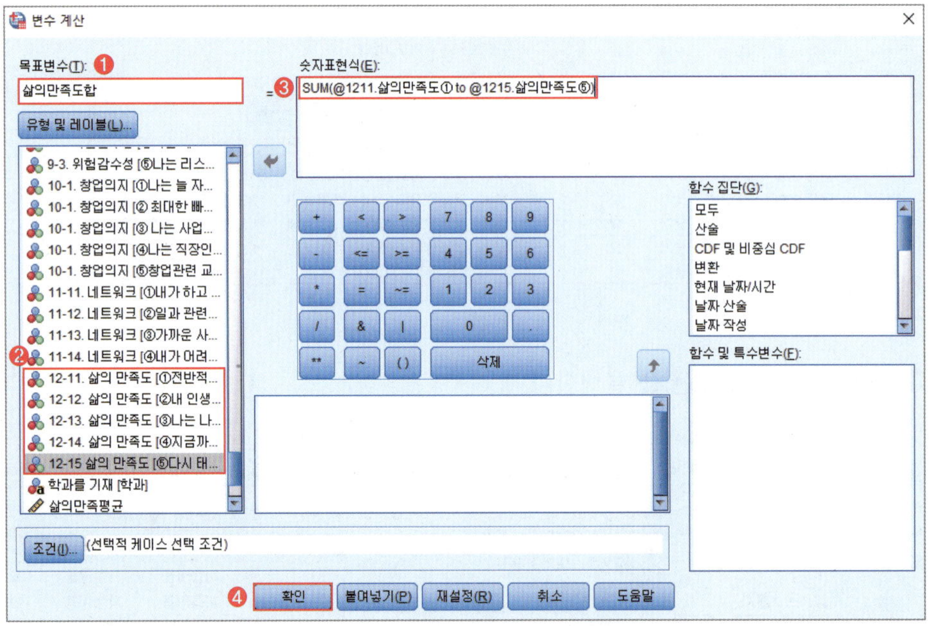

④ 변수보기에서 평균 낸 변수 '삶의만족도평균'을 확인한다. 그리고 데이터보기에서 값이 제대로 나왔는지 확인한다.

154	@1211.삶의만족도①	숫자	12	1
155	@1212.삶의만족도②	숫자	12	1
156	@1213.삶의만족도③	숫자	12	1
157	@1214.삶의만족도④	숫자	12	1
158	@1215.삶의만족도⑤	숫자	12	1
159	학과	문자	59	0
160	삶의만족평균	숫자	8	2
161	네트워크평균	숫자	8	2
162	자율성평균	숫자	8	2
163	키	숫자	12	1
164	키서열화	숫자	8	2
165	삶만족역코딩	숫자	8	2
166	삶의만족도합	숫자	8	2
167				

데이터 보기(D) 변수 보기(V)

자율성평균	키	키서열화	삶만족역코딩	삶의만족도합
5.00	165.0	1.00	1.00	23.00
5.00	170.0	2.00	1.00	23.00
4.83	180.0	3.00	2.00	16.00
4.50	150.0	1.00	2.00	20.00
2.67	120.0	1.00	2.00	19.00
4.17	190.0	3.00	1.00	24.00
4.00	152.0	1.00	2.00	19.00
3.67	166.0	1.00	2.00	16.00
3.17	175.0	2.00	3.00	15.00
3.17	146.0	1.00	3.00	12.00
3.17	155.0	1.00	3.00	19.00
4.17	190.0	3.00	1.00	22.00
3.83	175.0	2.00	2.00	14.00
3.83	168.0	1.00	3.00	15.00
3.67	189.0	3.00	2.00	18.00
4.50	185.0	3.00	2.00	16.00
3.67	135.0	1.00	1.00	20.00
5.00	167.0	1.00	3.00	16.00
3.33	156.0	1.00	3.00	14.00
4.00	170.0	2.00	3.00	13.00
4.50	190.0	3.00	2.00	16.00
3.83	185.0	3.00	3.00	16.00
3.83	135.0	1.00	2.00	16.00
4.00	167.0	1.00	2.00	20.00
3.50	168.0	1.00	2.00	15.00
3.50	175.0	2.00	3.00	11.00
3.00	168.0	1.00	2.00	19.00

• Check point
: 합산(SUM) 변수 생성 시 유의사항

'삶의만족도합' 변수를 만들 때 숫자표현식에 SUM(삶의만족도① to 삶의만족도⑤)로 작성했으나, SUM(삶의만족도①, 삶의만족도②, 삶의만족도③, 삶의만족도④, 삶의만족도⑤)로 작성해도 같은 결과값이 나온다. ①에서 ⑤번까지 중간에 빼야 하는 문항이 있을 경우 (삶의만족도① to 삶의만족도⑤)를 사용하면 안되기 때문에 확인하고 진행한다.

■ SPSS 실습 : 변수 평균 구하기

① 평균 구할 변수들의 레이블과 값을 확인한다. 그리고 역코딩문항과 결측치가 있는지 확인한 뒤, 다른 변수(또는 같은 변수)로 코딩변경을 실시하여 역코딩을 진행한 다음 변수계산 진행한다.

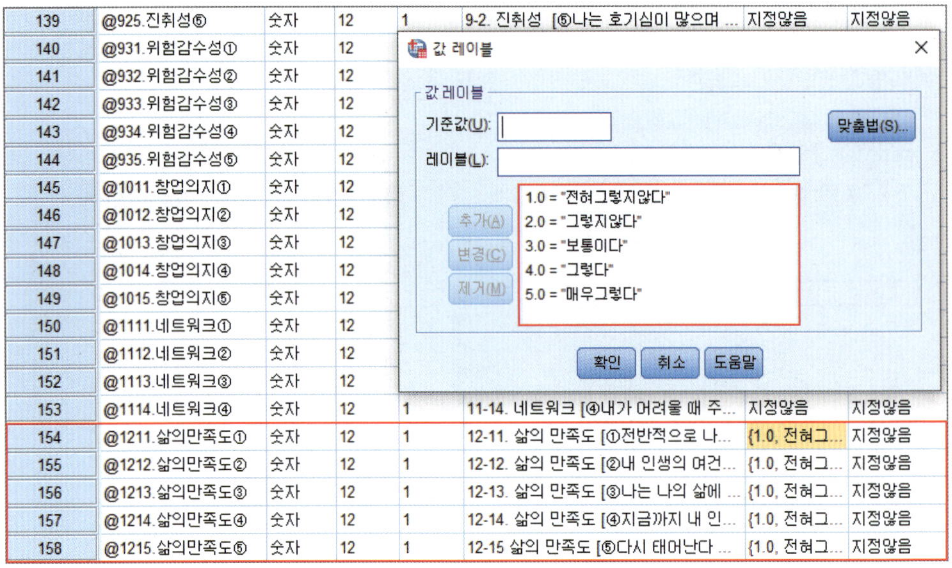

② 변환에서 [변수계산]을 클릭한다.

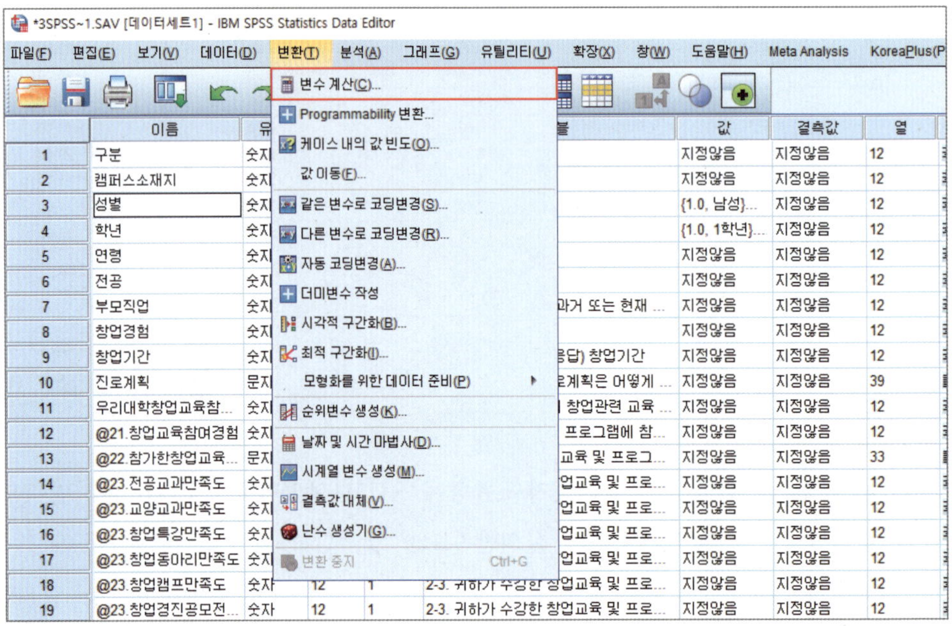

③ 목표변수명에 '삶의만족도평균'을 작성한다. 그리고 유형 및 레이블에서 삶의만족도에 관련된 항목을 찾은 뒤 숫자표현식에 'mean( )'을 작성 후 괄호 안에 평균내고자 하는 변수 '삶의만족도①'을 더블클릭하여 넣는다. 이후 '삶의만족도①' 뒤에 to를 작성하고 '삶의만족도⑤'를 더블클릭 한 후 확인을 클릭한다.

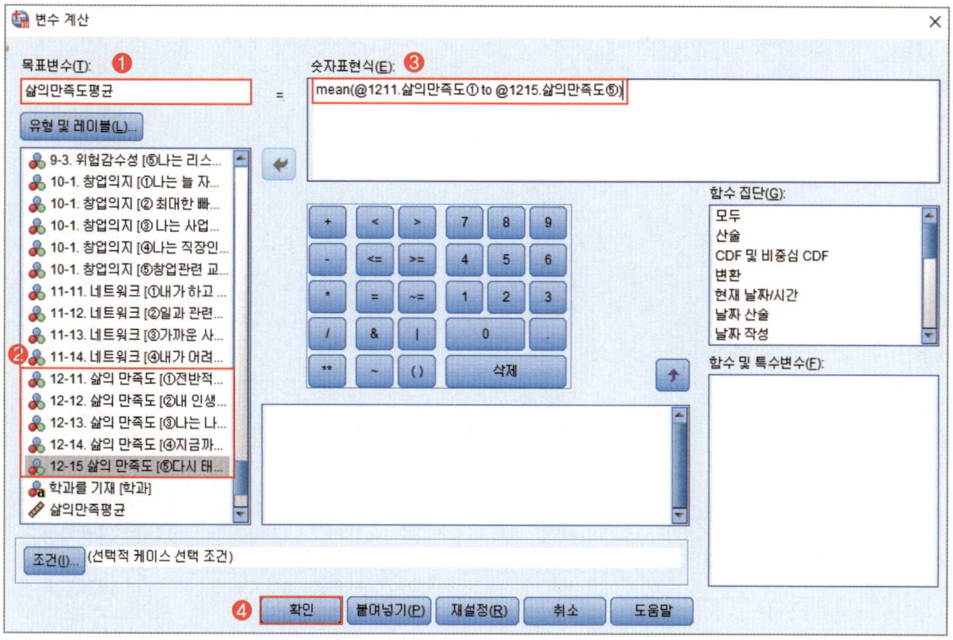

④ 변수보기에서 평균 낸 변수 '삶의만족도평균'을 확인한다. 그리고 데이터보기에서 값이 제대로 나왔는지 확인한다.

154	@1211.삶의만족도①	숫자	12	1	12-11. 삶의 만족도 [①전반적으로 나...
155	@1212.삶의만족도②	숫자	12	1	12-12. 삶의 만족도 [②내 인생의 여건...
156	@1213.삶의만족도③	숫자	12	1	12-13. 삶의 만족도 [③나는 나의 삶에 ...
157	@1214.삶의만족도④	숫자	12	1	12-14. 삶의 만족도 [④지금까지 내 인...
158	@1215.삶의만족도⑤	숫자	12	1	12-15 삶의 만족도 [⑤다시 태어난다 ...
159	학과	문자	59	0	학과를 기재
160	삶의만족평균	숫자	8	2	
161	네트워크평균	숫자	8	2	
162	자율성평균	숫자	8	2	
163	키	숫자	12	1	
164	키서열화	숫자	8	2	
165	삶만족역코딩	숫자	8	2	
166	삶의만족도합	숫자	8	2	
167	삶의만족도평균	숫자	8	2	
168					

키서열화	삶만족역코딩	삶의만족도합	삶의만족도평균
1.00	1.00	23.00	4.60
2.00	1.00	23.00	4.60
3.00	2.00	16.00	3.20
1.00	2.00	20.00	4.00
1.00	2.00	19.00	3.80
3.00	1.00	24.00	4.80
1.00	2.00	19.00	3.80
1.00	2.00	16.00	3.20
2.00	3.00	15.00	3.00
1.00	3.00	12.00	2.40
1.00	3.00	19.00	3.80
3.00	1.00	22.00	4.40
2.00	2.00	14.00	2.80
1.00	3.00	15.00	3.00
3.00	2.00	18.00	3.60
3.00	2.00	16.00	3.20
1.00	1.00	20.00	4.00
1.00	3.00	16.00	3.20
1.00	3.00	14.00	2.80
2.00	3.00	13.00	2.60
3.00	2.00	16.00	3.20
3.00	3.00	16.00	3.20
1.00	2.00	16.00	3.20
1.00	2.00	20.00	4.00
1.00	2.00	15.00	3.00
2.00	3.00	11.00	2.20
1.00	2.00	19.00	3.80
3.00	3.00	14.00	2.80
2.00	3.00	13.00	2.60
1.00	2.00	20.00	4.00
1.00	1.00	22.00	4.40
3.00	3.00	13.00	2.60
2.00	3.00	14.00	2.80
1.00	2.00	17.00	3.40

• Check point
: 평균 변수 생성 시 유의사항

'삶의만족도평균' 변수를 만들 때 숫자표현식에 mean(삶의만족도① to 삶의만족도⑤)로 작성했으나, mean(삶의만족도①, 삶의만족도②, 삶의만족도③, 삶의만족도④, 삶의만족도⑤)로 작성해도 같은 결과값이 나온다. ①에서 ⑤번까지 중간에 빼야 하는 문항이 있을 경우 (삶의만족도① to 삶의만족도⑤)를 사용하면 안되기 때문에 확인하고 진행한다.

PART Ⅲ

4 빈도분석

1) 주요 개념

기본적으로 데이터를 코딩하고 이상한 값이 없는지 확인할 때 사용한다. 대부분 빈도 분석은 빈도와 백분율을 확인할 때 사용한다. 예를 들어, 인구사회학적 특성(성별, 학년 등)을 제시하고자 할 때 보통 사용한다. 즉, 전체 케이스 중 1학년이 몇 명인지, 2학년이 몇 명인지 각각 몇 %를 차지하는지 확인할 수 있다.

■ SPSS 실습: 빈도 분석하기

연구문제 : 인구사회학적 특성에 대한 빈도분석을 제시할 때

관련자료 : SPSS기초변수 (성별, 학년)

① 분석에서 [기술통계량] 클릭 후 [빈도]를 클릭한다.

② 빈도분석 창에서 변수를 클릭. 성별과 학년 클릭 후 화살표 클릭 빈도분석 할 변수를 확인한 후 확인 버튼을 클릭한다.

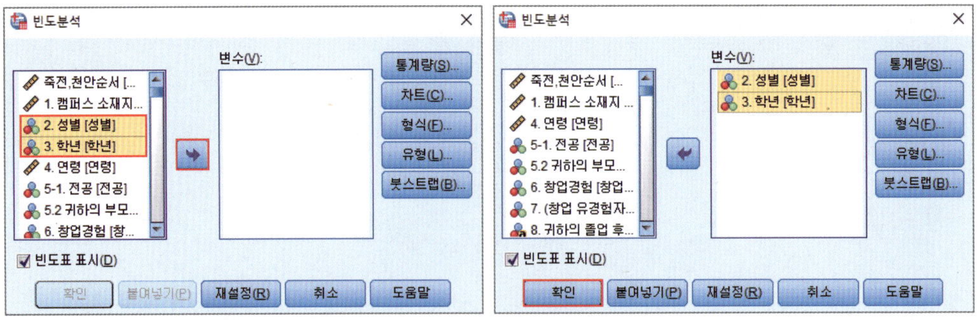

2) 출력결과 해석하기

빈도분석 출력 결과를 살펴보면 〈통계〉결과표에서 유효는 응답한 케이스 수를 말하고 결측은 응답하지 않은 케이스를 말한다. 결측값을 반드시 확인해야 한다.

빈도 옆에 퍼센트와 올바른 퍼센트(유효 퍼센트)가 있다.

퍼센트는 시스템 결측값까지 포함해서 100%로 보고 남자, 여자 시스템 결측값의 비율을 확인한 것이다. 올바른 퍼센트(유효 퍼센트)는 시스템 결측값을 제외한 케이스의 비율을 확인한 것이다. 실제 논문에서는 올바른 퍼센트(유효 퍼센트)를 활용한다.

통계량

		2. 성별	3. 학년
N	유효	671	671
	결측	0	0

빈도표

2. 성별

		빈도	퍼센트	유효 퍼센트	누적 퍼센트
유효	남성	199	29.7	29.7	29.7
	여성	472	70.3	70.3	100.0
	전체	671	100.0	100.0	

3. 학년

		빈도	퍼센트	유효 퍼센트	누적 퍼센트
유효	1학년	198	29.5	29.5	29.5
	2학년	127	18.9	18.9	48.4
	3학년	160	23.8	23.8	72.3
	4학년	186	27.7	27.7	100.0
	전체	671	100.0	100.0	

3) 논문 결과표 작성하기

결과표는 한글이나 워드로 옮겨서 작성할 수 있으나 엑셀 문서로 옮겨서 작성하는 것이 매우 편하게 작성할 수 있는 방법이다. 단순하게 결과표를 클릭해서 Ctrl+C하고 엑셀창에 Ctrl+V로 해도 된다. 또 다른 방법은 아래와 같은 "내보내기"방법으로 데이터를 옮기는 것이다.

① 빈도표 중에 사용하고 싶은 표를 모두 클릭한다. 복수선택이 필요할 때 Ctrl버튼을 누른다. 그리고 마우스 오른쪽을 눌러 "내보내기"를 클릭한다.

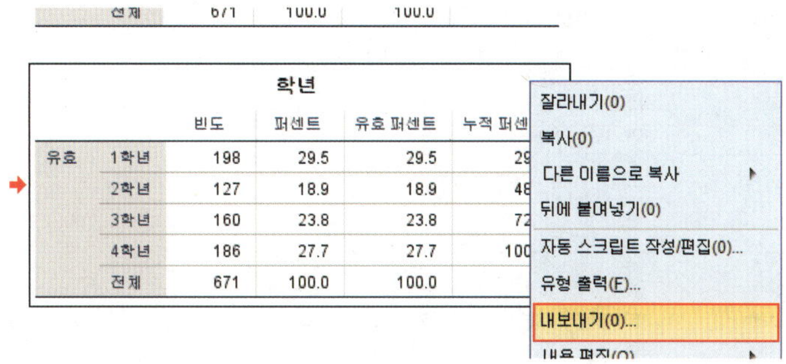

② 내보내기 출력결과 창이 뜨면 유형에서 'Excel'을 선택한다. [찾아보기]를 클릭하여 저장할 곳을 선택하고 파일명을 설정한다.

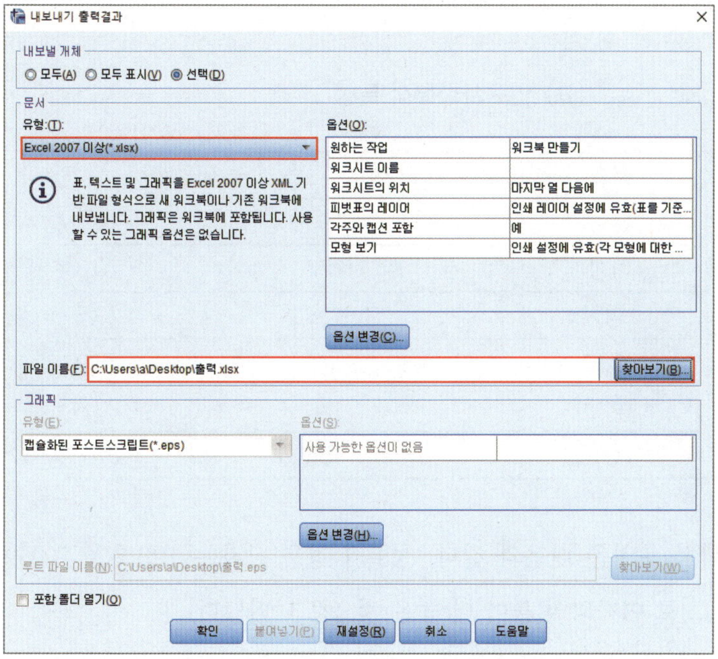

③ 확인을 클릭하면 엑셀 파일이 열린다.

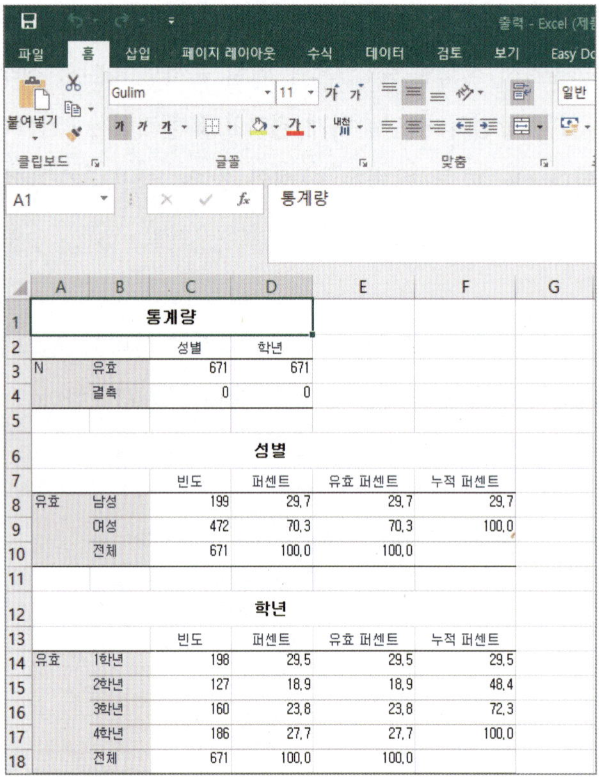

통계량			
		성별	학년
N	유효	671	671
	결측	0	0

성별

		빈도	퍼센트	유효 퍼센트	누적 퍼센트
유효	남성	199	29.7	29.7	29.7
	여성	472	70.3	70.3	100.0
	전체	671	100.0	100.0	

학년

		빈도	퍼센트	유효 퍼센트	누적 퍼센트
유효	1학년	198	29.5	29.5	29.5
	2학년	127	18.9	18.9	48.4
	3학년	160	23.8	23.8	72.3
	4학년	186	27.7	27.7	100.0
	전체	671	100.0	100.0	

④ 논문 결과표 작성

빈도분석 결과표를 논문에는 다음과 같이 작성한다.

〈표〉 인구사회학적 특성

N (%) : 671(100.0)

구분	분류	빈도(명)	비율(%)
성별	남성	199	29.7
	여성	472	70.3
학년	1학년	198	29.5
	2학년	127	18.9
	3학년	160	23.8
	4학년	186	27.7

예 인구사회학적 특성은 다음과 같다. 성별의 경우 남자는 199명(29.7%), 여자는 472명(70.3%)로 여자의 비율이 더 높은 것으로 나타났다.

PART Ⅲ

5 기술 통계분석

1) 주요 개념

기술통계분석은 기본적으로 평균과 표준편차를 확인할 때 사용한다. 예를 들어, 변수의 평균과 표준편차를 확인할 때, 변수의 최소값, 최대값을 확인할 때 사용한다.

■ SPSS 실습: 탐색적 요인분석

연구문제 : 주요 변수의 평균과 표준편차, 최소값과 최대값 등 기술통계를 확인할 때

관련자료 : SPSS기초변수 (연령)

① 분석에서 [기술통계량] 클릭 후 [기술통계]를 클릭한다.

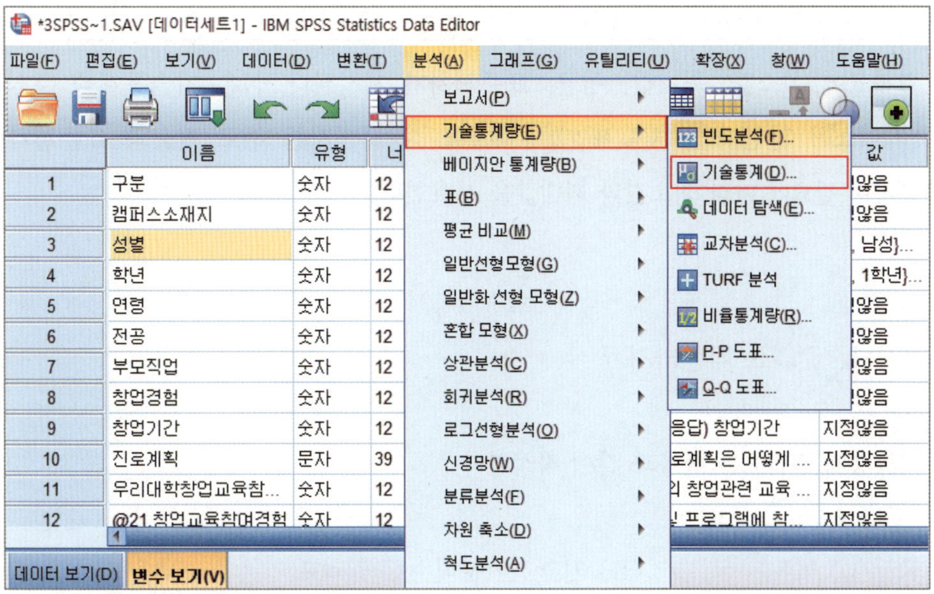

② 기술통계 창에서 평균을 구하기 위한 변수를 클릭한 후 화살표를 클릭한다.

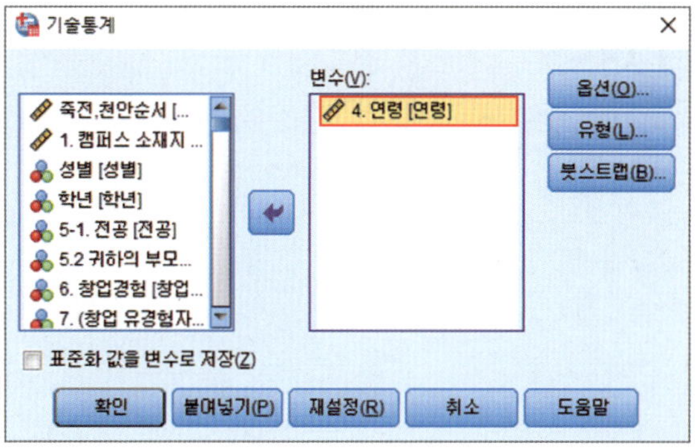

③ 확인을 클릭한다.

2) 출력결과 해석하기

기술통계량

	N	최소값	최대값	평균	표준편차
4. 연령	671	19.0	46.0	22.507	2.3682
유효 N(목록별)	671				

결과표에 최소값, 최대값, 평균, 표준편차가 제시된다. N은 기술통계를 분석한 총 케이스를 말한다(결측치를 제외한 분석 결과). 논문에서는 주로 평균과 표준편차를 활용하며 필요에 따라 최소값과 최대값을 사용한다.

3) 논문 결과표 작성하기

기술통계 결과표는 다음과 같이 작성한다.

〈표〉 기술 통계분석 논문 결과표

변수	N	최소값	최대값	평균	표준편차
연령	671	19	46	22.51	2.37

예 주요 변수의 기술통계를 실시한 결과표는 다음과 같다. 주요 변수의 평균을 살펴보면 연령의 평균은 22.51(SD=2.37)로 나타났다.

PART Ⅲ

6 타당도 분석

1) 주요 개념

자료 수집을 위해 보통 질문지를 사용한다. 질문지의 내용이 측정하고자 하는 내용과 부합하지 않으면 수집한 자료는 타당한 자료가 아니기에 사용할 수 없다. 그러므로 자료를 분석하기 전에 수집한 자료에 대한 타당도 검증은 필수로 진행해야 한다. 타당도(validity)는 검사도구가 측정하고자 하는 것을 얼마나 충실하게 측정하였는가를 의미한다.

타당도분석(요인분석)은 측정한 여러 항목을 공통요인으로 묶어 동일한 구성개념을 측정하고 있는지를 파악하는 분석방법이다. 따라서 측정 도구의 타당성을 검증하기 위해 많이 사용한다. 요인분석을 통해 적절히 요인으로 묶이지 않는 문항은 해당 요인을 측정하는데 타당하지 못한 것으로 간주되어 측정문항에서 삭제하거나 수정한다.

요인분석은 기본적으로 상관관계가 높은 변수들끼리 그룹핑하는 것으로 변수들 간의 상관관계가 전반적으로 낮다면(−0.3~+0.3 사이) 그 자료는 요인분석에 부적합하다.

요인분석은 그 목적에 따라 탐색적 요인분석과 확인적 요인분석으로 나눈다. 탐색적 요인분석은 주로 척도를 개발할 때 사용한다. 즉, 새로운 개념을 도입하여 문항을 설정하고 하위요인으로 만드는 과정에서 사용한다. 예를 들어 직업의 만족도를 측정할 때, 직무 적합성, 보상만족도, 관계적 만족 등의 하위 요인별로 질문을 구성했다면 개발한 문항이 요인별로 묶이는지를 확인할 때 사용한다. 따라서 탐색적 요인분석은 차원축소의 개념으로 상관성이 높은 문항끼리 묶어서 변수들의 하위요인을 묶어줄 때 활용한다. 구조방정식이 안 되는 프로그램으로도 사용 가능하며 주로 SPSS를 사용한다.

기존에 존재하는 척도를 사용할 때는 하위요인을 연구자가 새롭게 구분하는 것이 아니기 때문에 요인추출 수를 고정된 요인수로 고정하기도 한다. 고유값 기준이라면 상관성이 높은 것들끼리 묶여서 하위요인의 개수를 추정하게 된다.

표 3-1 탐색적 요인분석, 확인적 요인분석의 용도와 사용 프로그램

	탐색적 요인분석 (Exploratory factor analysis)	확인적 요인분석 (confirmatory factor analysis)
용도	연구자가 새로운 개념을 도입하여 하위개념을 만들 때	기존에 존재하는 척도를 사용할 때
프로그램	SPSS	AMOS, Smart PLS 등

기존 척도를 사용하는 경우 보통 확인적 요인분석을 사용한다. 확인적 요인분석은 구조방정식을 통해 분석 가능하기 때문에 AMOS, Smart PLS등 구조방정식 프로그램으로 진행가능하다. 확인적 요인분석에 대한 내용은 Part 3의 AMOS에서 자세히 다루므로 본 Part에서는 탐색적 요인분석에 집중하여 알아보겠다.

2) 탐색적 요인분석 방법

먼저 탐색적 요인분석 방법을 살펴보도록 하자. 탐색적 요인분석은 SPSS를 사용하여 진행한다. 요인추출방법은 주성분분석과 공통요인분석 두 가지가 있다. 보통 주성분분석을 사용한다.

① 주성분 분석(principal compeonet analysis)

주성분 분석은 서로 상관관계가 높은 변수들을 조합해서 가능한 많은 부분을 설명하는 소수의 요인을 추출하는데 목적이 있다. 새로운 변수를 인위적으로 만들어 내기 위해 자료를 단순화하고 축약하기 때문에 자료축약기법이라고도 한다(variables → component). 주성분 분석에 의해 요인을 추출하는 경우 추출된 요인을 성분(component)으로 표기한다. 이 경우 성분은 넓은 의미에서 요인에 해당하여 관계적으로 요인으로 표기한다.

② 공통요인분석(Common factor analysis)

공통요인 분석은 최초 변수들의 토대가 되는 잠재적인 공통요인이나 차원을 알고자 할 때 사용되는 방법이다. 이 경우 요인으로부터 변수가 산출되는 것으로 본다(factor → variable). 공통요인분석은 실행상 몇 가지 문제점을 가져 보통 주성분 분석을 사용한다.

• Check point
: 요인분석 실습을 위해 알아야 할 기본 개념

• 통계량 – 초기해법 : 초기공통성, 고유값, 설명된 분산의 퍼센트 등을 제시

• 상관행렬 – KMO 와 Bartlett의 구형성검정(K): 자료가 요인분석에 적합한지 여부를 검정

• 요인추출 – 방법

– 주성분: 관측된 변수의 상관되지 않은 선형조합 형성, 초기 요인 해법을 구할 수 있으며, 상관행렬이 단순할 때 사용(기본설정값)

– 주축요인추출 : 공통성의 초기 추정값으로서 대각으로 배치된 제곱 다중 계수를 사용하여 원래의 상관행렬로부터 요인 추출, 대각으로 위치하는 기존의 공통성 추정값을 대신하는 새로운 공통성 추정

• 표시–회전하는 요인해법(F) : 요인해법에 대한 회전하지 않는 요인적재값, 공통성, 고유값 등 표시(기본설정값)

• 표시–스크리도표(S) : 요인의 수가 증가할수록 고유치가 점점 작아지다가 일정 수준에 이르면 완만해진다. 갑자기 완만해지기 직전의 요인까지 추출

• 추출–고유값 기준 : SPSS에서 고유치가 1이상인 것을 추출(기본값 설정 1)

• 추출–고정된 요인수 : 고유값과 관계없이 지정한 요인의 수에 따라 요인추출

• 요인회전

* 직교회전

– 베리멕스 : 각 요인의 적재값이 높은 변수의 수를 최소화, 단순화, 가장 보편적으로 사용

– 쿼티멕스 : 각 변수를 설명하는데 필요한 요인수를 최소화

– 이쿼멕스 : 베리멕스 방법과 쿼터멕스 방법의 절충방법, 요인에 읽어들인 변수의 수와 변수 설명에 사용할 요인 수를 최소화

* 사교회전

– 직접 오블리민 : 델타가 음수에 가까워질수록 요인의 기울기가 평평해짐

– 프로멕스 : 회전요인이 상관되도록 하는 오블리크 회전. 직접 오블리민 회전보다 좀 더 빨리 계산되므로 큰 데이터 파일에 유용

■ SPSS 실습: 탐색적 요인분석

연구문제 : SPSS를 사용한 탐색적 요인분석

관련자료 : SPSS기초변수 (관계성, 자율성, 유능감)

자기결정성을 측정할 때, 관계성, 자율성, 유능감 3가지 하위요인별로 질문을 구성했다면 실제로 각각의 변수가 그렇게 묶이는지 확인해야 한다. 요인분석을 통해 관계성, 자율성, 유능감의 항목으로 묶이는지 확인해보자.

① 분석에서 [차원 축소] 클릭 후 [요인분석]을 클릭한다.

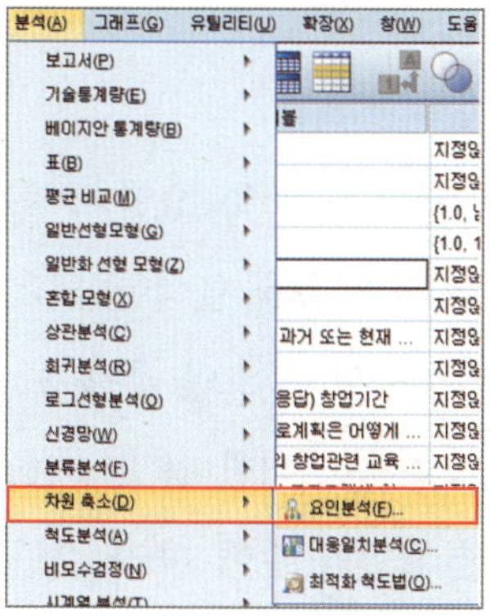

② 첫 번째 문항 변수를 클릭하고 Shift버튼을 누른 상태에서 마지막 문항 변수를 클릭하면 모든 문항 변수가 선택된다. 그 상태에서 오른쪽 이동버튼을 클릭하여 변수를 옮긴다. (6-1. 관계성 ①~⑥, 6-2. 자율성 ①~⑥, 6-3. 유능감 ①~⑥ 총 18문항)

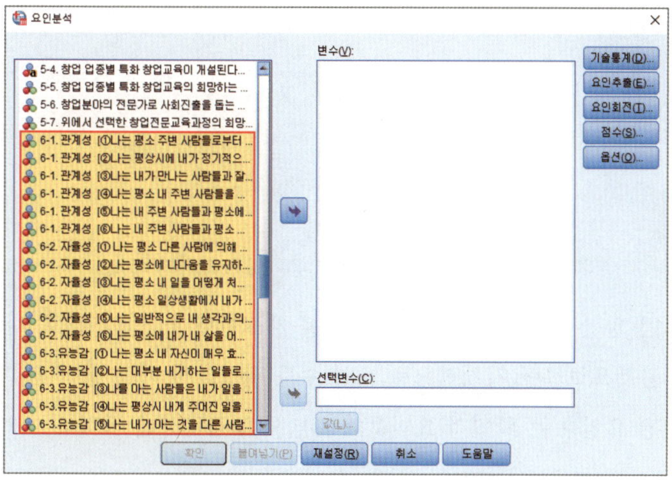

■ 어떤 요인추출방법을 사용할까?

사회과학 분야 문헌에서 주로 언급되는 것은 주성분분석법(principal component method), 주축요인법(principalaxis factor method), 최대우도법(maximum likelihood method) 등이다.
주성분분석법은 측정변수들의 전체 분산이 최대한 설명될 수 있도록 주성분(요인)을 추출한다. 주성분분석법의 경우 요인 적재값의 크기가 실제보다 크게 나타나는 경향이 있어 주의할 필요가 있다.
(Snock&Gorsuch, 1989)
그러나 구성 타당도 평가는 요인구조의 정확성 보다는 변수들의 군집성에 관심을 둔다는 측면에서는 상대적으로 단순한 방법인 주성분 분석이 유리하다는 주장도 있다.
한편, 주축요인법과 최대우도법은 측정변수들의 공분산이 최대한 설명될 수 있도록 요인을 추출한다. 따라서 주성분분석법에 비하여 전체 분산에 대한 설명 비율은 작아질 수 있다. 일반적으로 요인분석의 목적이 많은 측정변수들이 공통적으로 갖고 있는 의미 있는 구조를 추출하는 것이라고 할 때 주축요인법이나 최대우도법이 더 타당하다고 할 수 있다.

③ [기술통계]를 클릭하고 [요인분석 : 기술통계] 창에서 'KMO와 Bartlett의 구형성 검증'을 클릭하고 계속을 클릭한다.

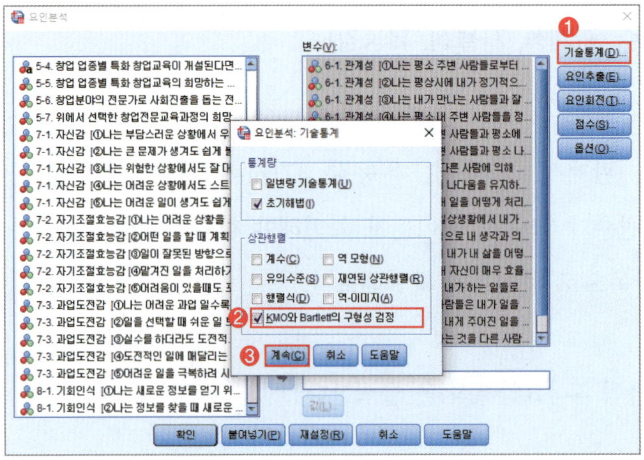

④ 요인추출을 클릭하고 [요인 분석 : 요인추출] 창에서 '방법'을 '주축 요인 추출'선택, '고정된 요인수'를 체크하고 '추출할 요인'에 3을 입력 후 계속을 클릭한다.

*고유값 기준 : 고유값(eigenvalue)이 1보다 큰 요인만 추출된다. 요인 추출용 분리점으로 다른 고유값을 사용하려면 그 값을 입력한다(기본설정).

*고정된 요인 수 : 고유값과 관계없이 사용자가 지정한 요인의 수에 따라 요인을 추출한다. 일반적으로 고정된 요인수를 지정하지 않는다.

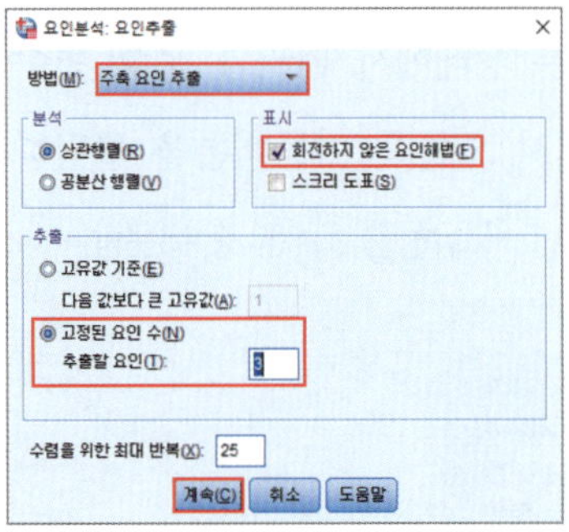

• Check point
: '고유값 기준'과 '고정된 요인수'의 차이점은?

사전연구에서 하위요인의 개수가 정해져 있으면 일반적으로 '고정된 요인 수'를 체크합니다. 만약 새로 개발된 척도인 경우에는 '고유값 기준'을 체크하여 통계프로그램 자체적으로 요인 수를 결정하게 하면 됩니다. '고유값 기준'은 탐색적 요인분석 개념이고, '고정된 요인수'는 확인적 요인분석 개념으로 접근하면 됩니다.

⑤ [요인 회전]을 클릭 후, '베리멕스'에 체크한 후 계속을 클릭한다.

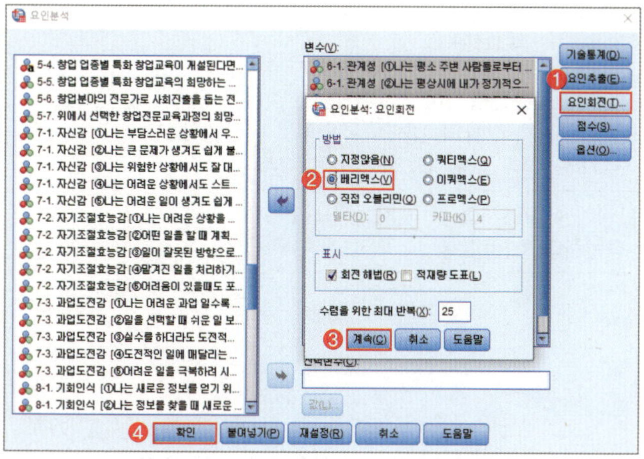

⑥ 옵션에서 '크기순 정렬'을 선택하고 계속을 클릭한 후 확인을 클릭한다.

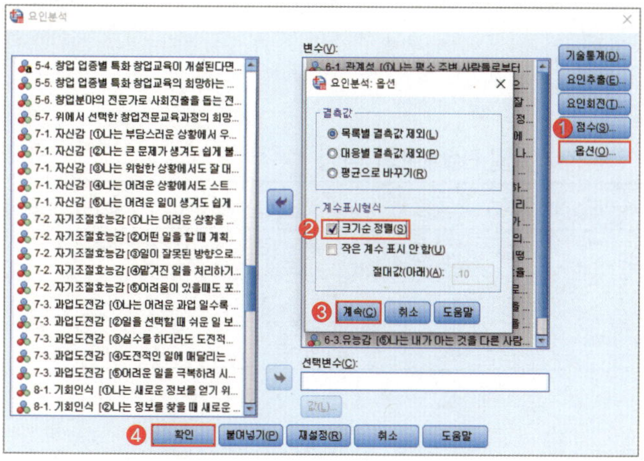

3) 출력 결과 해석하기

타당도 분석 후 가장 먼저 확인해야 할 것은 KMO 및 Bartlett 구형성 검정 결과 값이다. 모형의 적합도를 판단하는 것으로 KMO값이 0.6이상일 때, 엄격하게 적용하면 0.7 이상일 때 받아들일 수 있는 수준으로 판단한다. Bartlett의 구형성 검정에서는 p값이 0.5 미만으로 나타나면 모형이 적합한 것으로 판단한다.

• Check point
: 요인분석 용어 정리

계수	요인분석시 지정된 상관행렬을 나타낸다.
유의수준	상관행렬에서 계수의 단측 유의 수준을 나타낸다.
Barltett	상관관계행렬 상의 모든 상관관계 값들의 전반적 유의성을 나타낸다. 이 값이 유의적이면 자료가 요인분석 하는데 적절하다고 본다.
KMO	상관관계행렬이 요인분석에 적합한지를 나타내는 지표이다. 그 값이 .50보다 크면 적합하다고 본다.

다음으로 공통성을 확인해야 한다. **공통성은 0.4 미만이면 요인분석에서 제거하는 편이 좋을 수 있다.** 하지만 회전 요인 행렬 결과, 요인이 뚜렷하게 분리되고 요인 적재량이 높으면 공통성이 다소 낮더라도 문항에 포함하곤 한다. 기본적으로는 0.4 미만이면 삭제한다.

KMO 및 Bartlett의 검정

표본 적절성의 Kaiser-Meyer-Olkin 측도		.951
Bartlett의 구형성 검정	근사 카이제곱	6748.330
	자유도	153
	유의확률	.000

설명된 총 분산 결과표는 3개 요인이 18개 항목을 얼마나 잘 설명하는가를 의미한다. 18개 항목을 3개로 축소 시켰기에 설명력이 100%일 수는 없다. 따라서 누적분산(누적률)이 60% 이상이면 요인의 설명력이 높다고 평가한다. 60%가 조금 안되더라도 요인이 분리된다면 모형을 수용하기도 한다. '요인행렬' 결과표는 회전하기 전의 결과이고, '회전된 요인행렬' 결과표는 회전한 후의 결과표이다. 회전 후의 결과는 요인이 비교적 뚜렷하게 분리된 것을 확인할 수 있다.

설명된 총 분산

요인	초기 고유값			추출 제곱한 적재량			회전 제곱한 적재량		
	전체	% 분산	% 누적	전체	% 분산	% 누적	전체	% 분산	% 누적
1	8.437	46.870	46.870	8.016	44.532	44.532	3.746	20.809	20.809
2	1.718	9.544	56.414	1.297	7.207	51.739	3.309	18.383	39.192
3	1.337	7.429	63.843	.877	4.874	56.612	3.136	17.421	56.612
4	.700	3.888	67.731				아이겐 값	공통분산	누적분산
5	.622	3.455	71.186						
6	.609	3.381	74.567						
7	.522	2.900	77.467						
8	.485	2.696	80.164						
9	.463	2.570	82.734						
10	.435	2.418	85.151						
11	.393	2.181	87.332						
12	.381	2.116	89.448						
13	.351	1.955	91.403						
14	.347	1.929	93.333						
15	.335	1.863	95.169						
16	.314	1.744	96.940						
17	.292	1.621	98.560						
18	.259	1.440	100.000						

추출 방법 : 주축요인추출

공통성

	초기	추출
6-1. 관계성 [①나는 평소 주변사람들로부터 사랑과 관심을 받는 것을 느낀다.]	.529	.530
6-1. 관계성 [②나는 평상시에 내가 정기적으로 만나는 사람들은 나를 좋아한다고 생각한다.]	.594	.619
6-1. 관계성 [③나는 내가 만나는 사람들과 잘 지낸다고 느낀다.]	.637	.700
6-1. 관계성 [④나는 평소 내 주변 사람들을 정말 좋아 한다.]	.604	.670
6-1. 관계성 [⑤나는 내 주변 사람들과 평소에 서로 도움을 주고 받는다.]	.548	.588
6-1. 관계성 [⑥나는 내 주변 사람들과 평소 나의 감정을 공유할 때가 많다.]	.444	.468
6-2. 자율성 [①나는 평소 다른 사람에 의해 통제 받지 않는다고 느낀다.]	.370	.392
6-2. 자율성 [②나는 평소에 나다움을 유지하는 편이다.]	.540	.581
6-2. 자율성 [③나는 평소에 내 일을 어떻게 처리할지 스스로 결정할 기회가 많다고 느낀다.]	.525	.592
6-2. 자율성 [④나는 평소 일상생활에서 내가 하고 싶은 일을 할 수 있다고 생각한다.]	.573	.622
6-2. 자율성 [⑤나는 일반적으로 내 생각과 의견을 자유롭게 표현할 수 있다고 느낀다.]	.618	.638
6-2. 자율성 [⑥나는 평소에 내가 내 삶을 어떻게 살아갈지 스스로 결정할 수 있다고 느낀다.]	.518	.606
6-3. 유능감 [①나는 평소 내 자신이 매우 효율적이라고 생각한다.]	.485	.552
6-3. 유능감 [②나는 대부분 내가 하는 일들로부터 성취감을 느낀다.]	.509	.559
6-3. 유능감 [③나를 아는 사람들은 내가 일을 잘한다고 말한다.]	.501	.541
6-3. 유능감 [④나는 평상시 내게 주어진 일을 잘 해결해 낼 능력이 있다고 느낀다.]	.584	.632
6-3. 유능감 [⑤나는 내가 아는 것을 다른 사람들에게 가르칠 수 있다고 생각한다.]	.407	.416
6-3. 유능감 [⑥나는 평소 다른 사람보다 잘하는 것이 많다고 생각한다.]	.411	.484

추출 방법 : 주축 요인 추출

회전된 요인 행렬[a]

	요인 1	요인 2	요인 3
6-1. 관계성 [③나는 내가 만나는 사람들과 잘 지낸다고 느낀다.]	.778	.240	.193
6-1. 관계성 [④나는 평소 내 주변 사람들을 정말 좋아 한다.]	.762	.242	.176
6-1. 관계성 [⑤나는 내 주변 사람들과 평소에 서로 도움을 주고 받는다.]	.703	.186	.243
6-1. 관계성 [②나는 평상시에 내가 정기적으로 만나는 사람들은 나를 좋아한다고 생각한다.]	.694	.316	.193
6-1. 관계성 [⑥나는 내 주변 사람들과 평소 나의 감정을 공유할 때가 많다.]	.639	.151	.192
6-1. 관계성 [①나는 평소 주변사람들로부터 사랑과 관심을 받는 것을 느낀다.]	.593	.315	.281
6-2. 자율성 [③나는 평소에 내 일을 어떻게 처리할지 스스로 결정할 기회가 많다고 느낀다.]	.285	.685	.205
6-2. 자율성 [④나는 평소 일상생활에서 내가 하고 싶은 일을 할 수 있다고 생각한다.]	.295	.672	.287
6-2. 자율성 [②나는 평소에 나다움을 유지하는 편이다.]	.260	.670	.252
6-2. 자율성 [⑤나는 일반적으로 내 생각과 의견을 자유롭게 표현할 수 있다고 느낀다.]	.377	.643	.286
6-2. 자율성 [⑥나는 평소에 내가 내 삶을 어떻게 살아갈지 스스로 결정할 수 있다고 느낀다.]	.287	.626	.364
6-2. 자율성 [①나는 평소 다른 사람에 의해 통제 받지 않는다고 느낀다.]	.099	.582	.210
6-3. 유능감 [①나는 평소 내 자신이 매우 효율적이라고 생각한다.]	.094	.263	.688
6-3. 유능감 [⑥나는 평소 다른 사람보다 잘하는 것이 많다고 생각한다.]	.156	.137	.664
6-3. 유능감 [④나는 평상시 내게 주어진 일을 잘 해결해 낼 능력이 있다고 느낀다.]	.321	.313	.657
6-3. 유능감 [②나는 대부분 내가 하는 일들로부터 성취감을 느낀다.]	.224	.304	.645
6-3. 유능감 [③나를 아는 사람들은 내가 일을 잘한다고 말한다.]	.250	.323	.599
6-3. 유능감 [⑤나는 내가 아는 것을 다른 사람들에게 가르칠 수 있다고 생각한다.]	.297	.198	.537

추출 방법 : 주축 요인추출

회전 방법 : 카이저 정규화가 있는 베리멕스.

a. 6 반복계산에서 요인회전이 수렴되었습니다.

• Check point
: 요인분석이 잘 안될 경우에 어떻게 해야 하나?

1) SPSS

요인분석을 통해 얻은 문항의 타당도를 보고 타당하지 않은 문항은 제거한다. 문항의 타당도는 요인분석의 SPSS 출력결과 중 공통성을 보고 판단한다. 공통성에서 추출값이 0.4미만인 문항을 요인분석에서 순차적으로 제거하여 요인적합도를 향상시킨다.

하지만 '회전요인행렬' 결과, 요인이 뚜렷하게 분리가 되고 요인적재량이 높으면, 공통성이 다소 낮더라도 문항에 포함해도 괜찮다.

2) AMOS

SPSS에서 요인분석의 결과값이 잘 나오지 않는다면, AMOS의 확인적요인분석을 활용할 수 있다. 확인적요인분석의 결과표 중 Estimates-Squared Multiple Correlations(설명력)이 0.4미만인지 확인하고, 0.4미만의 값 중에서 가장 낮은 값을 가진 측정변수부터 순차적으로 제거한 후 재분석하여 모형적합도를 확인하면 된다. 이에 대한 자세한 내용은 AMOS파트의 '확인적요인분석'에서 확인할 수 있다.

PART Ⅲ

7 신뢰도 분석

1) 주요 개념

신뢰도 분석은 측정하고자 하는 것을 얼마나 일관성 있게 측정하는가를 나타낸다. 즉, 한 대상을 유사한 측정도구로 여러 번 측정하거나 한 가지 측정도구로 반복 측정했을 때 일관성 있는 결과를 산출하는가를 측정하는 것이다.

신뢰도계수를 측정하는 방법으로 내적 일관성(internal consistency), 반복 측정 신뢰성(test-retest reliability), 대안 항목 신뢰성(alternative-form reliability) 등이 있으며, 이 중 가장 많이 쓰이는 방법은 내적 일관성 분석이다. 내적 일관성 분석이란 구성하고 있는 문항간의 일관성을 측정하는 것으로, 다항목을 측정했을 때 항목들이 얼마나 일관성(consistency)를 갖는가를 측정하는 것이다. 항목 간의 상관관계가 높을수록 내적 일관성이 높다. 내적 일관성에서 가장 많이 쓰이는 척도는 cronbach's coefficient alpha이다.

■ SPSS 실습: 신뢰도 분석

연구문제 : 신뢰도 분석
관련자료 : SPSS기초변수 (삶의 만족도)

① 분석에서 [척도]분석 클릭 후 [신뢰도(성) 분석]을 클릭한다.

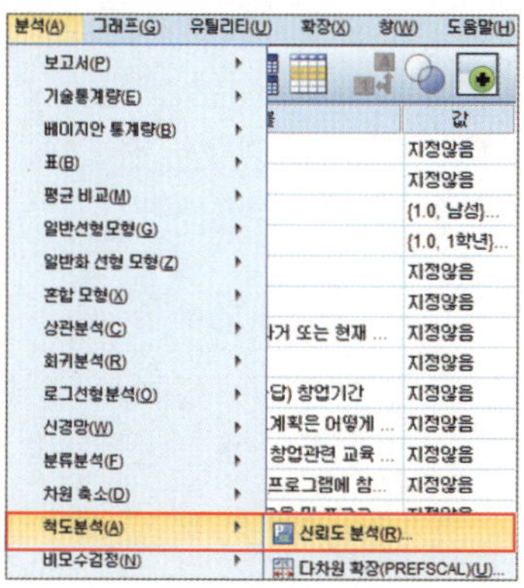

② 변수 선택 후 화살표 클릭, 오른쪽으로 옮긴 후 통계량 버튼을 클릭한다.

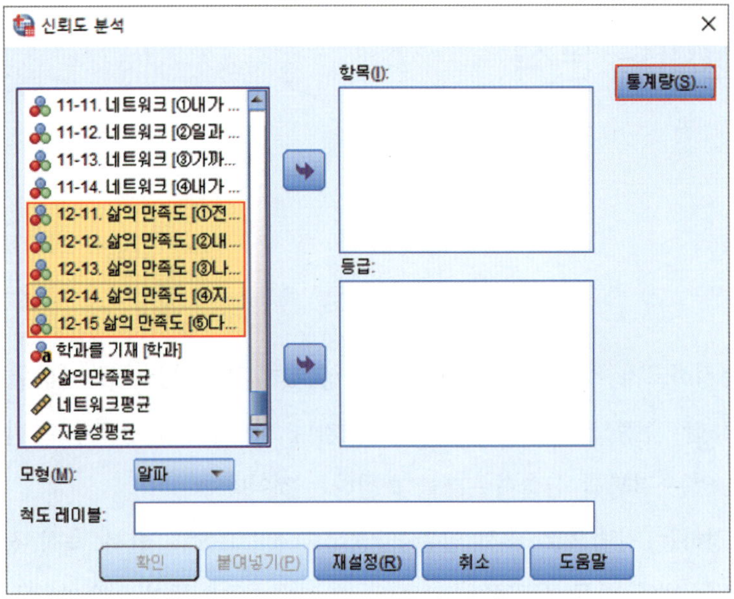

③ [신뢰도(성) 분석: 통계량] 창에서 '항목제거시 척도'에 체크하고 계속을 클릭한다.

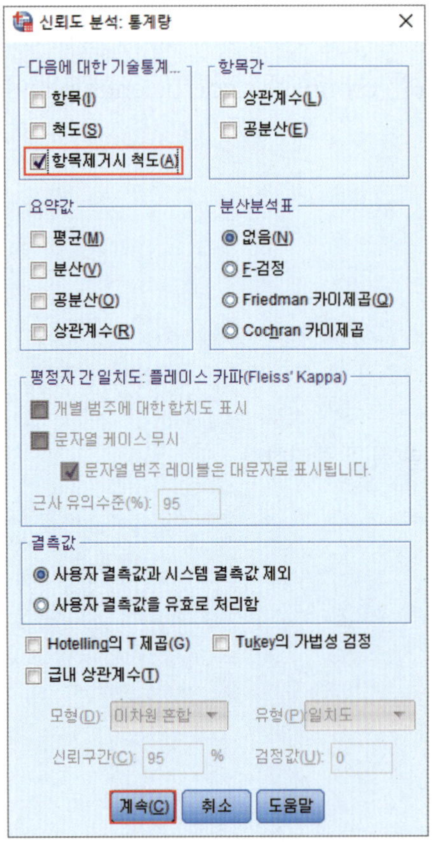

④ 확인을 클릭하고 출력 결과를 확인한다.

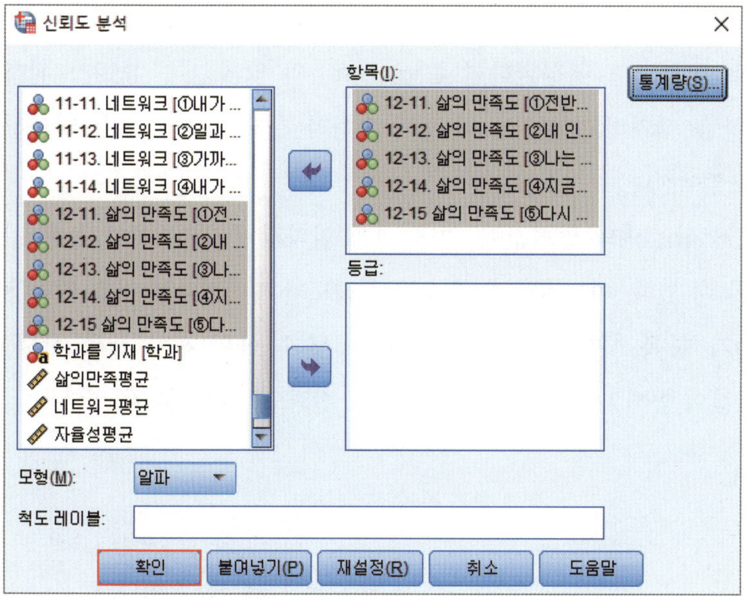

2) 출력 결과 해석하기

Cronbach 알파값이 0.888으로 신뢰도가 우수한 수준으로 판단된다.

신뢰도 통계량

Cronbach의 알파	항목 수
.888	5

신뢰도를 판정하는 기준은 결과표의 Cronbach's alpha값을 보는데 결과표에 **Cronbach's alpha가 0.6~0.7 미만이면 수용가능한 수준이며, 0.7~0.8 미만이면 양호한 수준으로 판단하며, 0.8 이상 ~ 0.9 미만이면 우수한 수준으로 판단한다.** 주로 수용 가능한 수준인 0.6이나 양호 수준인 0.7을 기준으로 측정 도구의 신뢰도를 판단한다. 10개 이상의 많은 문항으로 구성된 측정도구는 보다 엄격한 기준을 적용해 0.8 기준으로 보기도 한다.

각 문항이 전체 신뢰도에 미치는 영향은 항목 총계 통계표에서 '항목 삭제 시 Cronbach의 알파값'으로 확인한다.

이 값은 해당 문항을 삭제했을 때 Cronbach의 알파값을 의미한다. 예를 들어, '①나의 인생은 내가 이상적으로 여기는 모습과 가깝다.' 항목을 삭제하고 ②번부터 ⑤번까지 항목으로만 척도를 구성한다면 Cronbach의 알파값이 .859가 된다는 것이다. 즉, ①문항을 제거하고 신뢰도 측정시 오히려 실제 Cronbach 알파값인 .888보다 신뢰도가 떨어진다.

'항목 삭제 시 Cronbach의 알파값'을 보면 실제 알파값인 0.888보다 높은 값이 없는 것으로 확인할 수 있다. 이는 항목을 지우면 신뢰도가 떨어진다는 것을 의미한다. 반면에 알파 계수가 항목 제거 시 알파 계수보다 낮게 나왔다면 '항목 삭제 시 Cronbach의 알파값이 높게 나오는 항목을 삭제해서 신뢰도를 높여줄 수 있다.

항목 총계 통계량

	항목이 삭제된 경우 척도 평균	항목이 삭제된 경우 척도 분산	수정된 항목 - 전체 상관계수	항목이 삭제된 경우 Cronbach 알파
12-11. 삶의 만족도 [①전반적으로 나의 인생은 내가 이상적으로 여기는 모습에 가깝다]	13.601	11.587	.757	.859
12-12. 삶의 만족도 [②내 인생의 여건은 아주 좋은 편이다]	13.501	11.815	.656	.880
12-13. 삶의 만족도 [③나는 나의 삶에 만족한다]	13.331	11.326	.784	.852
12-14. 삶의 만족도 [④지금까지 내 인생에서 원하는 중요한 것을 이루어 냈다]	13.632	11.287	.720	.866
12-15. 삶의 만족도 [⑤다시 태어난다 해도, 나는 지금처럼 살아갈 것이다]	13.674	10.405	.744	.862

PART Ⅲ

8 일원배치 분산분석

1) 주요 개념

세 개 이상 집단의 평균 비교에 사용되는 분석 방법이다. 비교되는 집단의 수가 3개 이상이 되면 모평균의 차이에 대한 통계적 유의성을 검증하는데 t검정이나 Z검정을 사용할 수 없다. 이런 경우 F검정을 이용한 분산분석(ANOVA: analysis of variance) 방법을 사용해야 한다.

일원배치 분산분석은 집단을 구분해주는 명목변수가 하나인 경우 사용한다. 분산분석에서는 집단을 구분하는 명목변수를 설명변수라고 한다. 범주로 구분되는 명목변수를 3그룹으로 나눈 후 각 그룹의 종속변수에 대한 표본 평균이 차이를 알아볼 때 사용한다. 예를 들어, A,B,C 학과별(범주형 자료)로 창업교육에 대한 만족도(연속형 자료)가 유의한 차이가 있는지 검증할 때 사용할 수 있다.

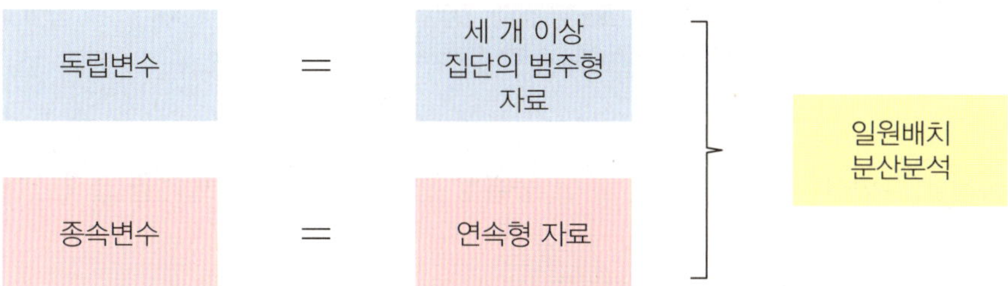

■ SPSS 실습: 일원배치 분산분석

연구문제 : 집단간 평균비교

관련자료 : SPSS기초변수 (창업시기, 창업교육 필요성)

① 분석에서 [평균 비교]를 클릭, [일원배치 분산분석]을 클릭한다.

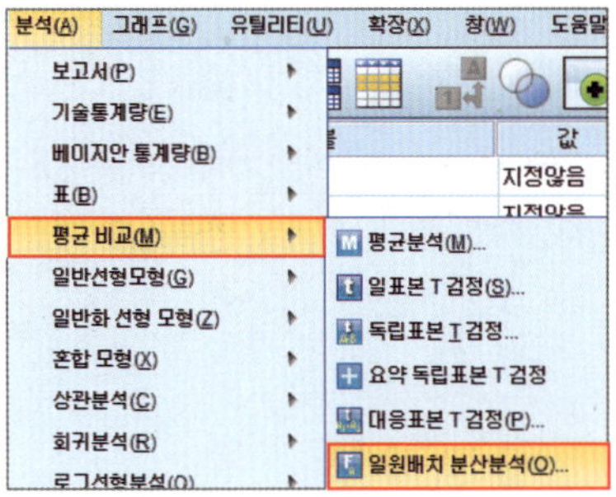

② 일원배치 분산분석 창에서 독립변수인 '창업 시기'를 요인으로 이동하고, 종속변수인 '창업교육 필요성'을 종속변수로 이동한다.

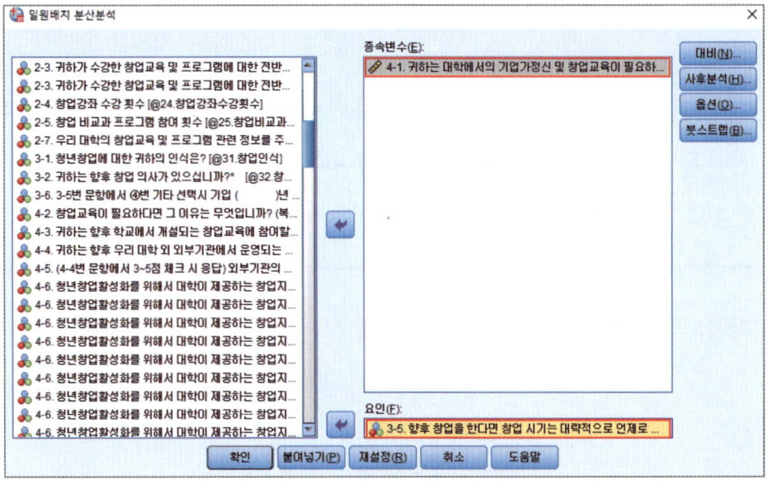

③ 옵션을 클릭한 후 기술통계와 분산 동질성 검정에 체크하고 계속을 클릭한다.

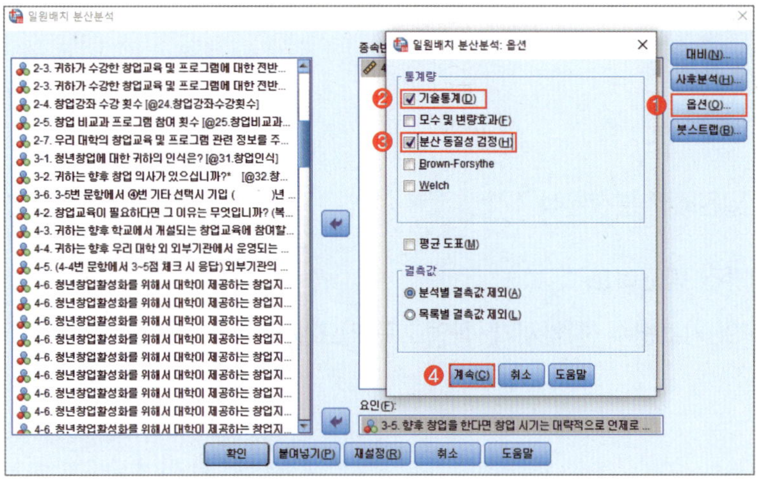

④ 사후분석을 클릭한 후, 다중비교 창에서 사후분석 방법으로 Scheffe와 Duncan에 체크하고 계속을 클릭한다.

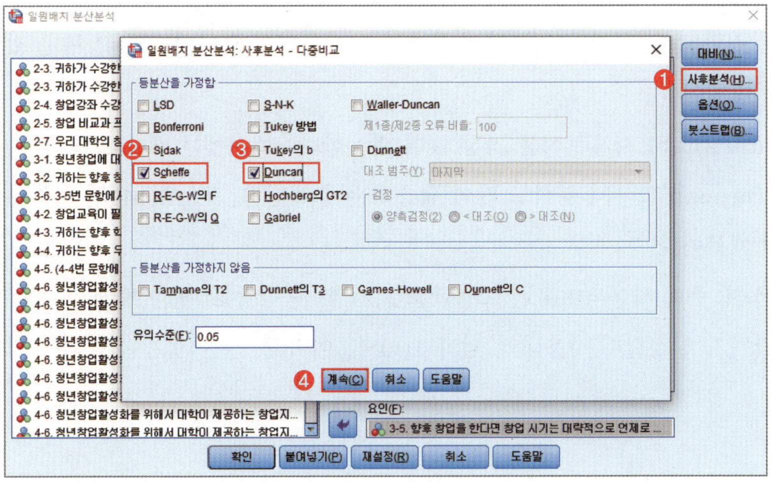

⑤ 확인을 클릭한다.

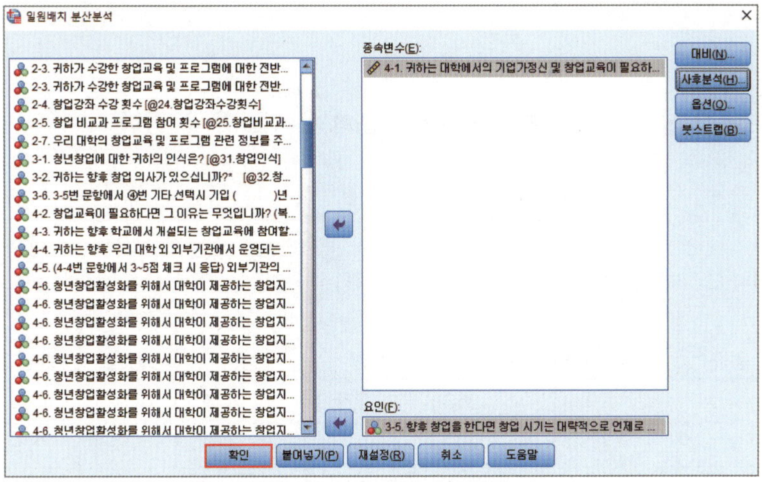

• Check point
: Scheffe와 Duncan를 체크하는 이유

사후분석(Post-hoc analysis)이란 집단 간 평균값을 비교하여 통계적으로 유의하게 나타나면 그 평균 값의 대소관계가 어떠한지를 알아보는 분석방법이다.
사회과학연구에서는 'Scheffe'와 'Duncan' 의 사후분석을 가장 많이 활용한다. 예전에는 'Scheffe'의 사후분석을 많이 활용했으나, 최근에는 'Duncan'의 사후분석도 많이 활용하는 추세이다. 'Duncan'의 사후분석에서 비교적 유의한 결과가 잘 나오기 때문이다.
특히, Scheffe는 집단의 차이가 많을 때 주로 사용되며(ex, 고등학교 300명, 중학생 50명 이렇게 샘플의 편차가 큰 경우), Duncan은 샘플의 크기가 일정할때 사용(ex, 남자 100명, 여자 97명 이렇게 샘플의 크기가 일정한 경우)된다.

2) 출력 결과 해석하기

기술통계 결과표에서 집단에 따른 창업교육의 평균의 차이를 알 수 있다.

기술통계

4-1. 귀하는 대학에서의 기업가정신 및 창업교육이 필요하다고 생각하십니까?

	N	평균	표준화 편차	표준화 오류	평균에 대한 95% 신뢰구간		최소값	최대값
					하한	상한		
1.0	24	4.042	.9079	.1853	3.658	4.425	2.0	5.0
2.0	13	4.154	.8987	.2493	3.611	4.697	2.0	5.0
3.0	389	3.681	.8287	.0420	3.599	3.764	1.0	5.0
4.0	245	4.180	.7523	.0481	4.085	4.274	1.0	5.0
전체	671	3.885	.8395	.0324	3.822	3.949	1.0	5.0

분산의 동질성 검사표를 보면, 유의확률이 .05보다 크므로 분산이 유의한 차이를 보이지 않기 때문에 분산이 동질성을 만족한다고 볼 수 있다.

분산의 등질성 검정

	N	Levene 통계량	자유도1	자유도2	유의확률
4-1. 귀하는 대학에서의 기업가정신 및 창업교육이 필요하다고 생각하십니까?	평균을 기준으로 합니다.	1.089	3	667	.353
	중위수를 기준으로 합니다.	.235	3	667	.872
	자유도를 수정한 상태에서 중위수를 기준으로 합니다.	.235	3	644.580	.872
	절삭평균을 기준으로 합니다.	.457	3	667	.713

분산분석(ANOVA) 결과표에서 분산분석의 유의성 검증결과를 보면, F값과 p(유의수준)이 나타나있다. 유의수준은 .000으로 유의하게 나타났다. 즉 집단에 따라 유의한 차이를 보인다고 할 수 있다.

ANOVA

4-1. 귀하는 대학에서의 기업가정신 및 창업교육이 필요하다고 생각하십니까?

	제곱합	자유도	평균제곱	F	유의확률
집단-간	38.942	3	12.981	19.986	.000
집단-내	433.222	667	.650		
전체	472.164	670			

PART Ⅲ

9 이원배치 분산분석

1) 주요 개념

이원배치 분석(Two-Way ANOVA)은 명목척도로 측정된 설명변수가 2개이고 각 설명변수의 범주에 대응하는 종속변수 간 평균 차이를 검정할 때 사용하는 방법이다.

즉, **2개의 독립변수에 따라 종속변수의 평균 차이를 검증하고 2개의 독립변수 간 상호작용 효과를 검증하는 분석방법이다.** 상호작용 효과란 종속변수에 영향을 미치는 두 독립변수 간의 시너지 효과라고 생각할 수 있다.

예를 들어 성별과 학년에 따른 교육의 필요성 정도를 검증하고자 한다면 독립변수 2개(성별, 학년)는 범주형 자료이며, 종속변수(교육의 필요성)은 연속형 자료이기에 이원배치분산분석을 할 수 있다.

독립변수 1	=	범주형 자료	이원배치 분산분석
독립변수 2	=	범주형 자료	
종속변수	=	연속형 자료	

■ SPSS 실습: 이원배치 분산분석

연구문제 : 2개의독립변수에 따라 종속변수의 평균차이 검증
관련자료 : SPSS기초변수 (학력, 성별, 창업교육 필요성)

① 분석에서 [일반 선형 모형] 클릭, [일변량]을 클릭한다.

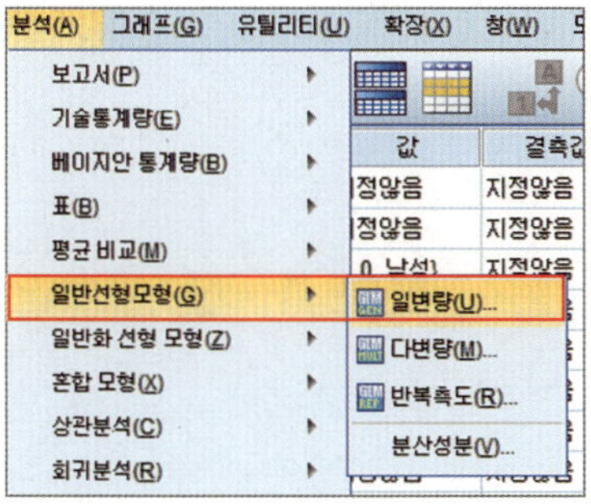

② 일변량 분석 창에서 독립변수인 '성별'과 '학년'을 모수요인으로 이동하고 종속변수인 '창업교육 필요성'을 종속변수로 이동한다.

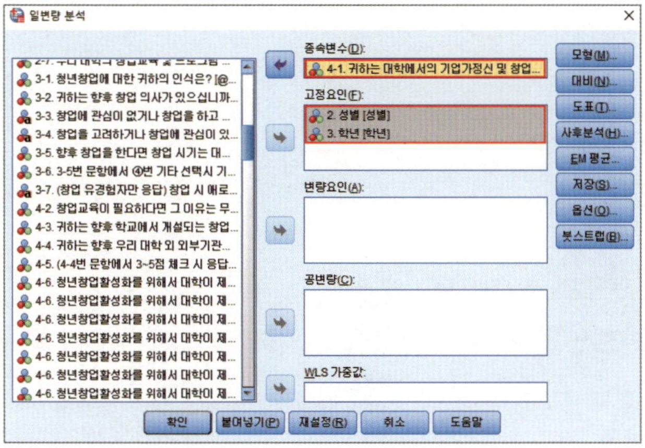

③ 옵션을 클릭한다.

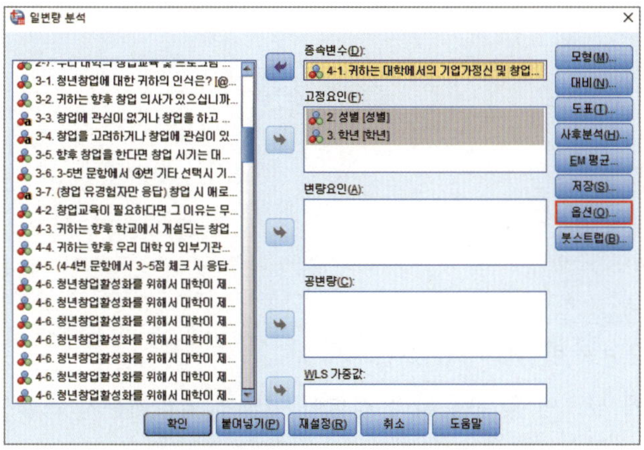

④ [일변량: 옵션창]에서 모든 변수를 '평균 표시 기준'으로 옮기고 '주효과비교'를 체크 한 후 '신뢰구간 수정'은 Bonferroni로 변경한다. 그리고 기술통계량과 동질성검사를 체크하고 계속을 클릭한다.

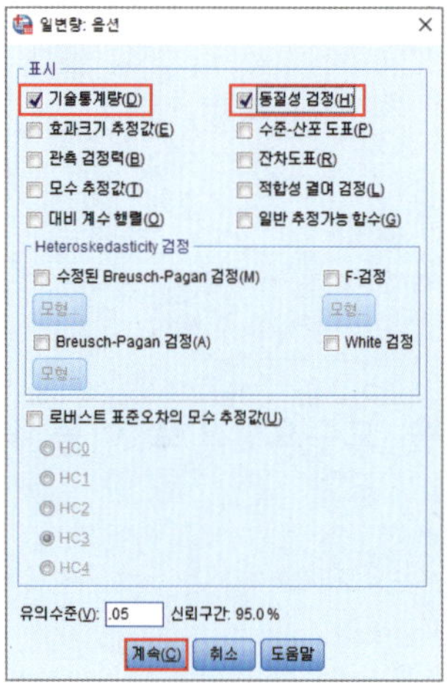

⑤ 도표를 클릭한다.

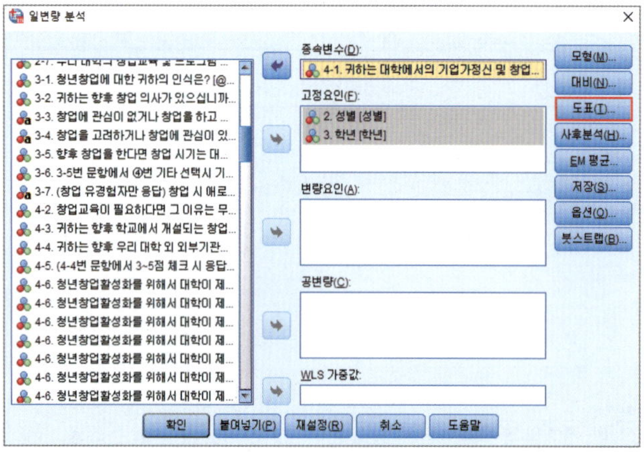

• Check point
: 변수 투입 순서 정하기

• 수평축 변수와 행구분 변수에 투입하는 변수의 순서는 바꿔도 상관없다.
하지만, 집단의 수가 적은 변수를 행구분 변수에 넣으면 학년에 따라 성별이 어떻게 달라지는지 조금 더 쉽게 확인할 수 있다.

⑥ 학년은 수평축 변수에, 성별은 행구분 변수에 추가버튼을 클릭한 후 계속을 누른다.

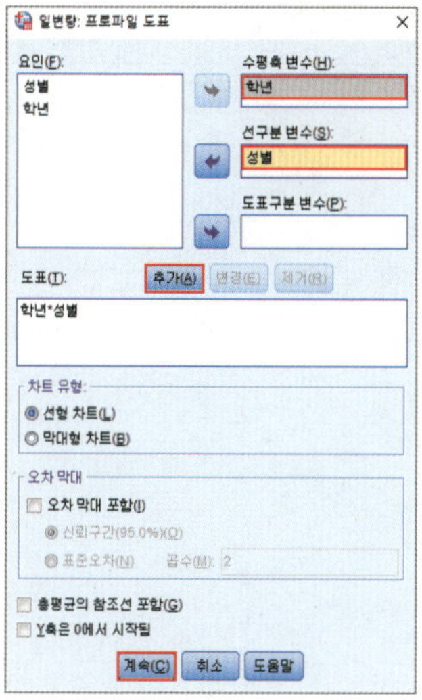

⑦ 붙여넣기를 클릭한다.

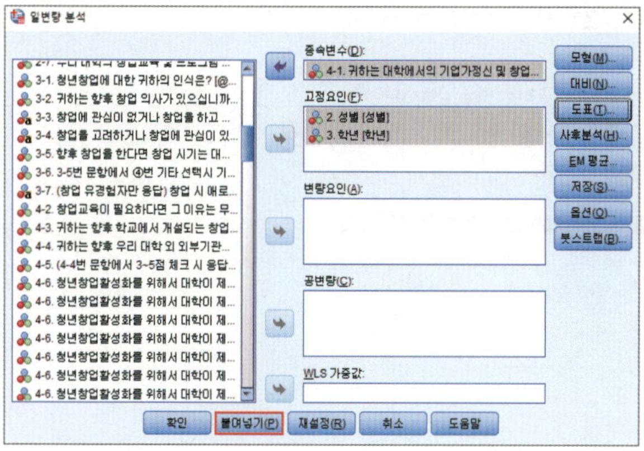

• Check point
: 붙여넣기를 하는 이유?

붙여넣기 버튼을 클릭하면 명령문 창이 뜬다. 명령문 내의 '학년*성별'은 상호작용변수에 대한 내용이다. 윗줄에 있는 성별에 따른 차이나 학년에 따른 차이에 대해서는 대응별 비교가 자동으로 나오게 설정되어 있지만, 이 상호작용 변수 줄에서는 뒤쪽이 비어있는 것을 확인할 수 있다. 상호작용 변수에 대한 유의성 검정은 SPSS프로그램에서 클릭만으로 자동실행되지 않는다.

따라서 명령문에서 상호작용 변수 뒤에 'COMPARE(성별) ADJ(BONFERRONI)'를 입력하여 약간의 수정이 필요하다.

⑧ TABLES(성별*학년)뒤에 COMPARE(성별) ADJ(BONFERRONI)를 입력한다.

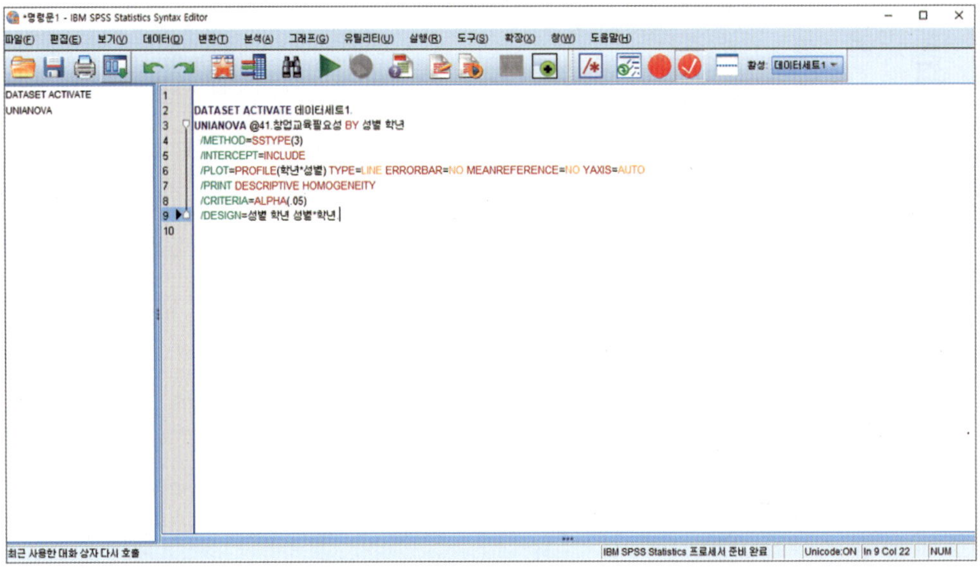

⑨ Ctrl+A를 눌러 전체 선택하고 실행버튼을 클릭한다.

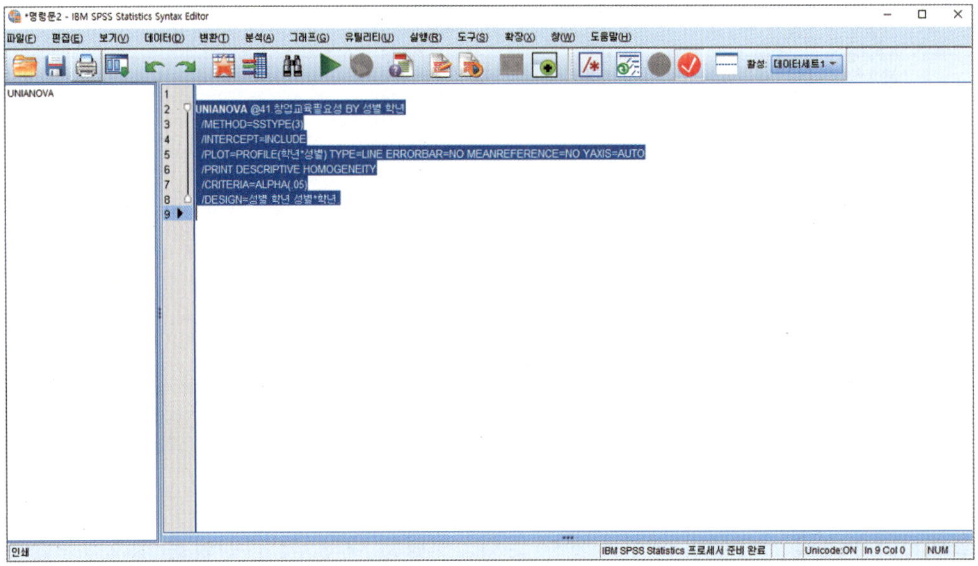

2) 출력결과 해석하기

기술통계량 결과표를 보면 산출된 평균을 확인할 수 있다.

기술통계량

종속변수: 4-1. 귀하는 대학에서의 기업가정신 및 창업교육이 필요하다고 생각하십니까?

2. 성별	3. 학년	평균	표준 편차	N
남성	1.0	3.826	.9500	46
	2.0	4.079	.8817	38
	3.0	3.704	1.1595	54
	4.0	4.049	1.0071	61
	전체	3.910	1.0209	199
여성	1.0	3.908	.7490	152
	2.0	3.820	.7471	89
	3.0	3.745	.7567	106
	4.0	3.984	.7404	125
	전체	3.875	.7510	472
전체	1.0	3.889	.7983	198
	2.0	3.898	.7952	127
	3.0	3.731	.9092	160
	4.0	4.005	.8350	186
	전체	3.885	.8395	671

전반적인 교육 필요성에 대한 성별의 주효과는 .486($p>.05$)으로 나타나지 않았다. 하지만 학년의 p값은 .019로 주효과가 나타났다. 상호작용은 .400($p>.05$)유의하지 않게 나타났다.

개체-간 효과 검정

종속변수: 4-1. 귀하는 대학에서의 기업가정신 및 창업교육이 필요하다고 생각하십니까?

소스	제 Ⅲ 유형 제곱합	자유도	평균제곱	F	유의확률
수정한 모형	8.756[a]	7	1.251	1.790	.087
절편	8189.799	1	8189.799	11717.175	.000
성별	.340	1	.340	.487	.486
학년	7.001	3	2.334	3.339	.019
성별 * 학년	2.061	3	.687	.983	.400
오류	463.408	663	.699		
총계	10601.000	671			
수정 합계	472.164	670			

a. R 제곱 = .019 (수정된 R 제곱 = .008)

• Check point
: 주효과와 상호작용효과는?

주효과는 한 독립변인의 각 수준들 간의 평균 차이를 말하고, 상호작용 효과는 한 독립변인의 효과가 다른 독립변인의 각 수준에서 서로 다르게 나타나는 것을 말한다. 주효과는 일원설계, 이원설계 모두에서 나타나지만, 상호작용효과는 이원설계 이상에서 나타난다.

예 : 두 개의 처치변수, 단맛정도와 탄산화정도가 소비자 태도에 미치는 영향 (2 x 2 factorial design).

〈그림 13.1a〉

단맛→태도 :
탄산화 정도에 따라 상호작용효과 없음.
저단맛 〉 고단맛
고탄산화 〉 저탄산화

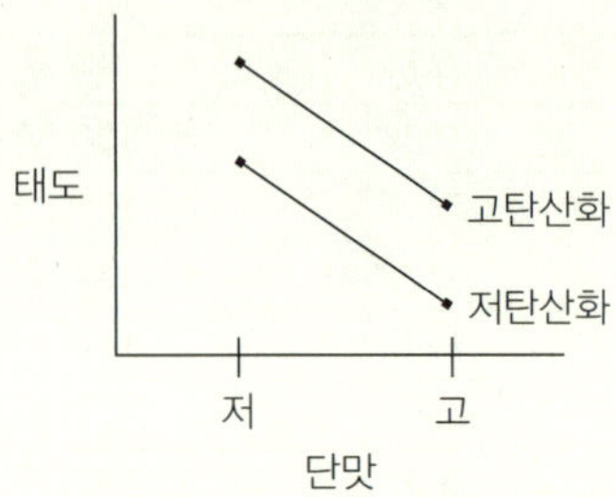

〈그림 13.1b〉

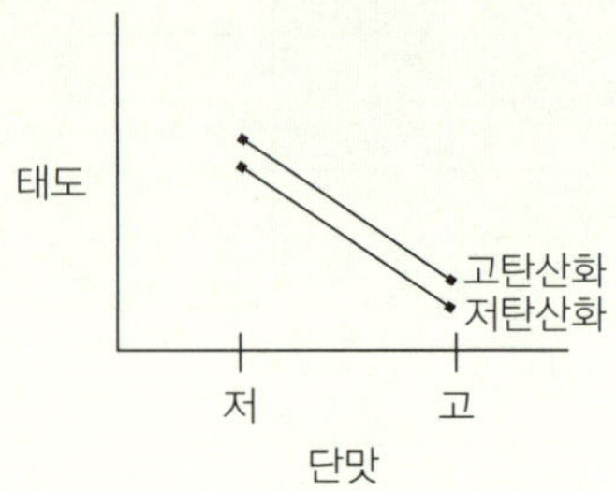

단맛→태도 : 탄산화 정도에 따라 상호작용효과 없음.
저단맛 〉 고단맛
고탄산화 ~ 저탄산화

〈그림 13.1c〉

고탄산화의 경우 :
저단맛 〈 고단맛
저탄산화의 경우 :
저단맛 〉 고단맛일 때 더 호의적이다.
단맛→태도 : 탄산화 정도에 따라 다름. 따라서 상호작용효과 있음.

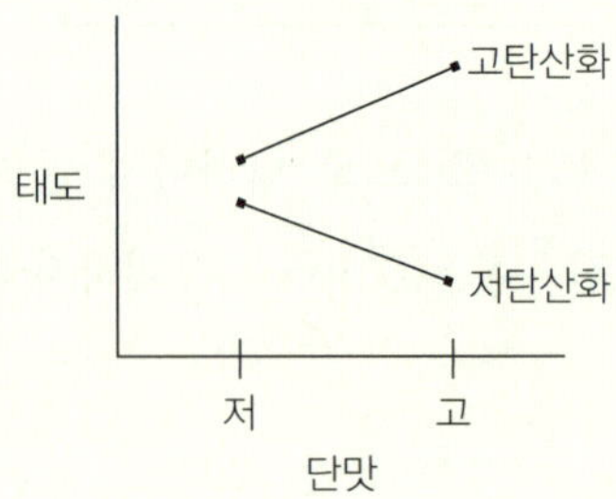

〈그림 13.1d〉

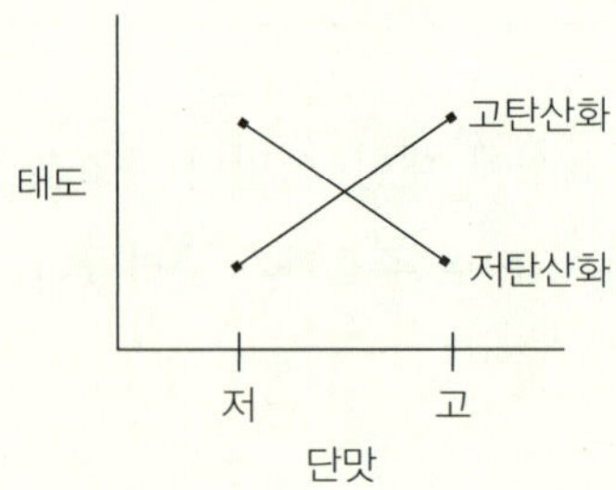

고탄산화의 경우 :
저단맛 〈 고단맛
저탄산화의 경우 :
저단맛 〉 고단맛일 때 더 호의적이다.
단맛→태도 : 탄산화정도에 따라, 상호작용효과가 있으며 C에 비해 더 강함.

학년 간의 주효과가 유의미하게 나타났으므로 학년 간 대응별 비교가 필요하다. 추정 값 결과표의 평균은 기술통계량에서의 평균과 다를 수 있다. 기술통계량 평균에서 성별의 영향력을 고려하지 않고 단순 학년으로 평균을 냈지만, 추정 값에서는 성별의 영향력을 통제하여 조정한 평균을 내기 때문이다.

추정값

종속변수: 창업교육 필요성

3. 학년	평균	표준 오류	95% 신뢰구간	
			하한	상한
1학년	3.867	.070	3.729	4.005
2학년	3.950	.081	3.791	4.109
3학년	3.724	.070	3.587	3.862
4학년	4.017	.065	3.888	4.145

결과표에서 유의 수준을 보면 창업교육의 필요성은 3학년과 4학년이 유의한 차이를 보이는 것으로 나타났다.

기술통계

종속변수: 창업교육 필요성

(I) 3. 학년	(J) 3. 학년	평균 차이(I-J)	표준 오류	유의수준[b]	차분의 95% 신뢰구간[b]	
					하한	상한
1학년	2학년	-.083	.107	1.000	-.366	.201
	3학년	.142	.099	.907	-.120	.405
	4학년	-.150	.096	.717	-.404	.104
2학년	1학년	.083	.107	1.000	-.201	.366
	3학년	.225	.107	.215	-.058	.508
	4학년	-.067	.104	1.000	-.342	.208
3학년	1학년	-.142	.099	.907	-.405	.120
	2학년	-.225	.107	.215	-.508	.058
	4학년	-.292*	.096	.014	-.545	-.039
4학년	1학년	.150	.096	.717	-.104	.404
	2학년	.067	.104	1.000	-.208	.342
	3학년	.292*	.096	.014	.039	.545

주변 평균 추정값 기준

*. .05수준에서 평균 차이가 상당합니다.

b. 다중 비교를 위한 조정 : Bonferroni

PART Ⅲ

10 상관분석

상관분석은 두 변수 간에 상관관계가 존재하는지를 파악하고 상관관계의 정도를 측정하는 것이다. 예를 들어, 우리는 소득이 높은 사람일수록 지출이 높은 경향이 있다는 것을 상식적으로 알고 있다. 즉, 상관계수는 한 변수가 증가할 때 다른 변수가 증가하는지 아니면 감소하는지 혹은 변화가 없는지를 추정하며 변수들 간의 관계의 정도와 방향을 나타낸다.

한 변수가 변하는 정도는 분산(variance)으로 설명하고, 두 변수가 변하는 정도는 공분산으로 추정한다. 공분산 값이 양수이면 정적 관계이고 음수이면 부적 관계를 지닌다. 공분산이 크면 상관의 정도가 크다고 할 수 있으므로 상관은 공분산에 비례한다. 상관계수에는 몇 가지가 있는데, 가장 많이 사용하는 것은 Pearson 상관계수(Pearson product-moment correlation coefficient)이다. 연속형 변수들 간의 상관성을 확인하기 위해 Pearson의 상관관계 분석을 실시할 수 있다.

• Check point
: 상관계수의 종류

- 피어슨 상관계수(Pearson) : 수치적 데이터의 상관계수
  - 두 변수가 키& 몸무게 / 수입&지출 사이의 연관성을 산출하여 분석하는 방법
  - 양의 방향으로 완전동일 1, 전혀 다르면 0, 반대방향으로 완전동일시 -1
- 스피어만 상관계수(Spearman) : 순서적 데이터의 상관계수
  - 순위를 이용해서 상관계수를 결정 및 분석
  - 비선형적인 관계도 나타낼 수 있다.

  예 언어성적 순위 / 수학성적 순위의 연관성을 산출하여 분석하는 방법
- 카이제곱 검정 : 명목적 데이터 상관분석
  - 두 변수가 지역과 종교 등 명목적 데이터일 경우 카이제곱 검정을 통해 분석

■ SPSS 실습: 상관분석

연구문제 : 상관분석

관련자료 : SPSS기초변수 (삶의 만족도,네트워크,자율성)

① 분석에서 [상관분석] 클릭, [이변량 상관]을 클릭한다.

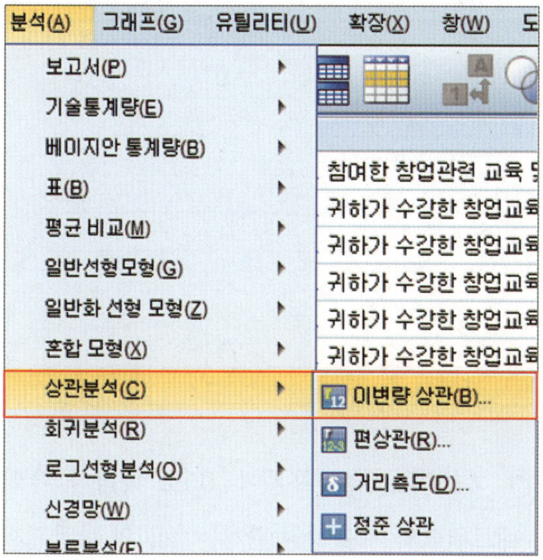

② 상관관계를 확인할 변수를 모두 변수로 옮긴 후 확인을 클릭한다.

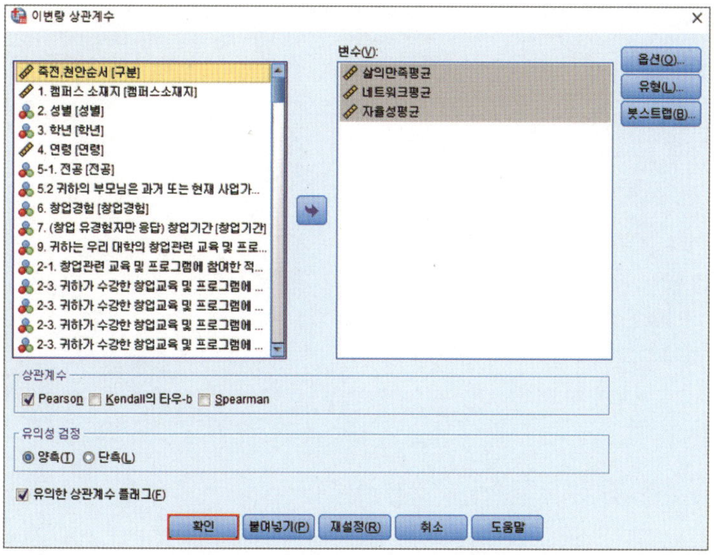

1) 출력결과 해석하기

유의확률이 .05보다 작으면 통계적으로 유의한 상관관계라고 할 수 있다. 또 상관계수가 0보다 크면 정(+)적 상관관계, 0보다 작으면 부(-)적 상관관계가 된다.

상관관계

		삶의만족평균	네트워크평균	자율성평균
삶의만족평균	Pearson 상관계수	1	.448**	.489**
	유의확률(양측)		.000	.000
	N	671	671	671
네트워크평균	Pearson 상관계수	.448**	1	.227**
	유의확률(양측)	.000		.000
	N	671	671	671
자율성평균	Pearson 상관계수	.489**	.227**	1
	유의확률(양측)	.000	.000	
	N	671	671	671

**. 상관이 0.01 수준에서 유의합니다(양측).

삶의 만족과 네트워크의 상관계수가 .448이고 유의확률이 .05로 나타나 유의한 정의 상관관계를 보인다고 할 수 있다. 네트워크와 자율성의 관계는 .227의 상관관계를 가지며 유의확률이 .05로 정(+)적 상관관계를 나타내고 있다. 이와 같은 방식으로 변수끼리 매칭해 상관관계와 유의성을 파악한다.

• Check point
: 정(+), 부(–)의 상관관계와 상관관계 없음의 의미

[a]는 정(+)의 상관관계, [b]는 부(–)의 상관관계를 의미한다. [c]그림의 경우 한 변수의 값의 변화로부터 다른 변수의 값의 변화 방향을 예측할 수 없다. 이 경우 두 변수들 간에는 관계가 전혀 없거나 거의 없다고 할 수 있다. [d]는 x의 증가에 따라 y는 증가하다가 어느 수준부터는 감소함을 나타낸다. 전체적으로 두 변수의 관계는 곡선관계를 갖는다. 곡선관계(curvilinear relationship)의 경우 나타날 수 있는 곡선의 형태는 매우 다양하다. 따라서 두 변수의 관계에서 일반적으로 선형관계에 초점을 두고 두 변수가 (1)선형관계를 갖는지, (2)선형관계를 갖는다면 어느 방향인지, (3)그리고 그 관계는 얼마나 큰지를 분석한다. 두 변수가 서로 선형관계를 가질 때 선형 상관관계가 있다고 하며, 줄여서 '상관관계가 있다'라고 한다. 상관관계의 크기를 나타내는 값은 상관계수(correlation coefficient)이며, 상관계수는 -1부터 +1 사이의 값을 갖는 값는다. 정(+)혹은 부(–)의 방향으로 클수록 +1 혹은 -1에 가깝게 나타난다. 두 변수 간에 상관관계가 전혀 없으면 상관계수는 0이다.

[두 변수의 관계]

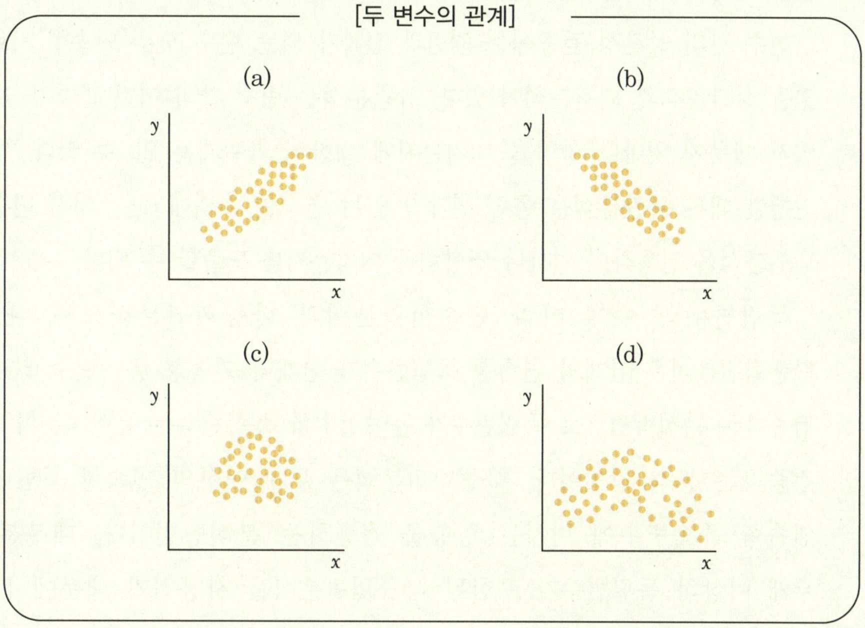

PART Ⅲ

11 회귀분석

1) 주요 개념

회귀분석이란 독립변수가 종속변수에 미치는 영향을 검증하는 통계기법이다. 즉, 독립변수가 변화함에 따라 종속변수가 어떻게 변화하는가를 규명하고, 변수 간의 인과관계에 따른 영향력을 확인하며, 미래에 같은 상황이 발생했을 때 예측하고 대응할 수 있게 해주는 분석방법이다. 따라서 회귀분석은 머신러닝, 네트워크 분석 등 고급분석의 기초적인 알고리즘으로 중요하게 활용되며, 양적 논문 분석에 항상 빠지지 않고 핵심적으로 사용되고 있다.

변수 간의 상관성 검증에는 원인과 결과가 되는 변수 모두 연속형 자료를 사용하고 있는 상관분석과 회귀분석이 있다. 상관분석은 변수 간의 어떤 관계가 있는지만 알 수 있기 때문에 얼마나 영향을 미치는지에 대한 인과관계는 알 수 없다. 따라서 분석을 진행할 때는 상관분석을 통해 관계가 있는 변수를 추려내고, 추려진 변수를 중심으로 회귀분석을 진행하여 얼마나 영향력을 미치는지를 도출할 수 있다.

독립변수의 수에 따라 단순회귀분석과 다중회귀분석으로 나눌 수 있다. 단순회귀분석은 한개의 연속형 독립변수가 한개의 연속형 종속변수에 미치는 영향을 검증하는 분석방법으로 독립변수가 높아질수록 종속변수는 높아지는지, 낮아지는지를 검증하는 분석 방법이다. 다중회귀분석은 두개 이상의 연속형 독립변수가 한개의 연속형 종속변수에 미치는 영향을 검증하는 분석방법이다. 대부분의 연구에서 두개 이상의 독립변수가 포함된 다중회귀분석을 사용하기 때문에 본 교재에서는 다중회귀분석방법만 제시하기로 한다.

2) 연구가설에 따른 분석 적용

회귀분석은 연속형 독립변수가 연속형 종속변수에 미치는 영향을 검증하는 분석방법이다. 만약 독립변수가 높아질수록 종속변수가 높아진다면 독립변수는 종속변수에 정(+)의 영향을 미친다고 할 수 있다. 반대로 독립변수가 높아질수록 종속변수가 낮아진다면 독립변수는 종속변수에 부(-)의 영향을 미친다고 할 수 있다.

예시 ─ 회귀분석의 예시

- 기업의 매출액이 직원 연봉에 미치는 영향
- IQ가 성적에 미치는 영향
- 연봉이 지출에 미치는 영향
- 기업가정신이 창업의지에 미치는 영향

■ SPSS 실습: 회귀분석

연구문제 : 조직문화유형(혁신지향문화, 위계지향문화, 과업지향문화)은 직무만족도에 유의한 영향을 미칠 것이다.

관련자료 : SPSS 회귀분석

① 분석에서 [회귀분석]을 클릭, [선형]을 클릭한다.

② 독립변수에 '혁신지향문화', '위계지향문화', '과업지향문화'를 옮기고, 종속변수에 '직무만족도'를 옮긴 후 [통계량]을 클릭한다.

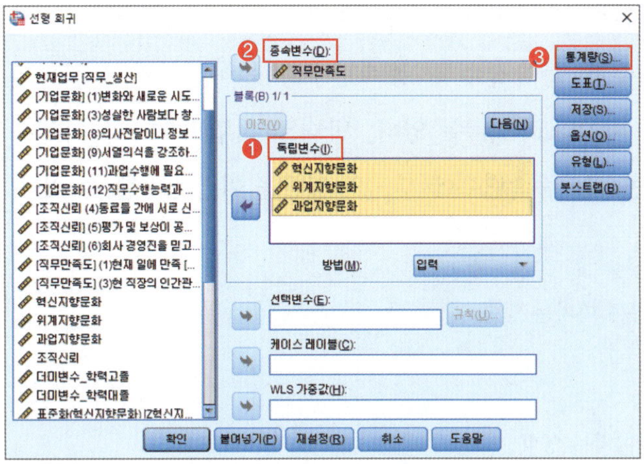

③ 선형 회귀에서 '공선성 진단' 체크, 'Durbin-Watson' 체크 후 확인을 클릭한다.

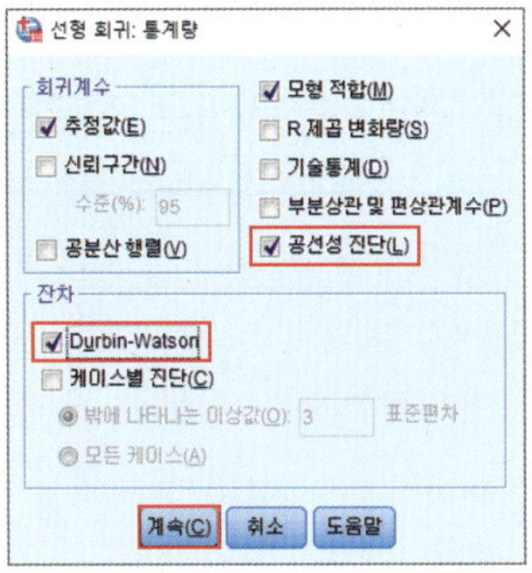

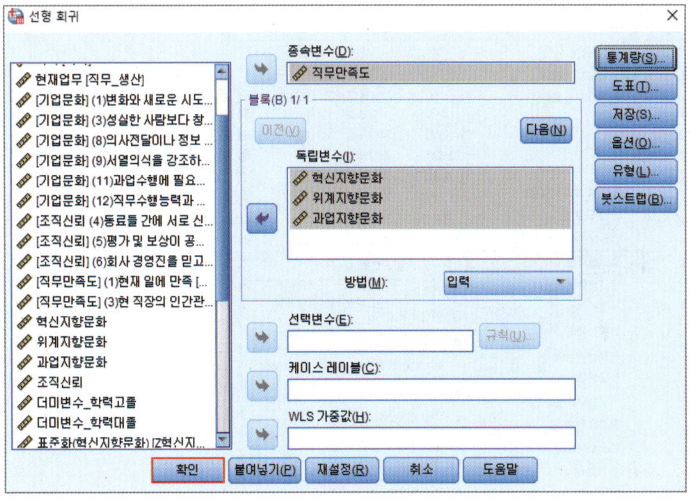

· Check point
: 잔차의 독립성이란?

잔차는 관측값에서 예측값을 뺀 수치이며, 회귀분석에서의 오차 개념이다. 독립성이란 쉽게 말하면 규칙이 없는 것을 의미한다. 즉 잔차의 독립성이란, 회귀분석에서 나타나는 오차가 규칙 없이 랜덤하게 나타난다는 의미이다. 오차에 플러스 값이 나왔다가 마이너스 값이 나오고, 커졌다가 작아졌다 해야 잔차에 독립성이 있다고 할 수 있다. 이 같은 잔차의 독립성 여부를 판단하기 위해 확인하는 수치가 바로 Durbin-Watson 통계량이다.

3) 결과 해석하기

단순회귀분석과 마찬가지로 다중회귀분석에서도 회귀모형의 적합도 및 설명력을 확인해야 한다. 적합도는 F값이 44.594, p값이 .000으로 나타나 회귀모형이 적합하다고 할 수 있다. R^2은 .227이며 수정된 R^2은 .222로 나타났다. 즉 22.2%의 설명력을 보이는 것을 알 수 있다. 단순회귀분석에서는 모형의 설명력을 보기 위해 값을 보는 편이고 다중회귀분석에서는 모형이 현상을 얼마나 설명하는지를 판단하기 위해 수정된 값을 확인한다.

모형 요약[b]

모형	R	R 제곱	수정된 R 제곱	추정값의 표준오차	Durbin-Watson
1	.477[a]	.227	.222	.56497	1.873

a. 예측자: (상수), 과업지향문화, 위계지향문화, 혁신지향문화
b. 종속변수: 직무만족도

ANOVA[a]

모형		제곱합	자유도	평균제곱	F	유의확률
1	회귀	42.703	3	14.234	44.594	.000[b]
	잔차	145.233	455	.319		
	전체	187.936	458			

a. 종속변수: 직무만족도
b. 예측자: (상수), 과업지향문화, 위계지향문화, 혁신지향문화

• Check point
: 표준화계수와 비표준화계수의 차이

비표준화계수	표준화계수
• 단위가 통일되지 않음 • 절대적인 영향력의 크기 • 변수끼리 영향력 크기를 비교할 수 없음 • 회귀식에 사용되는 계수 (독립변수 1점 증가 시 종속변수 증가량)	• 단위가 통일됨 • 상대적인 영향력의 크기 • 변수끼리 영향력 차이를 비교할 수 있음

VIF는 다중공선성으로 10 미만이면 다중공선성에 문제가 없다고 판단한다. 계수를 통해 결과값을 확인해보면 혁신지향문화와 과업지향문화는 유의확률이 0.00으로 나타났으며, 0보다 높은 양의 값을 보이고 있어 혁신지향문화와 과업지향문화는 직무만족도에 정(+)의 영향을 미침을 확인할 수 있다. 반면 위계지향문화는 0.05 이상으로 나타나 직무만족도에 영향을 미치지 못하는 것으로 확인하였다.

• Check point
: 다중공선성

다중공선성이란 입력변수들 간의 상관관계가 존재하여 회귀 계수의 분산을 크게 하기 때문에, 회귀 분석 시 추정 회귀 계수를 믿을 수 없게 되는 문제가 발생되는 것을 말한다. 다중 회귀 모형에서 회귀 계수란 독립 변수의 변화에 따른 종속 변수의 변화량을 나타내기 때문에, 설명 변수들 사이에 유의한 상관관계가 존재하는 경우 한 설명변수를 다른 설명변수와의 함수 관계로 표시할 수 있다. 이러한 경우 회귀 계수의 분산이 증가하며, 회귀 계수 추정치가 불안하고 해석하기 어려워진다.
이러한 다중공선성을 측정하기 위해서는 변수의 상관구조를 조사할 수 있는데, 분산 팽창 인수(Variance Inflation Factor), 공차 한계(Tolerance), 상태지수를 조사하는 방법 등이 있다. 또한 다중공선성 문제를 해결하기 위해서는 문제를 일으키는 설명변수를 제거하거나 주성분 분석(PCA) 혹은 능형회귀분석(Ridge Regression)과 같은 다른 추정 방법을 이용할 수 있다.

계수[a]

모형		비표준화 계수 B	비표준화 계수 표준화 오류	표준화 계수 베타	t	유의확률	공선성 통계량 공차	공선성 통계량 VIF
1	(상수)	2.008	.174		11.523	.000		
	혁신지향문화	.209	.045	.240	4.654	.000	.639	1.565
	위계지향문화	−.016	.042	−.016	−.370	.712	.903	1.107
	과업지향문화	.286	.051	.297	5.551	.000	.594	1.683

a. 종속변수: 직무만족도

계수에는 '비표준화 계수'와 '표준화 계수' 두 가지가 있다. 비표준화 계수는 독립변수가 1만큼 증가할 때 종속변수가 얼마만큼 높아지는지, 또는 감소하는지를 의미한다. 현재 혁신지향문화와 과업지향문화는 모두 5점 척도로 측정이 되어 비표준화 계수와 표준화 계수의 차이는 크지 않는 것으로 나타난다. 만약 혁신지향문화의 척도가 5점 척도이고 과업지향문화의 척도가 9점 척도로 측정하였다면 혁신지향문화에서의 3점과 과업지향문화의 3점이 다른 기준으로 측정되기에 비표준화 계수로는 독립변수들의 종속변수에 대한 영향력 크기를 비교하기 어려워진다. 반면 표준화 계수는 점수의 퍼진 정도를 고려하여 산출한 계수로 상대적인 영향력을 비교하기에 용이하다.

표준화계수의 크기에 따라 종속변수인 직무만족도에 과업지향문화(β=.297), 혁신지향문화(β=.240)의 순으로 영향을 미치고 있음을 알 수 있다.

• Check point
: 연구모형에서 독립변수와 종속변수의 적절한 갯수는?

독립변수는 여러 개로 설정해도 문제가 없다. 만약 4개 이상이면 공통 변수를 카테고리화 하는 것이 좋다. 예를 들어 독립변수를 운동 시간, 운동 횟수, 운동 주기, 자기효능감, 우울이라고 했을 때 독립변수로서 정리가 안되어 보일 수 있다. 따라서 운동특성(운동 시간, 운동 횟수, 운동 주기), 심리 특성(자기효능감, 우울)과 같이 2개의 카테고리로 묶을 수 있다.

또한, 독립변수가 많으면 연구의 초점을 흐리지 않는 선에서 독립변수 간 공통성이 있어야 한다. 이를 테면 '운동특성이 자기효능감에 미치는 영향'으로 설정했을 때 독립변수에 여행횟수를 넣을 수 없듯이 독립변수 간에 공통성이 있어야 한다.

종속변수는 1개인 것이 좋다. 종속변수의 경우 자신의 연구에서 강조하고자 하는 변수가 되며, 2개 이상이면 초점을 흐릴 수도 있기에 1개인 것이 좋다. 만약 2개 이상이라면 독립변수와 마찬가지로 변수들 간에 공통성이 있어야 한다.

PART Ⅲ

12 더미변환

1) 주요 개념

더미변환은 회귀분석에서 범주형 변수를 통제할 때 활용하는 변수 변환 방법이다. 회귀분석에서는 명목 또는 서열 척도의 독립변수를 사용할 수 없기 때문에 범주형 자료를 회귀분석에서 사용할 수 있는 형태로 변환시켜주는 작업을 말한다.

만약 변환하고자 하는 변수가 성별이라면, 남성과 여성 두 가지로 구성되어 있는 변수를 1개의 변수로 전환한다. 남성의 경우 1, 아닌 경우를 0으로 설정하여 회귀분석에 사용할 수 있다.

성별처럼 두 개의 더미로 구분할 수 있는 경우도 있지만 더미가 세 개 이상인 경우도 있다. 계절은 봄, 여름, 가을, 겨울로 4개(N)로 나눌 경우 계절변수를 계절더미로 변환하여 회귀분석에 사용해야 하며 더미변환된 변수는 3개(N-1)가 필요하다. **3개 이상의 값을 더미변수로 생성하기 위해서는 SPSS프로그램에 있는 [더미변수 작성]이라는 변환방법을 사용해도 된다.**

- SPSS 실습: 더미 변환 진행하기

연구문제 : 범주형 자료를 회귀분석에서 사용할 수 있는 형태로 변환한다.
관련자료 : SPSS 회귀분석

① 변환에서 [다른 변수로 코딩변경]을 클릭한다.

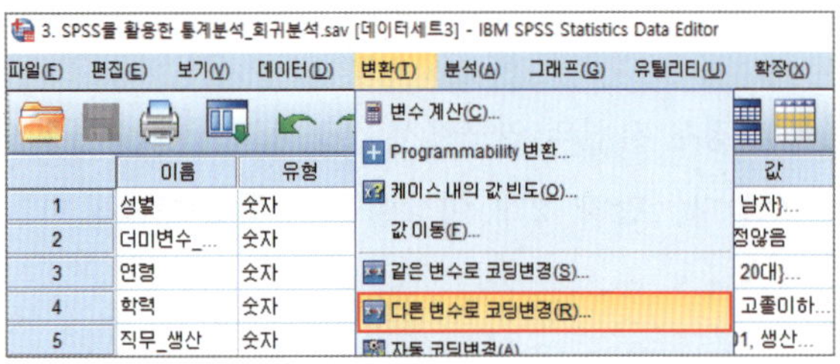

② 변환하고자 하는 변수를 넣고, 출력변수의 이름에 변수 이름을 입력한다. 이때 더미변수는 '더미'라고 표시를 해주어야 헷갈리지 않는다. [바꾸기]를 누른 후 [기존값 및 새로운 값]을 클릭한다.

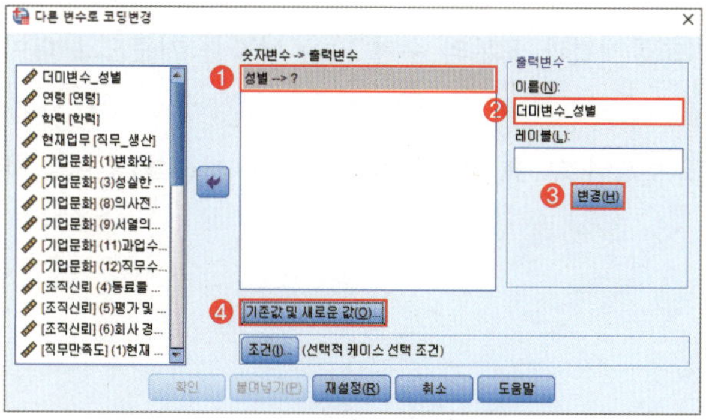

③ 기존 데이터에는 남자는 1, 여자는 2로 입력되어 있다. 그리고 더미변수는 0 또는 1의 값을 가진다. 성별을 더미변수로 변환하고자 남자에 해당되면 1, 아니면 0으로 만들어야 한다. 기존값에 1을 입력하고 새로운 값에 1을 입력한 후 추가를 클릭한다.

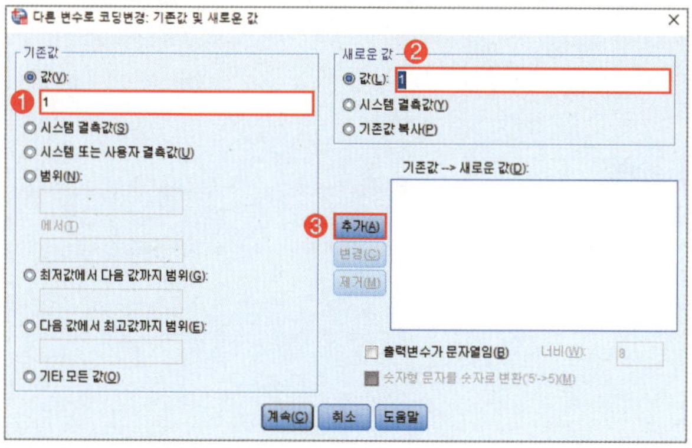

④ '기타 모든 값'을 체크하고 새로운 값에는 0을 입력한 후 추가를 누른다.

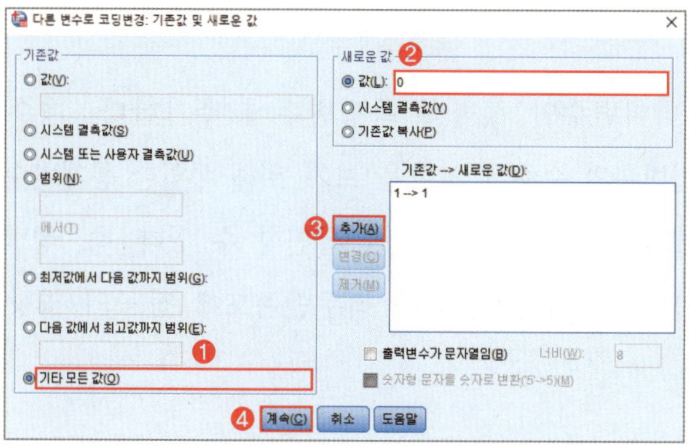

**• Check point
: 더미 변수의 기준 잡기**

더미를 변환할 때 꼭 남자를 기준으로 할 필요는 없으며 여자를 기준으로 더미를 변환하여도 크게 상관이 없다. 본 연구는 연구대상을 제조업으로 설정하여 기초통계결과 표본의 수가 많은 남자를 기준으로 더미를 변환하였다.

즉, 더미변수의 기준은 우선 빈도분석 및 기술통계를 분석한 후 표집단의 분포가 높은 것을 기준으로 하는 것이 변수의 영향력을 쉽게 알아볼 수 있다.

⑤ 확인을 눌러주면 성별 더미가 맨 밑에 생성된 것을 볼 수 있다.

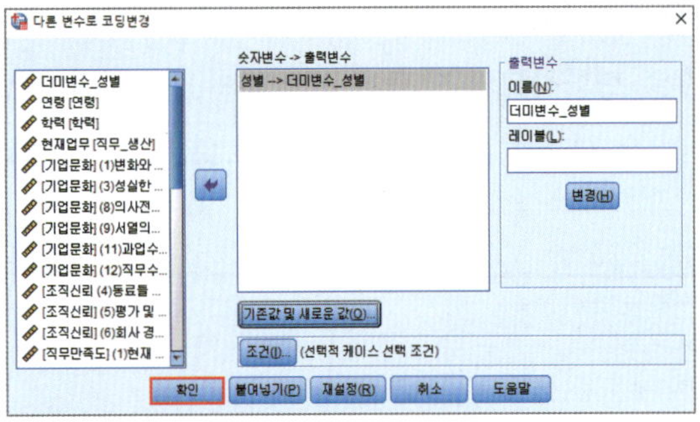

26	Z조직신뢰	숫자	11
27	혁신지향문화X조직신뢰	숫자	10
28	위계지향문화X조직신뢰	숫자	10
29	과업지향문화X조직신뢰	숫자	10
30	혁신지향대소	숫자	10
31	조직신뢰대소	숫자	10
32	더미변수_성별	숫자	10

2) 결과 해석하기

기존의 회귀분석에 추가로 더미변수인 성별을 독립변수에 추가한다. 계수를 살펴보면 더미변수인 성별은 독립변수의 순수한 영향을 보기 위해 투입한 통제변수로 성별을 통제하지 않았을 때와 결과가 다르지 않은 것을 확인할 수 있다. 즉, 성별의 영향력을 통제해도 혁신지향문화와 과업지향문화가 직무만족도에 정(+)의 영향을 미치는 것을 확인할 수 있다.

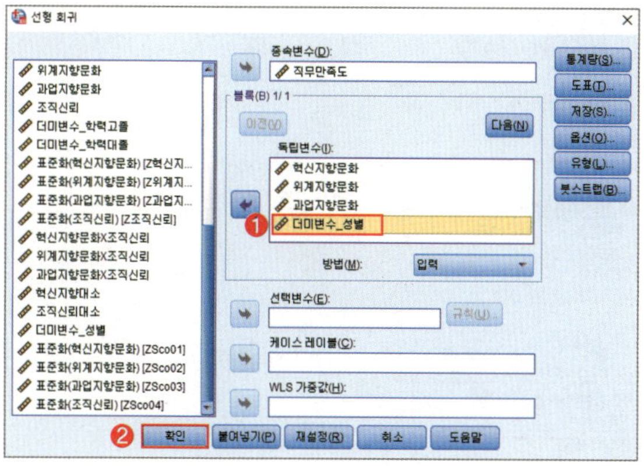

계수[a]

모형		비표준화 계수 B	비표준화 계수 표준화 오류	표준화 계수 베타	t	유의확률	공선성 통계량 공차	공선성 통계량 VIF
1	(상수)	1.761	.192		9.177	.000		
	혁신지향문화	.217	.045	.248	4.847	.000	.637	1.569
	위계지향문화	-.013	.042	-.013	-.305	.761	.903	1.107
	과업지향문화	.275	.051	.285	5.370	.000	.591	1.692
	더미변수_성별	.277	.093	.122	2.976	.003	.995	1.005

a. 종속변수: 직무만족도

• Check point
: 더미변수를 SPSS를 통해 자동으로 생성하는 방법

성별 변수는 0과 1로 일반적으로 나누어지기 때문에 더미변수를 생성하는데 크게 어렵지 않다. 그러나 명목변수의 값이 3개 이상일 경우에는 복잡해질 수 있기 때문에 SPSS프로그램에 있는 [더미변수 작성]이라는 변환방법을 사용하면 편리하다. 봄, 여름, 가을, 겨울로 나눌 수 있는 계절변수(N)를 회귀분석에 사용하기 위해서는 더미변수가 3개(N-1)이 필요하기 때문에 다음과 같은 순서로 진행하면 된다.

① 변수값 레이블에서 각 변수값의 레이블을 입력한다.

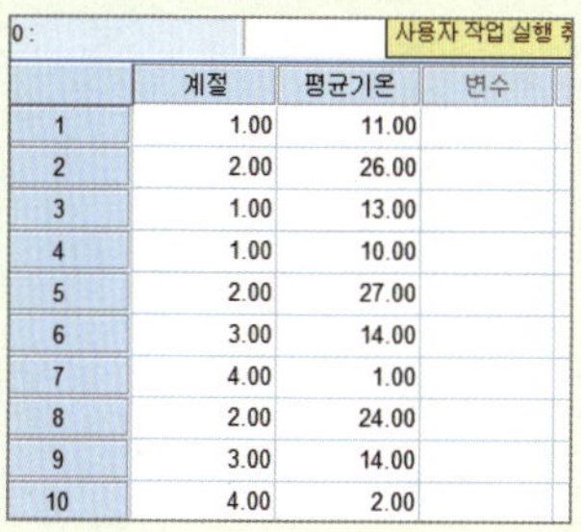

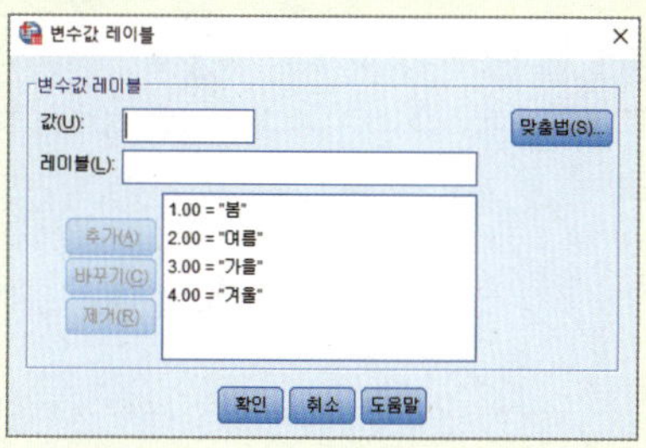

② 변환(T)에서 [더미변수 작성]을 진행한다.

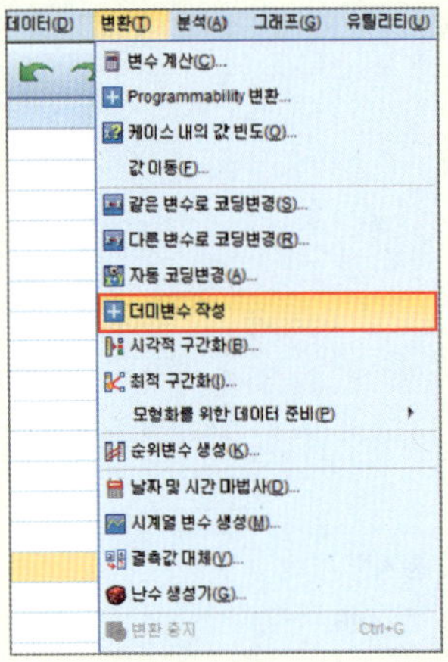

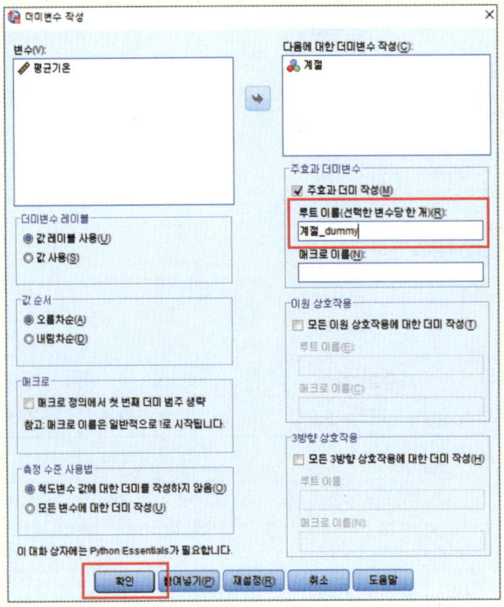

③ 새로 생성된 계절 더미변수 4개를 확인할 수 있다. 봄을 기준변수로 한다면, 새로 생성된 3개 변수는 다음과 같이 계절더미로 사용할 수 있다. * 회귀분석 진행시 기준변수를 삭제하고 진행하면 된다.

- 계절_dummy_2 → 여름
- 계절_dummy_3 → 가을
- 계절_dummy_4 → 겨울

y_3 | .0

계절	평균기온	계절_dummy_1	계절_dummy_2	계절_dummy_3	계절_dummy_4
1.00	11.00	1.00	.00	.00	.00
2.00	26.00	.00	1.00	.00	.00
1.00	13.00	1.00	.00	.00	.00
1.00	10.00	1.00	.00	.00	.00
2.00	27.00	.00	1.00	.00	.00
3.00	14.00	.00	.00	1.00	.00
4.00	1.00	.00	.00	.00	1.00
2.00	24.00	.00	1.00	.00	.00
3.00	14.00	.00	.00	1.00	.00
4.00	2.00	.00	.00	.00	1.00

기준변수

삭제 !

PART Ⅲ

13 위계적 회귀분석

위계적 회귀분석은 앞서 배운 회귀분석을 단계적으로 진행하는 것으로, 각 단계별로 추가변수를 투입하는 형태로 진행된다. 처음에는 적은 숫자의 독립변수를 투입하고, 다음 단계에서 추가로 독립변수를 투입하며, 또 다음 단계에서 더 많은 독립변수를 투입하는 형태로 진행되는 회귀분석 방법이다. 단계별로 변수를 추가하면서 회귀분석을 진행하는 이유는 단계별로 설명력이 어떻게 변화하는지를 확인하고자 할 때 사용된다. 따라서 위계적 회귀분석은 주로 매개효과와 조절효과를 검증할 때 많이 활용된다.

위계적 회귀분석은 다중회귀분석과 마찬가지로 여러개의 독립변수를 투입한다는 점에서는 같지만 이 둘을 가장 큰 차이점은 변수의 통제이다. 다중회귀분석의 경우 여러 개의 독립변수가 종속변수에 미치는 영향력을 한꺼번에 분석을 하게 되지만, 위계적 회귀분석의 경우 독립변수를 단계별로 통제하면서 연구자가 관심을 갖는 독립변수의 고유한 영향력을 파악하기 위해 사용하는 분석방법이다.

■ SPSS 실습: 위계적 회귀분석

연구문제 : 단계별로 추가되는 변수에 따라 직무만족도에 미치는 영향이 변화될 것이다.

관련자료 : SPSS 회귀분석

1단계 투입 변수(성별, 연령)

2단계 투입 변수(혁신지향문화, 위계지향문화, 과업지향문화)

① 분석에서 [회귀분석] 클릭, [선형]을 클릭한다.

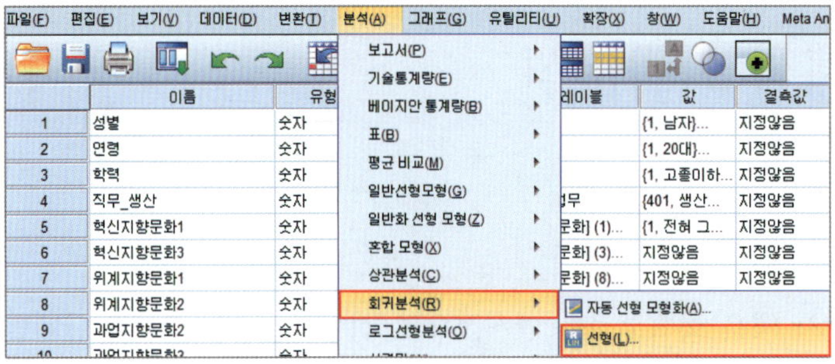

② 1단계 분석을 위해 독립변수로는 일반통제변수인 '성별'과 '연령'을 넣고 종속변수에는 '직무만족도'를 넣은 후 다음을 누른다.

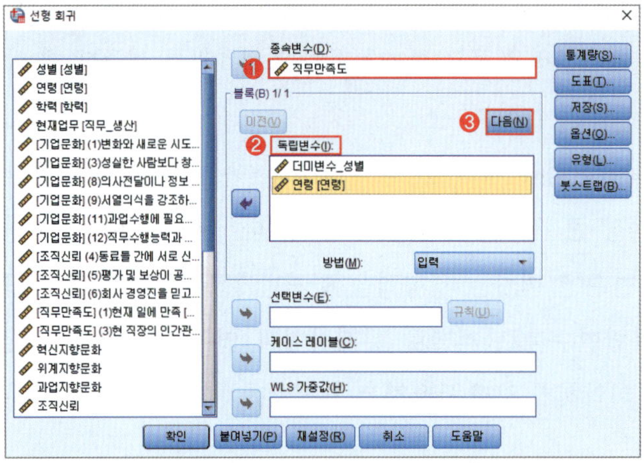

③ 블록대상이 2번으로 옮겨진 것을 볼 수 있으며 이는 2단계 분석을 의미한다. 독립변수에 조직문화유형의 변수를 넣고 [통계량]을 클릭한다.

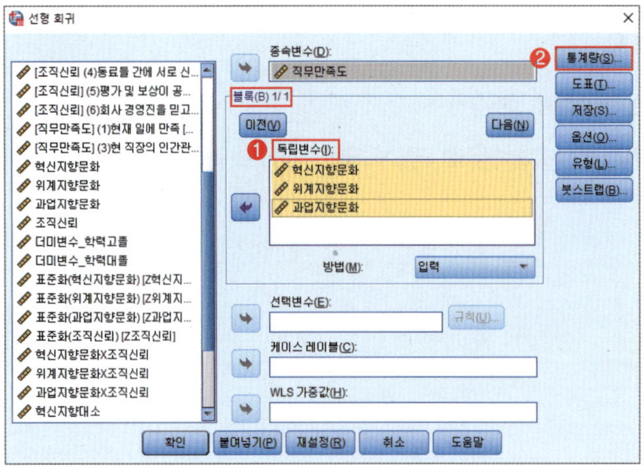

④ 선형 회귀에서 '의 변화량', '공선성 진단' 체크, 'Durbin-Watson' 체크 후 확인을 누른다.

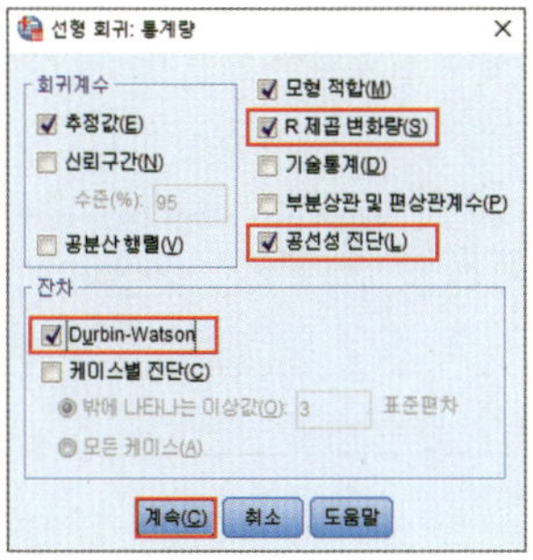

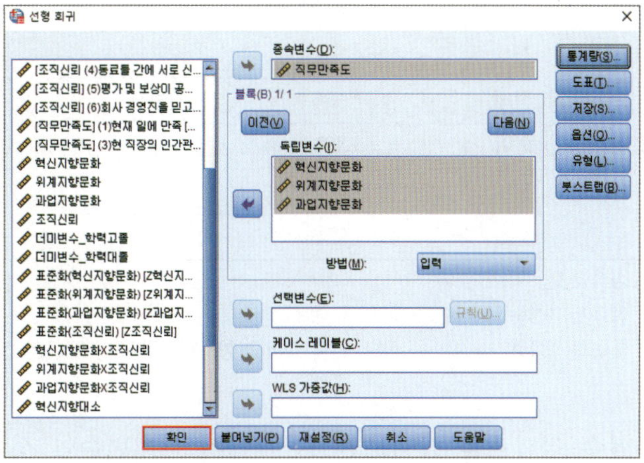

1) 결과 해석하기

1단계 모형의 F값은 4.243, 2단계 모형의 F값은 28.933, 모두 p 값이 .05 미만으로 확인할 수 있다. 즉, 회귀모형이 적합하게 나타났다고 할 수 있다. R^2을 보면 1단계 모형에서는 설명력이 약 1.8%, 2단계에서는 약 24.2%인 것을 확인할 수 있으며 수정된 은 1단계 모형에서 약 1.4%, 2단계 모형에서 약 23.4%임을 확인할 수 있다. R^2변화량은 1단계 모형에 비해 2단계에서 약 22.4% 증가할 것을 확인할 수 있다.

모형 요약[c]

					통계량 변화량					
모형	R	R 제곱	수정된 R 제곱	추정값의 표준오차	R 제곱 변화량	F 변화량	자유도1	자유도2	유의확률 F 변화량	Durbin-Watson
1	.135[a]	.018	.014	.63609	.018	4.243	2	456	.015	
2	.492[b]	.242	.234	.56076	.224	44.582	3	453	.000	1.874

a. 예측자: (상수), 더미변수_성별, 연령

b. 예측자: (상수), 더미변수_성별, 연령, 과업지향문화, 위계지향문화, 혁신지향문화

c. 종속변수: 직무만족도

ANOVA[a]

모형		제곱합	자유도	평균제곱	F	유의확률
1	회귀	3.433	2	1.717	4.243	.015[b]
	잔차	184.502	456	.405		
	전체	187.936	458			
2	회귀	45.489	5	9.098	28.933	.000[c]
	잔차	142.446	453	.314		
	전체	187.936	458			

a. 종속변수: 직무만족도

b. 예측자: (상수), 더미변수_성별, 연령

c. 예측자: (상수), 더미변수_성별, 연령, 과업지향문화, 위계지향문화, 혁신지향문화

계수 결과표를 살펴보면 1단계에서 더미변수인 성별은 유의하게 나타났다. 즉 여자보다 남자가 직무만족에 높은 영향을 미치는 것을 확인할 수 있다. 2단계에서 독립변수를 추가로 투입한 결과를 살펴보면 혁신지향문화와 과업지향문화가 정(+)적으로 유의하게 나타났음을 확인할 수 있다. 독립변수가 여러개인 다중회귀분석이므로 독립변수간의 유사성을 판단하는 다중공선성을 확인해야한다. **공선성 통계량에서 VIF(분산팽창지수)값을 확인하며 10미만이면 다중공선성에 문제가 없다고 보지만 5를 초과하면 다중공선성을 의심해볼 수 있다. 다중공선성에 문제가 있는 변수는 제거해야한다.** 결과값을 보면 VIF값이 모두 1점대로 문제없음을 확인할 수 있다.

계수[a]

모형		비표준화 계수		표준화 계수	t	유의확률	공선성 통계량	
		B	표준화 오류	베타			공차	VIF
1	(상수)	3.230	.171		18.885	.000		
	연령	.003	.004	.033	.690	.491	.952	1.050
	더미변수_성별	.282	.108	.124	2.611	.009	.952	1.050
2	(상수)	1.742	.221		7.871	.000		
	연령	.001	.003	.007	.164	.870	.943	1.060
	더미변수_성별	.273	.095	.120	2.861	.004	.945	1.058
	혁신지향문화	.216	.045	.247	4.813	.000	.633	1.579
	위계지향문화	-.013	.042	-.013	-.313	.754	.900	1.111
	과업지향문화	.275	.051	.286	5.367	.000	.590	1.695

a. 종속변수: 직무만족도

위 결과표에 따라 혁신지향문화 및 과업지향문화가 강해질수록 직무만족도도 높아진다고 판단할 수 있으며, 표준화 계수의 크기를 비교하면 과업지향문화(β=.286), 혁신지향문화(β=.247) 순으로 직무만족도에 큰 영향을 미치는 것을 알 수 있다.

PART Ⅲ

14 로지스틱 회귀분석

1) 주요 개념

로지스틱 회귀분석은 연속형 독립변수가 범주형 종속변수에 미치는 영향을 검증할 때 사용된다. 즉, 로지스틱 회귀분석은 선형 회귀분석과 달리 종속변수가 범주형인 경우에만 사용되는 분석방법이다. 수치형 결과를 얻을 수 있으며, 시험성적이나 점수, 경제성장률 등을 예측하고 싶을 때는 선형 회귀분석을 사용한다. 반면 예측하고자 하는 것이 수치화하기 힘든 변수인 경우, 즉 공무원 시험에 합격할 것인지에 대한 여부, 교통사고가 일어날 것인지의 여부 등의 경우에는 로지스틱 회귀분석을 사용한다. 따라서 로지스틱 회귀분석의 종속변수는 합격/불합격, 성공/실패, 진실/거짓 등과 같이 이분법적인 결과를 도출하기 쉽도록 구성하고 수능점수와 내신등급이 대학 합격가능성에 미치는 영향, 화장품 선호도와 가격이 구매여부에 미치는 영향 등의 가설을 세울 수 있다.

본문에서는 사내 공식훈련과 인재우대 정책이 직무관련 자격증취득여부에 미치는 영향에 대해 가설을 세우고 실습을 진행하겠다.

■SPSS 실습: 로지스틱 회귀분석

연구문제 : 사내 공식훈련과 인재우대 정책은 직무관련 자격증취득여부에 유의한 영향을 미칠 것이다.

관련자료 : SPSS 로지스틱

① 분석에서 [회귀분석] 클릭, [이분형 로지스틱]을 클릭한다.

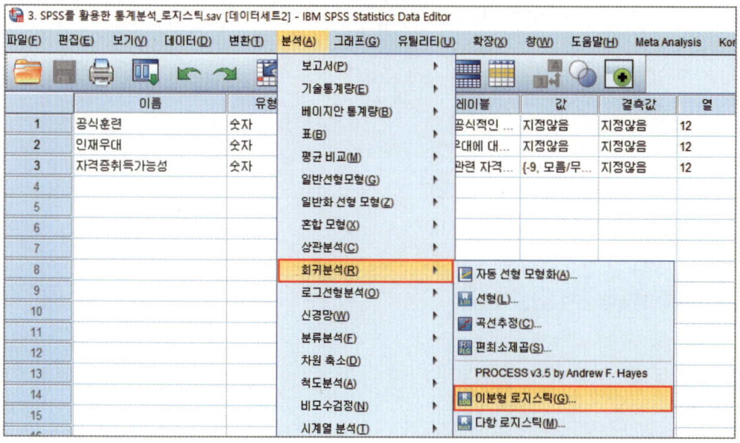

② 종속변수에 ‘직무관련 자격증 취득여부’를 옮기고, 공변량에 ‘사내공식훈련’과 ‘사내인재우대정책’을 옮긴 뒤 [옵션]을 클릭한다.

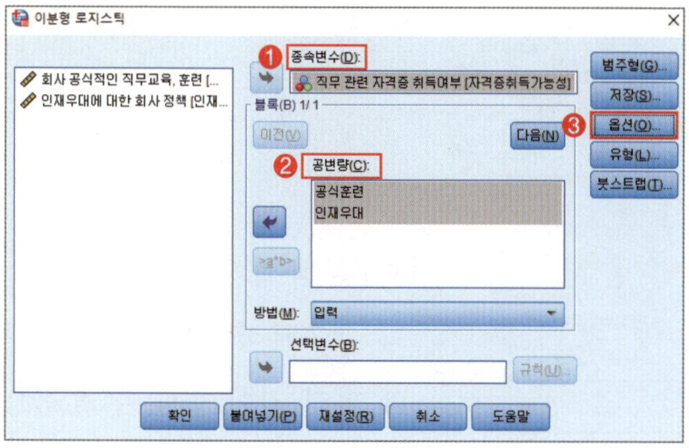

③ ‘Hosmer-Lemeshow 적합도’에 체크하고 ‘exp(B)에 대한 신뢰구간’에 체크 후 확인을 클릭한다.

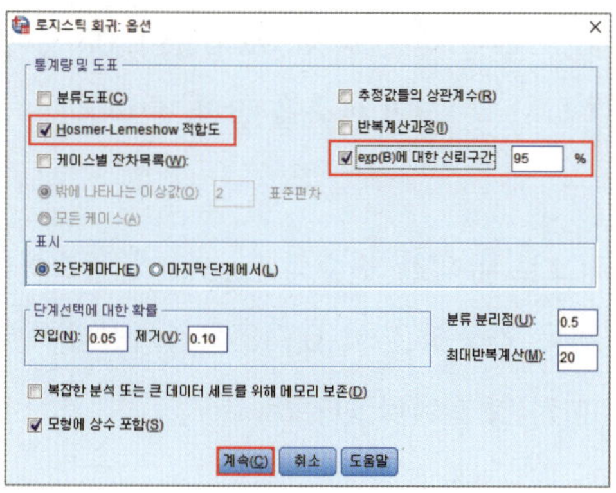

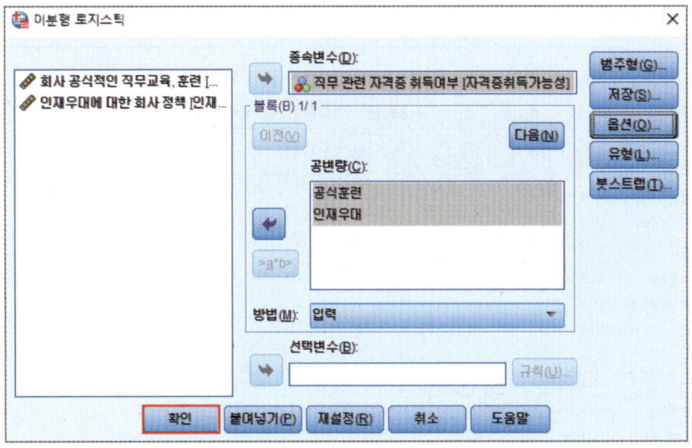

2) 결과 해석하기

모형 계수의 총괄 검정

		카이제곱	자유도	유의확률
1단계	단계	38.151	2	.000
	블록	38.151	2	.000
	모형	38.151	2	.000

모형 요약

단계	-2 로그 우도	Cox와 Snell의 R- 제곱	Nagelkerke R- 제곱
1	7415.969[a]	.005	.008

a. 모수 추정값이 .001보다 작게 변경되어 계산반복수 5에서 추정을 종료하였습니다.

← 회귀분석에 해당한다. 로지 스틱 회귀분석에서는 종속변수에 따라 값이 변할 수 있음으로 중요하지 않다.

= Hosmer와 Lemeshow 검정 =

단계	카이제곱	자유도	유의확률
1	6.555	8	.585

a. 모수 추정값이 .001보다 작게 변경되어 계산반복수 5에서 추정을 종료하였습니다.

← 모형이 예측을 잘하는지 판단하는 검정으로 p값이 .05 보다 크면 예측을 잘한 것이다.

방정식에 포함된 변수를 살펴보면 통계적으로 유의한 변수의 Exp(B)가 중요하다. 즉, 공식훈련이 한 단계 증가하면 자격증 취득 가능성은 약 0.748배 증가한다. 반면 인재우대정책의 p값의 .05를 초과하여 유의하지 않게 나타났다.

방정식의 변수

		B	S.E.	Wald	자유도	유의확률	Exp(B)	EXP(B)에 대한 95% 신뢰구간	
								하한	상한
1단계[a]	회사 공식적인 직무교육, 훈련	-.291	.050	33.184	1	.000	.748	.677	.826
	인재우대에 대한 회사 정책	.082	.045	3.245	1	.072	1.085	.993	1.186
	상수항	2.235	.146	234.926	1	.000	9.348		

a. 변수가 1: 회사 공식적인 직무교육, 훈련, 인재우대에 대한 회사 정책 단계에 입력되었습니다.

위 결과표에 따라 사내 공식적인 훈련이 늘어나고 많아질수록 직무관련 자격증 취득 가능성은 높아지는 것을 확인할 수 있다.

PART Ⅲ

15 조절효과

1) 주요 개념

조절효과란 독립변수가 종속변수에 미치는 영향이 조절변수에 의해 어떻게 변하는지를 알 수 있는 분석방법이다. 예를 들어 앞의 다중 회귀분석을 통해 혁신지향문화와 과업지향문화가 직무만족도에 긍정적인 영향을 미치는 것으로 나타났다. 그런 긍정적인 영향이 조직신뢰에 의해 더 커지거나 작아지는 경우 조직신뢰는 혁신지향문화와 과업지향문화가 직무만족도에 영향을 미치는 데 조절 역할을 한다고 할 수 있다. 즉, 혁신지향문화와 조직신뢰가 함께 증가하면 더욱 증폭되어 직무만족도가 더욱 크게 증가할 수 있는데 이를 조절효과라고 한다.

다음의 연구문제를 통해 조절효과검증을 실습해보며 조절변수의 변화량에 따라 종속변수에 어떤 영향을 미치는지 살펴보도록 한다.

■ SPSS 실습: 조절효과 검증

연구문제 : 조직신뢰는 조직문화유형(혁신지향문화, 위계지향문화, 과업지향문화)과 직무만족도 간에 관계를 조절할 것이다.

관련자료 : SPSS 회귀분석

SPSS를 이용한 조절효과 검증진행 순서

1. 독립변수와 조절변수 표준화
2. 위계적 회귀분석 진행
   - 1단계: 독립변수 → 종속변수
   - 2단계: 독립변수, 조절변수 → 종속변수
   - 3단계: 독립변수, 조절변수, 독립변수×조절변수 → 종속변수

① 분석 → 기술통계량 → 기술통계 클릭

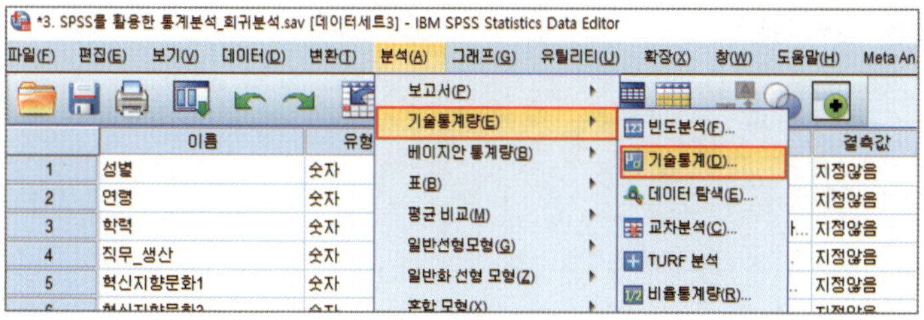

② 변수에 독립변수와 조절변수를 옮긴 뒤 '표준화 값을 변수로 저장'을 클릭한 후 확인을 누른다.

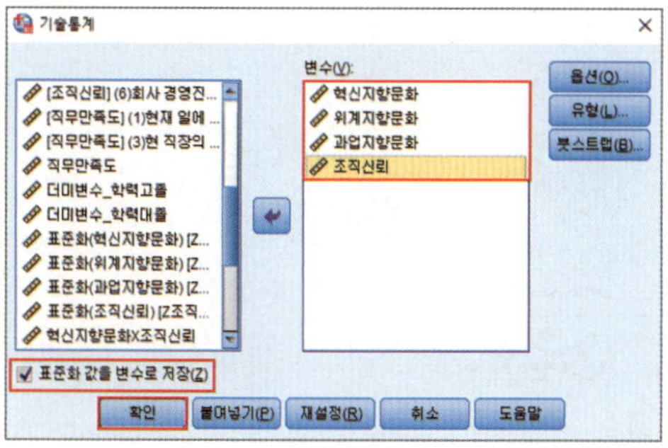

③ 다음과 같이 표준화로 변환된 변수가 생성됨을 확인할 수 있다.

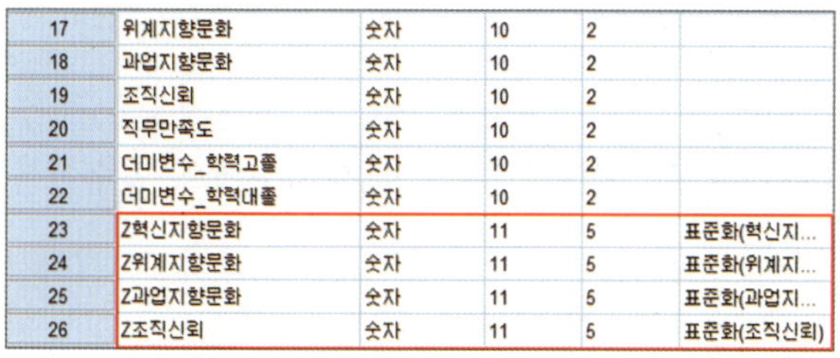

17	위계지향문화	숫자	10	2	
18	과업지향문화	숫자	10	2	
19	조직신뢰	숫자	10	2	
20	직무만족도	숫자	10	2	
21	더미변수_학력고졸	숫자	10	2	
22	더미변수_학력대졸	숫자	10	2	
23	Z혁신지향문화	숫자	11	5	표준화(혁신지...
24	Z위계지향문화	숫자	11	5	표준화(위계지...
25	Z과업지향문화	숫자	11	5	표준화(과업지...
26	Z조직신뢰	숫자	11	5	표준화(조직신뢰)

• Check point
: 표준화로 변환시키는 이유

논문을 작성하다보면 SPSS를 이용하여 변수를 '표준화' 시켜야 하는 경우가 발생한다. 이는 분석을 돌리기 위해서는 변수의 값이 정규분포를 이루어야 하지만, 완전한 정규분포를 이루지 못하는 값들이 대부분이기에 정규분포에 가깝게 만들기 위해 변수를 표준화하여 최대한 정규분포에 가깝게 만드는 과정을 의미한다.

④ 다음은 변환에서 [변수 계산]을 클릭하여 표준화된 독립변수와 표준화된 조절변수에 곱하기를 입력한다.

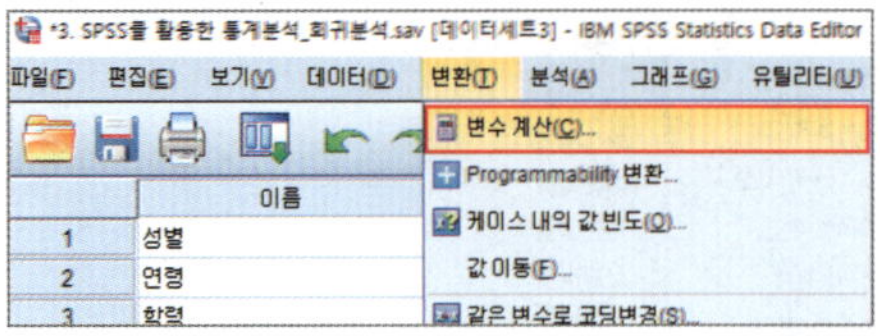

⑤ 표준화된 혁신지향문화 × 표준화된 조직신뢰를 넣고 대상변수에도 변수이름을 입력한다.

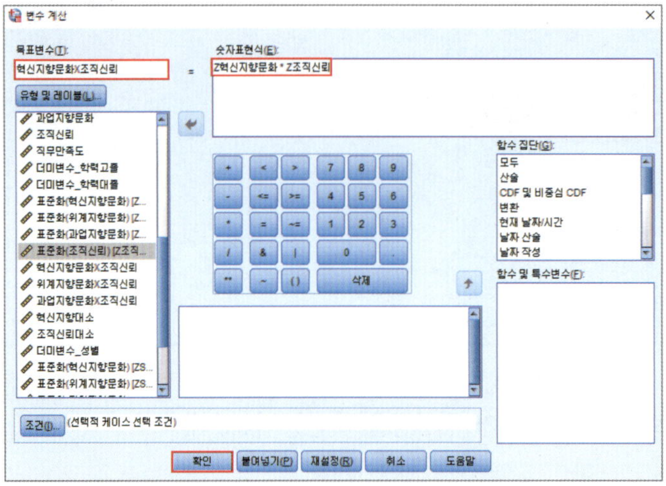

⑥ 표준화된 위계지향문화 × 표준화된 조직신뢰를 넣고 대상변수에도 변수이름을 입력한다.

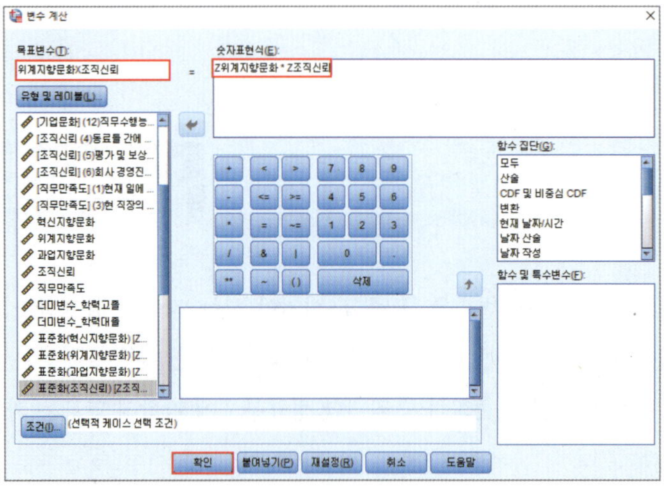

⑦ 표준화된 과업지향문화 × 표준화된 조직신뢰를 넣고 대상변수에도 변수이름을 입력한다.

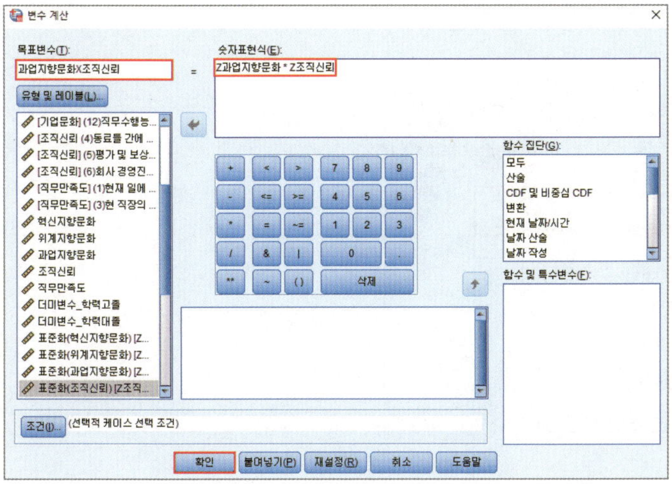

⑧ 다음과 같이 변수계산이 완료된 데이터가 생성됨을 확인할 수 있다.

18	과업지향문화	숫자	10	2	
19	조직신뢰	숫자	10	2	
20	직무만족도	숫자	10	2	
21	더미변수_학력고졸	숫자	10	2	
22	더미변수_학력대졸	숫자	10	2	
23	Z혁신지향문화	숫자	11	5	표준화(혁신지...
24	Z위계지향문화	숫자	11	5	표준화(위계지...
25	Z과업지향문화	숫자	11	5	표준화(과업지...
26	Z조직신뢰	숫자	11	5	표준화(조직신뢰)
27	혁신지향문화X조직신뢰	숫자	10	0	
28	위계지향문화X조직신뢰	숫자	10	0	
29	과업지향문화X조직신뢰	숫자	10	0	

⑨ 이후 회귀분석을 진행하기 위해 분석에서 [회귀분석] 클릭, [선형]을 클릭한다.

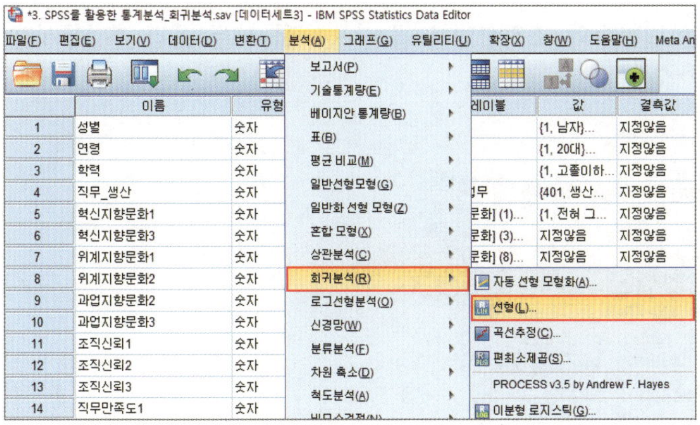

⑩ 종속변수에 '직무만족도'를 옮기고, 독립변수에 '표준화 된 혁신지향문화', '표준화된 위계지향문화', '표준화된 과업지향문화'를 옮긴다. 이후는 위계적 회귀분석의 순서와 같이 다음을 클릭한다.

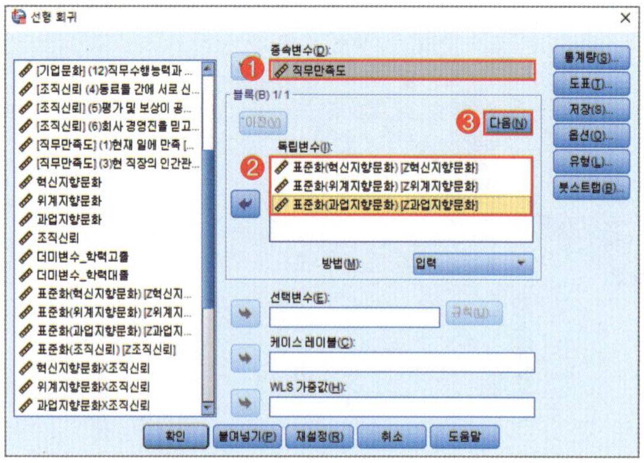

⑪ 블록 대상 2에서는 독립변수에 표준화된 조절변수를 옮긴 후 다음을 클릭한다.

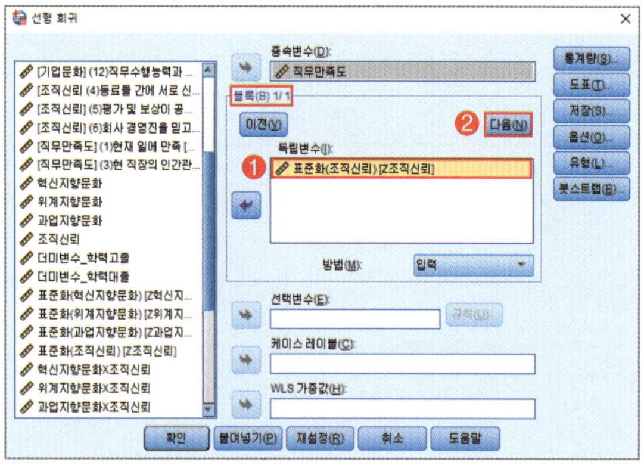

⑫ 블록 대상 3에서는 독립변수와 조직신뢰를 곱한 변수를 모두 옮긴 후 [통계량]을 클릭한다.

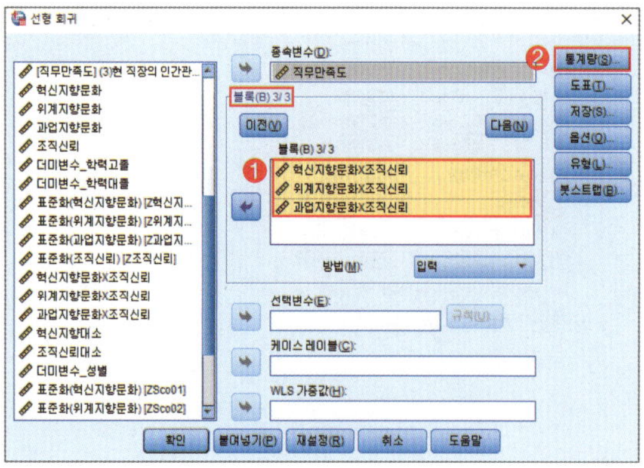

• Check point
: '평균중심화'와 '표준화 변환' 비교

조절효과를 검증하기 위해서는 독립변수와 조절변수뿐만 아니라 최종 단계에서는 상호작용변수(독립변수와 조절변수를 곱한 변수)를 포함시킨다. 상호작용변수는 독립변수와 조절변수의 상호작용을 확인할 수 있는 변수이다.
일반적으로 독립변수와 조절변수를 곱한 값은 독립변수와 조절변수와 유사성이 있어 데이터가 편향될 수 있다. 이러한 문제점을 해결하기 위해 '평균중심화(Mean Centering)' 작업을 거치거나, '표준화 값을 변수로 저장' 작업을 통해 독립변수와 조절변수를 한 번에 표준화된 값으로 변환시킨다. 표준화 변환한 변수는 기존 변수 이름 앞에 Z가 붙어서 생성된다. 일반적으로 '표준화 값을 변수로 저장'하는 방식이 기술통계를 통해 편리하게 진행 시킬 수 있다.

○ 평균중심화 : 점수 – 평균 * 각각의 점수에서 평균값을 빼는 방식
○ 표준화 변환 : (점수–평균) / 표준편차 * 평균중심화에서 표준편차를 나눈 방식

⑬ 선형 회귀에서 ' 변화량', '공선성 진단' 체크, 'Durbin-Watson' 체크 후 확인을 클릭한다.

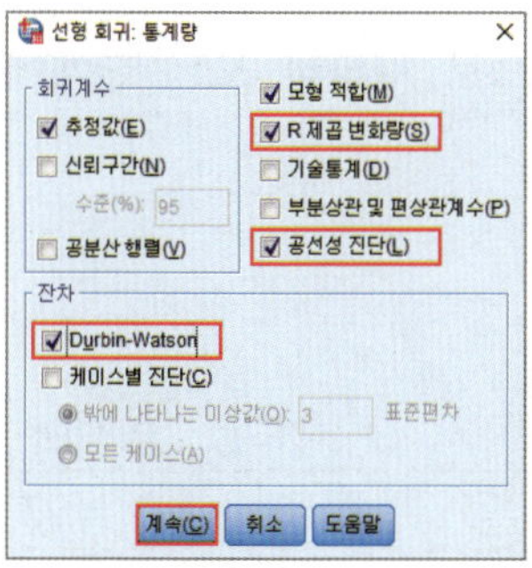

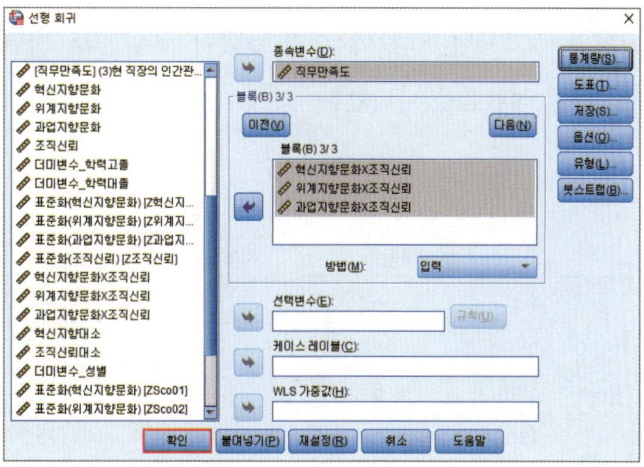

2) 결과 해석하기

R^2은 독립변수가 종속변수를 얼마나 설명하는지를 판단하는 수치로 1단계 R^2은 .227, 2단계 R^2은 .321, 3단계 R^2은 .333으로 설명력이 점차 증가한 것으로 확인할 수 있다. R^2 변화량을 살펴보면 1단계에서 2단계로 진입하면서 설명력이 .094(9.4%) 증가했으며 2단계에서 3단계 진입 시 .022(2.2%)만큼 설명력이 증가했음을 확인할 수 있다. 유의확률 F변화량은 설명력 증가량에 대한 p값으로, 3단계에 대한 p값이 0.05 이하로 2.2% 증가한 3단계의 설명력에 대해 통계적으로 유의함을 나타낸다.

모형 요약[d]

모형	R	R 제곱	수정된 R 제곱	추정값의 표준오차	통계량 변화량: R 제곱 변화량	F 변화량	자유도1	자유도2	유의확률 F 변화량	Durbin-Watson
1	.477[a]	.227	.222	.56497	.227	44.594	3	455	.000	
2	.567[b]	.321	.315	.53011	.094	62.815	1	454	.000	
3	.586[c]	.343	.333	.52319	.022	5.030	3	451	.002	1.884

a. 예측자: (상수), 표준화(과업지향문화), 표준화(위계지향문화), 표준화(혁신지향문화)

b. 예측자: (상수), 표준화(과업지향문화), 표준화(위계지향문화), 표준화(혁신지향문화), 표준화(조직신뢰)

c. 예측자: (상수), 표준화(과업지향문화), 표준화(위계지향문화), 표준화(혁신지향문화), 표준화(조직신뢰), 위계지향문화 x 조직신뢰, 혁신지향문화 x 조직신뢰, 과업지향문화 x 조직신뢰

d. 종속변수: 직무만족도

모형의 적합도인 F 값에 대한 p값이 모두 .05 미만으로 나타나 모든 단계에서 회귀모형이 적합함을 나타낸다.

ANOVA[a]

모형		제곱합	자유도	평균 제곱	F	유의확률
1	회귀	42.703	3	14.234	44.594	.000[b]
	잔차	145.233	455	.319		
	전체	187.936	458			
2	회귀	60.355	4	15.089	53.693	.000[c]
	잔차	127.581	454	.281		
	전체	187.936	458			
3	회귀	64.486	7	9.212	33.655	.000[d]
	잔차	123.450	451	.274		
	전체	187.936	458			

a. 종속변수: 직무만족도
b. 예측자: (상수), 표준화(과업지향문화), 표준화(위계지향문화), 표준화(혁신지향문화)
c. 예측자: (상수), 표준화(과업지향문화), 표준화(위계지향문화), 표준화(혁신지향문화), 표준화(조직신뢰)
d. 예측자: (상수), 표준화(과업지향문화), 표준화(위계지향문화), 표준화(혁신지향문화), 표준화(조직신뢰), 위계지향문화×조직신뢰, 혁신지향문화×조직신뢰, 과업지향문화×조직신뢰

1단계 모형에서는 독립변수인 혁신지향문화와 과업지향문화가 통계적으로 유의하게 나타났다. 2단계 모형에서는 조절변수인 조직신뢰가 추가되었는데 통계적으로 유의한 영향을 미치는 것으로 나타났다. 하지만 2단계에서 유의하지 않게 나타나더라도 조절효과 검증에 크게 중요하지 않다. 조절효과를 검증하는 것은 촉매제 역할을 하는지의 여부를 검증하는 것으로 조절변수가 종속변수에 미치는 영향을 검증하는 것은 아니기 때문이다.

3단계 모형에서는 혁신지향문화와 과업지향문화에서 조직신뢰의 상호작용변수가 유의하게 나타나 직무만족 간의 관계에서 조절 역할을 하는 것으로 나타났다.

실제 조절효과를 검증하기 위해서는 3단계 결과값이 중요하며 1단계와 2단계가 유의하지 않더라도 3단계가 유의하면 조절효과가 있다고 판단할 수 있다.

계수[a]

모형		비표준화 계수		표준화 계수	t	유의확률	공선성 통계량	
		B	표준화 오류	베타			공차	VIF
1	(상수)	3.597	.026		136.400	.000		
	표준화(혁신지향문화)	.154	.033	.240	4.654	.000	.639	1.565
	표준화(위계지향문화)	−.010	.028	−.016	−.370	.712	.903	1.107
	표준화(과업지향문화)	.190	.034	.297	5.551	.000	.594	1.683
2	(상수)	3.597	.025		145.370	.000		
	표준화(혁신지향문화)	.060	.033	.094	1.819	.070	.558	1.791
	표준화(위계지향문화)	−.014	.026	−.022	−.541	.589	.903	1.107
	표준화(과업지향문화)	.101	.034	.158	2.969	.003	.529	1.889
	표준화(조직신뢰)	.256	.032	.400	7.926	.000	.588	1.700
3	(상수)	3	.027		134.885	.000		
	표준화(혁신지향문화)	600	.033	.093	1.820	.069	.553	1.807
	표준화(위계지향문화)	.060	.026	−.026	−.636	.525	.898	1.114
	표준화(과업지향문화)	−.016	.034	.177	3.357	.001	.521	1.919
	표준화(조직신뢰)	.114	.032	.380	7.601	.000	.582	1.718
	혁신지향문화×조직신뢰	.244	.028	.198	3.301	.001	.406	2.462
	위계지향문화×조직신뢰	.092	.019	−.037	−.906	.366	.864	1.158
	과업지향문화×조직신뢰	−.017	.027	−.208	−3.379	.001	.385	2.597

a. 종속변수: 직무만족도

• Check point
: 조절효과 검증시 상호작용 변수의 부호(+ 또는 −)에 따른 해석방법

독립변수와 상호작용 변수의 회귀계수 부호가 같으면 독립변수가 종속변수에 미치는 영향을 조절변수가 높여주고, 독립변수와 상호작용 변수의 회귀계수 부호가 다르면 독립변수가 종속변수에 미치는 영향을 조절변수가 낮춰준다고 해석하면 된다.

독립변수 → 종속변수	독립변수 * 조절변수 → 종속변수	해석
정(+)의 영향	정(+)의 영향	독립변수가 종속변수에 미치는 긍정적인 영향을 조절변수가 증가시킴
정(+)의 영향	부(−)의 영향	독립변수가 종속변수에 미치는 긍정적인 영향을 조절변수가 감소시킴
부(−)의 영향	정(+)의 영향	독립변수가 종속변수에 미치는 부정적인 영향을 조절변수가 감소시킴
부(−)의 영향	부(−)의 영향	독립변수가 종속변수에 미치는 부정적인 영향을 조절변수가 증가시킴

예를 들어, 소득수준이 생활만족도에 긍정적인 영향을 미친다는 가설에서, 자녀수의 조절효과를 검증한 결과, [소득수준 → 생활만족도]는 정의 영향, [소득수준*자녀수 → 생활만족도]는 부(−)의 영향으로 나타난다. 이는 소득수준이 생활만족도에 긍정적인 정(+)의 효과를 미치나, 자녀의 수가 증가한다면 소득수준의 영향력이 감소한다고 해석하면 된다.

3) 조절효과 검증 결과를 그래프로 표현하는 방법

① 조절효과 검증 결과를 그래프로 표현하고자 한다면 다음과 같은 절차로 실행할 수 있다. 변환에서 [다른 변수로 코딩변경]을 클릭한다.

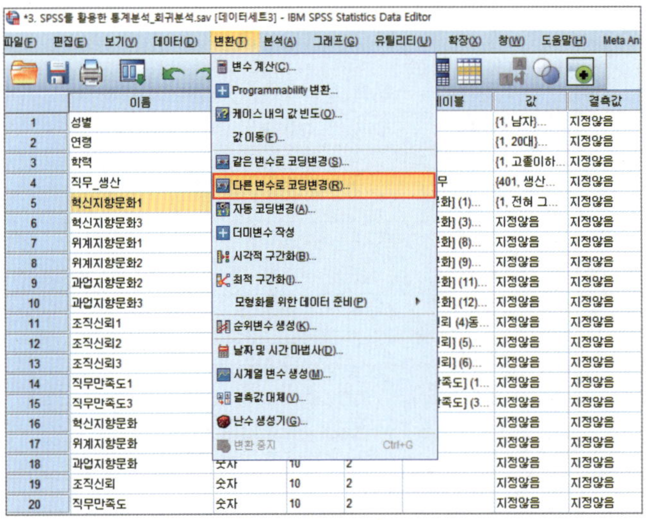

② 숫자변수에 '표준화된 혁신지향문화'를 옮기고, 이름에 '혁신지향대소'를 입력한 후 바꾸기를 클릭한다.

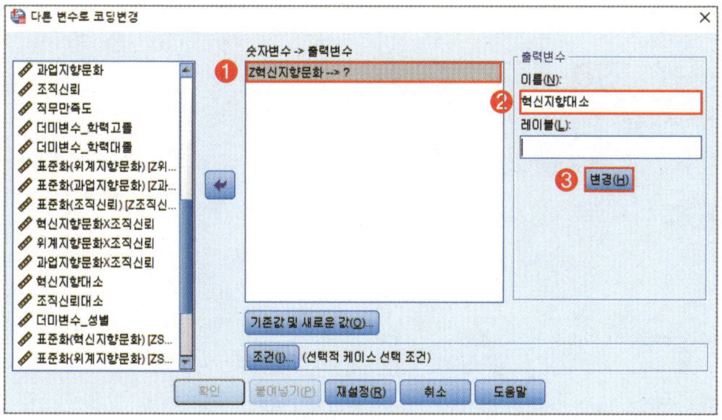

③ 이후 동일한 방법으로 조절변수인 '표준화된 조직신뢰'를 추가한 후 이름에 '조직신뢰대소'를 입력한다. 바꾸기를 클릭한 후 [기존값 및 새로운 값]을 클릭한다.

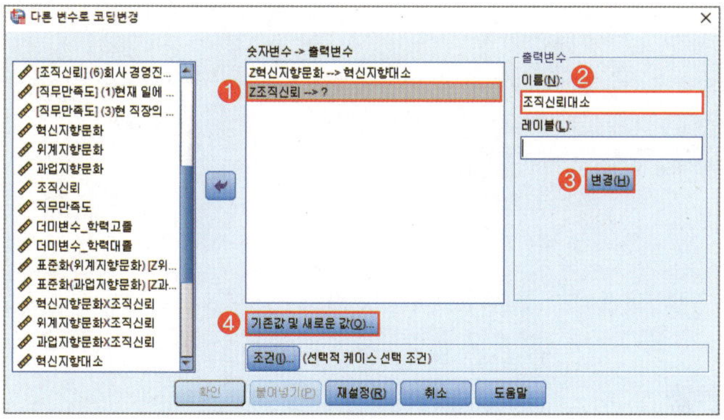

④ '최저값에서 다음 값까지 범위'에 0을 입력하고 새로운 값에도 0을 입력한 후 추가를 클릭한다.

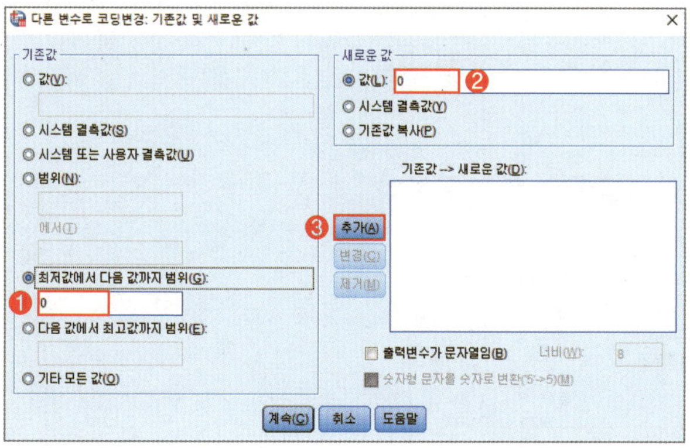

⑤ '다음 값에서 최고값까지 범위'에 0을 입력하고 새로운 값에는 1을 입력한 후 추가를 클릭한다.

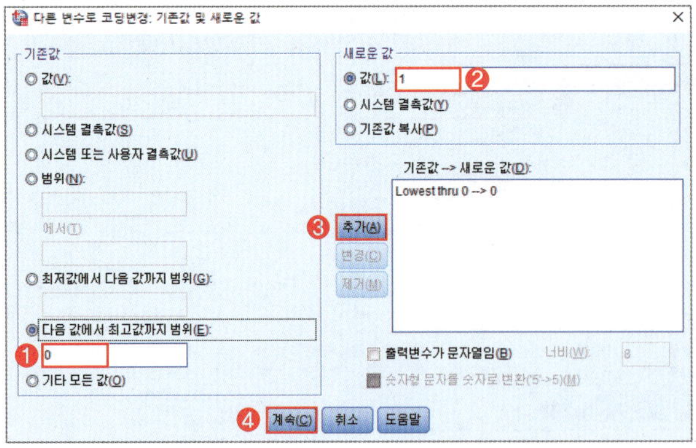

⑥ 확인을 눌러주면 '혁신지향대소'와 '조직신뢰대소'가 맨 밑에 생성된 것을 볼 수 있다.

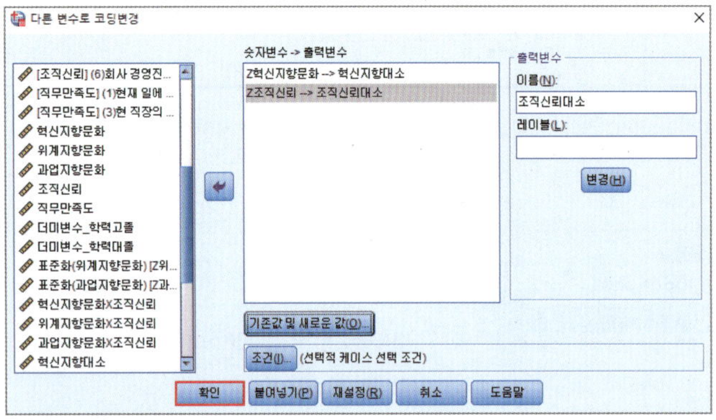

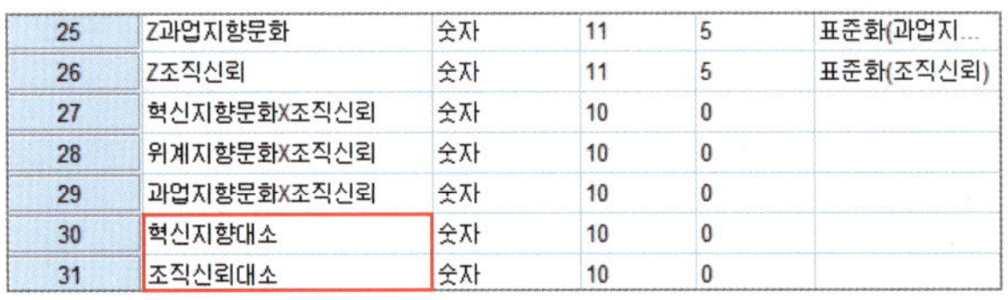

25	Z과업지향문화	숫자	11	5	표준화(과업지...
26	Z조직신뢰	숫자	11	5	표준화(조직신뢰)
27	혁신지향문화X조직신뢰	숫자	10	0	
28	위계지향문화X조직신뢰	숫자	10	0	
29	과업지향문화X조직신뢰	숫자	10	0	
30	혁신지향대소	숫자	10	0	
31	조직신뢰대소	숫자	10	0	

⑦ 분석에서 [일반선형모형] 클릭, [일변량]을 클릭한다.

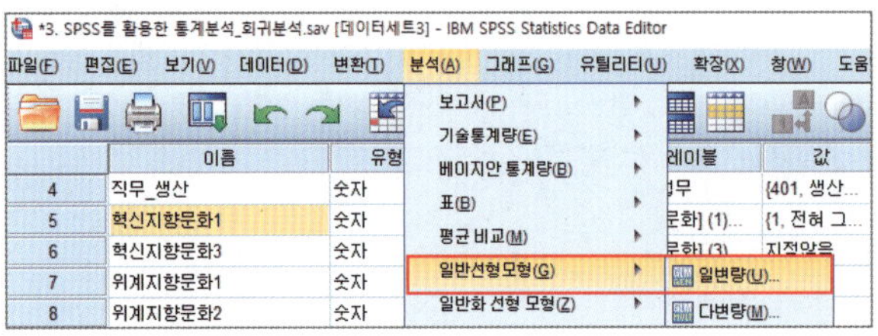

⑧ 종속변수에 '직무만족도'를 옮기고 모수요인에 독립변수를 변환한 '혁신지향대소'와 조절변수인 '조직신뢰대소'를 옮긴 후 도표를 클릭한다.

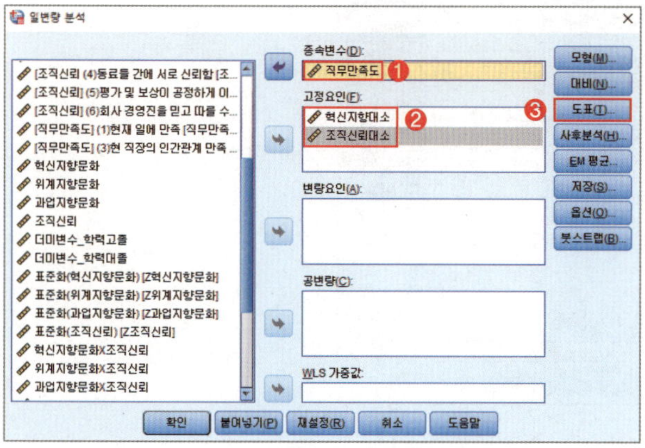

⑨ 수평축 변수에 '혁신지향대소'를 이동하고 선구분 변수에 '조직신뢰대소'를 이동한 후 추가를 클릭한다.

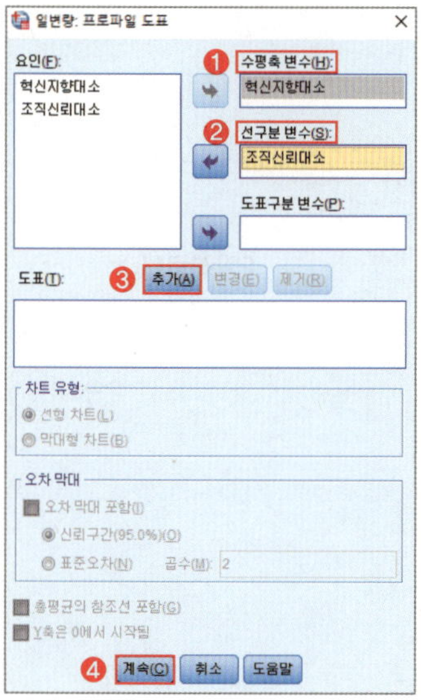

• Check point
: 조절변수가 매개변수보다 논문에서 적게 사용되는 이유는?

매개효과의 경우 값이 유의미하게 잘 나타나지만 조절효과는 유의미하지 않게 나타나는 경우가 많기 때문이다. 따라서 조절변수를 성급히 설정하기 전에 독립변수에서 종속변수로 가는 경로에 조절변수의 역할을 설명할 수 있는 선행 연구나 이론을 충분히 검토해본 후 설정하는 것이 바람직하다.

⑩ 확인을 클릭한다.

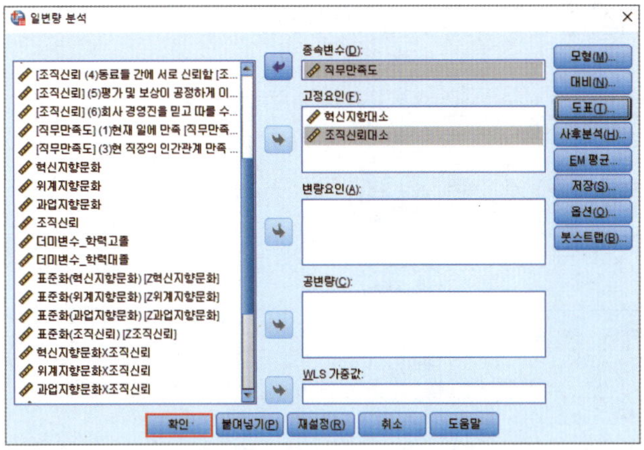

⑪ 상호작용에 대한 그래프가 나타난다. 평균보다 큰 집단과 작은 집단 모두 기울기가 가파른 것으로 나타난다. 조절효과 검증 결과 혁신지향문화가 직무만족도에 정(+)의 조절효과를 보이는 것으로 나타났는데 이를 그래프로 한눈에 확인할 수 있다.

프로파일 도표

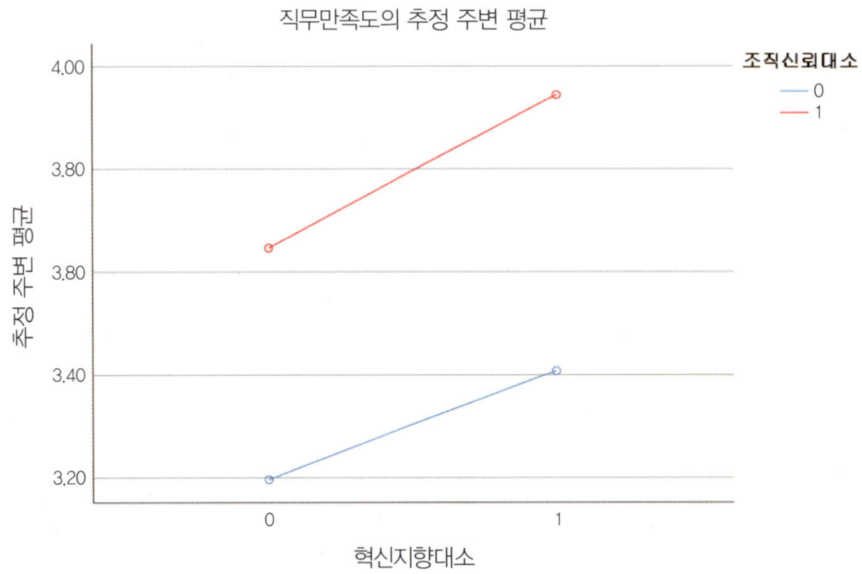

PART Ⅲ

16 매개효과

1) 주요 개념

매개변수는 독립변수와 종속변수를 매개하는 변수로 교량적인 역할을 한다. 다시 말해 독립변수가 종속변수로 가는 경로에 매개변수가 있다는 것이다. 독립변수가 매개변수에 영향을 미치고 매개변수도 종속변수에 영향을 준다는 결과를 얻고자 할 때 사용된다. 매개변수를 활용하는 이유는 독립변수에서 종속변수로 가는 경로를 더욱 구체화하고자 할 때 활용된다.

• Check point : 바론과 케니의 매개효과 분석방법

바론과 케니가 제안한 매개효과 분석방법은 위계적회귀분석으로 진행한다. 1단계 모형에서 독립변수가 매개변수에 미치는 영향, 2단계 모형에서 독립변수가 종속변수에 미치는 영향, 3단계 모형에서 독립변수와 매개변수가 종속변수에 미치는 영향을 확인하는 순서로 진행된다.

- 1단계 모형: 독립변수 → 매개변수의 유의성 확인
- 2단계 모형: 독립변수 → 종속변수의 유의성 확인
- 3단계 모형: 매개변수 → 종속변수의 유의성 확인

2단계와 3단계의 모형 비교: 통계 결과에서 독립변수의 표준화계수(β)가 2단계보다 3단계에서 감소하는지 확인

부분매개효과
3단계에서 독립변수가 유의한 경우

완전매개효과
3단계에서 독립변수가 유의하지 않은 경우

매개효과 검증방법은 크게 3가지 방법이 있다.

- 바론(Baron)과 케니(Kenny)가 제안한 회귀분석 방법(1986)
- 소벨테스트(Sobel-test) 분석방법
- SPSS프로세스 매크로를 활용한 분석방법(2003)

소벨테스트는 바론(Baron)과 케니(Kenny)의 매개효과 검증 후 추가로, 프로세스 매크로는 part 5에서 자세히 다루도록 하겠다.

다음의 연구문제를 통해 먼저 바론(Baron)과 케니(Kenny)의 매개효과검증을 실습해보며 독립변수가 어느 변수를 거쳐 종속변수에 간접적으로 영향을 미치는지 살펴보도록 한다.

■ SPSS 실습: 매개효과 검증

연구문제 : 조직신뢰는 조직문화유형(혁신지향문화, 위계지향문화, 과업지향문화)과 직무만족도 간에 관계를 매개할 것이다.

관련자료 : SPSS 회귀분석

① 분석에서 [회귀분석] 클릭, [선형]을 클릭한다.

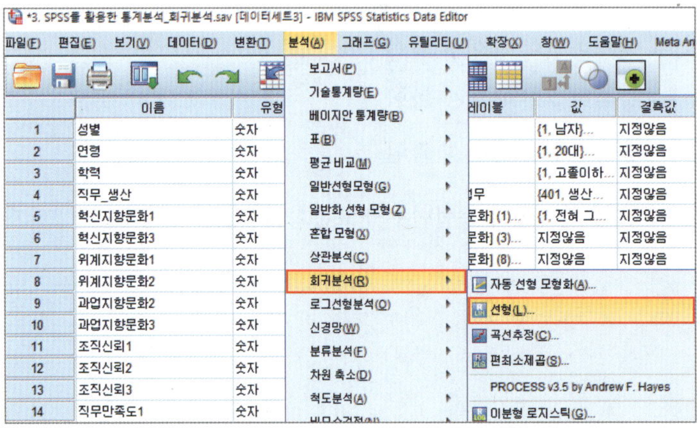

② 1단계로 독립변수가 매개변수에 영향을 미치는지 확인하는 것이 우선이다. 독립변수에 '조직문화유형'을 옮기고 종속변수에 매개변수인 '조직신뢰'를 옮긴 뒤 [통계량] 클릭한다.

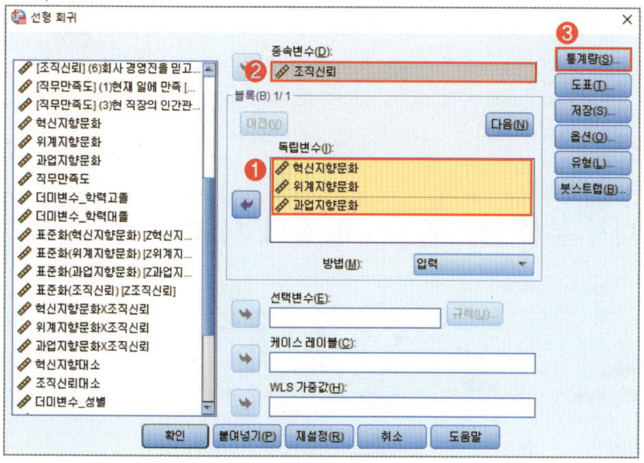

③ 선형 회귀에서 ' 변화량', '공선성 진단' 체크, 'Durbin-Watson' 체크 후 확인을 누른다.

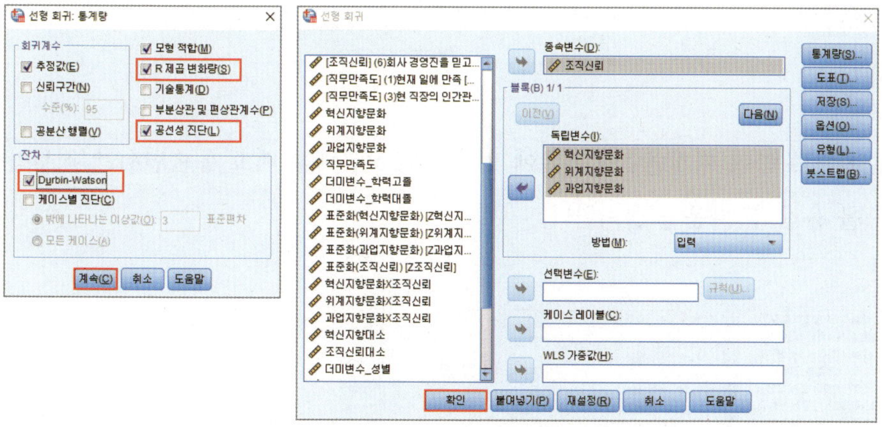

④ 1단계 분석 결과 잔차의 독립성, F값에 대한 p값 모두 .05로 유의하게 나타났다. 이는 조직문화유형은 매개변수인 조직신뢰에 영향을 미치는 것을 알 수 있다.

모형 요약[b]

모형	R	R 제곱	수정된 R 제곱	추정값의 표준오차	통계량 변화량					Durbin-Watson
					R 제곱 변화량	F 변화량	자유도1	자유도2	유의확률 F 변화량	
1	.642[a]	.412	.408	.51264	.412	106.191	3	455	.000	1.890

a. 예측자: (상수), 과업지향문화, 위계지향문화, 혁신지향문화
b. 종속변수: 조직신뢰

ANOVA[a]

모형		제곱합	자유도	평균 제곱	F	유의확률
1	회귀	83.722	3	27.907	106.191	.000[b]
	잔차	119.576	455	.263		
	전체	203.298	458			

a. 종속변수: 조직신뢰

b. 예측자: (상수), 과업지향문화, 위계지향문화, 혁신지향문화

⑤ 다음은 2단계 분석을 위해 다시 분석에서 [회귀분석] 클릭, [선형]을 클릭한다.

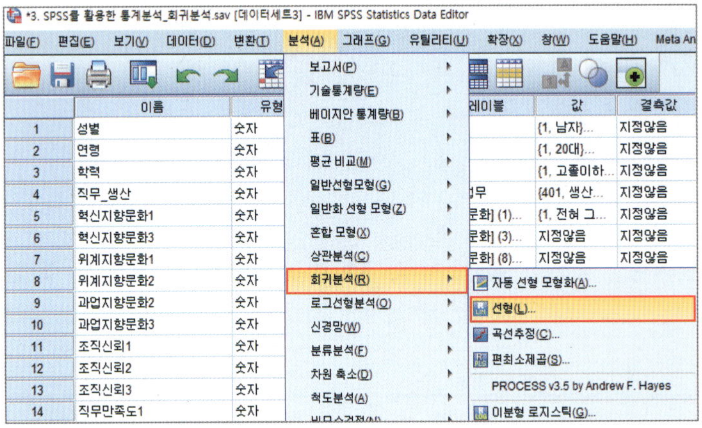

⑥ 종속변수 칸에 매개변수인 기존에 입력된 '조직신뢰'를 빼고 종속변수인 '직무만족도'를 옮긴 후 다음을 클릭한다.

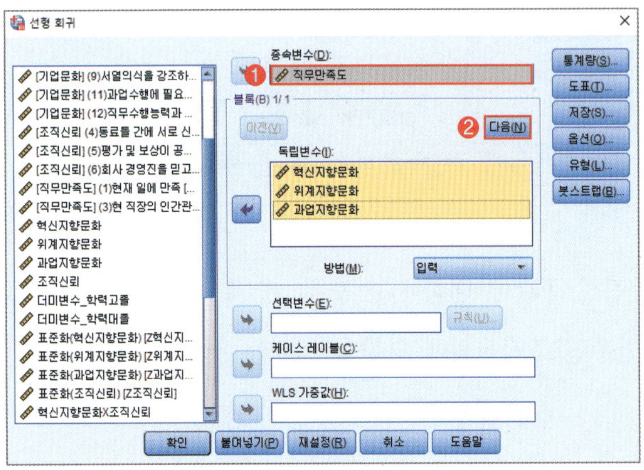

⑦ 블록 대상 2에서는 독립변수에 매개변수인 '조직신뢰'를 옮긴 후 확인을 클릭한다.

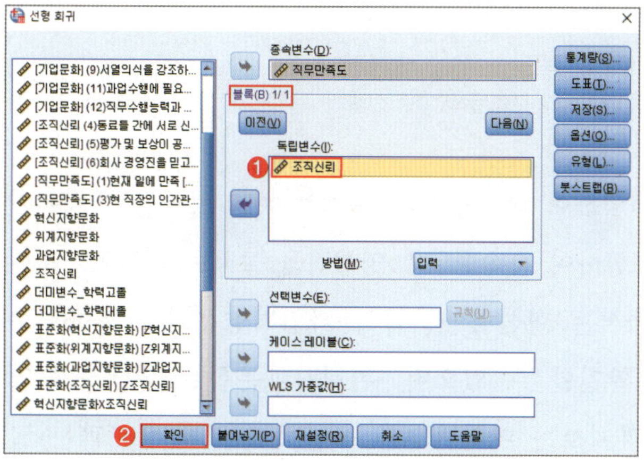

2) 결과 해석하기

R^2은 각각 .227과 .321로 22%와 32%의 설명력을 나타내고 수정된 R^2은 22%와 31%의 설명력을 나타낸다. 잔차의 독립성도 2에 가까운 1.906으로 충족한 것으로 나타났다. F값에 대한 p값이 각각 0.05 미만으로 나타나 두 회귀모형도 모두 적합한 것으로 나타났다.

모형 요약[c]

모형	R	R 제곱	수정된 R 제곱	추정값의 표준오차	통계량 변화량 R 제곱 변화량	F 변화량	자유도1	자유도2	유의확률 F 변화량	Durbin–Watson
1	.477[a]	.227	.222	.56497	.227	44.594	3	455	.000	
2	.567[b]	.321	.315	.53011	.094	62.815	1	454	.000	1.906

a. 예측자: (상수), 과업지향문화, 위계지향문화, 혁신지향문화
b. 예측자: (상수), 과업지향문화, 위계지향문화, 혁신지향문화, 조직신뢰
c. 종속변수: 직무만족도

ANOVA[a]

모형		제곱합	자유도	평균 제곱	F	유의확률
1	회귀	42.703	3	14.234	44.594	.000[b]
	잔차	145.233	455	.319		
	전체	187.936	458			
2	회귀	60.355	4	15.089	53.693	.000[c]
	잔차	127.581	454	.281		
	전체	187.936	458			

a. 종속변수: 직무만족도
b. 예측자: (상수), 과업지향문화, 위계지향문화, 혁신지향문화
c. 예측자: (상수), 과업지향문화, 위계지향문화, 혁신지향문화, 조직신뢰

2단계에서는 매개변수를 제외하여 독립변수가 종속변수에 영향을 미치는지는 검증하는 2-1과 매개변수를 포함하여 종속변수의 영향력을 살펴보는 2-2로 구분할 수 있다. 우선 2-1의 결과에서는 혁신지향문화와 과업지향문화가 종속변수에 유의한 영향을 미치는 것을 확인할 수 있으며, 위계지향문화는 유의하지 않은 것으로 나타났다. 2-2의 결과에서는 매개변수를 포함하였을 때 2-1과는 달리 과업지향문화에서만 매개효과가 나타났음을 확인할 수 있다. 이 때 표준화계수가 2-1보다 2-2에서 감소하는지 확인하는 것이 중요하다. 2-2의 표준화 계수가 2-1보다 낮게 나타난다면 매개변수가 중간에 어떤 역할을 해서 독립변수의 효과가 감소한 것임으로 매개효과가 있다고 할 수 있다.

계수[a]

모형		비표준화 계수 B	비표준화 계수 표준화 오류	표준화 계수 베타	t	유의확률	공선성 통계량 공차	공선성 통계량 VIF
1	(상수)	2.008	.174		11.523	.000		
	혁신지향문화	.209	.045	.240	4.654	.000	.639	1.565
	위계지향문화	-.016	.042	-.016	-.370	.712	.903	1.107
	과업지향문화	.286	.051	.297	5.551	.000	.594	1.683
2	(상수)	1.613	.171		9.432	.000		
	혁신지향문화	.082	.045	.094	1.819	.070	.558	1.791
	위계지향문화	-.021	.040	-.022	-.541	.589	.903	1.107
	과업지향문화	.152	.051	.158	2.969	.003	.529	1.889
	조직신뢰	.384	.048	.400	7.926	.000	.588	1.700

a. 종속변수: 직무만족도

3) 소벨테스트(Sobel-test)를 통한 매개효과 검증

바론과 케니가 제안한 위계적 회귀 분석의 검정력을 높이기 위해 소벨테스트를 추가할 수 있다. 소벨테스트는 독립에서 매개로 가는 회귀계수(B값)와 매개에서 종속으로 가는 회귀계수(B값)의 곱의 통계적 유의성을 검정하는 것이다. 소벨테스트를 진행하기 위해서는 아래의 주소나 구글에서 'sobel test'로 검색해서 무료로

• Check point
: 많은 연구자들이 매개변수를 활용해서 논문을 쓰는 이유는?

매개변수를 활용하는 주된 이유는 변수들 간의 관계가 유의미하게 잘 나타나기 때문이다. 독립변수와 종속변수 간의 관계를 살펴보기만으로는 아쉽고, 복잡하거나 고차원적인 분석은 어렵지만 매개변수를 투입하는 것은 단순해 보이지 않으면서 생각보다 관계성이 유의미하게 나오므로 많이 활용한다. 하지만 무의미하게 매개변수를 넣으면 논문심사 시 지적을 받을 수 있으니 꼭 선행 연구와 이론 고찰을 통해 매개변수를 넣는 것이 바람직하다.

소벨테스트를 계산해주는 사이트에 접속한다.

*검색창에서 'Sobel Test'를 입력하면 아래 주소로 연결할 수 있다.
[https://www.danielsoper.com/statcalc/calculator.aspx?id=31]

앞의 연구모형에서 혁신지향문화가 조직신뢰를 매개로 직무만족에 영향을 주는 것을 검증해보겠다. SPSS의 결과에서 독립에서 매개/매개에서 종속의 B값과 S.E.값을 확인하고 입력창에 값을 입력한다.

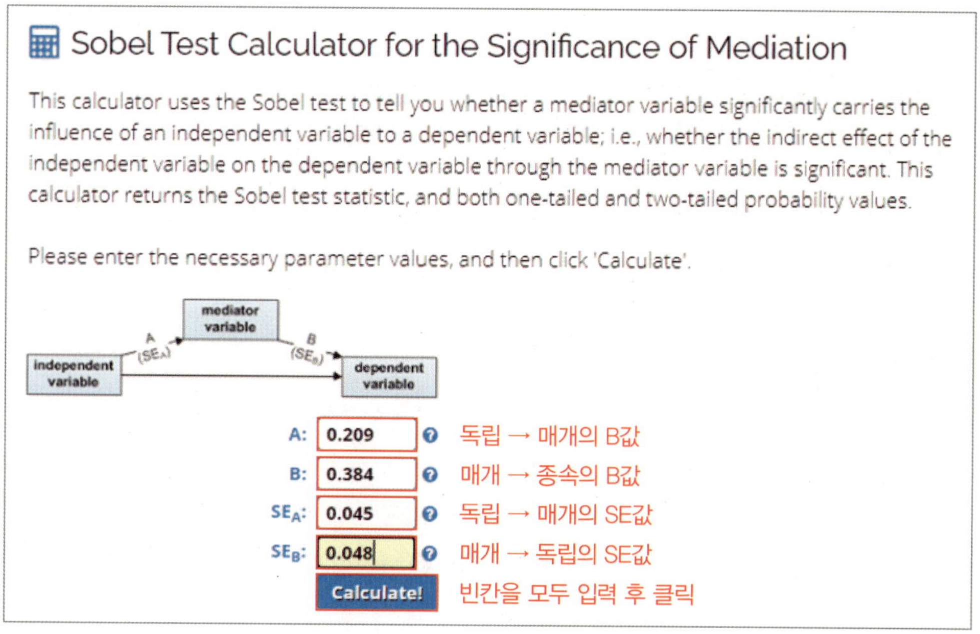

입력 후 Calculate버튼을 클릭하면 결과값이 그림과 같이 나온다.

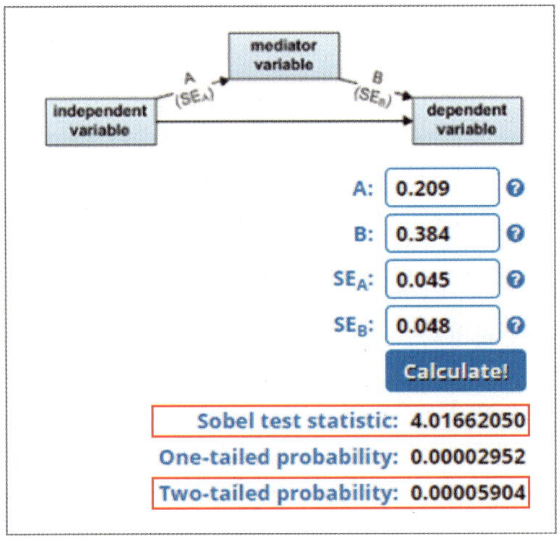

유의성을 보기 위해 그림에 표시한 Sobel test statistic값과 Two tailed probability값을 확인한다. Sobel test statistic값은 소벨 테스트의 Z값을 의미한다. Z값이 1.96보다 크면 유의값이 .05미만으로 나타나는데 결과값이 4.01662050이므로 유의함을 알 수 있다. Two tailed probability값은 p값을 의미하는데 결과값이 0.00005904로 바론과 케니가 제안한 방식으로 분석한 것과 같은 결과가 나타남을 알 수 있다.

이어서 바론과 케니의 검증방법으로 매개효과가 유의하게 나타난 과업지향문화도 소벨테스트로 검증을 진행한다.

• Check point
: Baron & Kenny, Sobel Test, Boot Strap를 활용한 매개효과 검증 비교

Baron & Kenny가 제안한 위계적 회귀분석방법은 직접적으로 매개변수의 매개 역할을 확인할 수 없고, 단계적인 검증을 통한 수치를 통해 간접적으로 매개변수의 유의성을 측정하는 방법이다. Sobel Test는 직접적으로 매개변수의 유의성을 확인할 수 있지만 유의성의 오차를 판단하지 못하며, '정규분포를 가정한 상태에서 분석을 진행'하는 한계점을 갖게 된다.
이에 비해 Preacher, K. J., & Hayes, A. F.(2008)이 제안한 부트스트래핑은 정규분포를 가정하지 않고 현상을 반영한 분석방법으로 프로세스매크로와 구조방정식모형를 통해 사용할 수 있다. 이 방법은 Sobel Test와 비슷하지만 좀 더 복잡한 모형에도 쉽게 가능하며 비모수를 가정하기 때문에 보다 엄격한 매개효과 검증방법이다. 특히 데이터의 정규분포를 가정하지 않기 때문에 어떠한 환경에서도 적용이 가능한 방법이다.

PART

IV AMOS를 활용한 구조방정식 모델 통계분석

1. 구조방정식의 이해
2. Amos를 활용한 구조방정식 검증
3. SPSS로 사전분석 진행
4. 측정모델 검증: 확인적 요인분석(Confirmatory Factor Analysis; CFA)
5. 집중타당도와 판별타당도
6. 구조모형 검증: 경로분석(path analysis)
7. 매개효과 검증: 경로분석+부트스트래핑(Bootstrapping)이 추가된 분석

PART Ⅳ

1 구조방정식의 이해

1) 구조방정식의 개요

구조방정식모델링(Structural Equation Modeling: SEM)은 사회과학 분야에서 개발된 측정이론에 기초한 '확인적 요인분석'과 계량경제학에서 개발된 연립방정식모델에 기초한 '경로분석'이 결합된 방법론이다. 이는 변수 간의 상관관계 및 인과관계를 검증하기 위한 통계기법으로 관찰되지 않은 잠재적 요인들의 인과관계까지도 검정할 수 있다. 구조방정식모델(Structural Equation Model)은 '측정모델'과 '구조회귀모델'로 구성되어 있는데, 측정모델은 확인적 요인분석(Confirmatory Factor Analysis), 구조회귀모델(Structural Regression Model)은 경로분석(Path Analysis) 성격이 반영된 것이다(배병렬, 2017; 성태제, 2007).

구조방정식모델링(SEM) 통계분석을 위해서는 여러 통계분석 프로그램이 사용되며, LISEL, PLS(Partial Least Square), AMOS(Analysis of MOment Structure) 등 다양한 통계프로그램을 이용하여 구조방정식모델에 대한 통계분석을 할 수 있다. 현재 국내에서 AMOS 통계프로그램을 이용한 구조방정식모델 통계분석이 가장 많이 보편화되어 있어, 본 교재에서는 연구자가 AMOS 23.0 통계프로그램을 이용하여

Check point : AMOS란

AMOS(Analysis of Moment Structure)는 구조방정식모델링 통계분석을 위한 통계 소프트웨어로 미국 Temple 대학 심리학과 교수인 James L. Arbuckle에 의해 개발되었으며, SPSS(Statistical Package for the Social Sciences)통계 프로그램과 호환이 되고 그래픽 방식으로 구조방정식모델링 통계분석이 가능하다(배병렬, 2017).

사용법 및 통계분석방법, 결과해석 및 결과표 제시 등 연구자가 보다 편리하게 통계분석 및 논문작성을 할 수 있도록 내용을 구성하였다.

2) 구조방정식의 사용 목적

경로분석은 다수의 회귀모델을 동시에 검정할 수 있고, 관찰변수 간 인과관계를 처리할 수 있지만, 구조방정식모델링(SEM)은 관찰할 수 없는 구성적 개념인 잠재변인 간 인과관계를 검정할 수 있다. 이처럼 구조방정식모델링(SEM)은 경로분석 보다 발전된 형태의 통계적 분석방법으로 측정모델과 잠재변수모델(구조모델)을 통해 변수 간 인과관계를 파악하기 위한 목적으로 사용되며 사회과학 분야에서 널리 사용되고 있다(성태제, 2015).

3) 구조방정식의 장·단점

구조방정식은 다음과 같은 장·단점을 가지고 있다. 먼저 장점을 살펴보면 첫째 상관 및 인과관계의 추정이 가능하다는 것이다. 상관분석, 회귀분석, 요인분석 등 다양한 통계분석들은 1차원적, 단편적인 상관관계 또는 인과관계만을 제시하지만, 구조방정식모델링은 측정하지 않은 개념적인 잠재변수를 생성하여 관계 파악이 가능하고, 다수의 변수 간 상관 및 인과관계를 동시에 볼 수 있다. 두 번째는 오차의 추정이 가능하다. 설문지에 사용되는 문항은 선행연구에서 이미 사용했던 검증된 설문지를 이용하거나, 연구자 자신이 연구 특성에 부합하도록 직접 개발하여 사용하게 된다. 설문지법을 이용한 양적 연구에서는 먼저 탐색적 요인분석으로 문항 간 서로 묶인 변수가 구성개념을 설명할 수 있다는 점을 기본으로 하여 분석이 진행된다. 즉, 상관분석, 회귀분석, 요인분석 등 다양한 통계분석들은 독립변수의 측정오차를 무시한 통계적 분석방법으로, 구조방정식모델링은 측정오차를 포함하여 추정값의 신뢰 및 조정이 가능하므로 정확한 분석을 할 수 있다. 세 번째는 직접, 간접, 총효과를 추정할 수 있다. 구조방정식모델링은 직접효과와 간접효과로 변수 간 관계를 정확하게 파악이 가능하고, 직접효과 및 간접효과의 합계인 총효과를 통해 좀 더 정확한 변수

• Check point
: 구조방정식 활용의 기본 전제

AMOS를 활용시 자신의 연구모델에 대한 이론적 근거(선행연구)가 있어야하고, 연구모델을 설정할 때 연구자의 주관이 많이 개입되므로 모델적합도 지수 기준을 확인해야한다. 또한 표본의 크기는 고정모수치, 제약모수치, 자유모수치를 설정하여 크기를 산출해야한다.

간 인과관계 파악이 가능하다. 네 번째는 여러 가지를 동시에 분석할 수 있다는 것이다. 따라서 여러 방향 및 다수의 외생/내생매개/최종 내생변수와의 관계를 동시에 분석하여 다양한 분석 결과를 도출할 수 있다.

구조방정식모델링 통계분석은 위와 같이 많은 장점을 가지고 있지만 다음과 같은 단점도 가지고 있다. 구조 방정식은 통계분석에 대한 이해가 선행되어야 한다. 구조방정식모델링은 요인분석, 상관분석, 회귀분석 등이 혼합되어 있기에 이에 대한 이해가 선행되어야 한다. 즉 이들 통계분석방법에 대한 이해가 선행되지 않으면 오류 발생 시 이를 해결할 수 없고, 그 결과를 해석할 수 없기 때문이다. 따라서 요인분석, 상관분석, 회귀분석 등 통계분석방법에 대한 학습이 선행되고 난 후에 구조방정식모델링 분석을 하게 되면 보다 쉽게 접근할 수 있다. 또한 많은 수의 표본, 분석결과 해석의 어려움이 있다. 구조방정식모델링의 표본 수는 전술한 바와 같이 최소 200개 이상의 표본을 필요로 하며 가능한 많은 수의 표본을 필요로 한다. 변수가 많을수록 더 많은 수의 표본이 수집되어야 한다. 모수추정을 할 경우에도 최대우도법(maximum likelihood method : ML)이 사용되며, 각 변수에 대한 용어 및 분석 순서, 모델 부합도 기준 등 그 용어에 대한 이해와 SPSS 통계프로그램 사용법 등에서 다소 어려움이 있을 수 있다.

4) 구조방정식에 사용되는 변수의 이해

구조방정식모델링에서 사용되는 변수에 대한 용어는 기존 상관분석 또는 회귀분석에서 사용되는 예측변수, 독립변수, 준거변수, 종속변수 등 변수

용어가 다르기 때문에 우선적으로 이를 구분하여 이해할 필요가 있다. 즉 구조방정식모델링에서 변수명은 주로 잠재변수(latent variable 또는 unobserved variable), 관측변수(observed variable 또는 measured variable), 외생변수(exogenous latent variable), 내생변수(endogenous latent variable), 오차(error variable) 등 구조방정식모델링 분석을 위한 기초 개념으로 이에 대한 정확한 이해가 필요하다(우종필, 2012).

용어	설명
잠재변수	측정되지 않은 개념상의 추상적인 변수
관측변수	잠재변수를 설명하기 위해 설문이나 실험 등으로 측정한 변수
측정오차	잠재변수가 측정변수를 설명하지 못하는 정도
구조오차	외생변수가 내생변수를 설명하지 못하는 정도
직접효과	한 변수가 다른 변수에 직접적으로 영향을 미치는 효과
간접효과	영향을 받는 변수가 1개 이상의 매개변수를 통해 영향을 미치는 효과
총효과	직접효과+간접효과

PART Ⅳ

2 Amos를 활용한 구조방정식 모델 검증

1) AMOS 프로그램 사용의 기초

구조 방정식 모델을 그려 분석을 하므로 AMOS Graphics를 실행하여 모델을 그리는 것이 Amos를 사용한 구조방정식 모델 검증의 시작이다.

■ 입력창의 이해

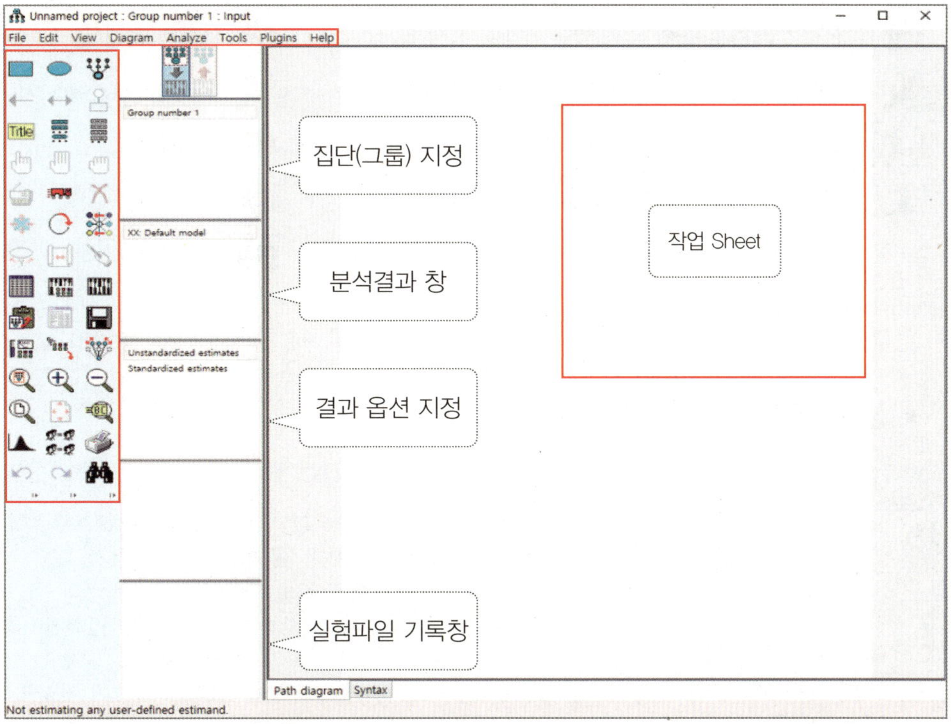

■ 아이콘 및 기능

아이콘	기능	아이콘	기능	아이콘	기능
	관측변수 입력		잠재변수 입력		잠재변수, 관측변수, 오차 한번에 입력
	인과관계 표시		상관관계 표시		오차항 입력
Title	제목		변수 목록		지정한 변수 목록
	단일 선택		전체 선택		선택 해지
	복사		이동		지우기
	객체 모양 변경		모형 회전		반대 방향 이동
	모수 이동		페이지 위치 조정		Touch Up
	분석 파일 지정		분석 옵션 지정		분석 실행
	클립보드 복사		분석 결과		저장
	폰트,컬러,변수 조절		객체 속성 복사		모형 정렬/정리
	선택영역 확대		Zoom–in 확대 기능		Zoom–out 축소 기능
	페이지 맞춤		페이지 크기 조정		확대경
	베이지언 측정		집단 간 분석		인쇄
	되돌리기		재되돌리기		모델 속성 찾기

■ 상단메뉴 중 plugin의 기능

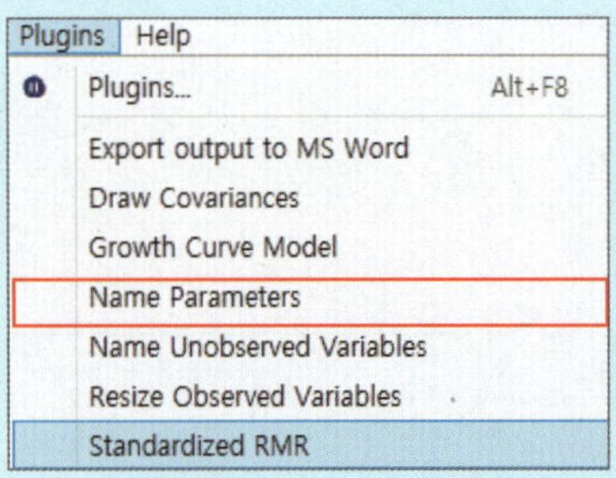

- Draw Covariances : 선택된 변수끼리 공분산 그리기
- Growth Curve Model : 잠재성장모델 그리기
- Name Parameters : 경로에 이름 명명
- Name Unobserved Variables : 이름 없는 변수에 이름 지정
- Resize Observed Variables : 측정변수 크기 조정
- Standardized RMR : SRMR 산출★

2) 구조방정식 모델을 활용한 논문 작성

■ 구조방정식 모델의 구성

구조방정식 모델은 확인적 요인분석과 경로분석을 통해 변수 간의 인과관계를 확인하는 분석이다. 확인적 요인분석이란 자신의 연구모형에서 이미 검증된 측정도구가 연구에 사용될 때 측정된 관측변수가 잠재변수를 잘 설명하고 있는지를 검증하는 것이다. 검증에 대한 자세한 설명은 Ⅳ-4에서 보도록 하겠다. 설문지와 연구모형에 대한 검증이 끝나면 구조모형 검증을 진행한다. 구조모형 검증이란 화살표 방향에 따라 효과가 어떤지를 알아보는 경로 분석을 통해 주요 변수들 간의 인과관계를 검증하는 것이다.

■ 구조방정식 모델을 활용한 논문 진행 절차

먼저, 데이터 핸들링(결측치, 이상치, 역코딩 확인)을 통해 데이터를 정리하고 SPSS를 활용하여 신뢰도 분석, 빈도 분석, 기술통계 분석, 상관관계 등 기본 분석을 진행한다.

SPSS를 활용한 분석 후 모델추정가능성 확인절차(Kline, 2004; 문수백, 2009)에 따라AMOS프로그램을 이용하여 측정모형검증과 구조모형검증 2단계로 검증을 진행한다.

PART IV

3 SPSS로 사전분석 진행

AMOS로 구조모델을 분석하기 전 SPSS로 사전분석을 하는데 데이터 핸들링부터 상관관계분석까지는 앞의 PART 3을 참고하면 된다. 본 파트에서는 각 분석의 논문 제시 방법만 안내하겠다.

1) 데이터 핸들링

AMOS는 결측치가 있으면 오류 발생으로 분석이 진행되지 않아 결측치가 없어야 하기 때문에 빈도분석으로 결측치를 확인하고 결측값이 있는 문항을 삭제하는 것이 좋다. 또한 역코딩할 변수를 확인하여 역코딩을 진행한다.

2) 신뢰도 분석

※ 논문 제시하기

혁신성의 신뢰도(Cronbach's alpha)는 .874로 나타났으며, 진취성은 .784, 위험감수성은 .861, 창업기회인식은 .844, 창업의지는 .909로 나타나 수용할 만한 수준인 것으로 확인되었다.

[표1] 신뢰도 분석 결과

변수	Cronbach's alpha	항목수
혁신성	.874	5
진취성	.784	5
위험감수성	.861	5
창업기회인식	.844	5
창업의지	.909	5

※ 문항의 신뢰도 분석은 요인분석으로 최종 문항이 결정된 후에 진행하는 것이 일반적이나 확인적 요인 분석 전에 잠재변수에 대한 측정 문항의 신뢰도를 먼저 제시하고 확인적 요인분석 후 다시 제시할 수도 있다.

3) 빈도 분석

※ 논문 제시하기

연구 대상자의 인구사회학적 특성은 〈표 2〉와 같다. 성별의 경우 남성은 168명(27.65%), 여성은 440명(72.4%)로 나타났다. 학년은 1학년이 183명(30.1%)로 가장 많았고, 4학년 167명(27.5%), 3학년 145명(23.8%), 2학년 113명(18.8%) 순으로 나타났다.

[표2] 연구 대상자의 인구사회적 특성

구분	분류	빈도(명)	비율(%)
성별	남성	168	27.6
	여성	440	72.4
학년 (n=608)	1학년	183	30.1
	2학년	113	18.6
	3학년	145	23.8
	4학년	167	27.5

4) 기술통계 분석

※ 논문 제시하기

주요 변수의 기술통계 및 정규성을 검토한 결과는 〈표 3〉에 제시된 바와 같다. 주요 변수의 평균을 살펴보면, 독립변수인 혁신성 1~5번 문항은 5점 만점에 평균 3.23~3.64점(SD=.93~1.03)으로, 진취성 1~5번 문항은 5점 만점에 평균 3.44~4.04점(SD=.78~1.00), 위험감수성 1~5번 문항은 5점 만점에 평균 2.88~3.26점(SD=.91~1.06)으로 나타났다. 종속변수인 창업의지 1~5번 문항은 5점 만점에 평균 2.42~3.15점(SD=1.12~1.25)으로 나타났다. 매개변수인 기회인식 1~5번 문항은 5점 만점에 평균 3.3~3.72점(SD=.86~1.01)으로 분석되었다.

West, Fisnch and Curran(1995)은 정규분포의 기준을 |왜도|〈3, |첨도|〈8으로 제시하고 있는데, 주요 변수들의 왜도와 첨도를 확인해 본 결과 각각 절댓값 1미만의 값을 보여 모두 정규성을 띄고 있는 것으로 나타나 구조방정식모델을 사용하기에 무리가 없는 것으로 확인되었다.

[표3] 주요 변수의 기술통계

구분	평균	표준편차	왜도	첨도
혁신성1	3.55	0.94	−0.35	−0.38
혁신성2	3.23	1.03	−0.09	−0.66

구분	평균	표준편차	왜도	첨도
혁신성3	3.37	0.99	−0.24	−0.63
혁신성4	3.64	0.93	−0.46	−0.19
혁신성5	3.28	1.02	−0.09	−0.64
진취성1	4.04	0.78	−0.55	−0.02
진취성2	3.63	0.98	−0.36	−0.34
진취성3	3.44	0.96	−0.23	−0.28
진취성4	3.54	1.00	−0.37	−0.38
진취성5	3.54	0.92	−0.25	−0.45

– 생 략 –

5) 상관관계 분석

※ 논문 제시하기

주요 변수 간 상관관계를 확인한 결과는 〈표 4〉와 같다. 구체적으로 살펴보면, 혁신성과 진취성은 r=.618(p<.001), 혁신성과 위험감수성은 r=.522(p<.001), 혁신성과 기회인식은 r=.613(p<.001), 혁신성과 창업의지는 r=.476(p<.001), 진취성과 위험감수성은 r=.531(p<.001), 진취성과 기회인식 r=.540(p<.001), 진취성과 창업의지는 r=.414(p<.001), 위험감수성과 기회인식은 r=.486(p<.001), 위험감수성과 창업의지는 r=.431p<.001), 기회인식과 창업의지는 r=.387(p<.001)로 나타나 모두 정적인 관계에 있는 것으로 확인되었다. 일반적으로 변수 간의 상관계수가 .8 이상이면 다중공선성의 위험이 있다고 볼 수 있으나, 다중공선성이 의심되는 변수는 없는 것으로 나타났다.

[표4] 주요 변수 간 상관관계

평균	1	2	3	4	5
1. 혁신성	1				
2. 진취성	.618***	1			
3. 위험감수성	.522***	.531***	1		
4. 기회인식	.613***	.540***	.486***	1	
5. 창업의지	.476***	.414***	.431***	.387***	1

*P<.05. **P<.01. ***P<.001

※ 확인적 요인분석 후 최종 문항에 대한 상관분석은 판별타당도 분석을 통해 진행하나 변수들 간의 다중공선성 문제가 있는지 사전에 파악하기 위해 사전에 진행하여 문제가 있는지 여부를 확인한다. 다중공선성 문제는 독립변수들 간의 공통된 부분이 많아 발생하는 문제를 말하는데 상관관계가 높아 다정공선성에서 문제가능성이 있는 독립변수는 VIF 지수를 통해 확인한다.

PART Ⅳ

4 측정모델 검증: 확인적 요인분석 (Confirmatory Factor Analysis; CFA)

1) 주요 개념

이미 검증된 측정도구(이론적 근거)를 사용할 때 문제가 없는지 확인하기 위한 분석으로 측정모델 검증 및 변수와 하위 문항의 관계를 확인한다.

확인적 요인분석은 잠재변수와 관찰변수 간 관계 및 잠재변수 간 관계를 검증하는 것을 말한다. 즉 탐색적 요인분석이 여러 개의 변수를 유사한 항목으로 묶어서 최초의 변수의 수보다 작은 요인으로 축소(차원감소)하여 상호관계를 분석하는 방법이라면 확인적 요인분석은 선행연구의 이론적 배경이나 문헌고찰 등 논리적 근거를 확인하기 위한 것으로 관찰변수와 잠재변수 간 관계를 사전에 가정 및 정의하고 이를 기반으로 가설구조를 통계적으로 검증하기 위한 이론 검증과정 측면이 강하다고 할 수 있다.

• Check point : 측정모델 분석 절차

① 작업창 크기를 조정하여 측정모델 그리기

② 주요 변수명을 입력하고, SPSS 파일의 데이터 불러오기

③ 분석옵션을 설정하고 모델을 저장하여 분석을 진행

④ 주요 모델적합도 지수로 측정모델의 적합도 확인

⑤ 집중 및 판별타당도 검증 수행

⑥ 측정모델 검증 확인 후, 구조모델 검증

⑦ 적합도 지수 또는 타당도가 기준에 미달하는 경우 모델 수정 또는 연구모델 재검토

■ AMOS 실습: 확인적 요인분석

연구문제 : 기업가정신, 창업기회인식, 창업의지의 측정모델을 검증한다.

관련자료 : 4. 구조방정식을 활용한 통계분석

① 분석데이터 셋팅

Data File아이콘(▦)을 누르고 [File Name]을 클릭한다. 분석에 사용할 SPSS 파일을 선택하고 열기와 OK를 클릭한다.

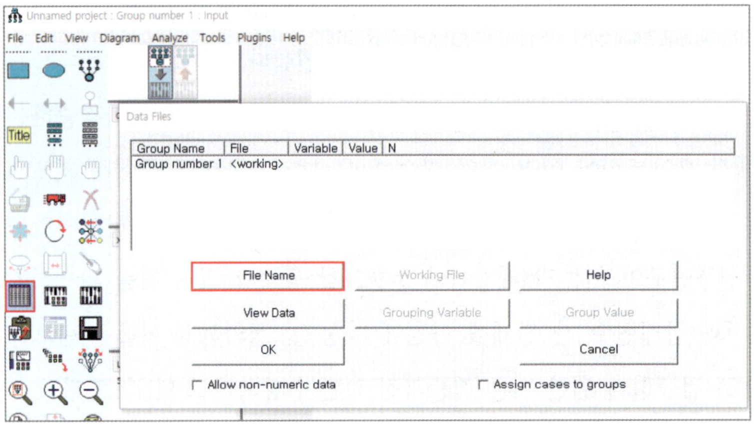

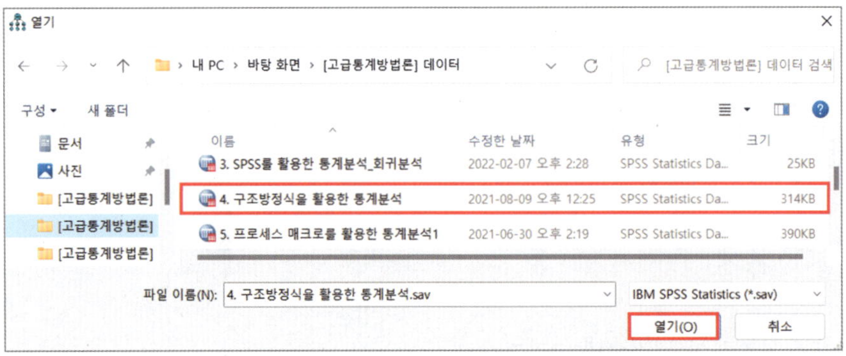

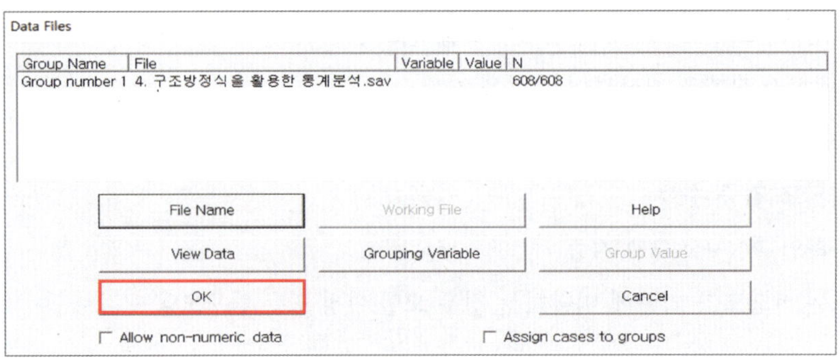

② AMOS에서 분석 모델 그리기

SPSS의 분석메뉴(왼쪽) 또는 프로그램 파일로 직접 실행(왼쪽)한다.

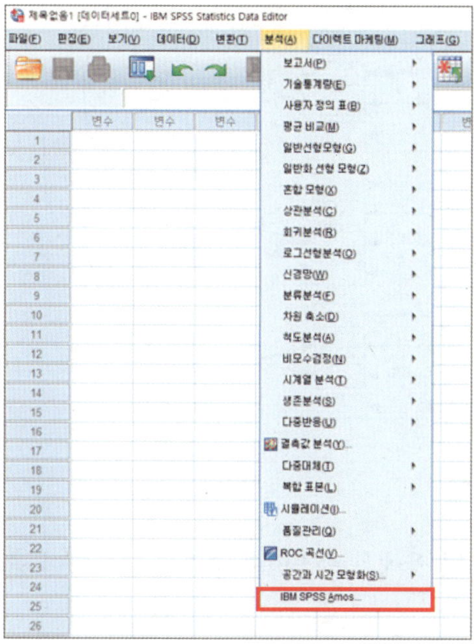

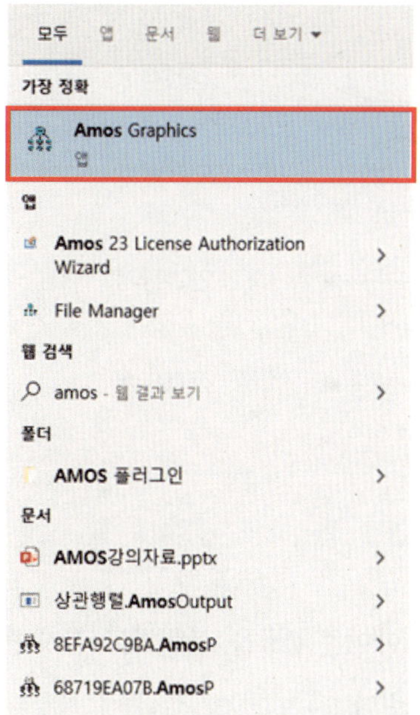

[View] 메뉴를 선택하고 [Interface Properties]를 클릭한다. 원하는 ‘Paper size(Landscape-A4)’를 선택하고 Apply를 클릭(or 창닫기)하여 작업창을 조정한다.

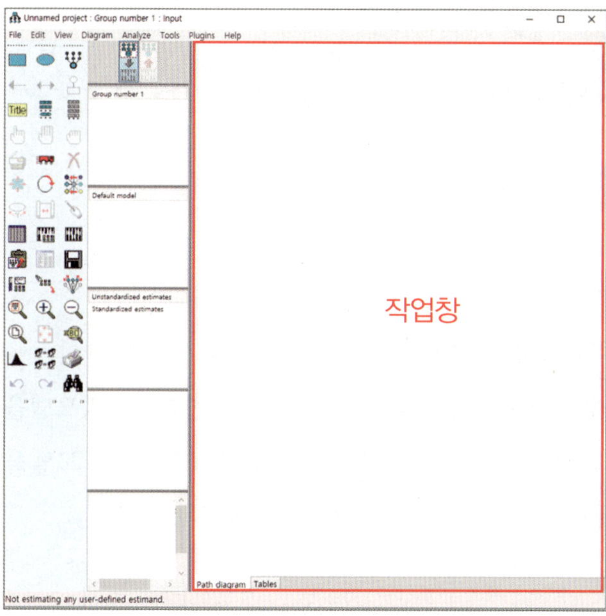

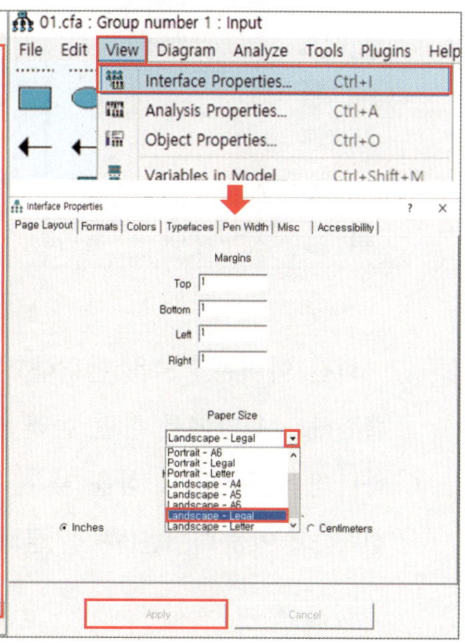

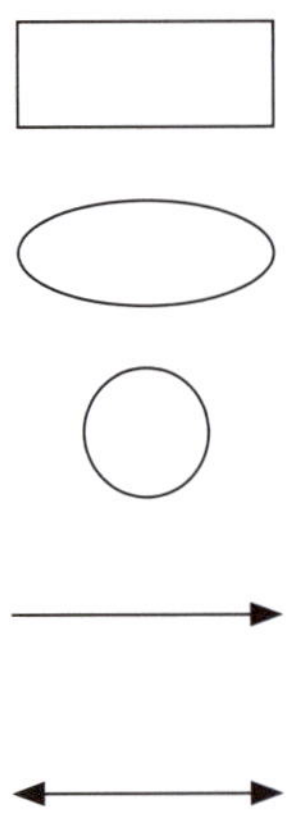

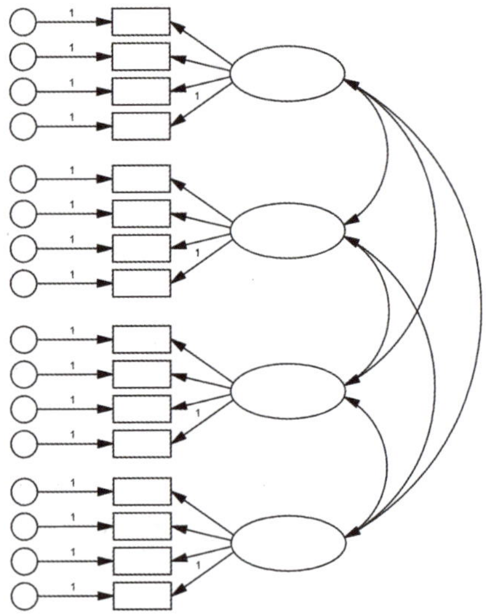

잠재변수 아이콘()을 선택하고 잠재변수 원 안에서 측정변수 수만큼 클릭하여 측정모델을 그린다.

앞에서 그린 모델과 같은 측정모델을 사용한다면 복사 아이콘()을 클릭하고 처음 그린 측정모델을 드래그하여 외생(독립), 내생(매개), 최종 내생(종속) 등의 변수를 만든다.

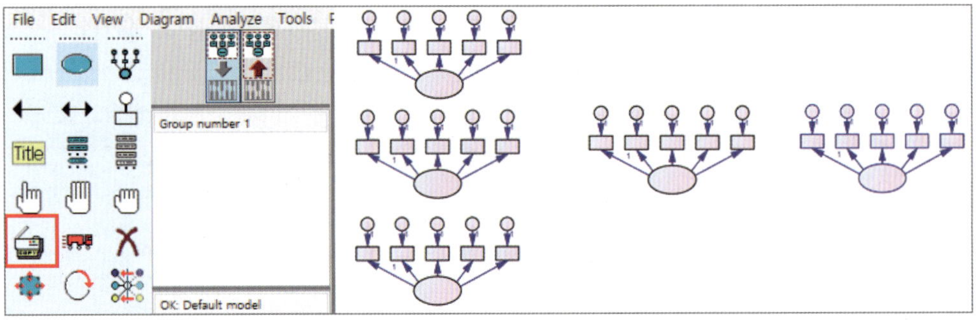

회전 아이콘()을 클릭하고 원안에서 한번 눌러 회전시킨 후 대칭 아이콘을 클릭하고 원안에서 한번 눌러 대칭시켜 측정모델의 배치를 조정한다. 측정모델을 하나씩 이동시키고 싶을 때는 단일 선택 아이콘()을 클릭하여 원하는 모델을 선택하고 이동 아이콘()을 클릭하고 측정모델을 드래그하여 배치를 조정한다.

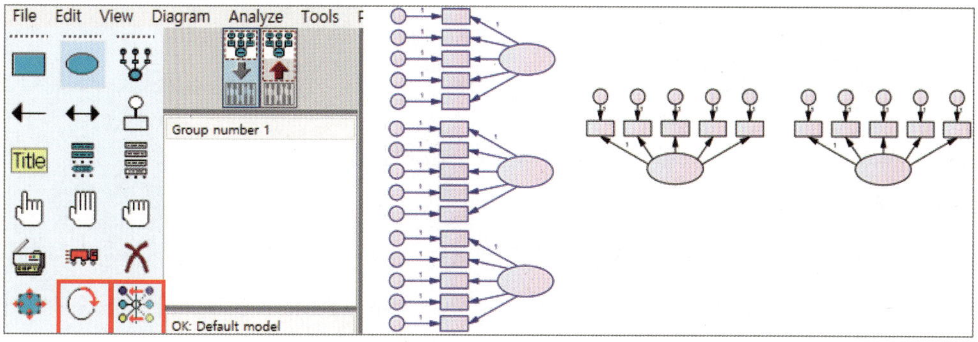

변수들의 상관관계를 연결하기 위해 잠재변수들만 선택 후 [Plugins]에서 [Draw Covariances(상관관계를 나타내는 화살표를 자동으로 그려줌)]를 클릭한다.

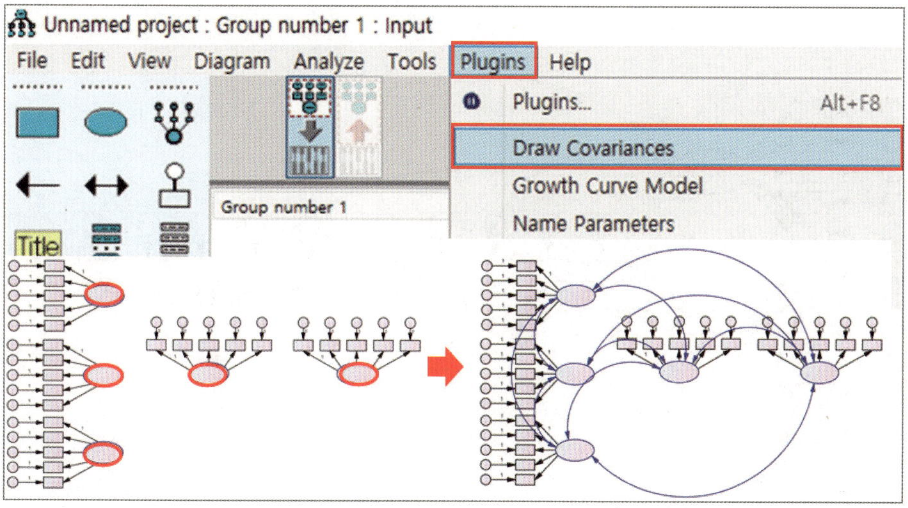

잠재변수들을 각각 더블 클릭 후 [Variable name]에 변수명을 입력하고 닫기 버튼을 누른다.

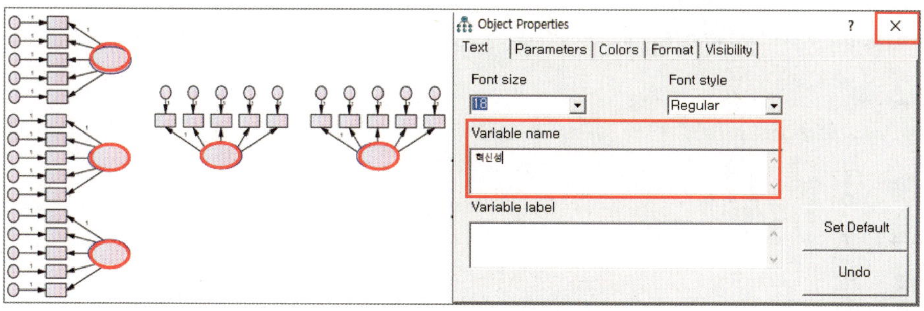

• Check point
: 잠재 변수명 입력 및 측정 변수명 고려사항

- Variable name에 잠재 변수명 입력 시 다음과 같을 때 오류가 발생한다.
  - SPSS의 변수명과 같을 경우
  - 띄어쓰기를 하는 경우 ex)'창업 의지'가 아닌 '창업의지'로 입력해야 함
  - SPSS 내부 데이터명에 e1, e2 와 같은 형식의 변수가 존재하는 경우, AMOS상의 오차항과 중복되어 분석이 되지 않으므로 SPSS상의 변수명을 수정해야 함
- SPSS 변수 이름이 아닌 레이블로 측정 변수명을 인식하므로 측정 변수를 수정하고 싶은 경우는 Variable label의 내용을 지우면 Variable name으로 인식한다.

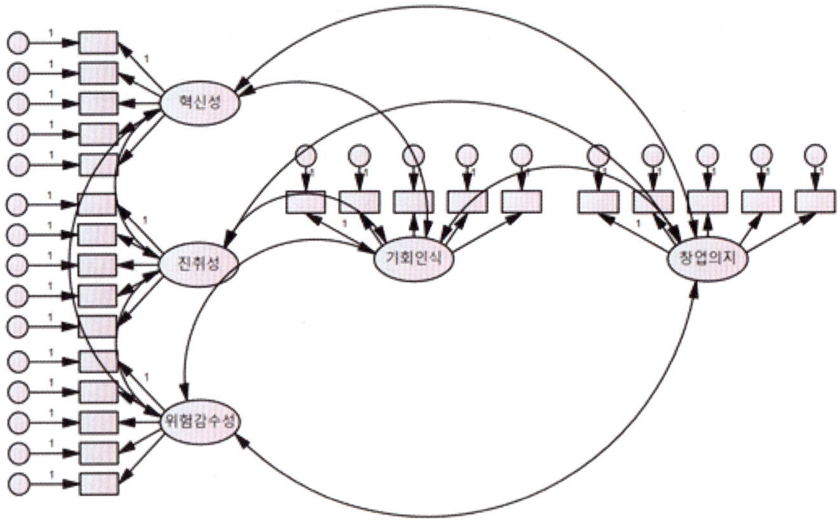

오차항 변수명을 넣기 위해 [Plugins]에서 [Name Unobserved Variables(오차항 변수명을 자동으로 생성)]을 클릭한다.

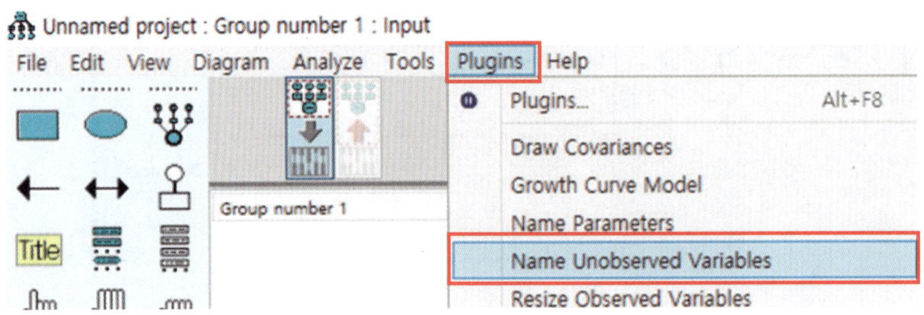

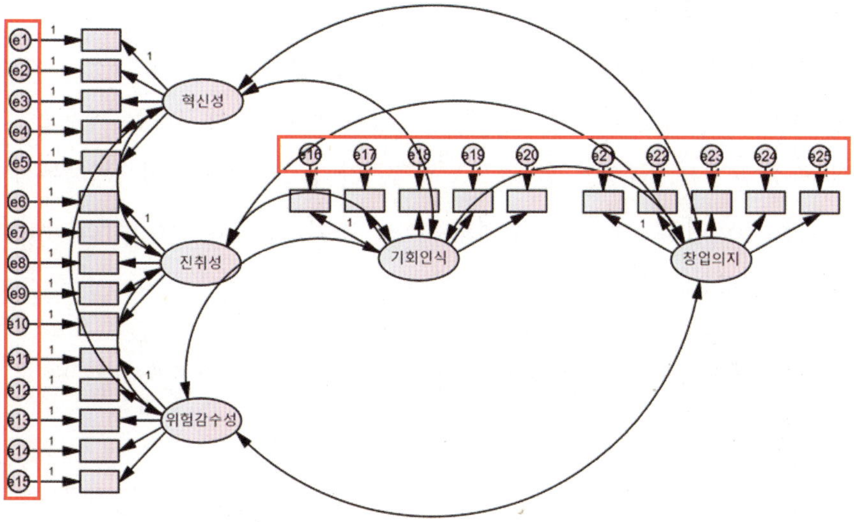

③ 변수입력

측정변수목록을 볼 수 있는 데이터셋팅 아이콘( )을 클릭하고 리스트에서 측정변수를 드래그하여 넣는다.

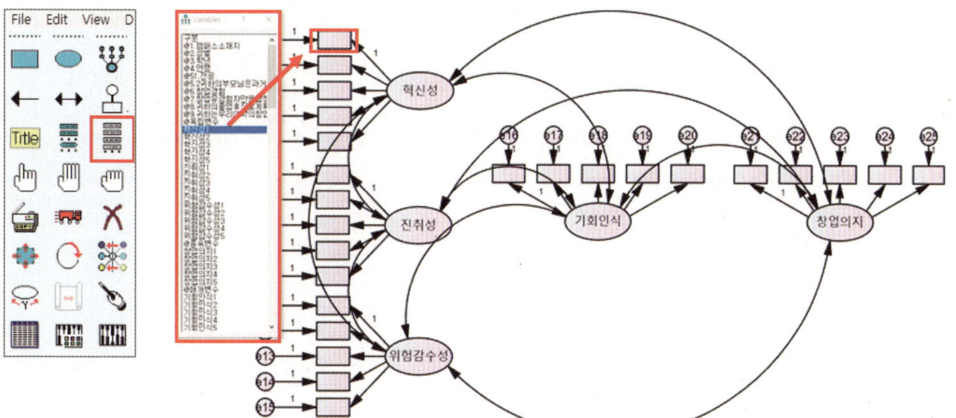

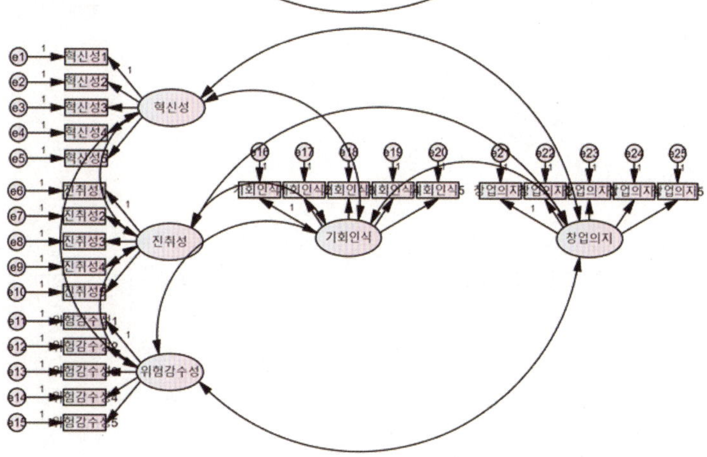

④ 분석 전 분석 옵션 설정하기

분석 전 분석의 종류에 따라 분석 옵션을 설정하는데 분석 옵션을 설정하는 방식은 아래 체크 포인트와 같다. 분석의 종류에 따라 체크하는 메뉴를 다르게 하는데 측정변수가 정규분포를 따르고 결측치가 없을 때 확인적 요인 분석에서는 'Minimization history', 'Standardizes estimates', 'Squared multiple correlations', 'Modification indices'를 체크한다.

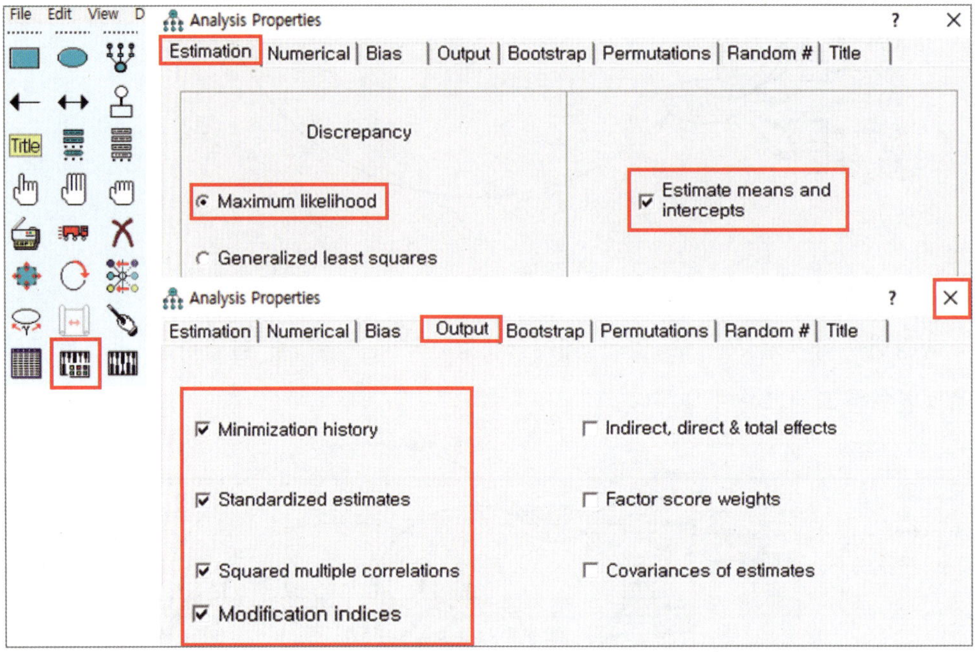

• Check point
: AMOS를 이용한 확인적 요인 분석 옵션 설정 순서

① 분석옵션 아이콘 클릭

② Estimation탭 선택

③ Maximum likelihood 체크

④ Output탭 선택

⑤ Minimization history, Standardizes estimates, Squared multiple correlations, Modification indices 체크

⑥ 닫기 버튼(or Esc)

• Check point
: AMOS 주요 분석옵션

• Maximum likelihood: 최대우도법으로 측정변수가 정규분포를 따를 때 사용하고 측정한 데이터를 활용하여 모수일 가능성을 최대로 높여 추정하는 방법이다.

• Estimate means and intercepts: 각 변수의 평균과 절편을 계산하여 결측치에 대해서 임의로 추정할 때 체크한다. 결측치가 있을 경우에 체크하지 않으면 오류가 발생한다.

• Minimization history: 데이터와 연구 모델의 불일치 정도를 요약한 결과이다.

• Standardized estimates: 표준화 계수를 추정한 결과이다.

• Squared multiple correlations: 다중상관계수로 변수간의 설명력을 나타내는 수치이다.

• Modification indices: 모델 적합도를 향상시키기 위한 수정 지수이다.

⑤ 저장하기

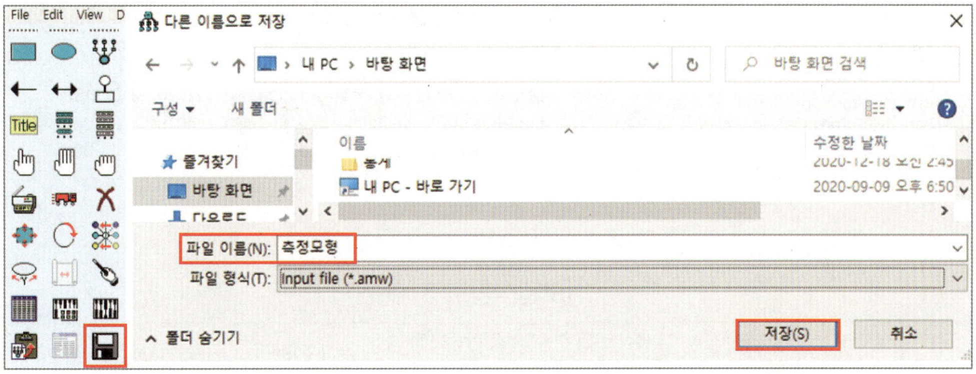

⑥ 분석진행 및 결과 확인

분석진행 아이콘( )클릭 후 분석결과 아이콘( )을 클릭한다.

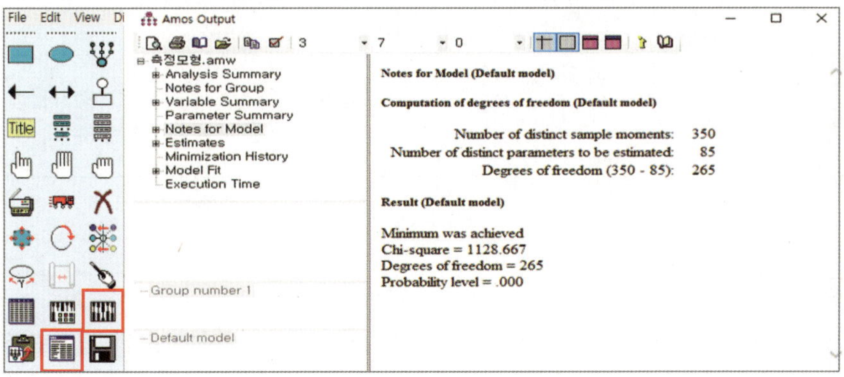

[Amos Output]에서 [Model Fit] 항목 중 모델적합도를 확인한다. 가장 많이 사용하는 χ^2(CMIN), TLI, CFI, RMSEA 지수 중심으로 확인한다.

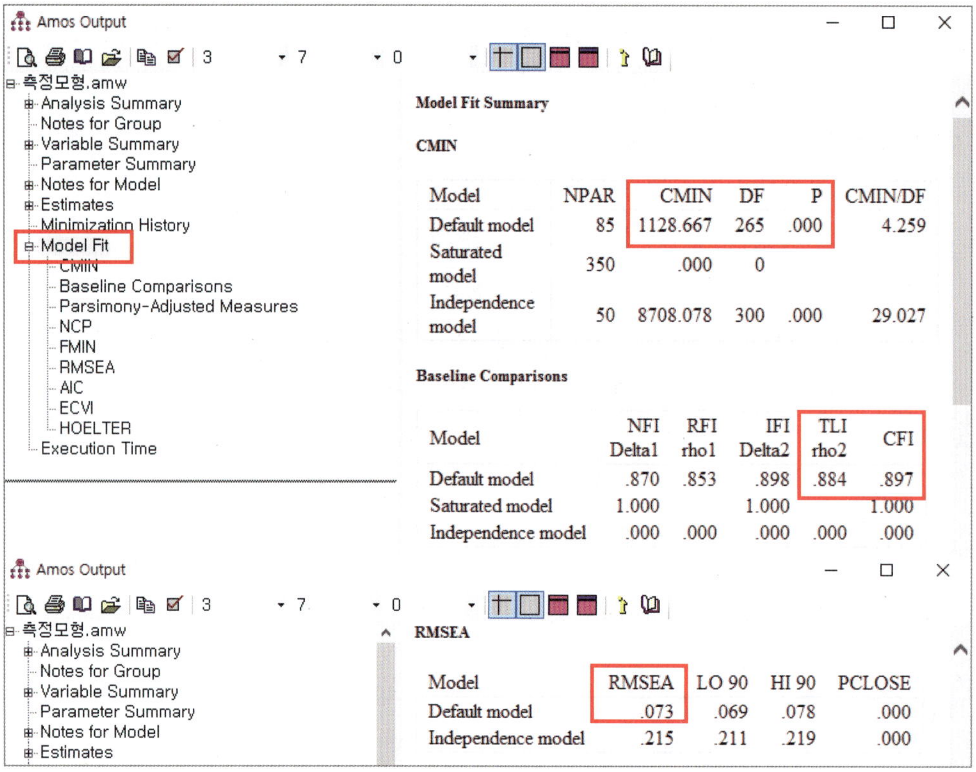

[모델적합도 지수]

절대적합지수	χ^2(CMIN)	P값이 0.05이상이면 적합	모델의 전반적인 적합도를 평가하는 지수, 데이터의 공분산행렬과 추정된 모델의 공분산행렬이 얼마나 적합한지 파악하는 지수
	GFI	0.9 이상이면 적합	
	AGFI	0.9 이상이면 적합	
	RMSEA	0.1 이하면 적합	
증분적합지수	NFI	0.9 이상이면 적합	데이터 모델이 경로를 표시하지 않은 모델보다 얼마나 잘 측정되었는지를 나타내는 지수
	TLI	0.9 이상이면 적합	
	CFI	0.9 이상이면 적합	
간명적합지수	PGFI	1에 가까울수록 적합	모델의 복잡성을 고려하여 모델의 재현성에 대한 평가를 중심으로 하는 지수
	PNFI	1에 가까울수록 적합	
	AIC	0에 가까울수록 적합	

⑦ 측정 모델의 적합도 향상

측정 모델의 적합도가 낮을 경우 다음의 순서대로 하나씩 확인하며 모델 적합도를

• Check point
: 모델적합도 지수 χ^2(CMIN)

χ^2(CMIN)은 P값이 0.05 이상이 되어야 모델이 적합하다는 기준에 부합하지 않아도 그 모델을 사용한다. 이유는 자료가 정규분포를 따른다는 가정으로 완벽한 모델 기준을 설정하고 있기 때문이다. 하지만 실제 데이터는 복잡하고 정규 분포를 따르지 않는 경우가 많아 완벽한 수치와는 차이가 나타난다. 가장 완벽한 모델과 실제 데이터를 적용한 모델 간의 차이가 유의하다고 판단하여 P값이 0.05 미만으로 나타나는 경우가 생긴다.

향상시킨다. 만약 삭제할 문항이 있다면 한번에 여러 문항을 삭제하지 않고 한 문항씩 삭제하며 모델 적합도를 확인한다.

[측정모델의 적합도 향상 방법]

구분	제거기준	모델적합도와의 관계
Regression Weights의 P값	0.05 이상	모델적합도가 좋아도 0.05 이상이면 삭제
Standardized Regression Weights(표준화계수)	0.5 미만	모델적합도가 좋으면 0.05 미만이라도 삭제하지 않음
Variances(측정오차의 분산)	음수	모델적합도가 좋아도 음수면 삭제
Squared Multiple Correlations(설명력)	0.4 미만	모델적합도가 좋으면 0.4 미만이라도 삭제하지 않음
구분	**방법**	
Modification indices	Covariances 측정오차 간의 가장 높은 값을 확인하여 상관관계 화살표를 그려준다.	

2) 결과 해석하기

① 문항의 유의성 확인

Regression Weights의 P값 확인 후 기준에 맞지 않는 측정변수는 제거해야 한다. [Estimates]에서 Regression Weights P값을 확인한다. [Standardized Regression Weights(표준화계수)]를 확인하고 유의하지 않은 경우는 해당 측정변수를 제거 후 다시 측정모델 분석하여 P값을 확인한다. 재분석 후 유의하지 않은 경우에는 모든 경로가 유의하게 나올 때 까지 측정변수를 제거한다.

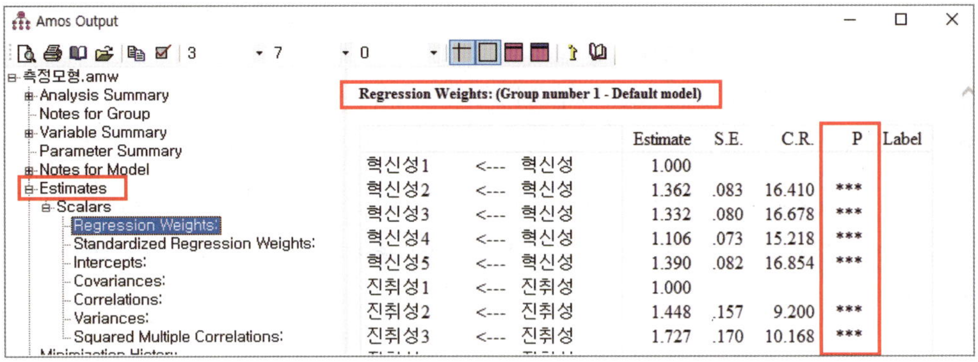

Amos Output

측정모형.amw
- Analysis Summary
- Notes for Group
- Variable Summary
- Parameter Summary
- Notes for Model
- Estimates
  - Scalars
    - Regression Weights:
    - Standardized Regression Weights:
    - Intercepts:
    - Covariances:
    - Correlations:
    - Variances:
    - Squared Multiple Correlations:

Regression Weights: (Group number 1 - Default model)

			Estimate	S.E.	C.R.	P	Label
혁신성1	<---	혁신성	1.000				
혁신성2	<---	혁신성	1.362	.083	16.410	***	
혁신성3	<---	혁신성	1.332	.080	16.678	***	
혁신성4	<---	혁신성	1.106	.073	15.218	***	
혁신성5	<---	혁신성	1.390	.082	16.854	***	
진취성1	<---	진취성	1.000				
진취성2	<---	진취성	1.448	.157	9.200	***	
진취성3	<---	진취성	1.727	.170	10.168	***	

② Standardized Regression Weights(표준화계수) 확인

[Estimates]-[Standardized Regression Weights(표준화계수)] 0.5 미만 측정변수를 확인한다. 모두 0.5 이상일 경우 [Variances(측정오차의 분산)] 확인하며, 0.5 미만일 경우 가장 낮은 값을 가진 측정변수와 측정오차를 순서대로 제거한 후 재분석 및 확인한다.

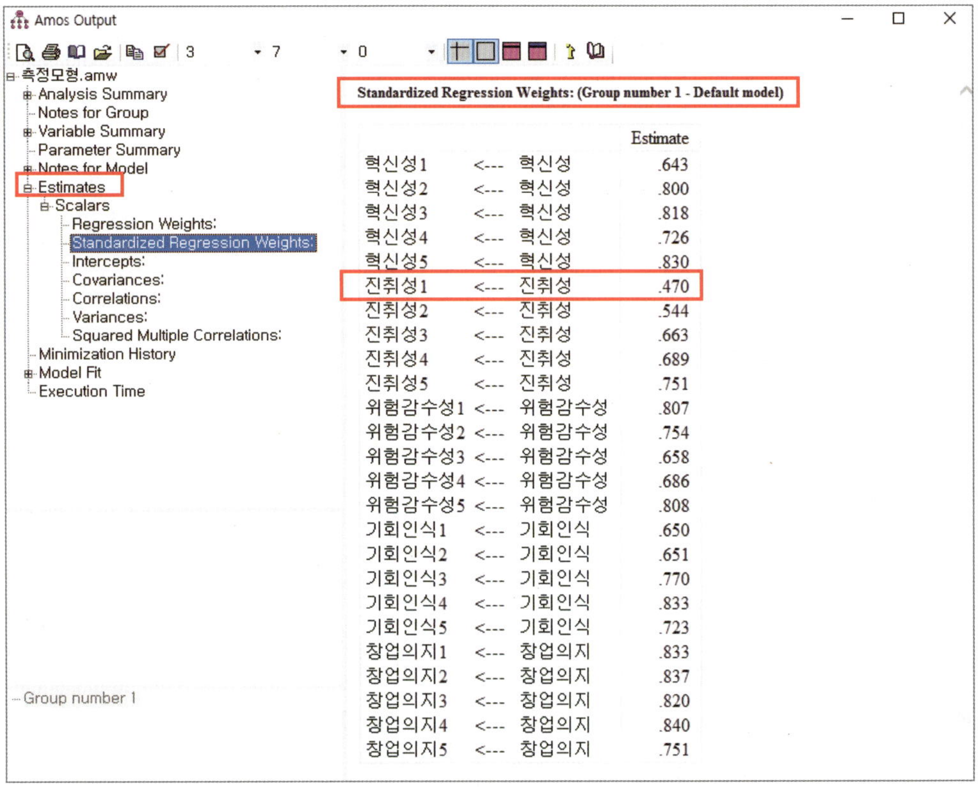

Amos Output

측정모형.amw
- Analysis Summary
- Notes for Group
- Variable Summary
- Parameter Summary
- Notes for Model
- Estimates
  - Scalars
    - Regression Weights:
    - Standardized Regression Weights:
    - Intercepts:
    - Covariances:
    - Correlations:
    - Variances:
    - Squared Multiple Correlations:
- Minimization History
- Model Fit
- Execution Time

Group number 1

Standardized Regression Weights: (Group number 1 - Default model)

			Estimate
혁신성1	<---	혁신성	.643
혁신성2	<---	혁신성	.800
혁신성3	<---	혁신성	.818
혁신성4	<---	혁신성	.726
혁신성5	<---	혁신성	.830
진취성1	<---	진취성	.470
진취성2	<---	진취성	.544
진취성3	<---	진취성	.663
진취성4	<---	진취성	.689
진취성5	<---	진취성	.751
위험감수성1	<---	위험감수성	.807
위험감수성2	<---	위험감수성	.754
위험감수성3	<---	위험감수성	.658
위험감수성4	<---	위험감수성	.686
위험감수성5	<---	위험감수성	.808
기회인식1	<---	기회인식	.650
기회인식2	<---	기회인식	.651
기회인식3	<---	기회인식	.770
기회인식4	<---	기회인식	.833
기회인식5	<---	기회인식	.723
창업의지1	<---	창업의지	.833
창업의지2	<---	창업의지	.837
창업의지3	<---	창업의지	.820
창업의지4	<---	창업의지	.840
창업의지5	<---	창업의지	.751

③ Variances(측정오차의 분산) 확인

[Estimates]-[Variances]의 Estimates에서 음수가 있는지 확인한다. 양수는 [Squared Multiple Correlations(설명력)]를 확인할 수 있으며 음수(Heywood case 또는 음오차분산)는 측정오차에 연결된 측정변수를 제거한 후 재분석하여 모델적합도를 확인할 수 있다.

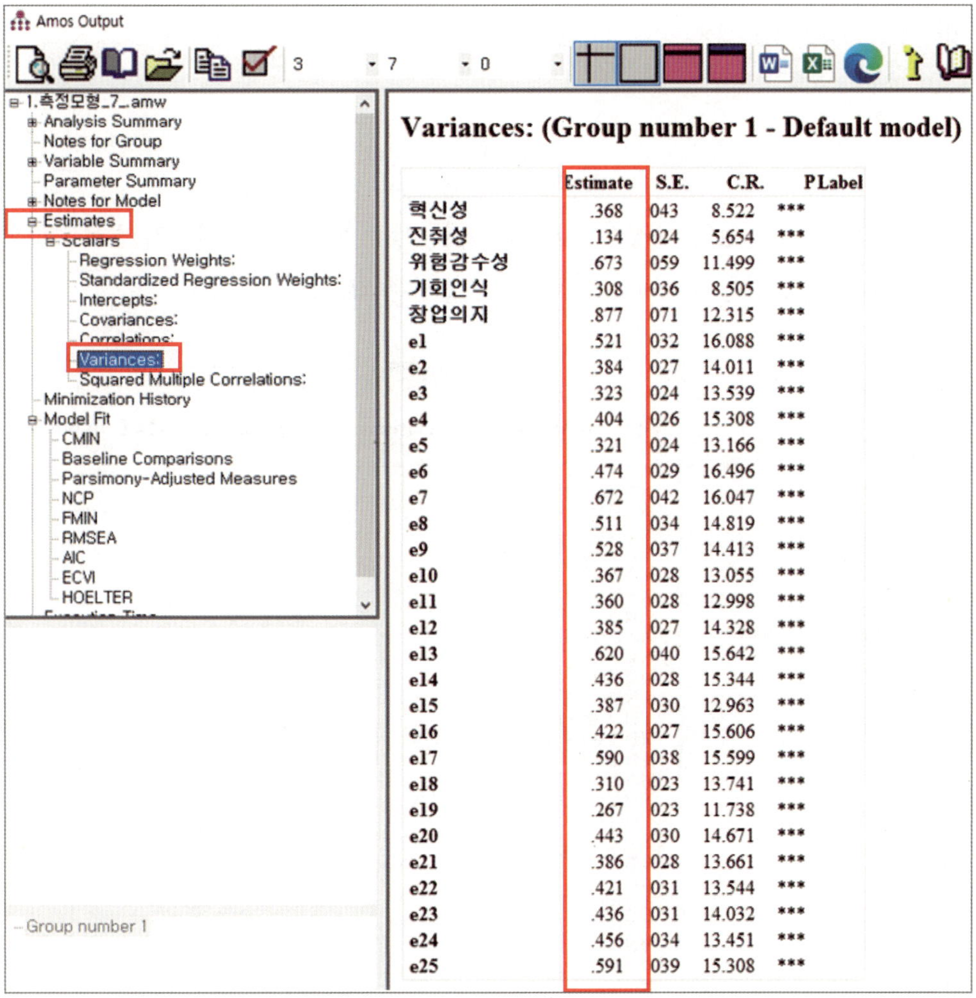

Variances: (Group number 1 - Default model)

	Estimate	S.E.	C.R.	P	Label
혁신성	.368	043	8.522	***	
진취성	.134	024	5.654	***	
위험감수성	.673	059	11.499	***	
기회인식	.308	036	8.505	***	
창업의지	.877	071	12.315	***	
e1	.521	032	16.088	***	
e2	.384	027	14.011	***	
e3	.323	024	13.539	***	
e4	.404	026	15.308	***	
e5	.321	024	13.166	***	
e6	.474	029	16.496	***	
e7	.672	042	16.047	***	
e8	.511	034	14.819	***	
e9	.528	037	14.413	***	
e10	.367	028	13.055	***	
e11	.360	028	12.998	***	
e12	.385	027	14.328	***	
e13	.620	040	15.642	***	
e14	.436	028	15.344	***	
e15	.387	030	12.963	***	
e16	.422	027	15.606	***	
e17	.590	038	15.599	***	
e18	.310	023	13.741	***	
e19	.267	023	11.738	***	
e20	.443	030	14.671	***	
e21	.386	028	13.661	***	
e22	.421	031	13.544	***	
e23	.436	031	14.032	***	
e24	.456	034	13.451	***	
e25	.591	039	15.308	***	

④ Squared Multiple Correlations(설명력) 확인

[Estimates]-[Squared Multiple Correlations(설명력)]에서 설명력이 0.4 미만인지 확인한다. 0.4 이상일 경우 모델적합도 지수를 최종 확인 후, 측정모델로 사용할지 여부를 판단하면 되며, 0.4 미만일 경우 가장 낮은 값을 가진 측정변수부터 제거한 후, 재분석하여 모델적합도 확인한다.

• Check point
: 측정오차의 분산을 삭제하지 않고 모델 적합도를 향상시키는 방법

오차의 분산을 작은 수로 고정 시키는 방법이다. 측정오차를 더블 클릭하여 [Object Properties] 창의 [Paraments] 탭을 클릭하고 Variances 값을 0.005로 설정한다. 측정오차의 분산은 잠재변수가 측정변수를 설명하지 못하는 정도를 말한다. 음수가 나왔다는 것은 잠재변수가 측정변수를 100% 또는 그 이상을 설명한다는 것이므로 최대한 100%에 맞게 설정해준다.

SMC 값이 0.4 미만인 측정변수가 여러 개일 때는 한꺼번에 삭제하지 않고 1개씩 지워가면서 측정모델을 분석하고 SMC값을 확인하는 작업을 반복한다.

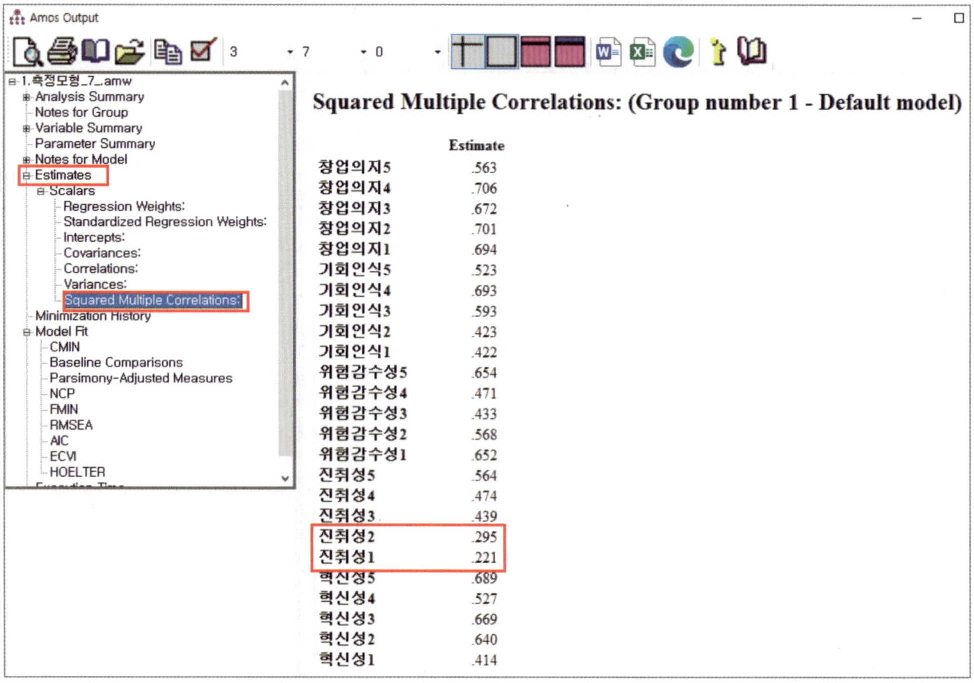

3) 확인 후 문제 해결하기

① 문항 제거하는 방법

측정모델 적합도를 향상하기 위해 각각의 기준 값을 확인해 표준화 계수 값이 .5 미만인 변수를 삭제한다. 그러나 잠재변수 내 측정변수들의 표준화계수 평균이 .5 이상일 경우에는 삭제하지 않아도 되며 .5 미만인 변수의 내용을 검토하여 이론적 근거가 부족한 문항은 삭제한다.

최종적으로 [Standardized Regression Weights(표준화계수)] .5 미만인 변수와 [Squared Multiple Correlations(설명력)] .4 미만인 변수인 진취성1, 진취성2를 제거했다. 제거 아이콘을 누르고 측정변수와 측정오차를 제거했다.

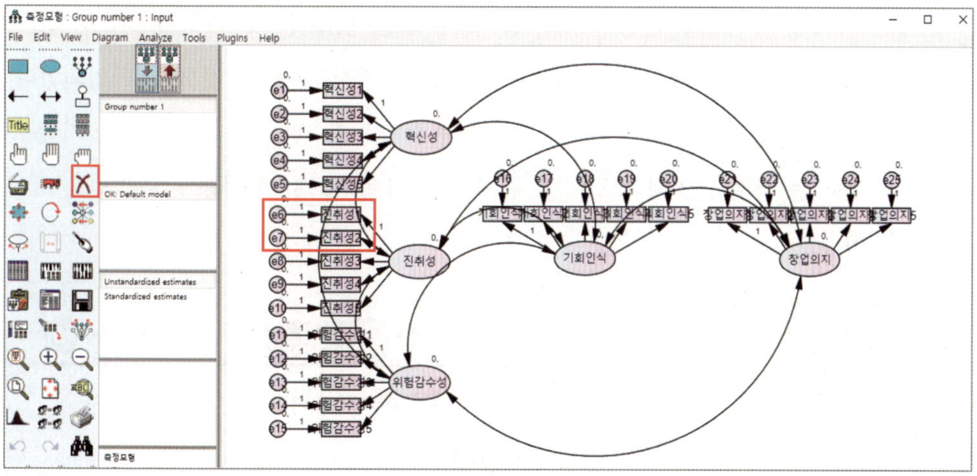

② Regression weight 값이 1인 문항을 지웠을 경우 조치 방법

진취성 1번은 Regression weight 값이 1이기 때문에 지울 경우 분석에 오류가 발생한다. 따라서 남은 문항에서 Regression weight 값을 1로 설정해 줘야 한다. 잠재변수인 진취성과 측정변수인 진취성3을 연결해주는 인과관계 화살표를 더블클릭하여 나오는 Object Properties창의 Parameters탭에서 Regression weight 값을 1로 설정하고 분석을 재진행하면 오류 없이 분석이 진행된다. 측정모델이 향상되었는지 분석결과를 확인한다.

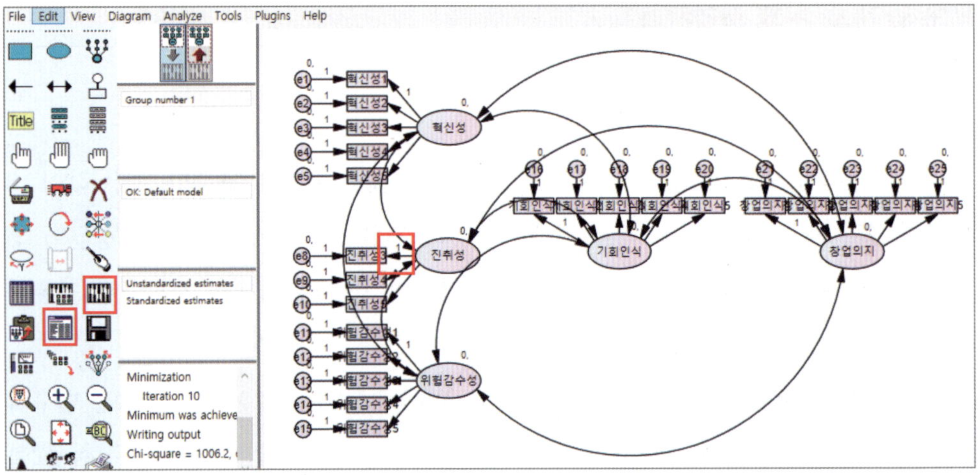

앞에서 제시한 두 개의 문항을 제거한 결과 모델적합도는 χ^2=1006.242(P<.001), TLI=.888, CFI=.902, RMSEA=.077로 기준을 충족하지 못한 것으로 확인되었다. 모델적합도를 판단하는 값을 확인하여 모델적합도를 판단하는 수치가 기준을 충족하지 못하는 경우가 있더라도 이 연구 모델을 사용하고자 한다면 이론적인 근거를 제시해야 한다.

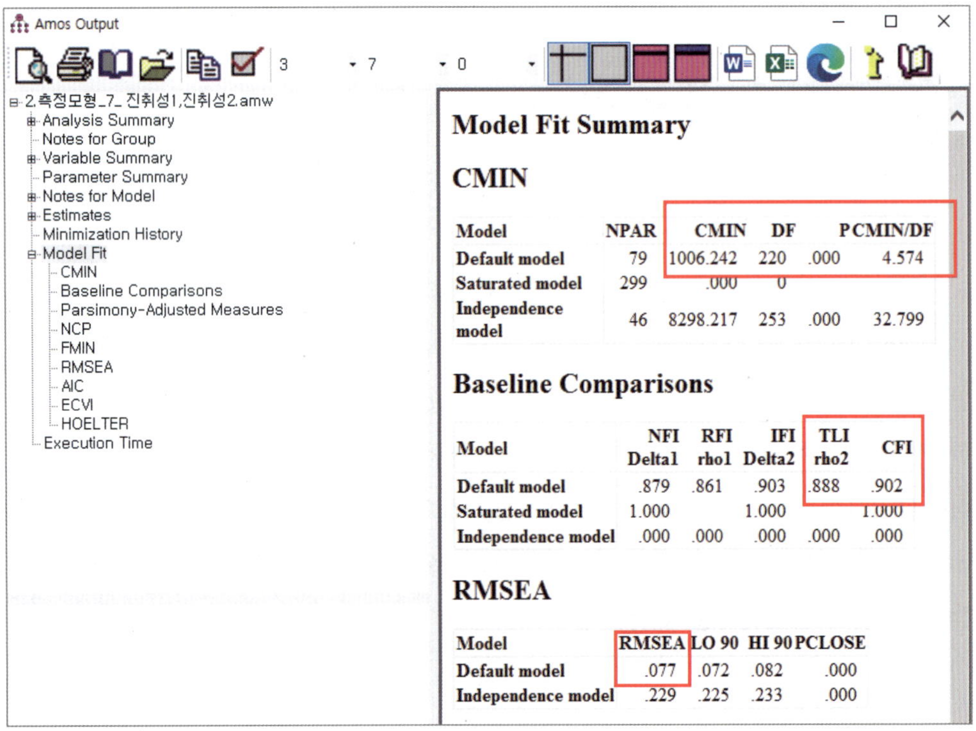

Model Fit Summary

CMIN

Model	NPAR	CMIN	DF	P	CMIN/DF
Default model	79	1006.242	220	.000	4.574
Saturated model	299	.000	0		
Independence model	46	8298.217	253	.000	32.799

Baseline Comparisons

Model	NFI Delta1	RFI rho1	IFI Delta2	TLI rho2	CFI
Default model	.879	.861	.903	.888	.902
Saturated model	1.000		1.000		1.000
Independence model	.000	.000	.000	.000	.000

RMSEA

Model	RMSEA	LO 90	HI 90	PCLOSE
Default model	.077	.072	.082	.000
Independence model	.229	.225	.233	.000

③ SMC를 확인하였으나 모델 적합도를 충족하지 못할 경우 조치 방법

[Modification indices]에서 [Covariances]를 선택 후 측정오차 간의 공분산 값을 확인하여 가장 높은 값을 확인하여 상관관계 화살표를 그려주고 분석을 진행한다. 이 때 두 문항의 공분산을 설정하는 이론적인 근거를 제시해야한다.

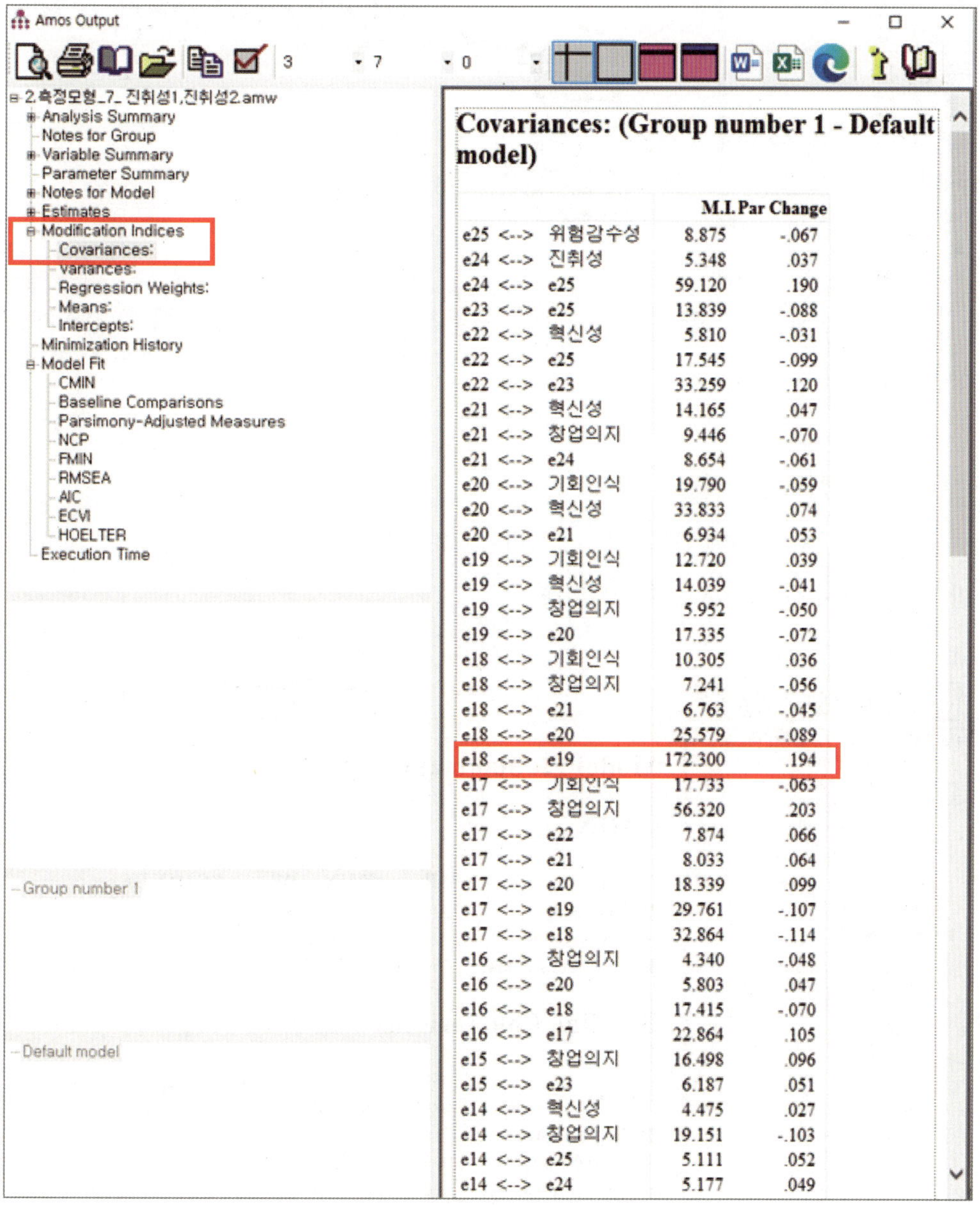

Covariances: (Group number 1 - Default model)

			M.I.	Par Change
e25	<-->	위험감수성	8.875	-.067
e24	<-->	진취성	5.348	.037
e24	<-->	e25	59.120	.190
e23	<-->	e25	13.839	-.088
e22	<-->	혁신성	5.810	-.031
e22	<-->	e25	17.545	-.099
e22	<-->	e23	33.259	.120
e21	<-->	혁신성	14.165	.047
e21	<-->	창업의지	9.446	-.070
e21	<-->	e24	8.654	-.061
e20	<-->	기회인식	19.790	-.059
e20	<-->	혁신성	33.833	.074
e20	<-->	e21	6.934	.053
e19	<-->	기회인식	12.720	.039
e19	<-->	혁신성	14.039	-.041
e19	<-->	창업의지	5.952	-.050
e19	<-->	e20	17.335	-.072
e18	<-->	기회인식	10.305	.036
e18	<-->	창업의지	7.241	-.056
e18	<-->	e21	6.763	-.045
e18	<-->	e20	25.579	-.089
e18	<-->	e19	172.300	.194
e17	<-->	기회인식	17.733	-.063
e17	<-->	창업의지	56.320	.203
e17	<-->	e22	7.874	.066
e17	<-->	e21	8.033	.064
e17	<-->	e20	18.339	.099
e17	<-->	e19	29.761	-.107
e17	<-->	e18	32.864	-.114
e16	<-->	창업의지	4.340	-.048
e16	<-->	e20	5.803	.047
e16	<-->	e18	17.415	-.070
e16	<-->	e17	22.864	.105
e15	<-->	창업의지	16.498	.096
e15	<-->	e23	6.187	.051
e14	<-->	혁신성	4.475	.027
e14	<-->	창업의지	19.151	-.103
e14	<-->	e25	5.111	.052
e14	<-->	e24	5.177	.049

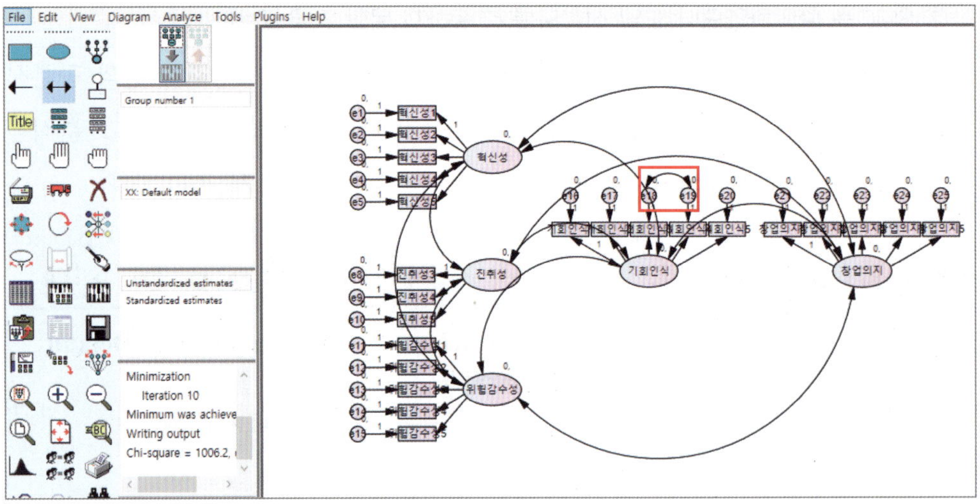

기회인식3번과 4번문항의 측정오차의 공분산 값이 높아 두 문항의 측정오차를 상관과계로 표시하였다.

④ 최종 측정모델을 확인

모델적합도는 χ^2=748.415(P<.001), TLI=.924, CFI=.934, RMSEA=.063로 나타나 만족할 만한 수준인 것으로 확인되었다.

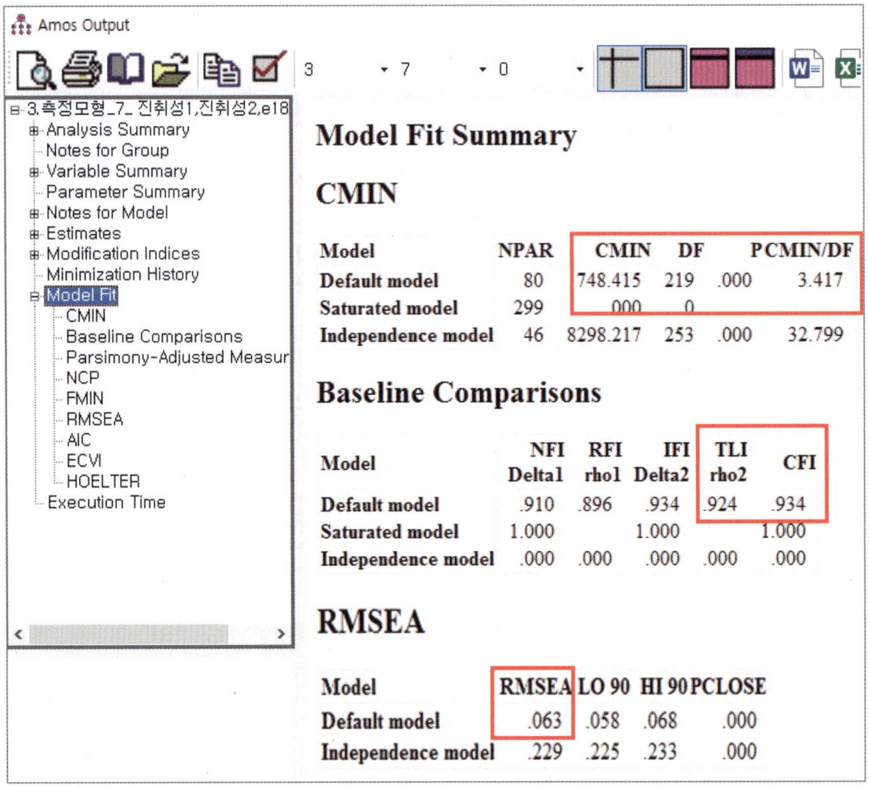

Model Fit Summary

CMIN

Model	NPAR	CMIN	DF	P	CMIN/DF
Default model	80	748.415	219	.000	3.417
Saturated model	299	.000	0		
Independence model	46	8298.217	253	.000	32.799

Baseline Comparisons

Model	NFI Delta1	RFI rho1	IFI Delta2	TLI rho2	CFI
Default model	.910	.896	.934	.924	.934
Saturated model	1.000		1.000		1.000
Independence model	.000	.000	.000	.000	.000

RMSEA

Model	RMSEA	LO 90	HI 90	PCLOSE
Default model	.063	.058	.068	.000
Independence model	.229	.225	.233	.000

• Check point
: 모델적합도 수준이 나오지 않을 경우

[Regression Weights], [Standardized Regression Weights], [Variances], [Squared Multiple Correlations]의 제거기준을 통해 측정변수를 단계적으로 삭제하고 측정오차간의 공분산을 연결하였어도 모델적합도가 나오지 않는다면 그 측정모델은 잘못되었다고 볼 수 있으며, 선행연구를 통해 모델을 수정해야 한다.

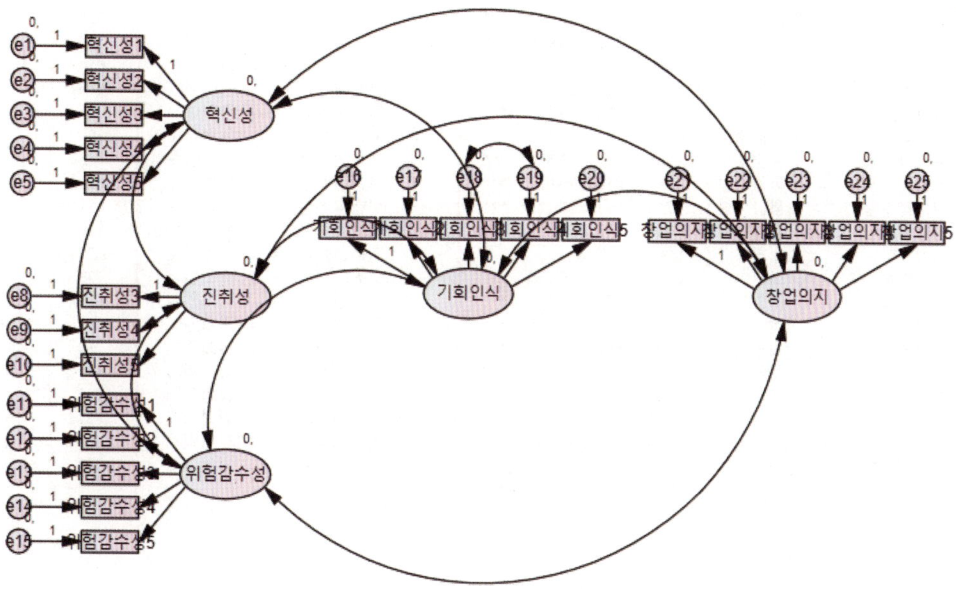

4) 논문 결과표 작성

[Amos Output]–[Estimates]–[Regression Weights] 표와 [Standardized Regression Weights]의 표를 각각 클릭한 후 마우스 오른쪽 버튼을 눌러 Copy를 클릭하여 엑셀 시트에 붙여 넣어 표를 양식에 맞게 재구성하여 결과표를 작성한다.

Regression Weights: (Group number 1 - Default model)

B

			Estimate	S.E.	C.R.	P	Label
혁신성1	<---	혁신성	1.000				
혁신성2	<---	혁신성	1.363	.083	16.470	***	
혁신성3	<---	혁신성	1.330	.080	16.712	***	
혁신성4	<---	혁신성	1.099	.072	15.182	***	
혁신성5	<---	혁신성	1.391	.082	16.915	***	
진취성3	<---	진취성	1.000				
진취성4	<---	진취성	1.092	.080	13.571	***	
진취성5	<---	진취성	1.115	.076	14.612	***	
위험감수성1	<---	위험감수성	1.000				
위험감수성2	<---	위험감수성	.865	.044	19.575	***	
위험감수성3	<---	위험감수성	.837	.050	16.651	***	
위험감수성4	<---	위험감수성	.756	.043	17.447	***	
위험감수성5	<---	위험감수성	1.041	.049	21.377	***	
기회인식1	<---	기회인식	1.000				
기회인식2	<---	기회인식	1.286	.084	15.276	***	
기회인식3	<---	기회인식	.898	.071	12.696	***	
기회인식4	<---	기회인식	1.104	.077	14.395	***	
기회인식5	<---	기회인식	1.322	.082	16.141	***	
창업의지1	<---	창업의지	1.000				
창업의지2	<---	창업의지	1.060	.043	24.609	***	
창업의지3	<---	창업의지	1.010	.042	23.895	***	
창업의지4	<---	창업의지	1.113	.045	24.654	***	
창업의지5	<---	창업의지	.931	.044	20.981	***	

Standardized Regression Weights: (Group number 1 - Default model)

β

			Estimate
혁신성1	<---	혁신성	.644
혁신성2	<---	혁신성	.802
혁신성3	<---	혁신성	.818
혁신성4	<---	혁신성	.722
혁신성5	<---	혁신성	.832
진취성3	<---	진취성	.654
진취성4	<---	진취성	.680
진취성5	<---	진취성	.758
위험감수성1	<---	위험감수성	.809
위험감수성2	<---	위험감수성	.753
위험감수성3	<---	위험감수성	.658
위험감수성4	<---	위험감수성	.684
위험감수성5	<---	위험감수성	.810
기회인식1	<---	기회인식	.674
기회인식2	<---	기회인식	.733
기회인식3	<---	기회인식	.593
기회인식4	<---	기회인식	.682
기회인식5	<---	기회인식	.789
창업의지1	<---	창업의지	.834
창업의지2	<---	창업의지	.837
창업의지3	<---	창업의지	.821
창업의지4	<---	창업의지	.838
창업의지5	<---	창업의지	.750

5) 논문 제시하기

[표5] 측정모델의 적합도 검증

잠재변수	측정변수	Estimates		S.E.	C.R.
		B	β		
혁신성	혁신성1	1.000	.644		
	혁신성2	1.363	.802	.083	16.47***
	혁신성3	1.330	.818	.080	16.712***
	혁신성4	1.099	.722	.072	15.182***
	혁신성5	1.391	.832	.082	16.915***
진취성	진취성3	1.000	.654		
	진취성4	1.092	.680	.080	13.571***
	진취성5	1.115	.758	.076	14.612***
위험감수성	위험감수성1	1.000	.809		
	위험감수성2	.865	.753	.044	19.575***
	위험감수성3	.837	.658	.050	16.651***
	위험감수성4	.756	.684	.043	17.447***
	위험감수성5	1.041	.810	.049	21.377***
기회인식	기회인식1	1.000	.674		
	기회인식2	1.286	.733	.084	15.276***
	기회인식3	.898	.593	.071	12.696***
	기회인식4	1.104	.682	.077	14.395***
	기회인식5	1.322	.789	.082	16.141***
창업의지	창업의지1	1.000	.834		
	창업의지2	1.060	.837	.043	24.609***
	창업의지3	1.010	.821	.042	23.895***
	창업의지4	1.113	.838	.045	24.654***
	창업의지5	.931	.750	.044	20.981***

*P<.05. **P<.01. ***P<.001

기업가정신(혁신성, 진취성, 위험감수성), 기회인식, 창업의지에 대한 초기 측정 모델의 적합도는 x^2=1128.667(P<.001), TLI=0.884, CFI=0.897, RMSEA=0.073으로 나타나 모델이 적합하지 않은 것으로 확인되었다. 이에 표준화된 요인적재량이 0.5미만인 진취성1 측정변수와 표준화계수가 낮은 순서대로 진취성2를 제거하였다. 최종 측정 모델의 적합도는 x^2=748.415(P<.001) TLI=0.924, CFI=0.934, RMSEA=0.063으로 나타나 만족할 만한 수준인 것으로 확인되었다. 확인적 요인분석 결과, 〈표 5〉와 같이 기업가정신(혁신성, 진취성, 위험감수성),기회인식, 창업의지 잠재변수에서 측정변수에 이르는 경로는 유의수준 .001에서 모두 유의한 것으로 나타났다.

PART Ⅳ

5 집중타당도와 판별 타당도

1) 집중타당도

- CR은 잠재변수를 구성하는 관측변수들의 내적 일치도를 의미하며 .7 이상이면 양호
- AVE는 잠재변수에 대해 관측변수들이 설명할 수 있는 분산의 크기 .5 이상이면 양호

[CR과 AVE 계산법]

■ **CR 및 AVE 산출 공식(Calculator 이용)**

CR(construct reliability) =

$$\frac{\text{표준부하량 합의 제곱}}{\text{표준부하량 합의 제곱} + \text{측정오차의 합}} = \frac{(\Sigma\lambda_{i1})^2}{(\Sigma\lambda_{i1})^2+\Sigma\varepsilon_{i1}}$$

AVE(average variance extracted) =

$$\frac{\text{표준부하량 제곱의 합}}{\text{표준부하량 제곱의 합} + \text{측정오차의 합}} = \frac{(\Sigma\lambda_{i1})^2}{\Sigma\lambda_{i1}^2+\Sigma\varepsilon_{i1}}$$

혁신성의 표준부하량과 측정오차를 정리하면 아래 표와 같다.

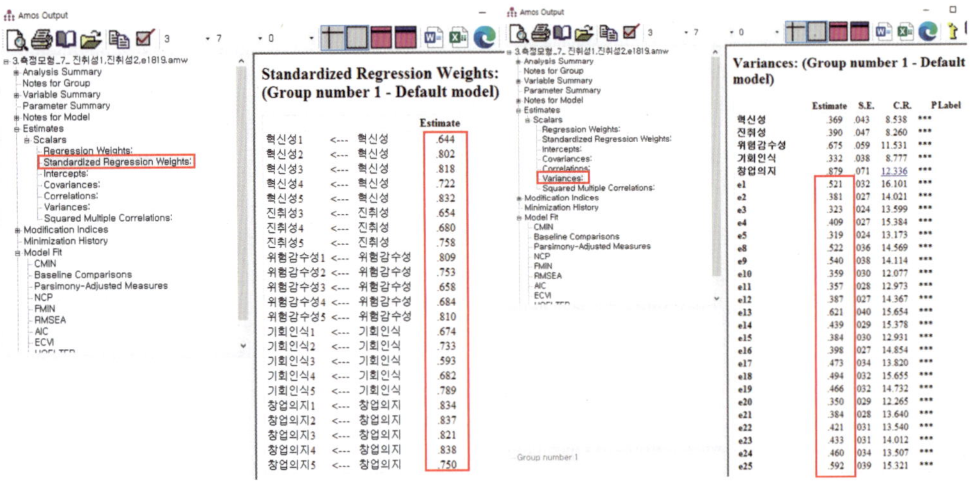

Standardized Regression Weights: (Group number 1 - Default model)

			Estimate
혁신성1	<---	혁신성	.644
혁신성2	<---	혁신성	.802
혁신성3	<---	혁신성	.818
혁신성4	<---	혁신성	.722
혁신성5	<---	혁신성	.832
진취성3	<---	진취성	.654
진취성4	<---	진취성	.680
진취성5	<---	진취성	.758
위험감수성1	<---	위험감수성	.809
위험감수성2	<---	위험감수성	.753
위험감수성3	<---	위험감수성	.658
위험감수성4	<---	위험감수성	.684
위험감수성5	<---	위험감수성	.810
기회인식1	<---	기회인식	.674
기회인식2	<---	기회인식	.733
기회인식3	<---	기회인식	.593
기회인식4	<---	기회인식	.682
기회인식5	<---	기회인식	.789
창업의지1	<---	창업의지	.834
창업의지2	<---	창업의지	.837
창업의지3	<---	창업의지	.821
창업의지4	<---	창업의지	.838
창업의지5	<---	창업의지	.750

Variances: (Group number 1 - Default model)

	Estimate	S.E.	C.R.	P	Label
혁신성	.369	.043	8.538	***	
진취성	.390	.047	8.260	***	
위험감수성	.675	.059	11.531	***	
기회인식	.332	.038	8.777	***	
창업의지	.879	.071	12.336	***	
e1	.521	.032	16.101	***	
e2	.381	.027	14.021	***	
e3	.323	.024	13.599	***	
e4	.409	.027	15.384	***	
e5	.319	.024	13.173	***	
e8	.522	.036	14.569	***	
e9	.540	.038	14.114	***	
e10	.359	.030	12.077	***	
e11	.357	.028	12.973	***	
e12	.387	.027	14.367	***	
e13	.621	.040	15.654	***	
e14	.439	.029	15.378	***	
e15	.384	.030	12.931	***	
e16	.398	.027	14.854	***	
e17	.473	.034	13.820	***	
e18	.494	.032	15.655	***	
e19	.466	.032	14.732	***	
e20	.350	.029	12.265	***	
e21	.384	.028	13.640	***	
e22	.421	.031	13.540	***	
e23	.433	.031	14.012	***	
e24	.460	.034	13.507	***	
e25	.592	.039	15.321	***	

잠재변수	측정변수	Estimates		S.E.
		B	β	
혁신성	혁신성1	1	.644	.521
	혁신성2	1.363	.802	.381
	혁신성3	1.330	.818	.323
	혁신성4	1.099	.722	.409
	혁신성5	1.391	.832	.319

혁신성의 CR값은

$$CR = \frac{(.644+.802+.818+.722+.832)^2}{(.644+.802+.818+.722+.832)^2+(.521+.381+.323+.409+.319)} = .882$$

AVE값은

$$AVE = \frac{.644^2+.802^2+.818^2+.722^2+.832^2}{(.644^2+.802^2+.818^2+.722^2+.832^2)+(.521+.381+.323+.409+.319)} = .601$$

2) 판별타당도

- [상관계수±2×S.E.]가 1을 포함하지 않으면 판별 타당성이 있음
- Estimates → Scalars → Correlations에서 상관계수 확인하기
- 상관 계수의 유의확률은 Covariances의 p값을 사용

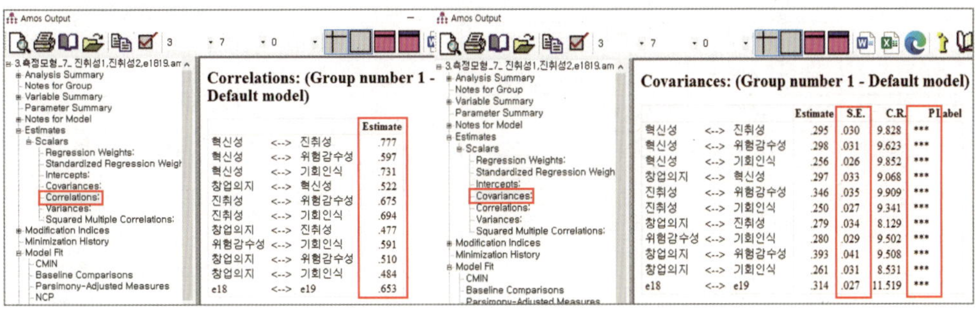

– AMOS 분석결과에서 잠재변수 간 상관관계를 확인하여 표를 작성한다.

	혁신성	진취성	위험감수성	기회인식	창업의도
혁신성	–	(.717~.837)			
진취성	.777***	–			
위험감수성	.597***	.675***	–		
기회인식	.731***	.694***	.591***	–	
창업의지	.522***	.477***	.510***	.484***	–

– 판별타탕성 검증은 상관이 가장 높은 값을 대표적으로 검증한다. 이는 상관이 높을수록 판별타당성이 떨어질 확률이 높기 때문이다.

– 표에서 변수간 상관이 가장 높은 '혁신성↔진취성'의 상관계수는 .777이고, 표준오차(S.E.)값은 .030이다. 이를 이용해 식에 대입하면, [상관계수±2×S.E.]=[.777±2×.030=0.837~0.717]으로 1을 포함하지 않고 있기 때문에 판별타당성이 있는 것으로 나타났다.

3) 논문 제시하기

[표6] 집중타당도

잠재변수	측정변수	Estimates		S.E.	C.R.	CR	AVE
		B	β				
혁신성	혁신성1	1.000	.644			.882	.601
	혁신성2	1.363	.802	.083	16.47***		
	혁신성3	1.330	.818	.080	16.712***		
	혁신성4	1.099	.722	.072	15.182***		
	혁신성5	1.391	.832	.082	16.915***		
진취성	진취성3	1.000	.654			.755	.508
	진취성4	1.092	.680	.080	13.571***		
	진취성5	1.115	.758	.076	14.612***		
위험 감수성	위험감수성1	1.000	.809			.863	.559
	위험감수성2	.865	.753	.044	19.575***		
	위험감수성3	.837	.658	.050	16.651***		
	위험감수성4	.756	.684	.043	17.447***		
	위험감수성5	1.041	.810	.049	21.377***		

기회인식	기회인식1	1.000	.674			.847	.527
	기회인식2	1.286	.733	.084	15.276***		
	기회인식3	.898	.593	.071	12.696***		
	기회인식4	1.104	.682	.077	14.395***		
	기회인식5	1.322	.789	.082	16.141***		
창업의지	창업의지1	1.000	.834			.879	.593
	창업의지2	1.060	.837	.043	24.609***		
	창업의지3	1.010	.821	.042	23.895***		
	창업의지4	1.113	.838	.045	24.654***		
	창업의지5	.931	.750	.044	20.981***		

*P<.05. **P<.01. ***P<.001

집중타당성 검증 결과, 모든 표준화 요인적재량이 최소 .50 이상이며 C.R 값 또한 1.965이상으로 나타났다. 모든 잠재변수의 개념신뢰도 값은 .7이상으로 나타났고 평균분산추출값은 .5이상으로 나타나 집중타당도를 만족했다고 볼 수 있다.

[표7] 판별타당도

	혁신성	진취성	위험감수성	기회인식	창업의도
혁신성	–	(.717~.837)	(.535~.659)	(.679~.783)	(.456~.588)
진취성	.777***	–	(.605~.745)	(.640~.748)	(.409~.545)
위험감수성	.597***	.675***	–	(.533~.649)	(.428~.592)
기회인식	.731***	.694***	.591***	–	(.422~.546)
창업의지	.522***	.477***	.510***	.484***	–

잠재변수간의 상관계수와 표준오차 값을 이용해 [상관계수±2×S.E.]의 식에 대입하고 값이 1을 포함하지 않으면 판별타당성이 있다고 볼 수 있다.

※ AVE값은 평균설명력으로 분산의 의미를 가진다. AVE값을 그대로 제시해도 되지만 AVE값에 제곱근을 취하여 상관계수와 비교하여 제시할 수도 있다.

PART Ⅳ

6 구조모형 검증 : 경로분석(path analysis)

1) 주요 개념

변수 간의 인과관계(화살표 방향에 따른 효과)가 어떤지를 구조모델을 검증하는 분석방법이다.

■ AMOS 실습: 경로 분석

- **가설 1: 기업가정신은 창업기회인식에 직접 영향을 미칠 것이다.**
  - H1-1: 혁신성은 창업기회인식에 직접 영향을 미칠 것이다.
  - H1-2: 진취성은 창업기회인식에 직접 영향을 미칠 것이다.
  - H1-3: 위험감수성은 창업기회인식에 직접 영향을 미칠 것이다.
- **가설 2: 기업가정신은 창업의지에 직접 영향을 미칠 것이다.**
  - H2-1: 혁신성은 창업의지에 직접 영향을 미칠 것이다.
  - H2-2: 진취성은 창업의지에 직접 영향을 미칠 것이다.
  - H2-3: 위험감수성은 창업의지에 직접 영향을 미칠 것이다.
- **가설 3: 창업기회인식은 창업의지에 직접 영향을 미칠 것이다.**

관련자료 : 4. 구조방정식을 활용한 통계분석.sav

• Check point
: 구조모델 분석 절차

구조모델 분석의 기본 절차는 측정모델을 구조모델로 수정하여 각 변수간의 관계를 분석하는 것이다.

① 최종 측정모델에서 잠재변수 간 공분산(독립변수 제외)을 클릭하여 삭제

② 구조모델 확인

③ 분석옵션을 설정

④ 모델을 저장 후 분석 진행

① 확인적 요인분석 공분산 삭제

앞서 진행한 확인적 요인분석에 이어 경로 분석을 진행하므로 삭제 아이콘( )을 클릭하고 잠재변수 간 공분산(독립변수 제외)을 선택해 공분산으로 이어준 선을 지운다.

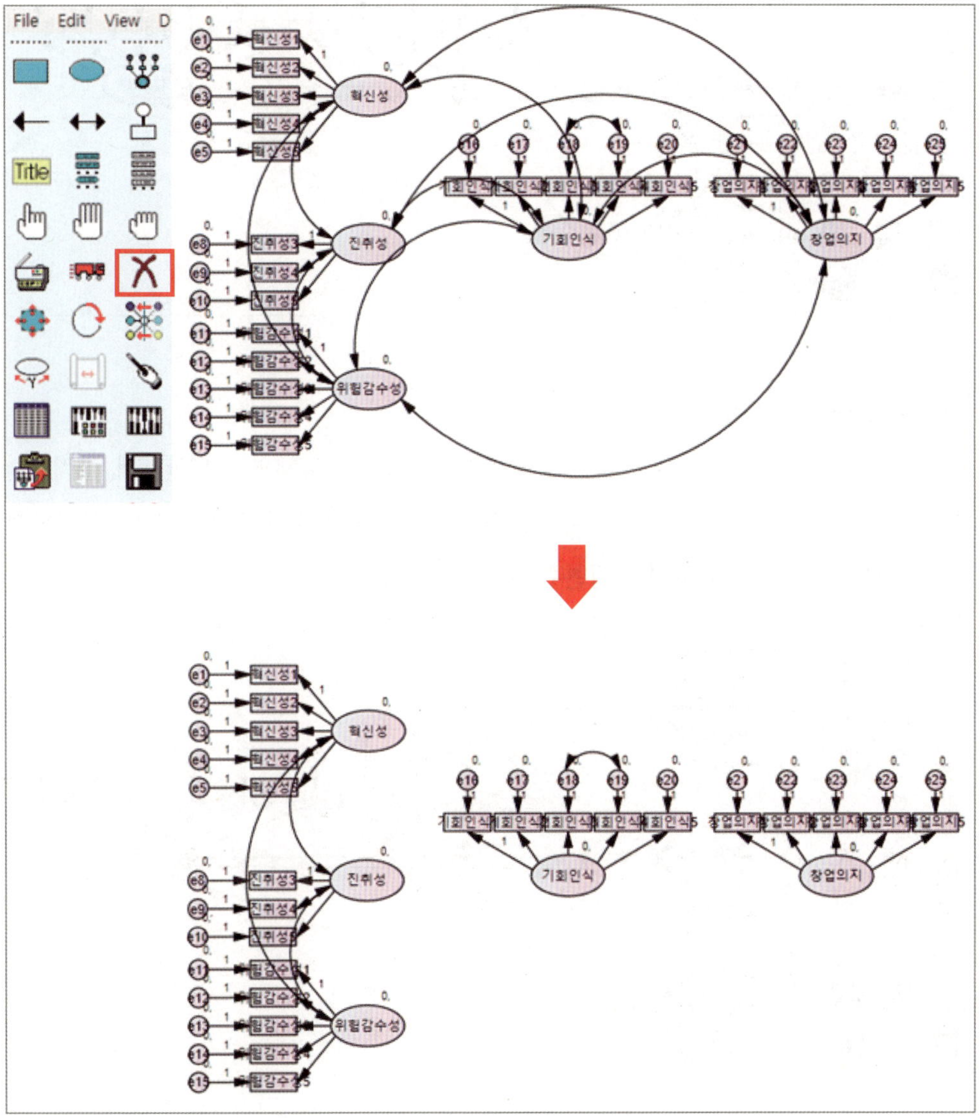

② 구조모델 경로 그리기

화살표 아이콘을 클릭하고 잠재변수에 대한 경로를 각각 드래그하여 그려준다.

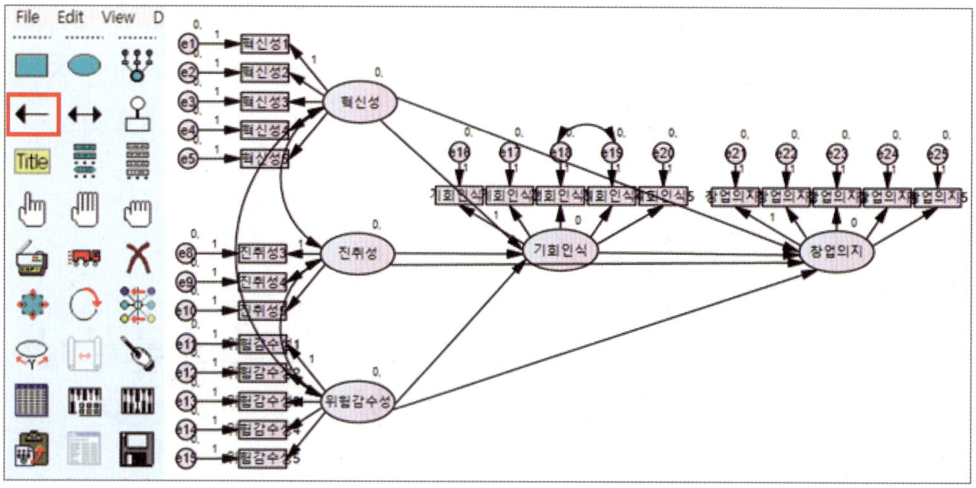

③ 구조 오차 그리기

구조오차 아이콘(유)을 클릭하여 기회인식, 창업의지 잠재변수 원안에서 클릭(계속 클릭하여 오차를 원하는 위치에 둔다)한다. 구조오차는 독립변수가 종속변수를 설명하지 못하는 정도를 뜻하기 때문에 독립변수에는 표시하지 않는다.

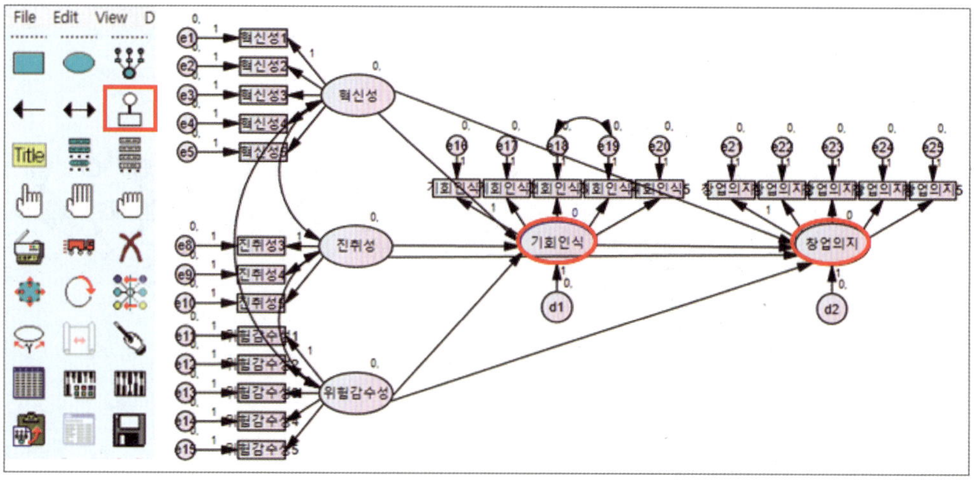

④ 구조오차 명명

단일 선택 아이콘( )을 클릭 후 구조 오차를 더블 클릭하면 [Object Properties] 창이 열린다. [Variable named]에 기회인식에 대한 잠재변수의 구조오차는 d1으로 작성, 창업의지에 대한 잠재변수의 구조오차는 d2로 작성한다.

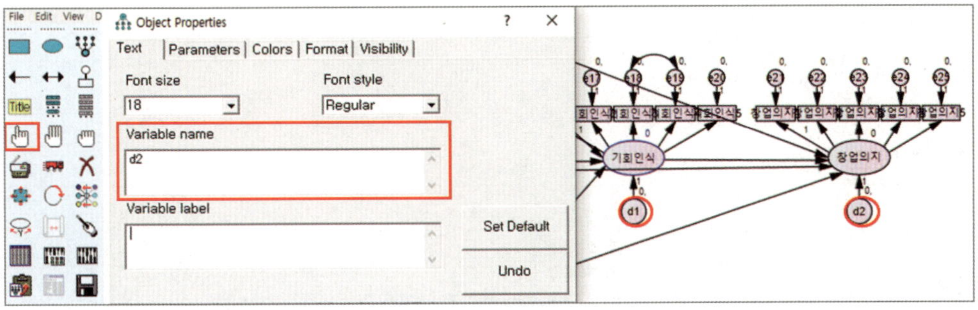

⑤ 분석 전 분석 옵션 설정

분석 전 분석의 종류에 분석 옵션을 설정하는데 경로분석에서는 'Minimization history', 'Standardizes estimates', 'Squared multiple correlations'를 체크한다.

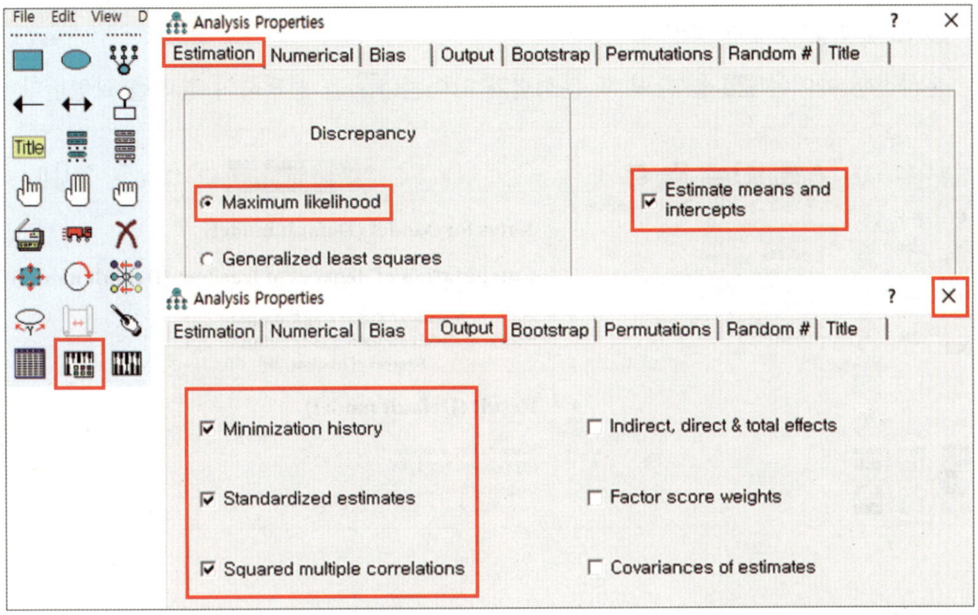

• Check point
: AMOS를 이용한 경로분석옵션 설정 순서

① 분석옵션 아이콘 클릭
② Estimation탭 선택
③ Maximum likelihood 체크
④ Output탭 선택
⑤ Minimization history, Standardizes estimates, Squared multiple correlations 체크
⑥ 닫기 버튼(or Esc)

⑥ 저장하기

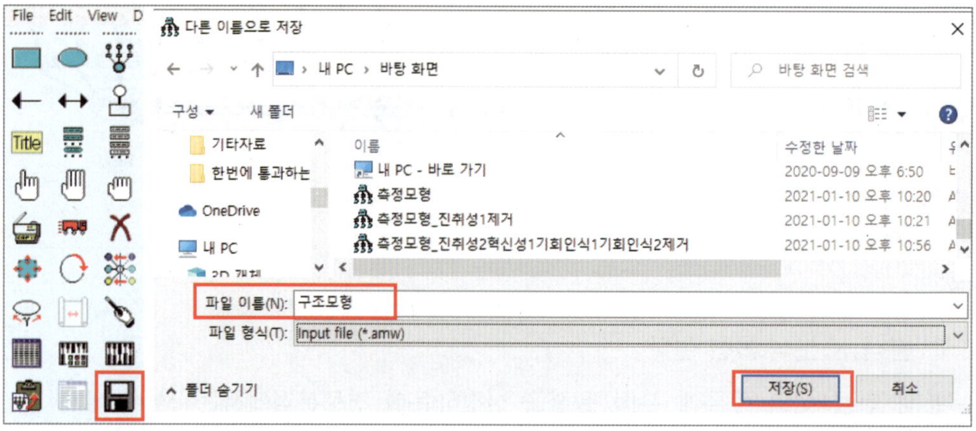

⑦ 분석 후 분석결과 확인

분석진행 아이콘( )을 클릭 후 분석결과 아이콘( )을 선택하여 결과를 확인한다.

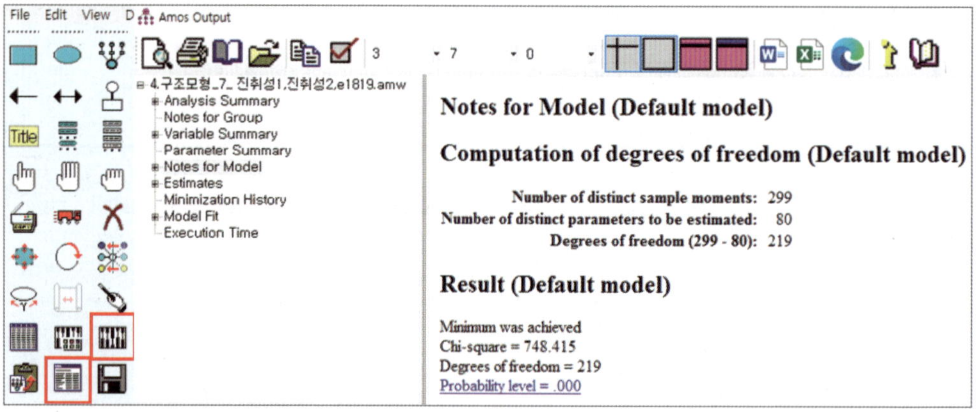

⑧ 결과 해석하기

[Amos Output-Model Fit] 항목에서 모델적합도를 확인한다. 모델적합도는 χ^2=748.415(P<.001), TLI=.924, CFI=.934, RMSEA=.063으로 나타나 만족할 만한 수준인 것으로 확인되었다. (모델 변경이 없다면 측정모델의 값과 동일함)

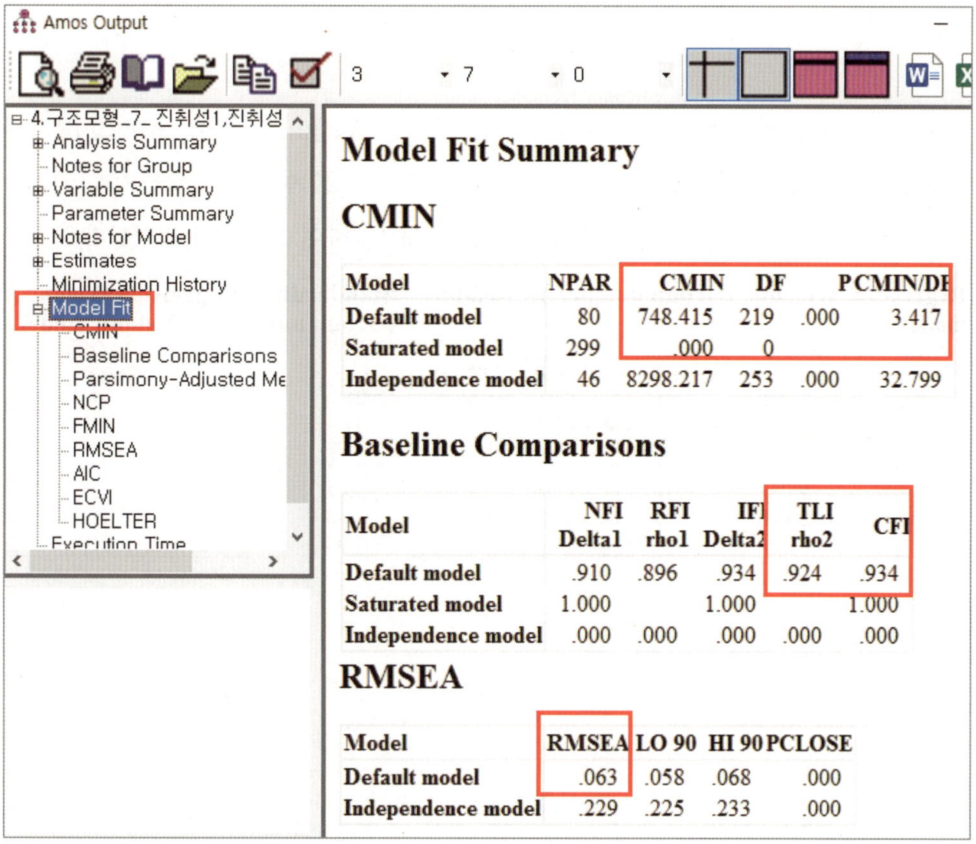

Model Fit Summary

CMIN

Model	NPAR	CMIN	DF	P	CMIN/DF
Default model	80	748.415	219	.000	3.417
Saturated model	299	.000	0		
Independence model	46	8298.217	253	.000	32.799

Baseline Comparisons

Model	NFI Delta1	RFI rho1	IFI Delta2	TLI rho2	CFI
Default model	.910	.896	.934	.924	.934
Saturated model	1.000		1.000		1.000
Independence model	.000	.000	.000	.000	.000

RMSEA

Model	RMSEA	LO 90	HI 90	PCLOSE
Default model	.063	.058	.068	.000
Independence model	.229	.225	.233	.000

⑨ Regression Weights 표 확인

[Estimates]에서 [Regression Weights]를 선택한 후 잠재변수간의 관계를 나타내는 P값을 확인한다.

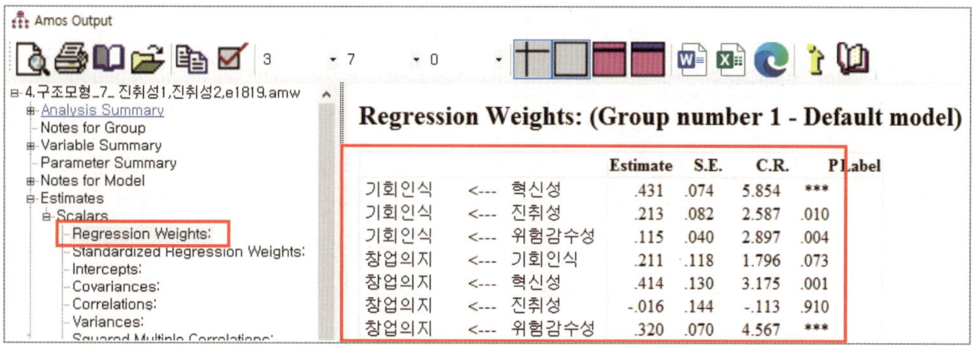

Regression Weights: (Group number 1 - Default model)

			Estimate	S.E.	C.R.	P	Label
기회인식	<---	혁신성	.431	.074	5.854	***	
기회인식	<---	진취성	.213	.082	2.587	.010	
기회인식	<---	위험감수성	.115	.040	2.897	.004	
창업의지	<---	기회인식	.211	.118	1.796	.073	
창업의지	<---	혁신성	.414	.130	3.175	.001	
창업의지	<---	진취성	-.016	.144	-.113	.910	
창업의지	<---	위험감수성	.320	.070	4.567	***	

2) 논문 결과표 작성하기

[Amos Output]에서 [Estimates]–[Regression Weights] 표와 [Standardizes Regression Weights]의 표를 각각 클릭한 후 마우스 오른쪽 버튼을 눌러 Copy를 클릭하여 엑셀 시트에 붙여 넣어 표를 양식에 맞게 재구성하여 결과표를 작성한다.

Regression Weights: (Group number 1 - Default model)

			B Estimate	S.E.	C.R.	P	Label
기회인식	<---	혁신성	.431	.074	5.854	***	
기회인식	<---	진취성	.213	.082	2.587	.010	
기회인식	<---	위험감수성	.115	.040	2.897	.004	
창업의지	<---	기회인식	.211	.118	1.796	.073	
창업의지	<---	혁신성	.414	.130	3.175	.001	
창업의지	<---	진취성	-.016	.144	-.113	.910	
창업의지	<---	위험감수성	.320	.070	4.567	***	

Standardized Regression Weights: (Group number 1 - Default model)

			β Estimate
기회인식	<---	혁신성	.454
기회인식	<---	진취성	.230
기회인식	<---	위험감수성	.164
창업의지	<---	기회인식	.130
창업의지	<---	혁신성	.268
창업의지	<---	진취성	-.011
창업의지	<---	위험감수성	.280

3) 논문 제시하기

[표8] 구조모델 분석 결과

경로	Estimates		S.E.	C.R.
	B	β		
혁신성 → 기회인식	.431	.454	.074	5.854***
진취성 → 기회인식	.213	.230	.082	2.587*
위험감수성 → 기회인식	.115	.164	.040	2.897**
기회인식 → 창업의지	.211	.130	.118	1.796
혁신성 → 창업의지	.414	.268	.130	3.175**
진취성 → 창업의지	−.016	−.011	.144	−.113
위험감수성 → 창업의지	.320	.280	.070	4.567***

*P<.05. **P<.01. ***P<.001

구조모델의 적합도는 χ^2=748.415(P<.001), TLI=.924, CFI=.934, RMSEA=.063으로 나타나 만족할 만한 수준인 것으로 확인되었다. 구조모델 분석 결과, 혁신성은 기회인식에 정(+)적으로 유의한 영향을 미치는 것으로 나타났다.(β=.454, P<.001). 진취성은 기회인식에 정(+)적으로 유의한 영향을 미치는 것으로 나타났다.(β=.230, P<.05). 위험감수성은 기회인식에 유의한 영향을 미치는 것으로 나타났다. (β=.164, P<.01) 즉 기업가정신이 높을수록 기회인식이 높아지는 것으로 분석되었다. 기회인식은 창업의지에 유의한 영향을 미치지 않는 것으로 나타났다. (β=.130, P>.05). 혁신성은 창업의지에 정(+)적으로 유의한 영향을 미치는 것으로 나타났다.(β=.268, P<.01). 진취성은 창업의지에 유의한 영향을 미치지 않는 것으로 나타났다(β=−0.011, P>.05). 위험감수성은 창업의지에 정(+)적으로 유의한 영향을 미치는 것으로 나타났다.(β=.280, P<.001).

PART Ⅳ

7 매개효과 검증 : 경로분석+부트스트래핑(Bootstrapping)이 추가된 분석

1) 주요 개념

독립변수에서 종속변수로 가는 직접적인 경로 및 매개변수를 거쳐 가는 간접적인 경로도 유의한지 확인하는 분석이다. 경로분석에 부트스트래핑이 추가된 분석으로 매개효과가 유의한지 확인할 수 있다.

■ AMOS 실습: 매개효과 검증

- 가설 4: 기업가정신과 창업의지의 관계에서 창업기회인식은 매개효과가 있을 것이다.
  - H4-1: 혁신성과 창업의지의 관계에서 창업기회인식은 매개효과가 있을 것이다.
  - H4-2: 진취성과 창업의지의 관계에서 창업기회인식은 매개효과가 있을 것이다.
  - H4-3: 위험감수성과 창업의지의 관계에서 창업기회역량은 매개효과가 있을 것이다.

관련자료 : 4. 구조방정식을 활용한 통계분석.sav

① 분석 전 분석옵션 설정

분석 전 분석의 종류에 따라 분석 옵션을 설정하는데 매개효과검증에서는 'Minimization history', 'Standardizes estimates', 'Squared multiple correlations', 'Indirect', 'direct& total effects'를 체크한다.

② Bootstrap 설정

[Bootstrap]탭 선택, 'Perform bootstrap' 체크 후 500을 입력한다. 이후 'Bias-corrected confidence intervals' 체크 후 95를 입력한 뒤 닫기 (or Esc)를 클릭한다.

• Check point
: AMOS를 이용한 매개효과 검증 분석 옵션 설정 순서

① 분석옵션 아이콘 클릭

② Estimation탭 선택

③ Maximum likelihood 체크

④ Output 탭 선택

⑤ Minimization history, Standardizes estimates, Squared multiple correlations, Indirect, direct & total effects 체크

⑥ 닫기 (or Esc) 클릭

* Indirect, direct& total effects 는 연구모델의 간접효과, 직접효과, 총효과를 파악한다.
* Perform bootstrap의 500은 부트스트래핑을 500번 수행하는 것을 의미한다. 부트스트래핑은 데이터에서 케이스를 몇 개 뽑아내서 모수를 추정하는 방식이다.
* Bias-corrected confidence intervals의 95는 95%의 신뢰구간 안에서 매개효과의 유의성을 검증하겠다는 의미이다.

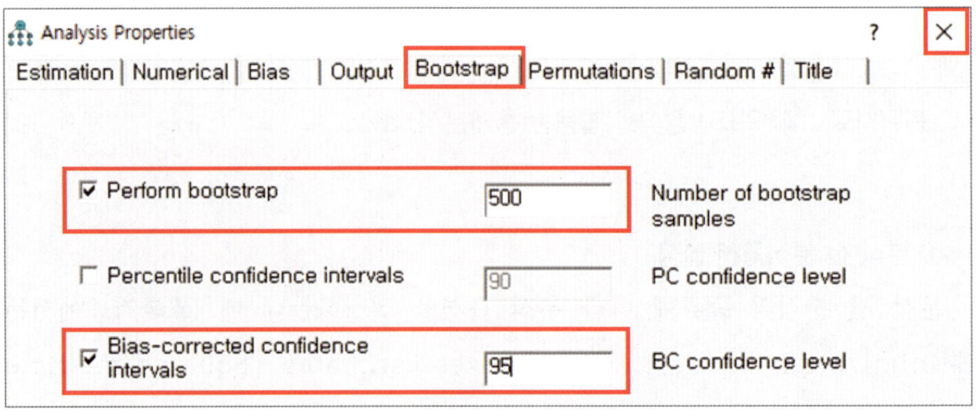

③ 저장하기

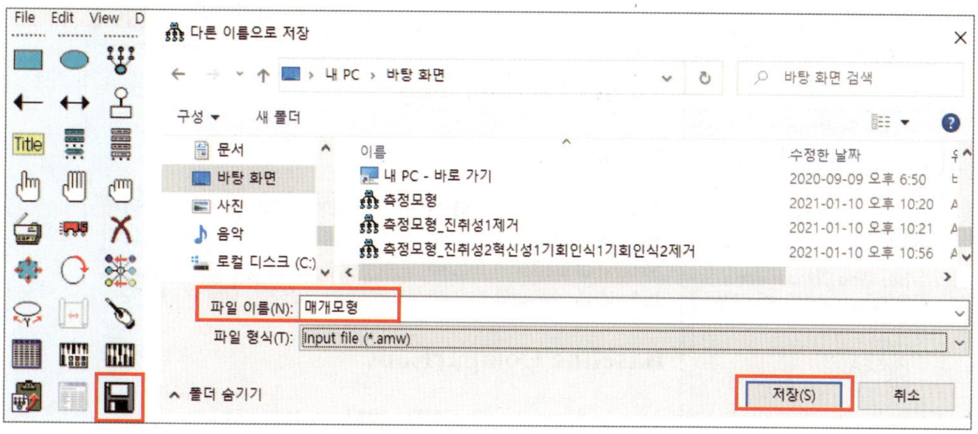

④ 분석진행 및 분석결과 확인

분석진행 아이콘( )을 클릭 후 분석결과 아이콘( )을 클릭한다.

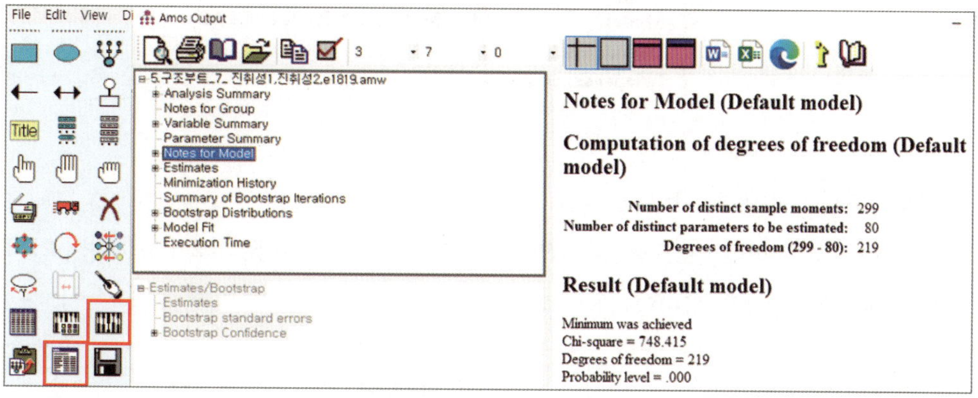

⑤ 출력 결과 해석하기

[모델적합도 확인]

[Amos Output-Model Fit] 항목에서 모델적합도를 확인한다. 모델적합도는 χ^2=748.415(P<.001), TLI=.924, CFI=.934, RMSEA=.063으로 나타나 만족할 만한 수준인 것으로 확인되었다. (구조모델의 값과 동일함)

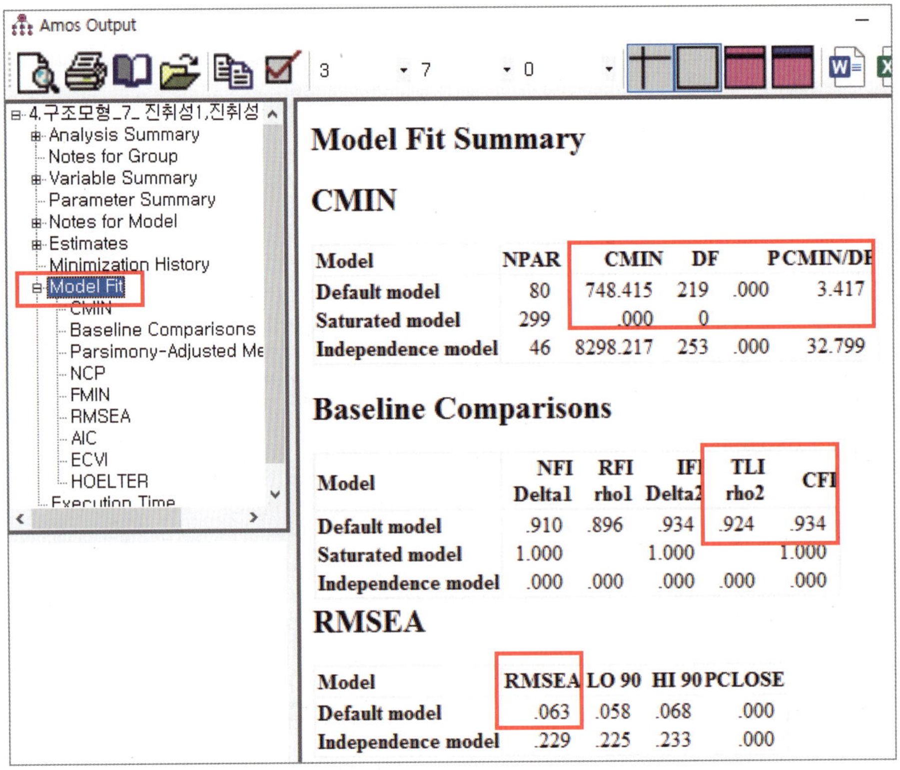

Model Fit Summary

CMIN

Model	NPAR	CMIN	DF	P	CMIN/DF
Default model	80	748.415	219	.000	3.417
Saturated model	299	.000	0		
Independence model	46	8298.217	253	.000	32.799

Baseline Comparisons

Model	NFI Delta1	RFI rho1	IFI Delta2	TLI rho2	CFI
Default model	.910	.896	.934	.924	.934
Saturated model	1.000		1.000		1.000
Independence model	.000	.000	.000	.000	.000

RMSEA

Model	RMSEA	LO 90	HI 90	PCLOSE
Default model	.063	.058	.068	.000
Independence model	.229	.225	.233	.000

[잠재변수간의 관계를 나타내는 P값 확인]

[Regression Weights]표를 확인하여 [Regression Weights]에서 잠재변수간의 관계를 나타내는 P값을 확인한다.

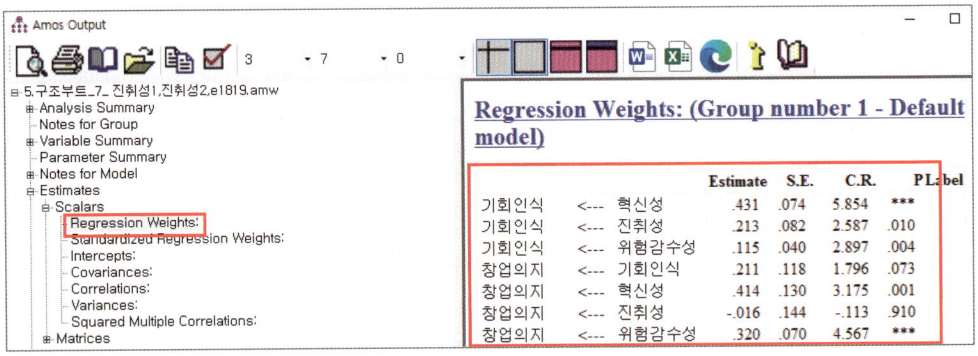

Regression Weights: (Group number 1 - Default model)

			Estimate	S.E.	C.R.	P	Label
기회인식	<---	혁신성	.431	.074	5.854	***	
기회인식	<---	진취성	.213	.082	2.587	.010	
기회인식	<---	위험감수성	.115	.040	2.897	.004	
창업의지	<---	기회인식	.211	.118	1.796	.073	
창업의지	<---	혁신성	.414	.130	3.175	.001	
창업의지	<---	진취성	-.016	.144	-.113	.910	
창업의지	<---	위험감수성	.320	.070	4.567	***	

[부트스트래핑 통한 매개효과 분석 결과 확인]

[Estimates] 클릭 후 [Matrices]를 클릭, [Indirect Effects(클릭해야 Estimates/Bootstrap 항목이 활성화됨)]클릭, [Bootstrap Confidense]-[Bias-corrected percentile method] 클릭한 후 [Two Tailed Significance (BC)] 클릭하여 결과값을 확인한다.

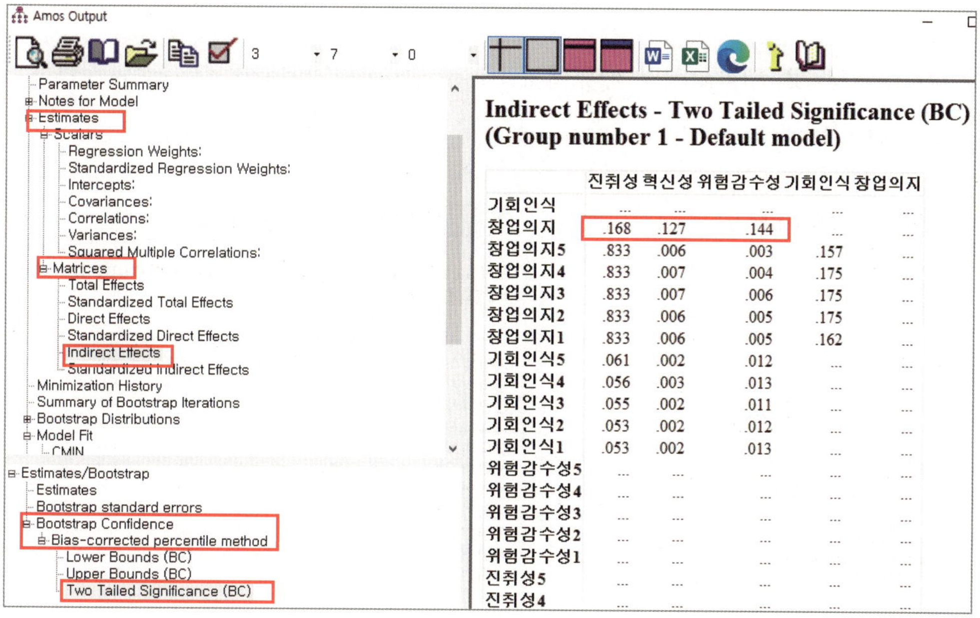

2) 논문 결과표 작성하기

[Estimates값]

[Amos Output]에서 [Estimates/Bootstrap], [Estimates]를 클릭하고 [Indirect Effects] 표에서 값을 확인 후 [Estimates]에 기입한다.

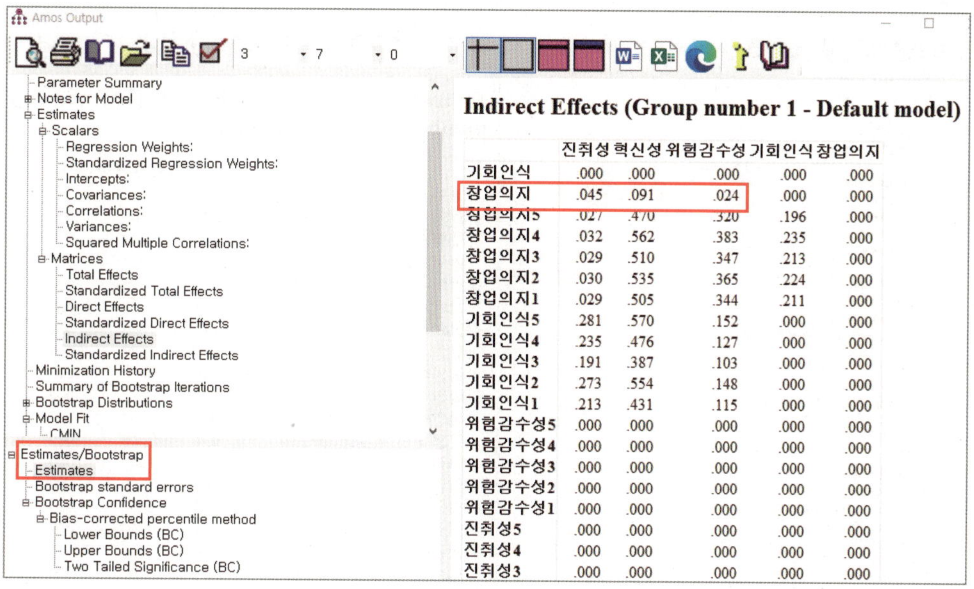

[S.E.값]

[Estimates/Bootstrap]의 메뉴에서 [Bootstrap standard error]를 선택하고 [Indirect Effects–Standard Errors] 표에서 값을 확인하여 S.E.에 기입한다.

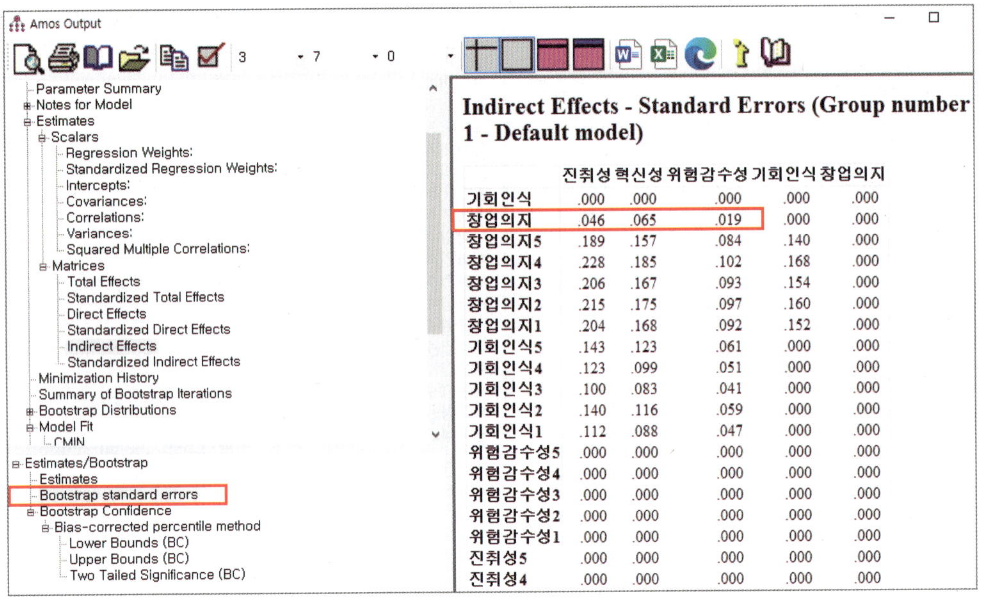

Indirect Effects - Standard Errors (Group number 1 - Default model)

	진취성	혁신성	위험감수성	기회인식	창업의지
기회인식	.000	.000	.000	.000	.000
창업의지	.046	.065	.019	.000	.000
창업의지5	.189	.157	.084	.140	.000
창업의지4	.228	.185	.102	.168	.000
창업의지3	.206	.167	.093	.154	.000
창업의지2	.215	.175	.097	.160	.000
창업의지1	.204	.168	.092	.152	.000
기회인식5	.143	.123	.061	.000	.000
기회인식4	.123	.099	.051	.000	.000
기회인식3	.100	.083	.041	.000	.000
기회인식2	.140	.116	.059	.000	.000
기회인식1	.112	.088	.047	.000	.000
위험감수성5	.000	.000	.000	.000	.000
위험감수성4	.000	.000	.000	.000	.000
위험감수성3	.000	.000	.000	.000	.000
위험감수성2	.000	.000	.000	.000	.000
위험감수성1	.000	.000	.000	.000	.000
진취성5	.000	.000	.000	.000	.000
진취성4	.000	.000	.000	.000	.000

[95% 신뢰구간의 하한값]

[Bias–corrected percentile method]메뉴에서 [Lower Bounds(BC)]를 선택하고 [Indirect Effects – Lower Bounds(BC)]표에서 값 확인 –95% 신뢰구간에 기입한다.

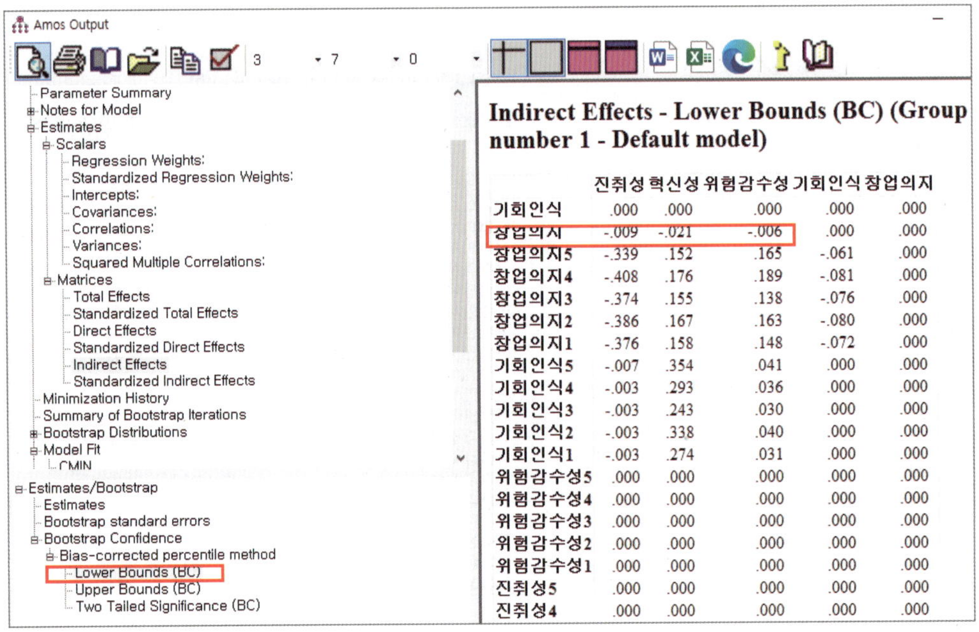

Indirect Effects - Lower Bounds (BC) (Group number 1 - Default model)

	진취성	혁신성	위험감수성	기회인식	창업의지
기회인식	.000	.000	.000	.000	.000
창업의지	-.009	-.021	-.006	.000	.000
창업의지5	-.339	.152	.165	-.061	.000
창업의지4	-.408	.176	.189	-.081	.000
창업의지3	-.374	.155	.138	-.076	.000
창업의지2	-.386	.167	.163	-.080	.000
창업의지1	-.376	.158	.148	-.072	.000
기회인식5	-.007	.354	.041	.000	.000
기회인식4	-.003	.293	.036	.000	.000
기회인식3	-.003	.243	.030	.000	.000
기회인식2	-.003	.338	.040	.000	.000
기회인식1	-.003	.274	.031	.000	.000
위험감수성5	.000	.000	.000	.000	.000
위험감수성4	.000	.000	.000	.000	.000
위험감수성3	.000	.000	.000	.000	.000
위험감수성2	.000	.000	.000	.000	.000
위험감수성1	.000	.000	.000	.000	.000
진취성5	.000	.000	.000	.000	.000
진취성4	.000	.000	.000	.000	.000

[95% 신뢰구간의 상한값]

[Bias-corrected percentile method]메뉴에서 [Upper Bounds(BC)]를 클릭 후 [Indirect Effects - Upper Bounds (BC)]표에서 값을 확인 후 95% 신뢰구간에 기입한다.

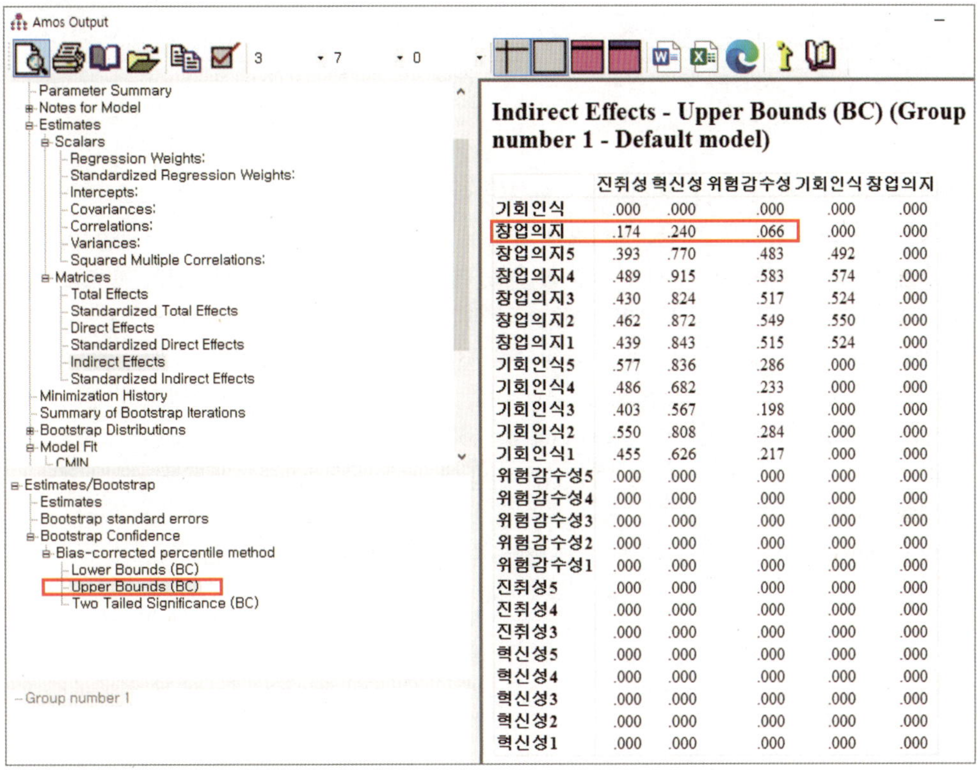

Indirect Effects - Upper Bounds (BC) (Group number 1 - Default model)

	진취성	혁신성	위험감수성	기회인식	창업의지
기회인식	.000	.000	.000	.000	.000
창업의지	.174	.240	.066	.000	.000
창업의지5	.393	.770	.483	.492	.000
창업의지4	.489	.915	.583	.574	.000
창업의지3	.430	.824	.517	.524	.000
창업의지2	.462	.872	.549	.550	.000
창업의지1	.439	.843	.515	.524	.000
기회인식5	.577	.836	.286	.000	.000
기회인식4	.486	.682	.233	.000	.000
기회인식3	.403	.567	.198	.000	.000
기회인식2	.550	.808	.284	.000	.000
기회인식1	.455	.626	.217	.000	.000
위험감수성5	.000	.000	.000	.000	.000
위험감수성4	.000	.000	.000	.000	.000
위험감수성3	.000	.000	.000	.000	.000
위험감수성2	.000	.000	.000	.000	.000
위험감수성1	.000	.000	.000	.000	.000
진취성5	.000	.000	.000	.000	.000
진취성4	.000	.000	.000	.000	.000
진취성3	.000	.000	.000	.000	.000
혁신성5	.000	.000	.000	.000	.000
혁신성4	.000	.000	.000	.000	.000
혁신성3	.000	.000	.000	.000	.000
혁신성2	.000	.000	.000	.000	.000
혁신성1	.000	.000	.000	.000	.000

[통계적 유의성 확인]

[Two Tailed Significance (BC)]를 클릭하여 경로의 분석값이 통계적으로 유의한지 확인한다.

3) 논문 제시하기

[표9] 구조모델 분석 결과

경로	Estimate	S.E.	95% 신뢰구간
혁신성→기회인식→창업의지	.091	.065	-.021 ~ .240
진취성→기회인식→창업의지	.045	.046	-.009 ~ .174
위험감수성→기회인식→창업의지	.024	.019	-.006 ~ .066

*P<.05. **P<.01. ***P<.001

기업가정신(혁신성, 진취성, 위험감수성)과 창업의지간의 관계에서 창업기회인식의 매개효과 검증을 실시하였다. 매개효과를 살펴보기 위해 부트스트래핑(Bias Corrected Bootstrapping) 검증을 실시하였으며, 매개효과 Estimate, S.E., 부트스트랩 95% 신뢰구간 값을 분석하였다. 혁신성과 창업의지의 관계에서 창업기회인식의 매개효과는 95% 신뢰구간에서 -.021~.240의 상한 값과 하한 값을, 진취성과 창업의지의 관계에서 창업기회인식의 매개효과는 95% 신뢰구간에서 -.009~.174의 상한 값과 하한 값을, 위험감수성과 창업의지의 관계에서 창업기회인식의 매개효과는 95% 신뢰구간에서 -.006~.066의 상한 값과 하한 값을 보이고 있어 0을 포함하는 것으로 나타났다. 즉 창업기회인식의 매개효과는 통계적으로 유의하지 않은 것으로 분석되었다.

* 부트스트랩 신뢰구간에 따른 유의성 검증 해석은 286페이지 체크포인트 참고

PART V

프로세스 매크로를 활용한 분석

PART V

1 프로세스 매크로 설치하기

프로세스 매크로를 사용하려면 먼저 SPSS프로그램에 프로세스 매크로(Process Macro)를 설치해야한다. 인터넷창을 열고 http://www.processmacro.org/download.html 에 접속하여 페이지의 맨 아래에 있는 Download PROCESS v3.5.3을 클릭해 파일을 다운로드한다(접속시기에 따라 버전이 달라짐).

다운로드된 파일의 압축을 해제한 후 process 폴더 전체를 C폴더에 복사하고 SPSS을 실행하여 [유틸리티]–[사용자 정의 대화 상자 설치]를 선택한다.

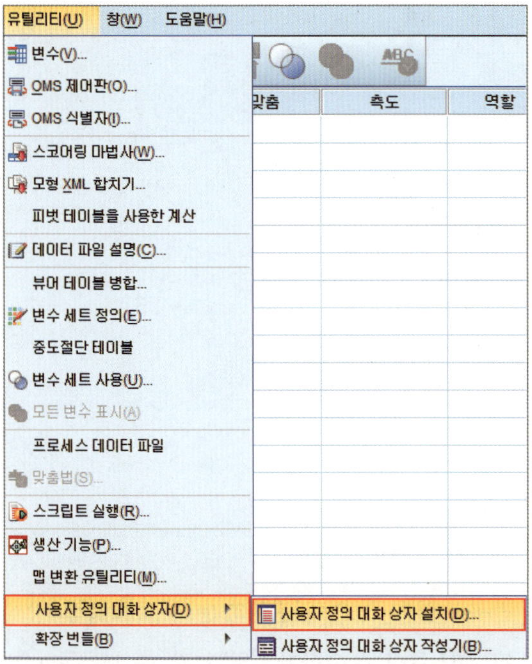

사용자 정의 대화 상자 설치를 선택하면 파일을 선택하는 화면이 열린다. 이때 아까 C에 복사해 둔 process35v(35는 다운받은 버전의 숫자임)를 선택하여 'PROCESS v3.5 for SPSS\Custom dialog builder file' 폴더에서 process.spd를 선택하고 열기를 클릭하면 설치가 완료된다.

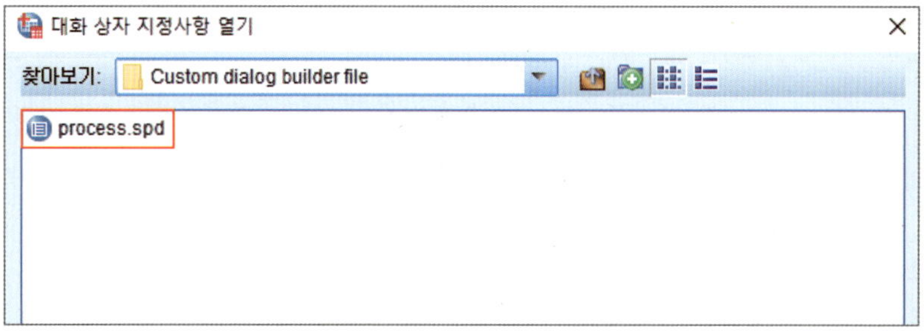

SPSS를 닫고 재실행하면 [분석] - [회귀분석] 메뉴에 PROCESS메뉴가 생성된 것을 볼 수 있다.

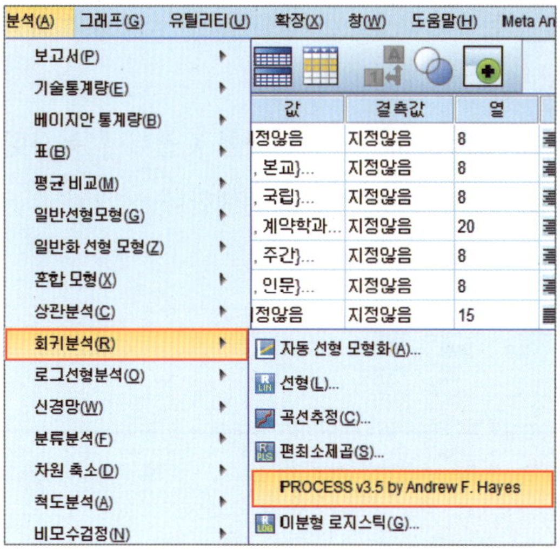

• Check point
: 프로세스 매크로의 강점

프로세스 매크로는 간접효과에 대한 가정없이 비모수적 반복표집 기법으로 진행하는 부트스트랩 방식을 사용한다. 표본 분포 형태에 대한 가정을 하지 않기 때문에 검증력이 우수하다. 또한 각 매개변수의 개별 간접효과의 통계적 유의성을 파악할 수 있다는 장점이 있다.

프로세스 매크로는 사전에 설계된 92개의 연구모델에서 자신이 연구에서 설정한 것과 동일한 연구모형을 선택하고 변수를 입력하여 분석을 진행한다. 따라서 프로세스 매크로를 사용하기 위해서는 먼저 이론적 배경을 바탕으로 자신의 연구모형을 설계하고 이와 동일한 모델 번호를 선택하여 분석을 진행하고 결과를 해석한다.

PART V

2 변수명 설정

프로세스 매크로는 영문으로 된 변수명을 사용하므로 8자 이내의 영문 변수명을 사용해야 한다. 먼저 연구에서 사용할 변수명 변경을 알아보자. 먼저 프로세스 매크로를 실행하기 전 이미 요인분석, 신뢰도 분석, 상관분석을 진행한 상태이므로 변수의 측정문항들을 평균으로 계산해 놓은 상태일 것이다(변수 계산은 앞의 PART 3을 참고)

■ Process Macro 실습: 변수명 설정

본 실습에서는 창업역량, 창업만족, 삶의 만족, 직무일치 이렇게 네 개를 변수로 사용할 것이다.

① [변환]–[다른 변수로 코딩변경] 메뉴에 들어간다.

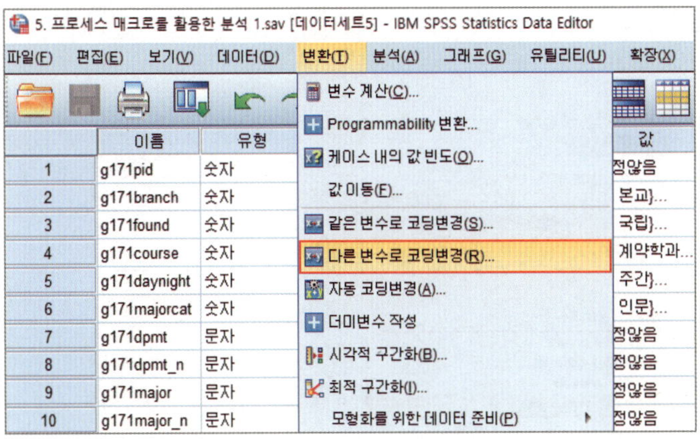

② 변수 넣기

다른 변수로 코딩변경 창에서 본 실습에서 사용할 '창업역량', '창업만족도', '삶만족도', '직무적합도'를 선택하여 화살표를 눌러 오른쪽으로 이동한다.

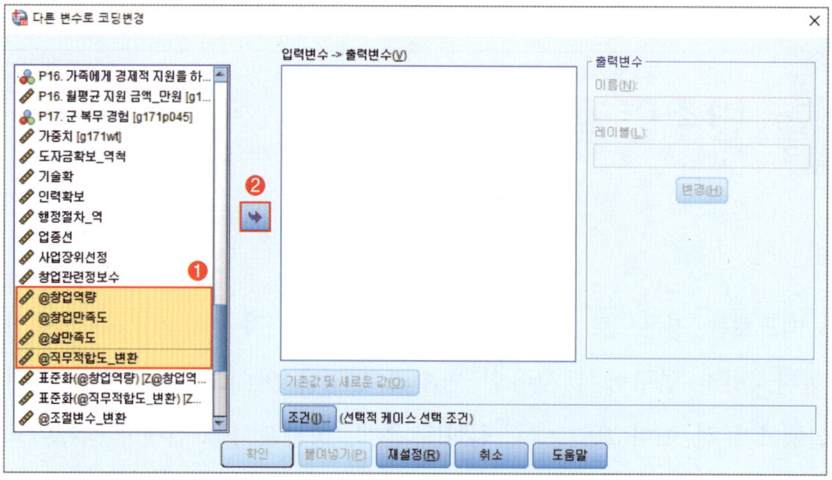

③ 변수명 설정

창업역량을 선택하고 결과변수 이름에 'chcapa'를 입력하고 바꾸기를 클릭한다.

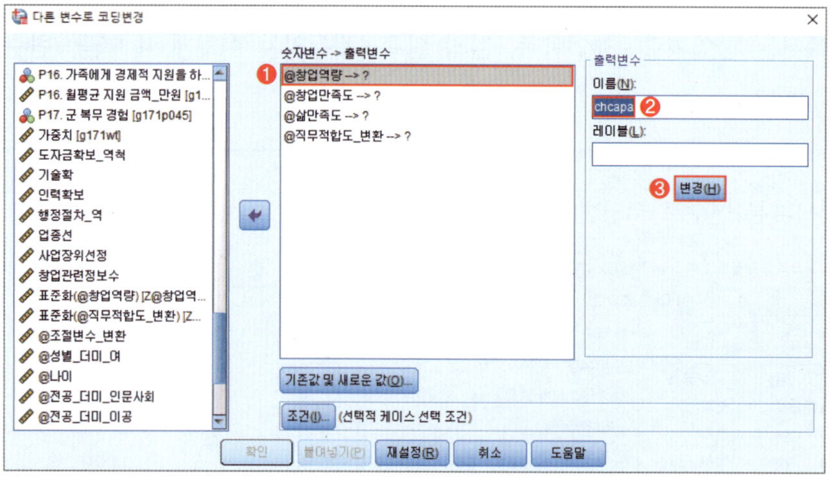

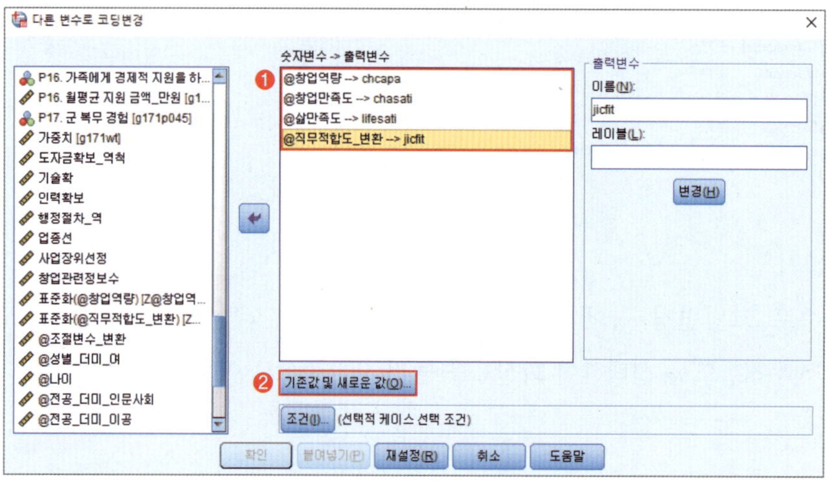

④ 변수값 복사

'기타 모든 값'을 체크하고 '기존값 복사'를 체크한 다음 '추가'를 클릭하여 오른쪽 창에 'ELSE → Copy' 가 생성되는 것을 확인 후 '계속'을 클릭한다.

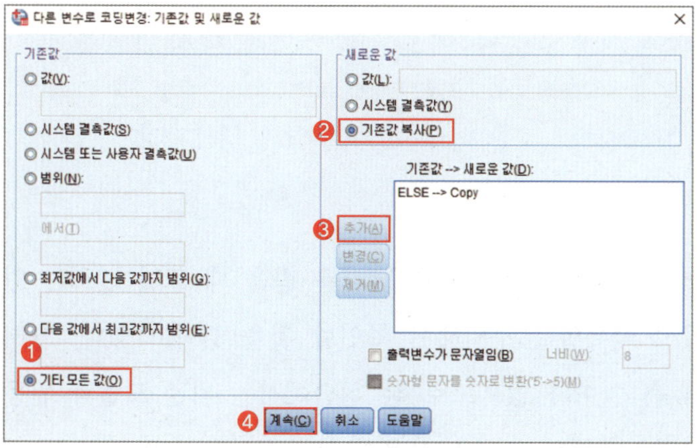

⑤ 변경 결과 확인

영문 변수를 입력하던 창으로 돌아와 '확인'을 클릭하면 변수와 데이터에 영문변수와 값을 그대로 복사한 데이터가 생성된 것을 확인할 수 있다.

81	@전공_더...	숫자	8	2		지정않음
82	chcapa	숫자	8	2		지정않음
83	chasati	숫자	8	2		지정않음
84	lifesati	숫자	8	2		지정않음
85	jicfit	숫자	8	2		지정않음

@전공_더미_이공	chcapa	chasati	lifesati	jicfit
1.00	3.40	4.75	5.00	5.00
.00	3.00	3.00	3.67	5.00
.00	3.40	3.50	5.67	4.50
.00	3.40	3.25	6.00	5.00
.00	3.40	4.00	5.67	4.00
.00	3.40	3.75	6.00	5.00

• Check point
: 프로세스 매크로에서 변수명 만들기

변수명은 연구자가 알아보기 쉬운 8자 이내의 알파벳으로 설정하면 된다. 영어 단어를 사용하거나 한글을 소리 나는 대로 쓰기도 하고 독립변수로 사용할 변수 앞에는 X, 종속변수로 사용할 변수 앞에는 Y를 붙이는 등 자신에게 편한 변수명을 정하면 된다.

나머지 변수들도 창업역량과 마찬가지로 변수 이름을 변경하고 '기존값 및 새로운 값'을 클릭한다.

만약 프로세스매크로를 이용하여 논문을 쓰기로 처음부터 결정했다면 변수값을 계산할 때 변수명을 영문으로 설정하여 변수의 측정값의 평균계산을 하고 실행을 하면 변수명을 중간에 바꾸는 번거로운 과정을 줄일 수 있다.

PART V

3 Process macro 모델번호와 입력창

1) 주요 개념

프로세스 매크로 3.1버전 이후에는 프로그램을 다운 받을 때 모델 번호가 있는 pdf 파일을 제공하지 않고 매뉴얼을 구입해서 확인할 것을 권하고 있다. 그러나 이전 버전과 모델 번호에 큰 차이가 없으므로 본 실습에서는 기존 모델과 변동이 없고 연구에서 많이 사용하는 3개의 모델을 사용하였다. 모델을 보면 X, Y, M_i, W, Z 가 있는데 이는 변수의 종류를 의미한다. X는 독립변수, Y는 종속변수, M_i는 매개변수이며 아래 첨자는 매개변수가 여러개일 경우 사용한다. W와 Z는 조절변수이다. 이 변수를 모두 포함하고 있는 모델 9번의 모형과 분석은 〈그림 5-1〉과 같다.

그림 5-1 Process macro Model 9

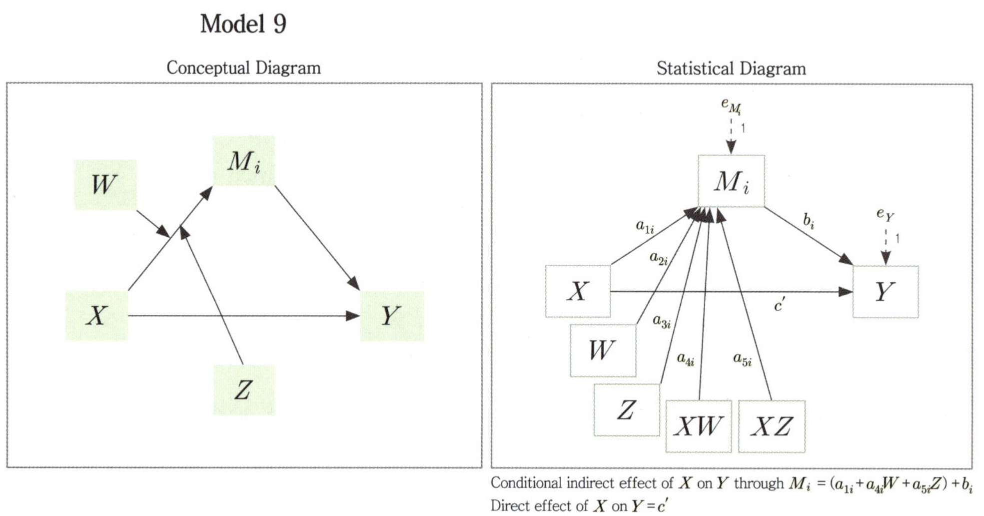

Process macro를 실행하기 위해 [분석]-[회귀분석]-[PROCESS 버전]를 선택하면 변수를 입력하는 창이 열린다.

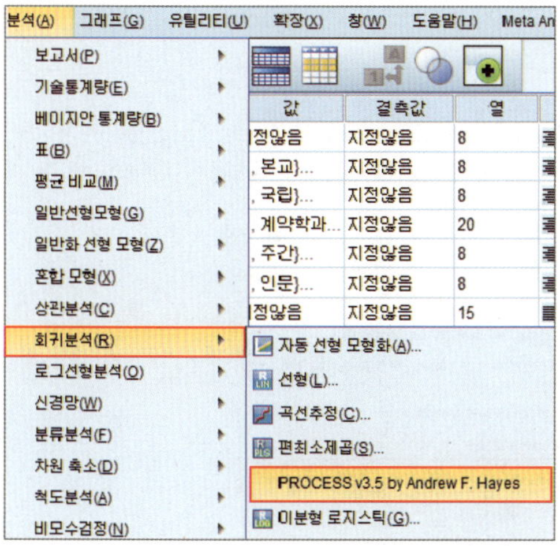

2) 모델번호 선택 및 변수 넣기

자신의 연구 모형에 맞는 모델번호를 선택하고 변수창에서 변수를 선택하여 종속변수, 독립변수, 매개변수, 조절변수를 넣고 분석을 설정하기 위해 'Options'을 클릭한다.

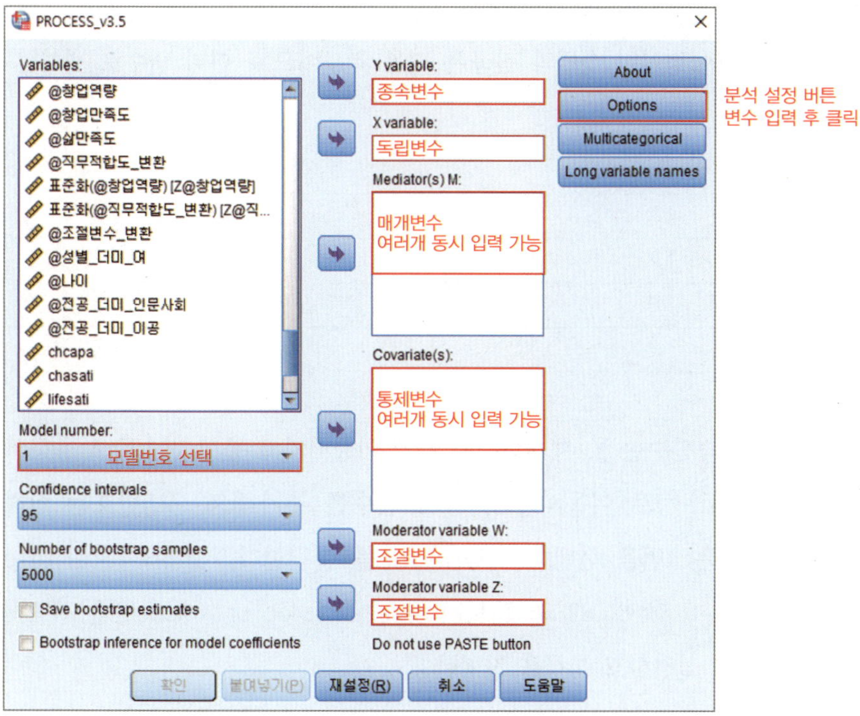

매개효과 모형은 모델번호 4, 6, 80, 81, 82에 해당되므로 아래 〈그림〉의 ①, ②번을, 조절효과는 ③을 체크하고 연구 결과의 유의 수준을 설정하는데 p<.05로 하는 것이 일반적이다.

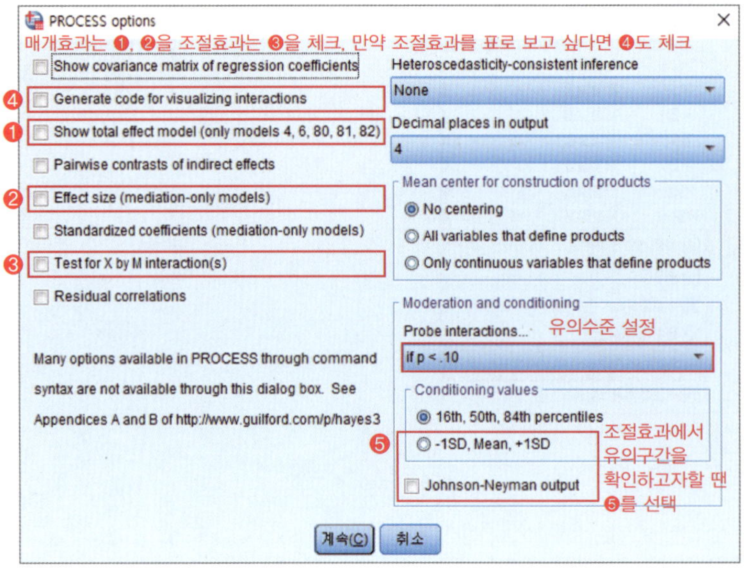

※ 분석에 통제 변수를 넣는 방법

분석에서 사용할 통제 변수도 영문으로 변수명을 변경한다. 성별, 나이, 전공을 통제 변수로 사용할 예정이며 성별과 전공은 명목 척도이므로 더미 변수로 변경한 후 영문으로 변경하였다.

gender	숫자	8	2		없음	없음
age	숫자	8	2		없음	없음
majorim	숫자	8	2		없음	없음
majorjy	숫자	8	2		없음	없음

독립변수는 X, 종속변수는 Y, 매개변수는 M에 이동시키고 통제 변수로 사용하고자 하는 것은 Covariate(s)로 이동시킨다. 통제 변수를 추가해도 모델번호는 변하지 않으므로 모델 번호는 4번을 선택하고 'Options'를 클릭한다. 'Show total effect model(only models 4, 6, 80, 81, 82)'과 'Effect size(mediation-only models)'을 선택하고 유의수준을 p<.05로 설정하고 분석을 진행한다.

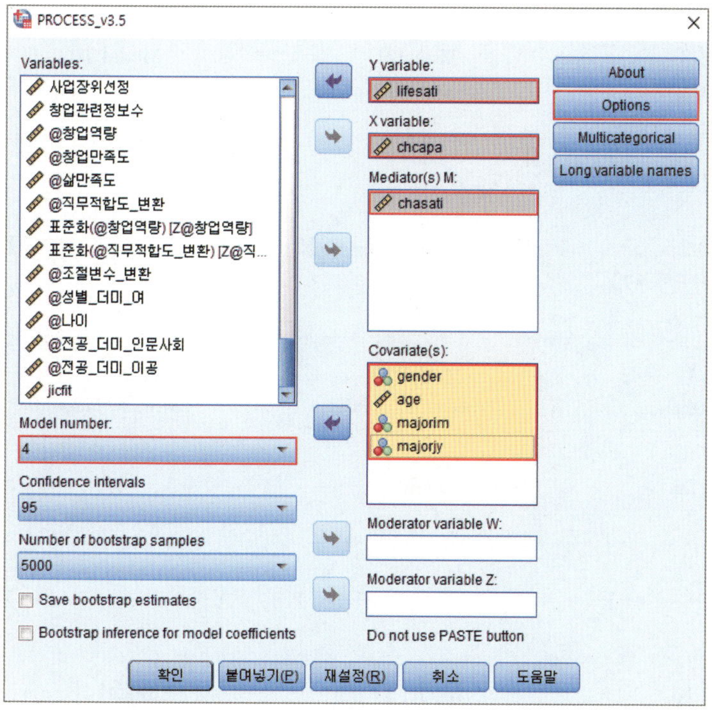

• Check point
: 프로세스 매크로 주요모형(1~74번)

Model 1
Conceptual Diagram

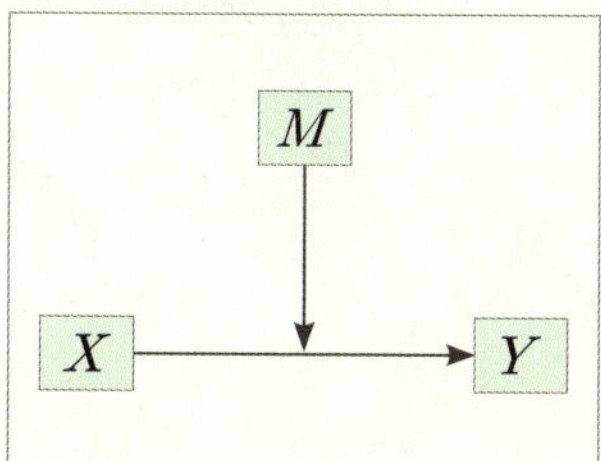

Model 2
Conceptual Diagram

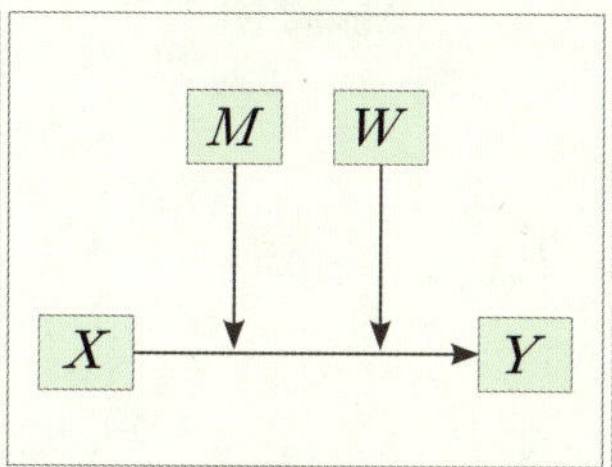

Model 3
Conceptual Diagram

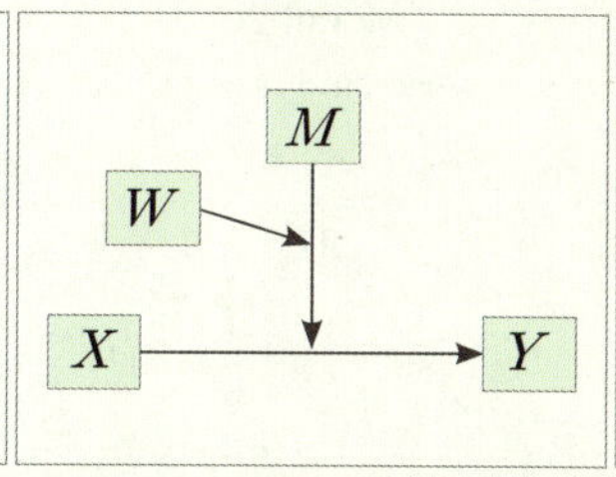

Model 4
Conceptual Diagram

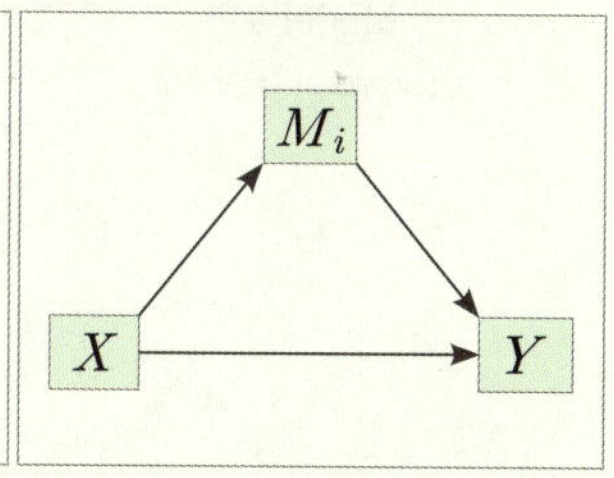

Model 5
Conceptual Diagram

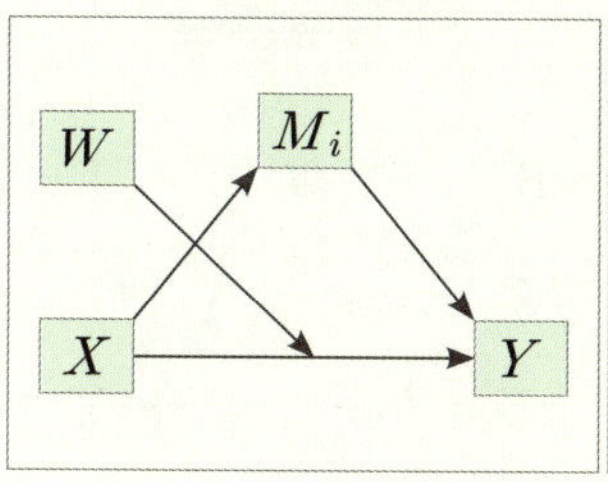

Model 6
(2 mediators)
Conceptual Diagram

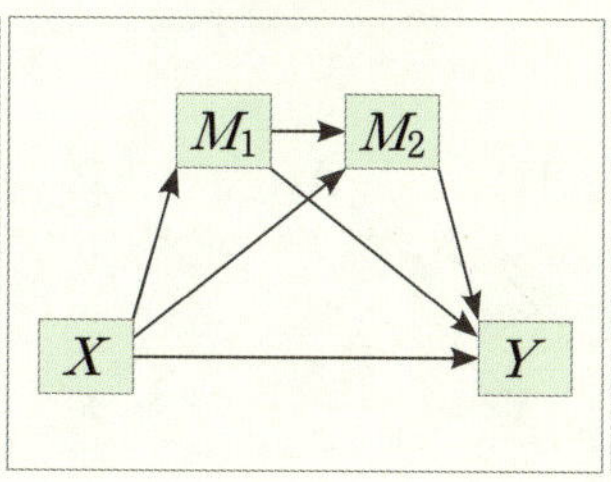

Model 6
(3 mediators)
Conceptual Diagram

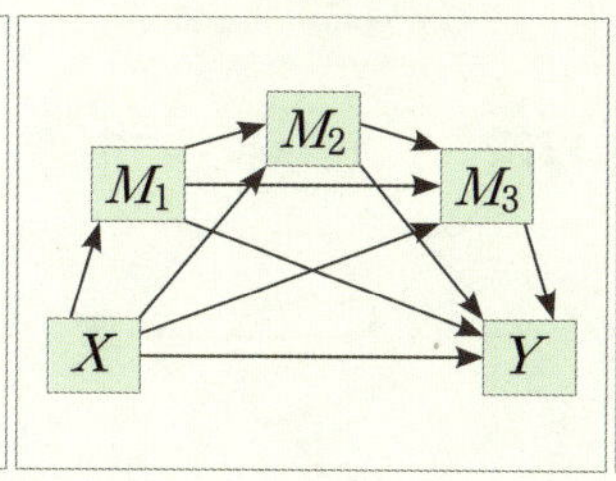

Model 6
(4 mediators)
Conceptual Diagram

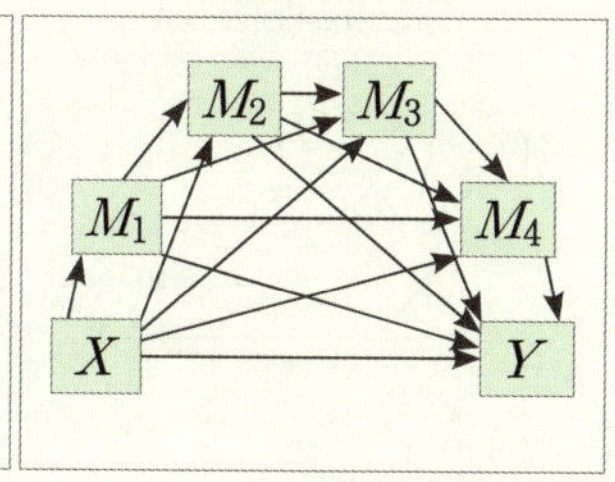

Model 7

Conceptual Diagram

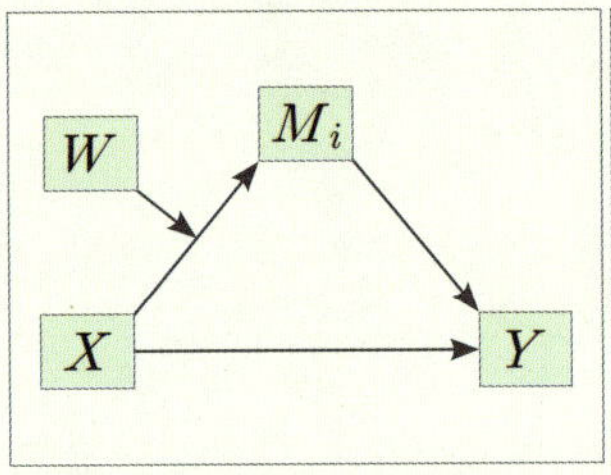

Model 8

Conceptual Diagram

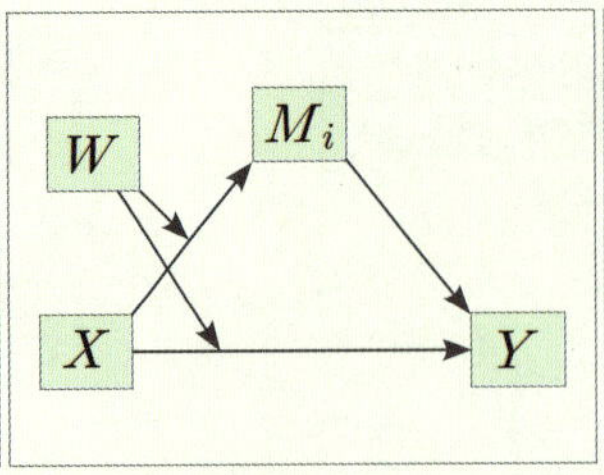

Model 9

Conceptual Diagram

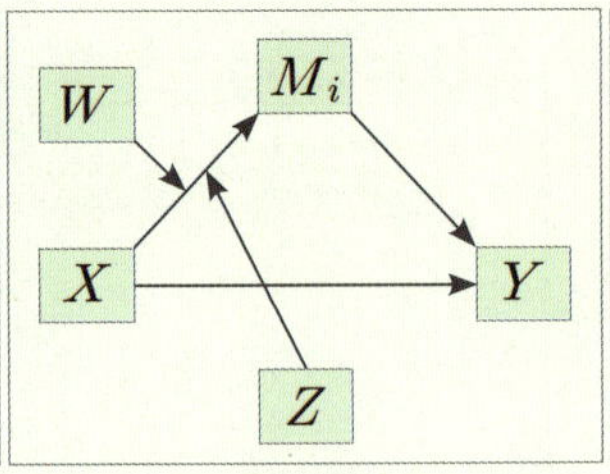

Model 10

Conceptual Diagram

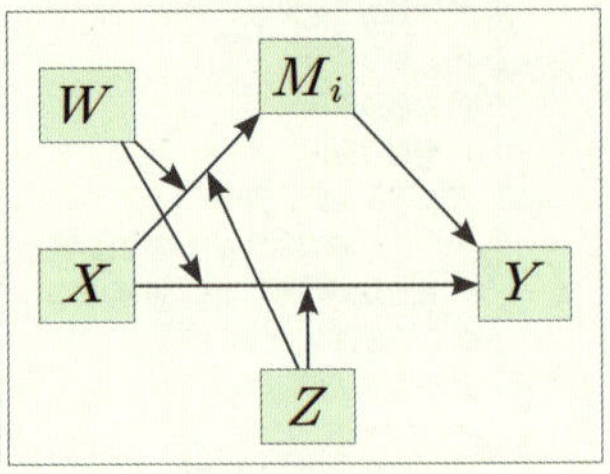

Model 11

Conceptual Diagram

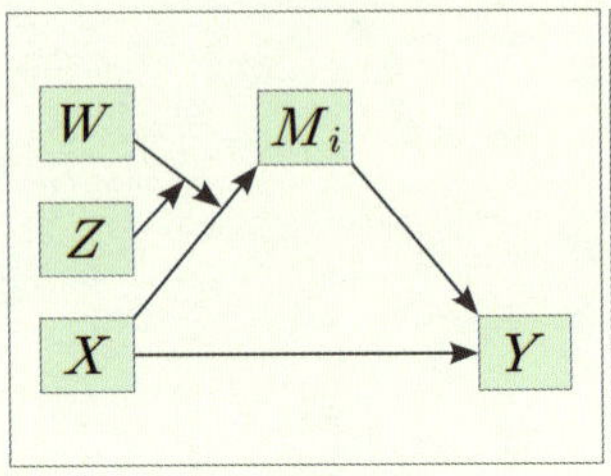

Model 12

Conceptual Diagram

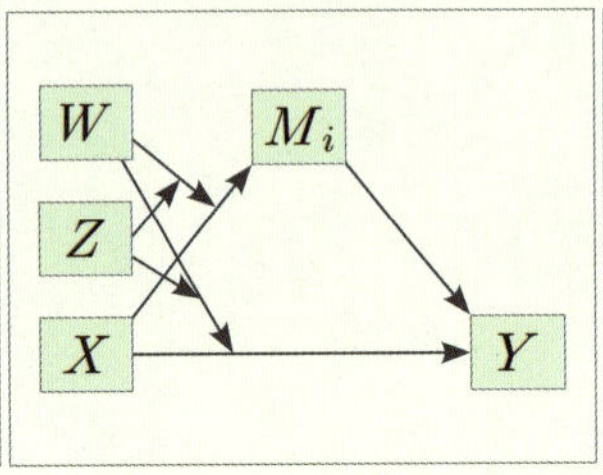

Model 13

Conceptual Diagram

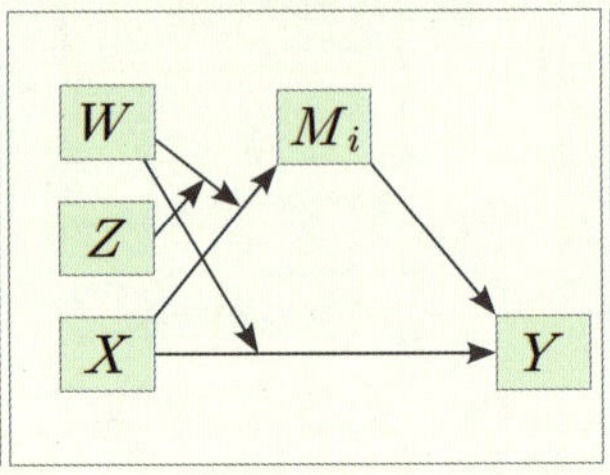

Model 14

Conceptual Diagram

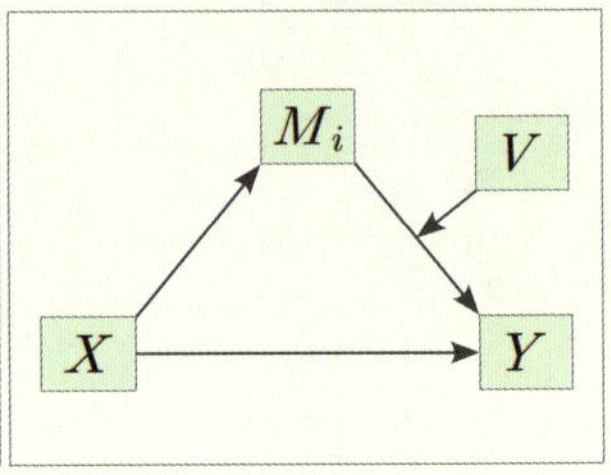

Model 15

Conceptual Diagram

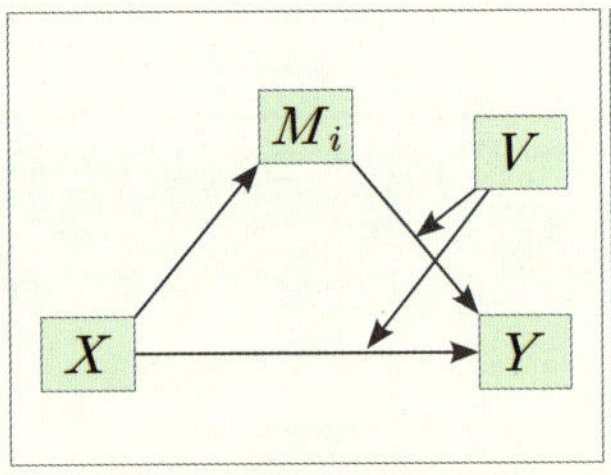

Model 16

Conceptual Diagram

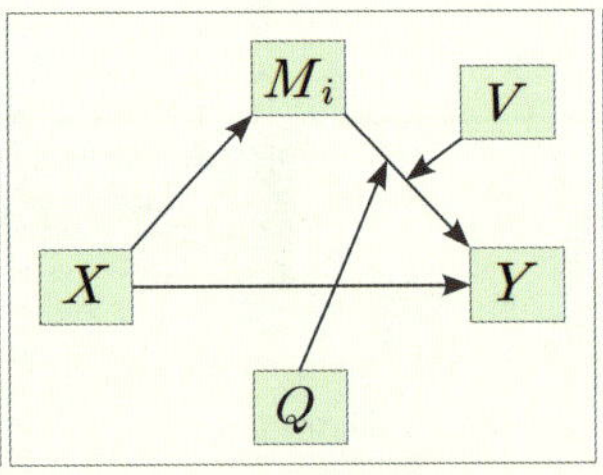

Model 17

Conceptual Diagram

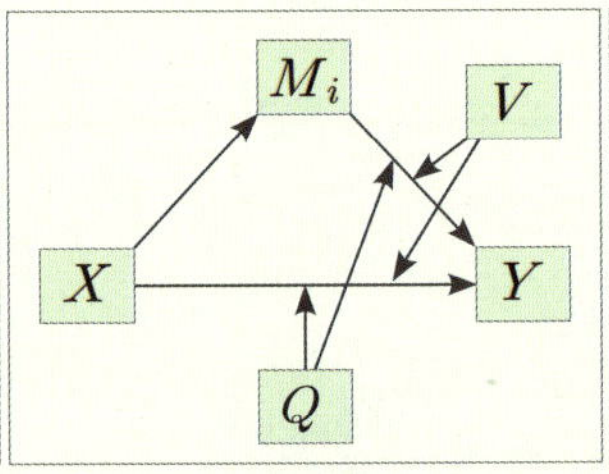

Model 18

Conceptual Diagram

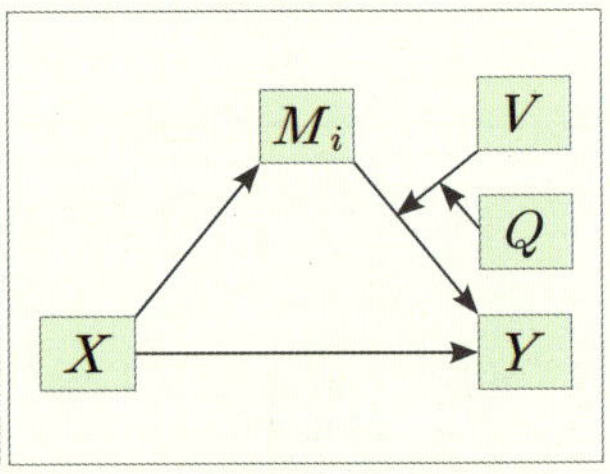

Model 19

Conceptual Diagram

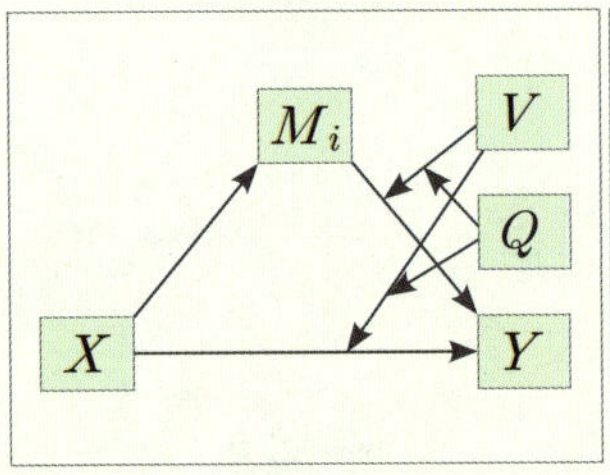

Model 20

Conceptual Diagram

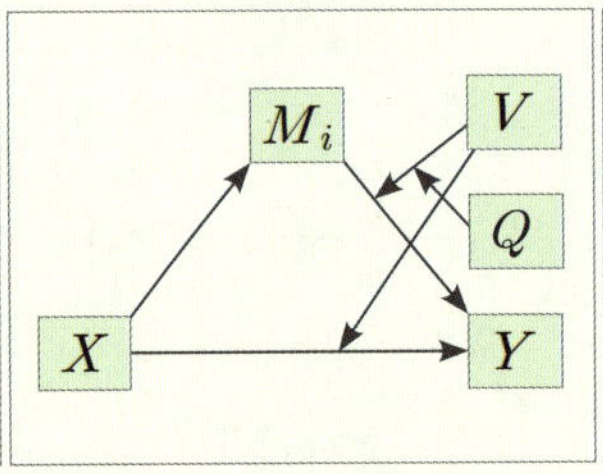

Model 21

Conceptual Diagram

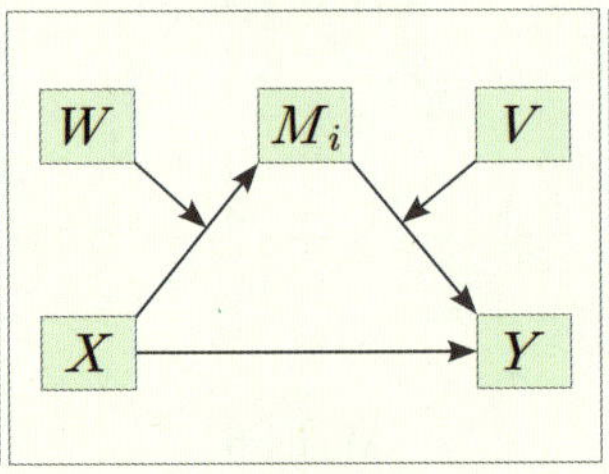

Model 22

Conceptual Diagram

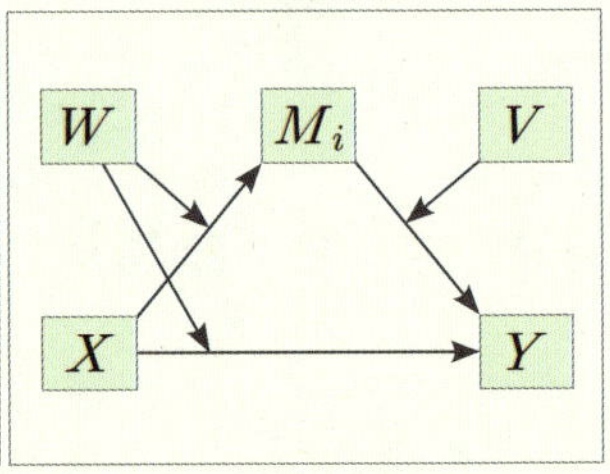

Model 23

Conceptual Diagram

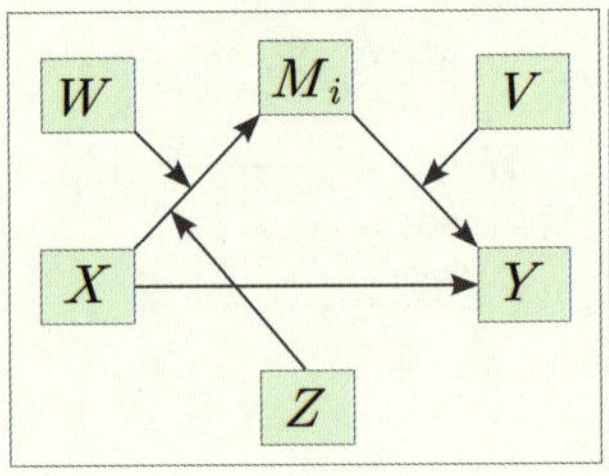

Model 24

Conceptual Diagram

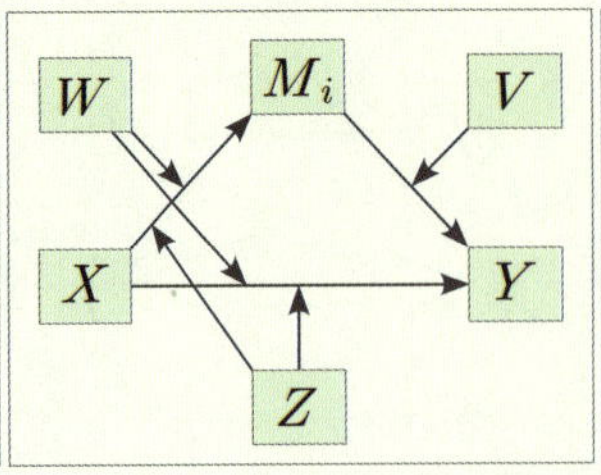

Model 25

Conceptual Diagram

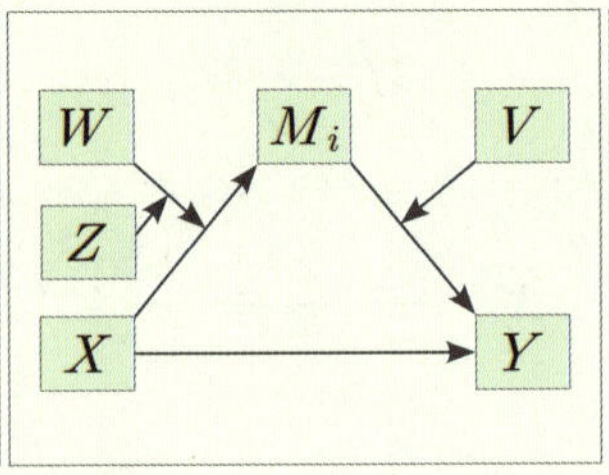

Model 26

Conceptual Diagram

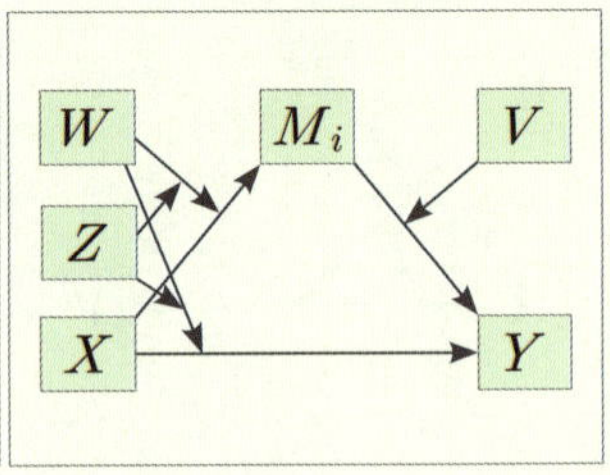

Model 27

Conceptual Diagram

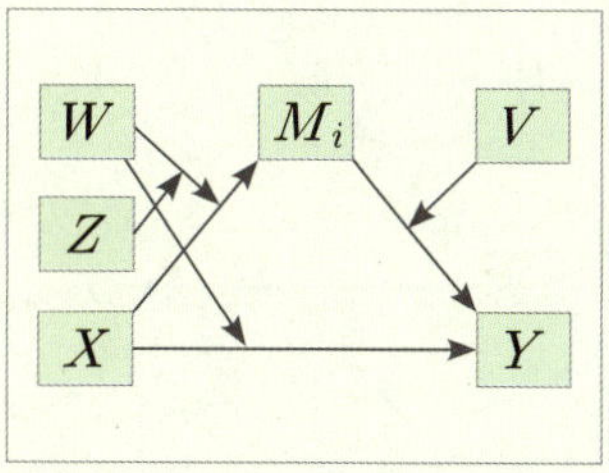

Model 28

Conceptual Diagram

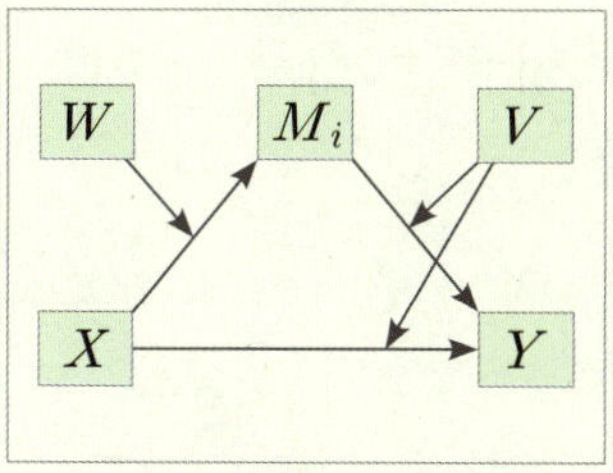

Model 29

Conceptual Diagram

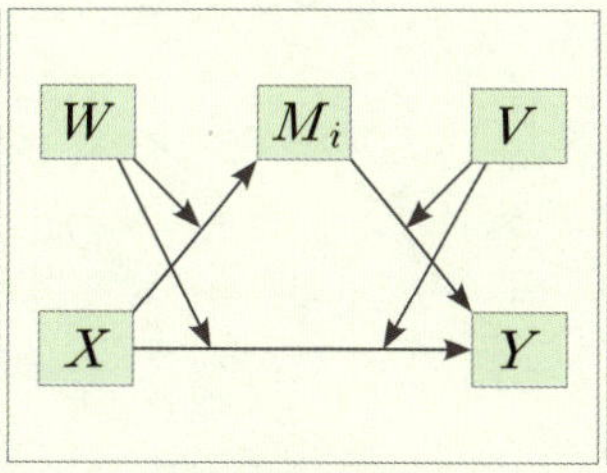

Model 30

Conceptual Diagram

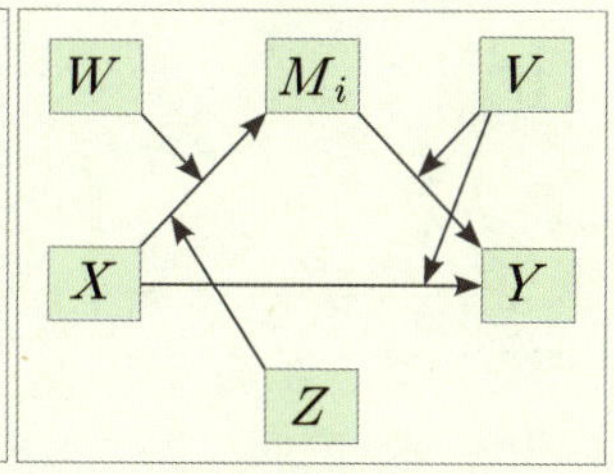

Model 31

Conceptual Diagram

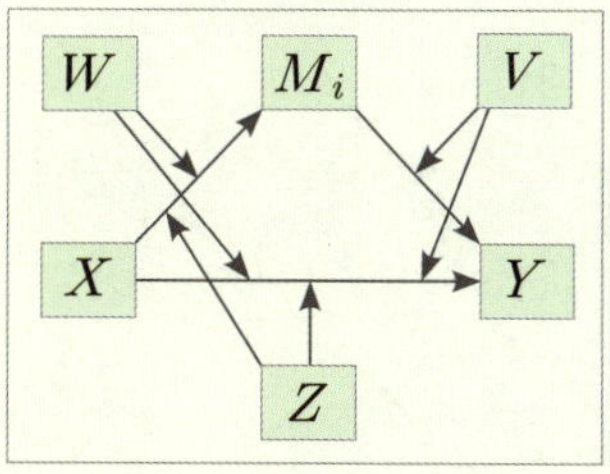

Model 32

Conceptual Diagram

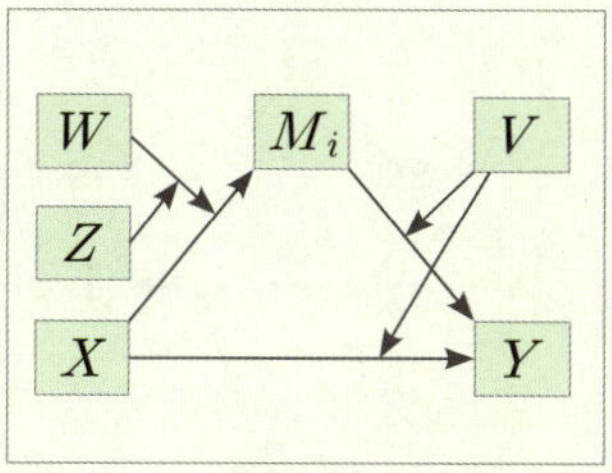

Model 33

Conceptual Diagram

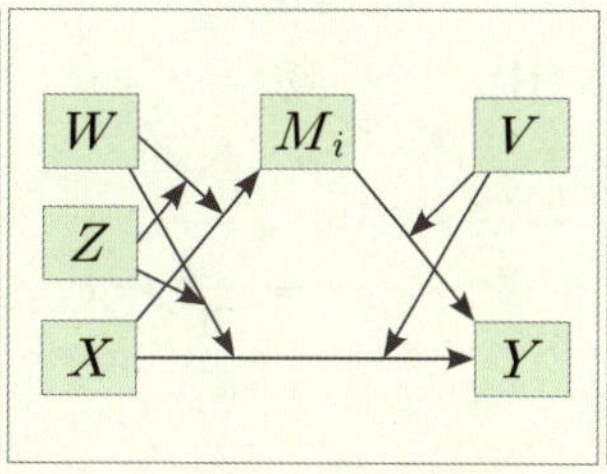

Model 34

Conceptual Diagram

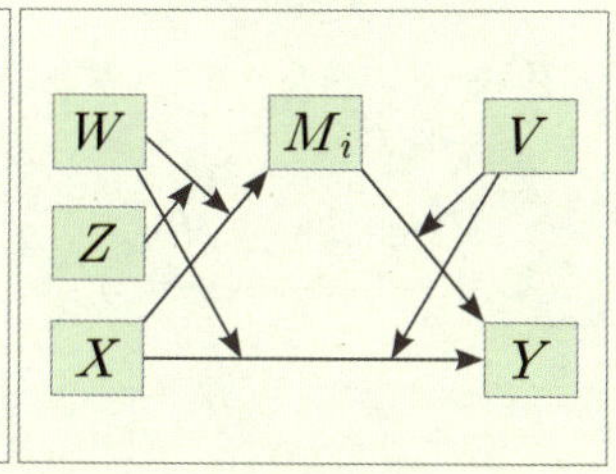

Model 35

Conceptual Diagram

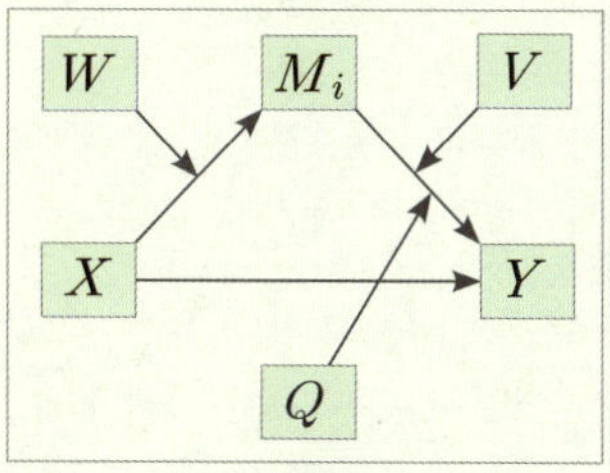

Model 36

Conceptual Diagram

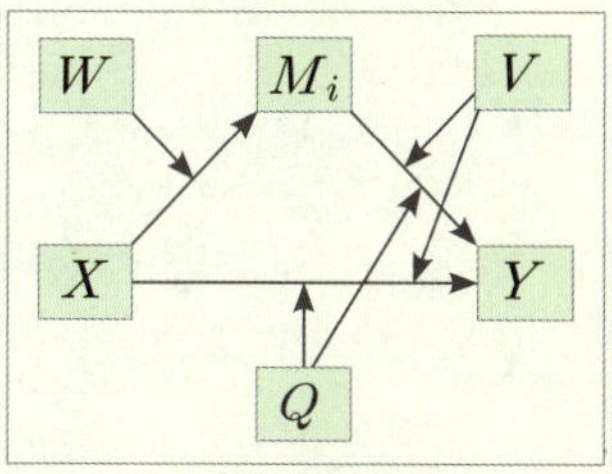

Model 37

Conceptual Diagram

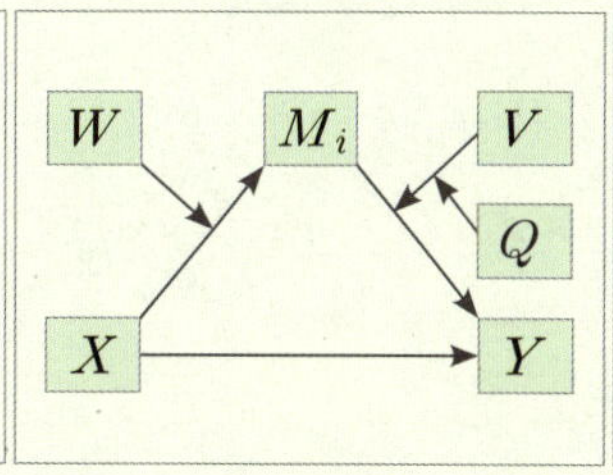

Model 38

Conceptual Diagram

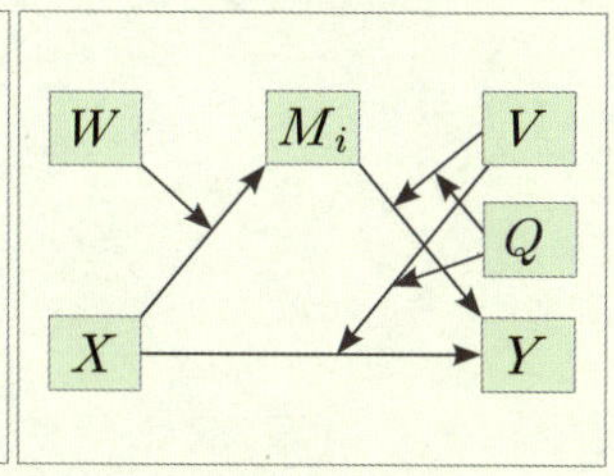

Model 39

Conceptual Diagram

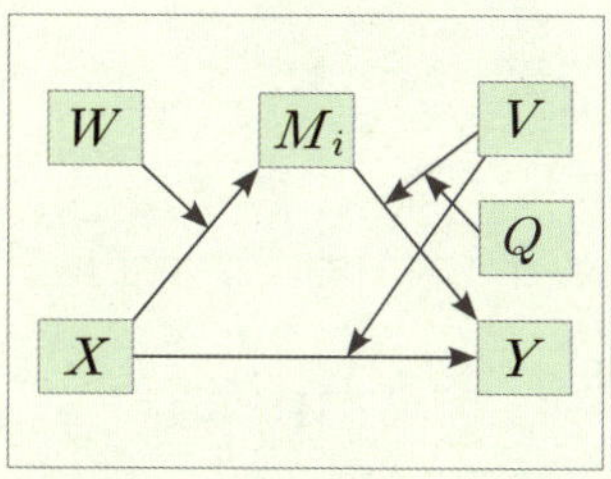

Model 40

Conceptual Diagram

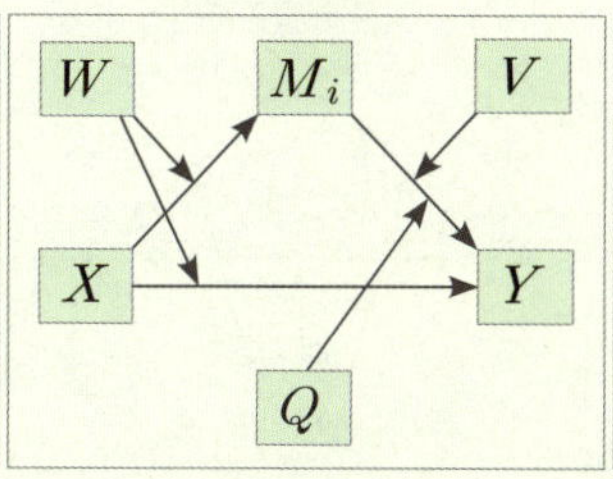

Model 41

Conceptual Diagram

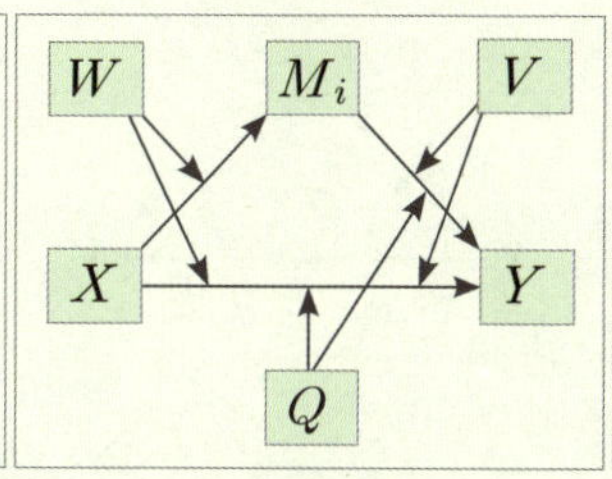

Model 42

Conceptual Diagram

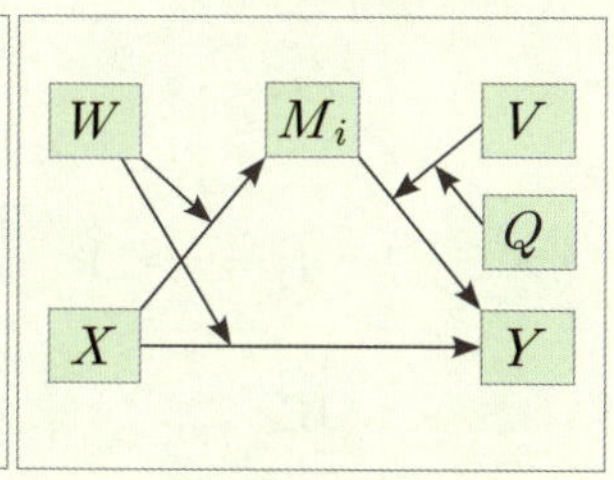

Model 43

Conceptual Diagram

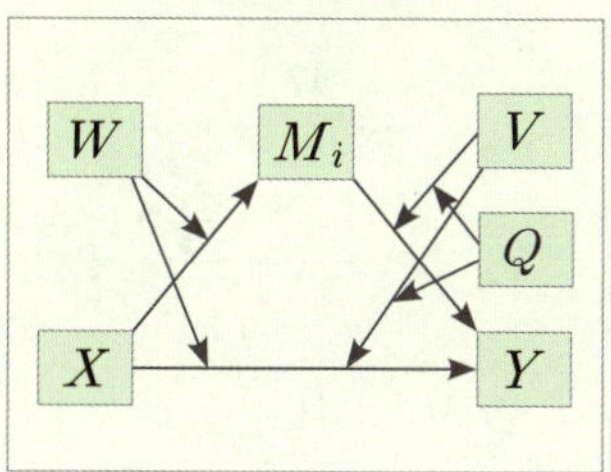

Model 44

Conceptual Diagram

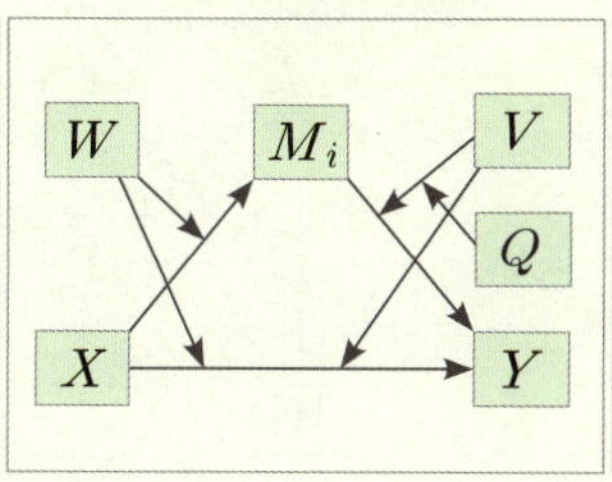

Model 45

Conceptual Diagram

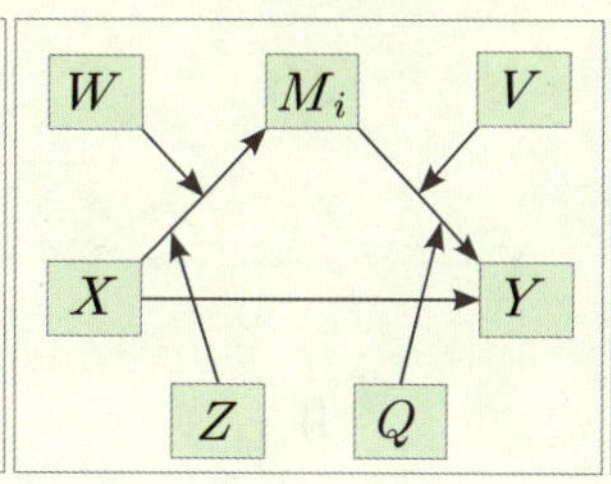

Model 46

Conceptual Diagram

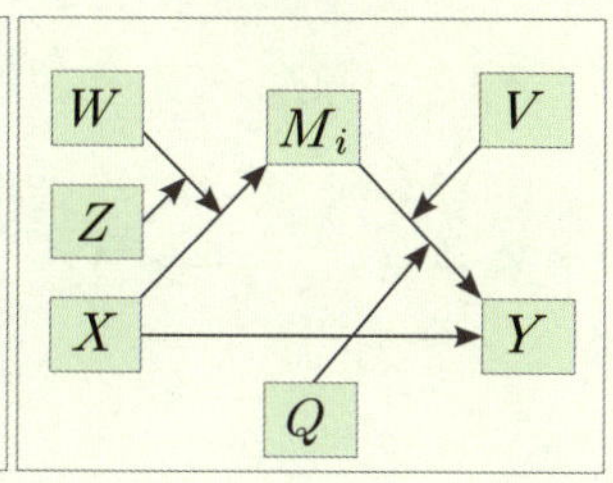

Model 47

Conceptual Diagram

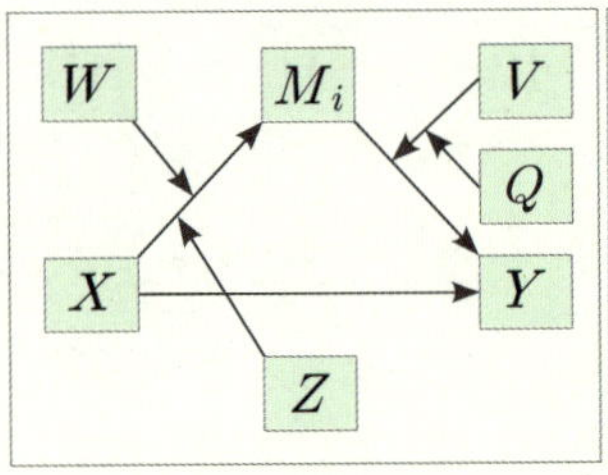

Model 48

Conceptual Diagram

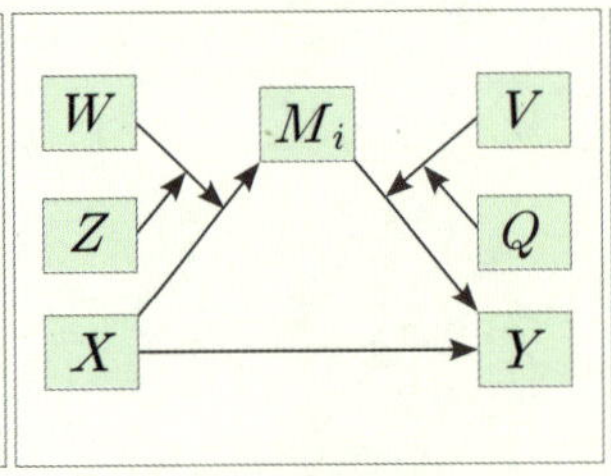

Model 49

Conceptual Diagram

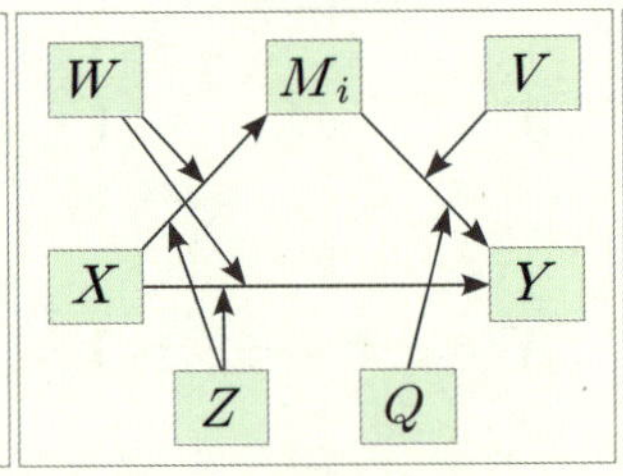

Model 50

Conceptual Diagram

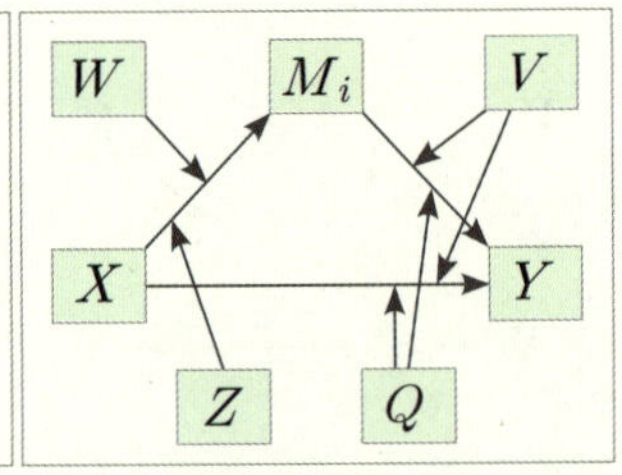

Model 51

Conceptual Diagram

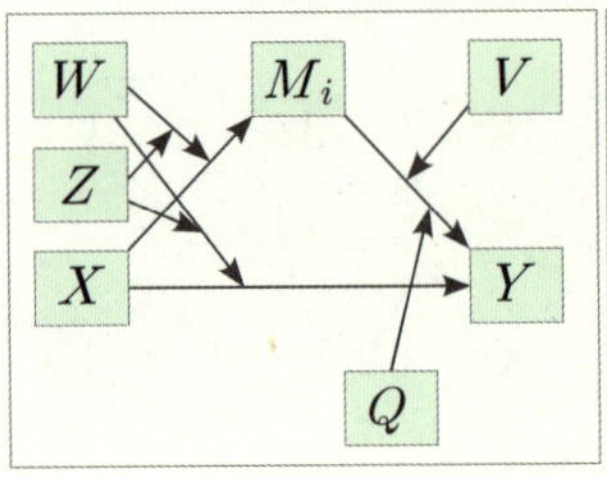

Model 52

Conceptual Diagram

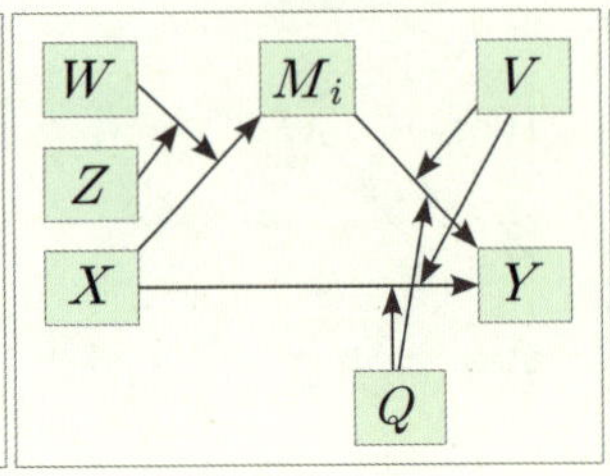

Model 53

Conceptual Diagram

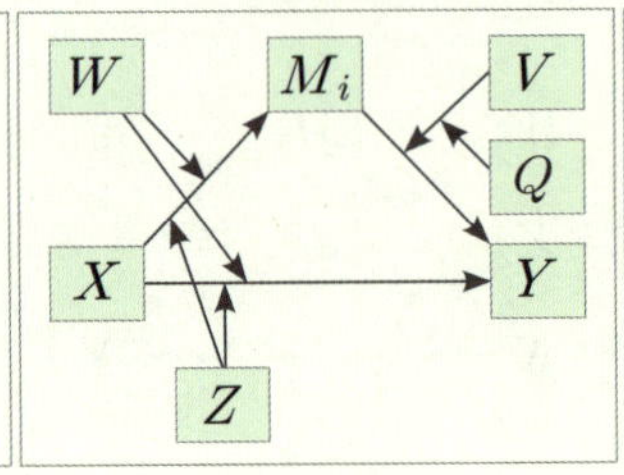

Model 54

Conceptual Diagram

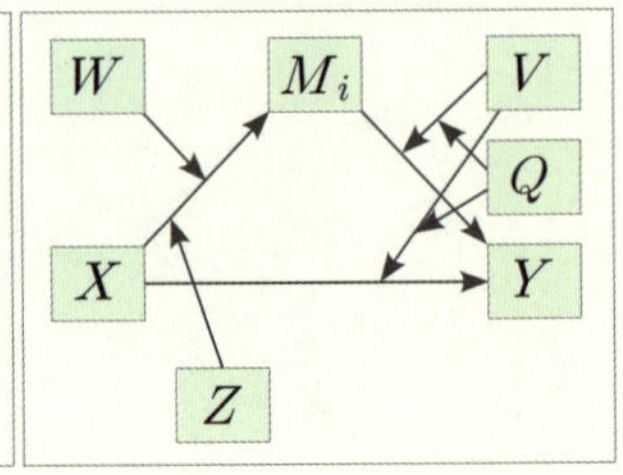

Model 55

Conceptual Diagram

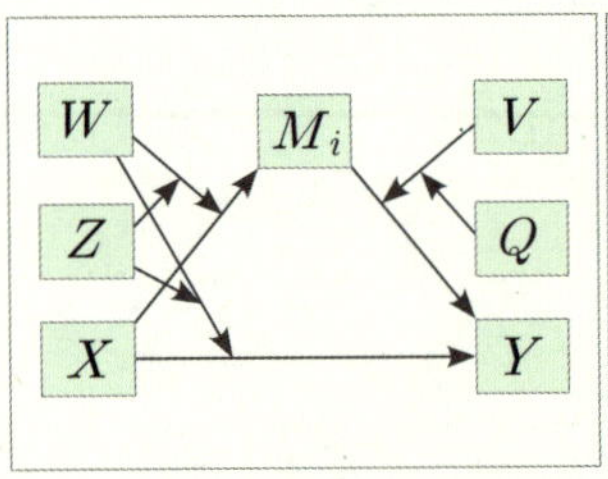

Model 56

Conceptual Diagram

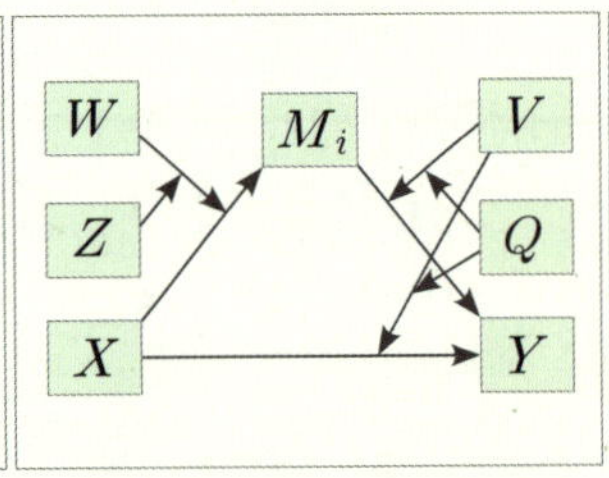

Model 57

Conceptual Diagram

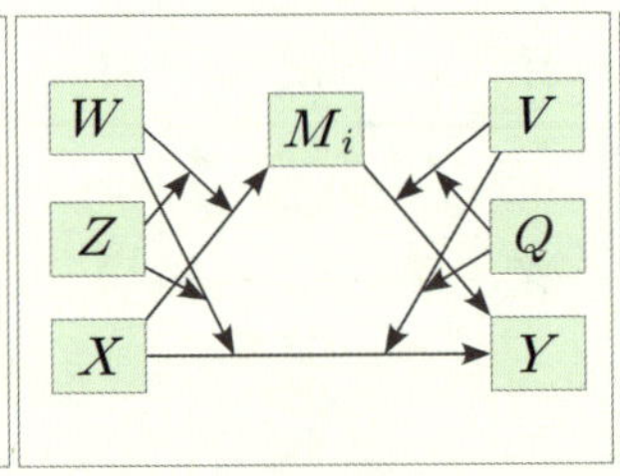

Model 58

Conceptual Diagram

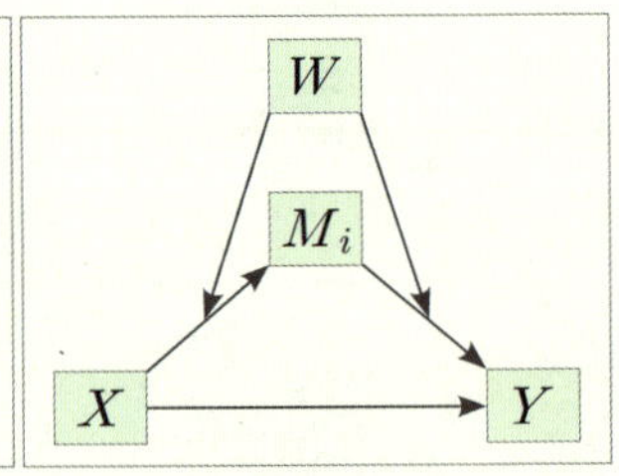

Model 59

Conceptual Diagram

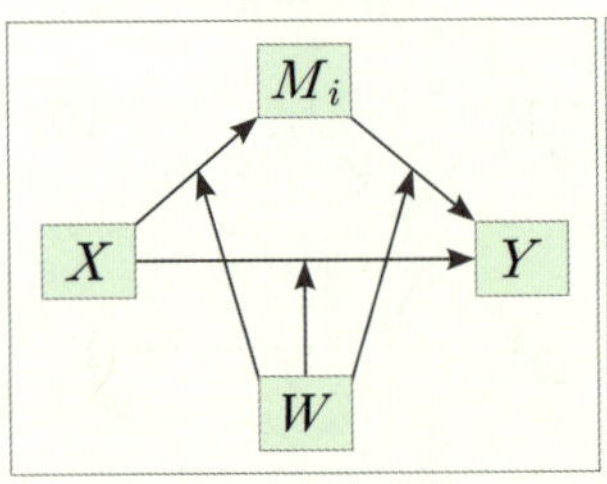

Model 60

Conceptual Diagram

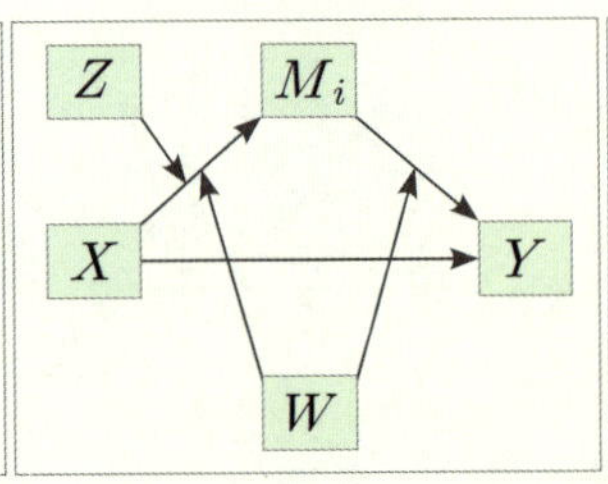

Model 61

Conceptual Diagram

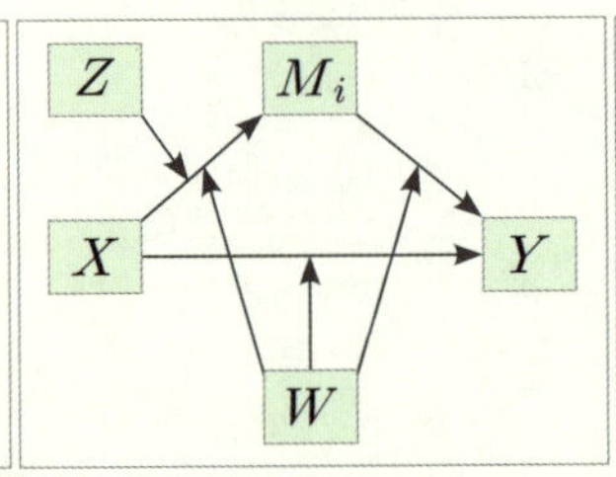

Model 62

Conceptual Diagram

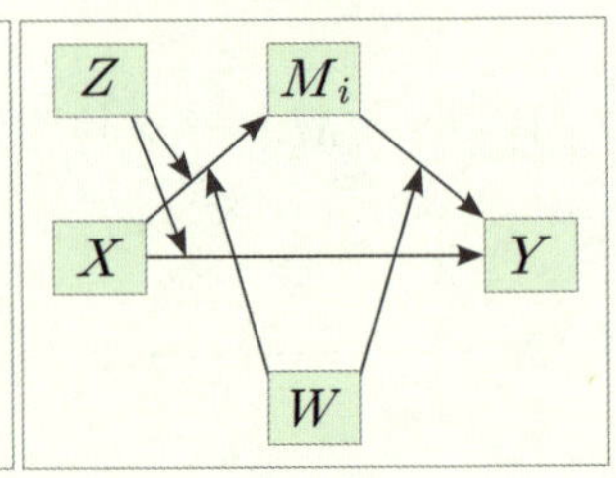

Model 63

Conceptual Diagram

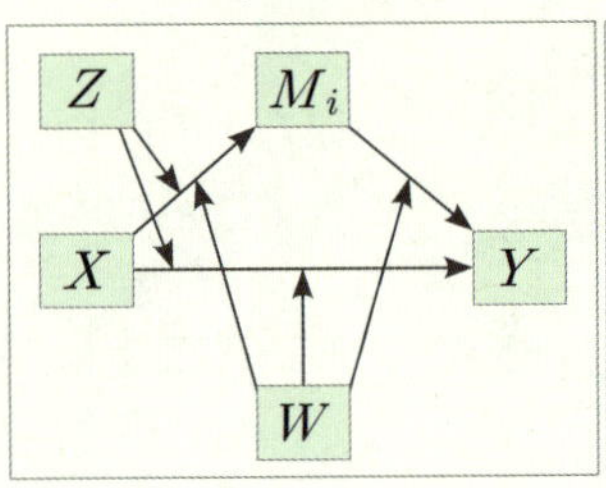

Model 64

Conceptual Diagram

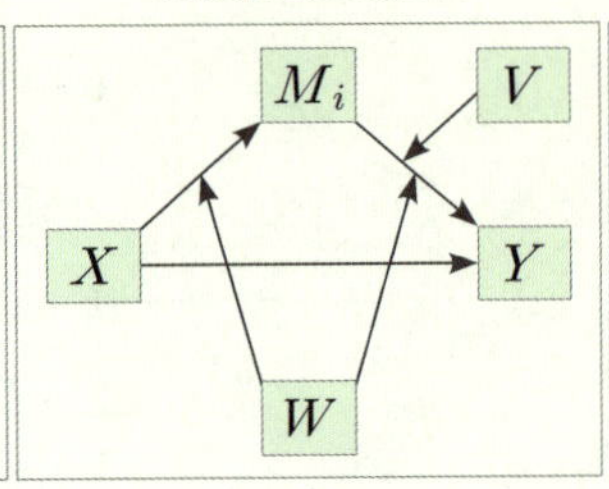

Model 65

Conceptual Diagram

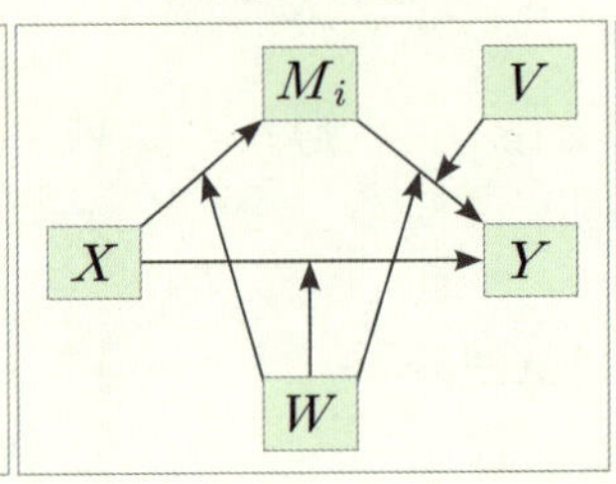

Model 66

Conceptual Diagram

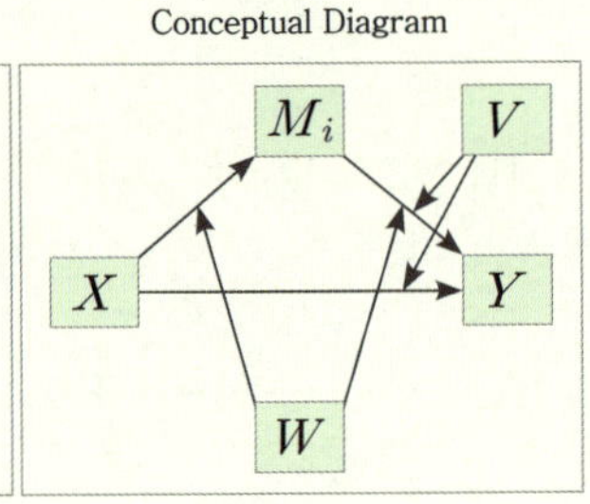

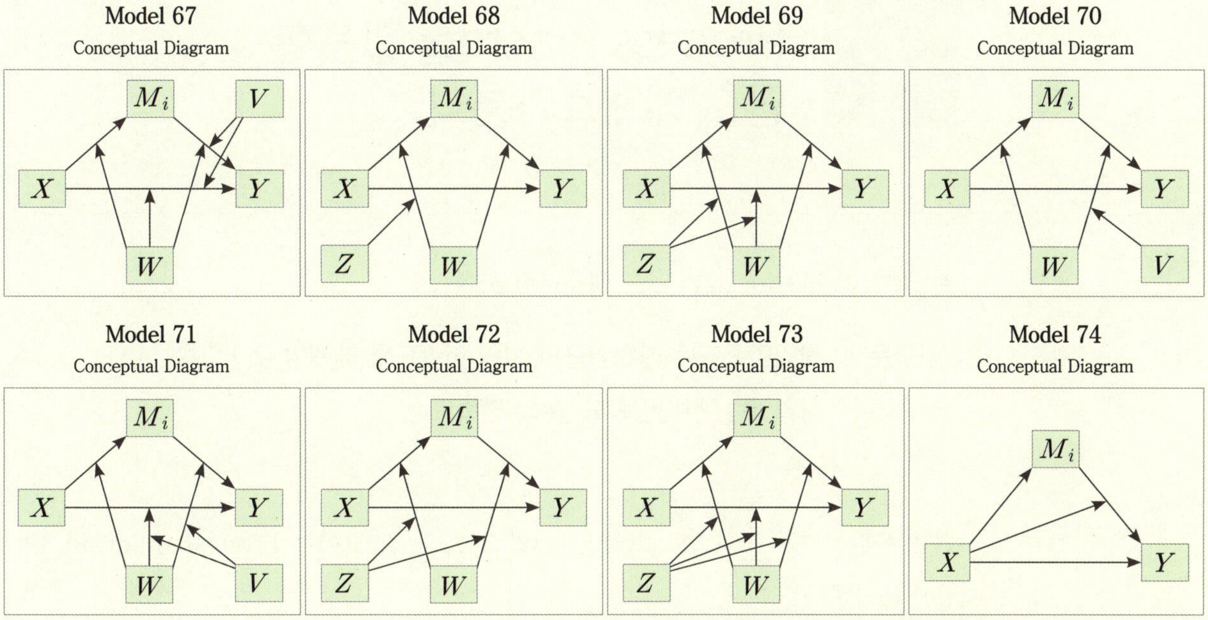

[그림 출처 : Process macro를 이용한 조절된 매개효과분석(이형권, 2020)]

PART V

4 Process macro를 활용한 단순 매개효과분석

■ Process Macro 실습: 단순 매개효과 분석

연구문제: 창업만족도는 창업역량과 삶의 만족도를 매개할 것이다.

실습변수: 창업역량, 창업만족도, 삶의 만족도

연구문제를 연구 모형으로 그리면 〈그림 5-2〉과 같고 이는 Process macro의 4번 모델에 해당한다.

종속변수 Y : lifesati 삶의 만족도
독립변수 X : chcapa 창업역량
매개변수 M : chasati 창업만족도

그림 5-2 Process macro Model 4

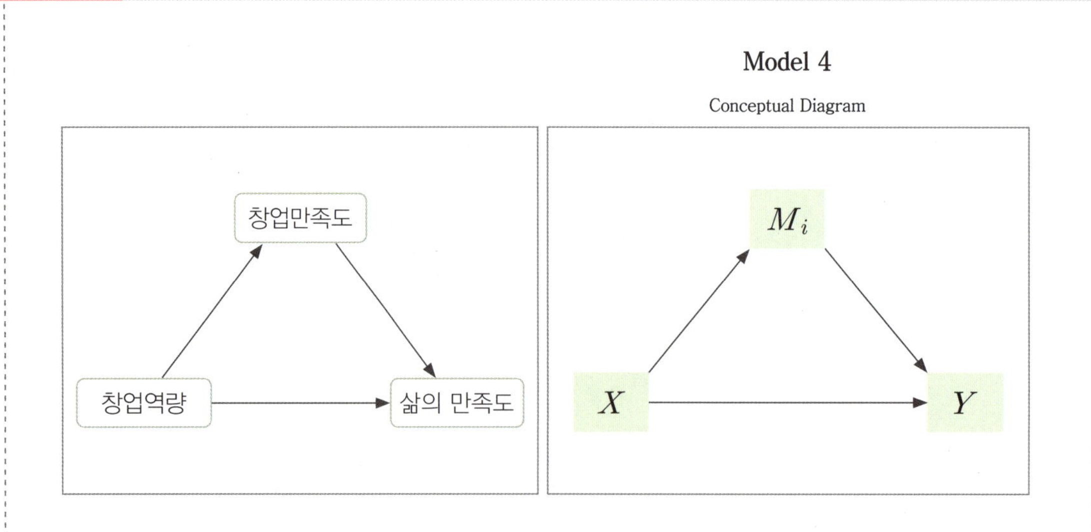

• Check point
: Process macro를 이용한 매개효과 분석 순서

① [분석]-[회귀분석]-[PROCESS 버전] 클릭
② 변수 창에서 변수 선택하여 종속변수, 독립변수, 매개변수 변수 입력 창으로 이동
③ 모델번호 선택
④ 'Options' 클릭
⑤ 'Show total effect model(only models 4, 6, 80, 81, 82)' 선택
⑥ 'Effect size(mediation-only models)'선택
⑦ 'Probe interactions..'에서 'if p<.05'를 선택
⑧ '계속' 클릭
⑨ '확인' 클릭

① 모델번호 선택 및 변수 넣기

변수를 입력하고 모델을 선택한 후 'Options'를 선택한다.

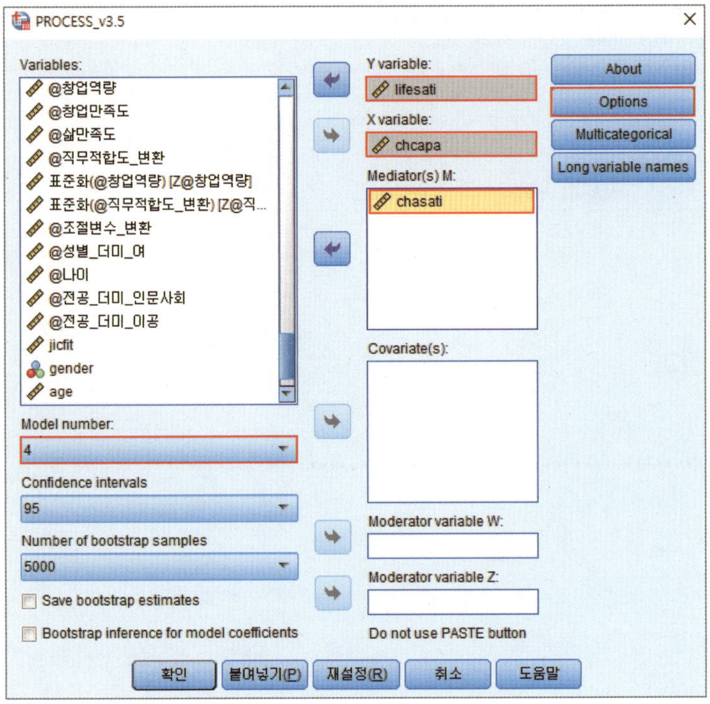

매개변수간 상호 영향을 주고 받지 않는 다중매개인 경우는 4번 모델 선택 후 매개변수입력창(Mediators)에 여러개의 매개변수를 한꺼번에 넣고 실행한 후 변수 별로 분석결과를 확인하면 된다.

② 옵션 설정

'Show total effect model(only models 4, 6, 80, 81, 82)'와 'Effect size(mediation-only models)'선택하고 유의수준을 .05이하로 설정한다. 계속을 클릭하고 원래 창으로 돌아와 확인을 클릭하면 분석이 실행된다.

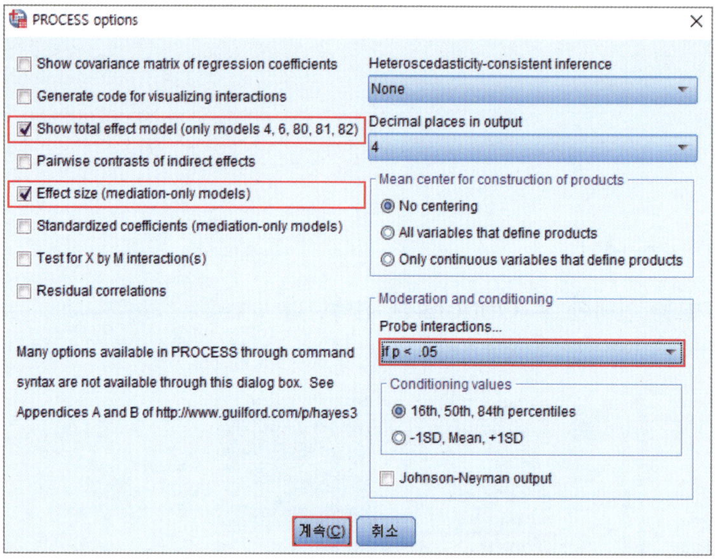

1) 매개효과 분석 결과

```
**************************************************************************
Model  : 4
    Y  : lifesati
    X  : chcapa
    M  : chasati

Sample
Size:  369
```

```
**************************************************************************
OUTCOME VARIABLE:
 chasati

Model Summary
          R       R-sq        MSE          F        df1        df2          p
      .1663      .0276      .5266    10.4360     1.0000   367.0000      .0013

Model
              coeff         se          t          p       LLCI       ULCI
constant     3.1487      .1578    19.9525      .0000     2.8383     3.4590
chcapa        .1645      .0509     3.2305      .0013      .0644      .2646

**************************************************************************
OUTCOME VARIABLE:
 lifesati

Model Summary
          R       R-sq        MSE          F        df1        df2          p
      .4388      .1925     1.0467    43.6297     2.0000   366.0000      .0000

Model
              coeff         se          t          p       LLCI       ULCI
constant     2.5853      .3212     8.0480      .0000     1.9536     3.2170
chcapa        .1361      .0728     1.8696      .0623     -.0071      .2793
chasati       .6413      .0736     8.7140      .0000      .4966      .7860

************** TOTAL, DIRECT, AND INDIRECT EFFECTS OF X ON Y **************

Total effect of X on Y
     Effect         se          t          p       LLCI       ULCI       c_ps       c_cs
      .2416      .0788     3.0668      .0023      .0867      .3965      .2128      .1581

Direct effect of X on Y
     Effect         se          t          p       LLCI       ULCI      c'_ps      c'_cs
      .1361      .0728     1.8696      .0623     -.0071      .2793      .1199      .0891

Indirect effect(s) of X on Y:
           Effect     BootSE   BootLLCI   BootULCI
chasati     .1055      .0414      .0232      .1887

Partially standardized indirect effect(s) of X on Y:
           Effect     BootSE   BootLLCI   BootULCI
chasati     .0929      .0359      .0206      .1646

Completely standardized indirect effect(s) of X on Y:
           Effect     BootSE   BootLLCI   BootULCI
chasati     .0690      .0266      .0152      .1209
```

2) 매개효과 해석 및 논문 결과표 작성

〈표〉 매개효과 결과표

변수	β	S.E.	t값	p	LLCI	ULCI
			매개변수: 창업만족도			
상수	3.1487	.1578	19.9525	.0000	2.8383	3.4590
창업역량 chcapa	.1645	.0509	3.2305	.0013	.0644	.2646
			종속변수: 삶의 만족도			
상수	2.5853	.3212	8.0480	.0000	1.9536	3.2170
창업역량 chcapa	.1361	.0728	1.8696	.0623	-.0071	.2793
창업만족도 chasati	.6413	.0736	8.7140	.0000	.4966	.7860

효과	β	S.E.	LLCI	ULCI
총효과	.2416	.0788	.0867	.3965
직접효과	.1361	.0728	-.0071	.2793
간접효과	.1055	.0410	.0267	.1891

LLCI는 boot 간접효과의 95% 신뢰구간 내에서 하한값을, ULCI는 간접효과의 95% 신뢰구간 내에서 상한값을 의미하며 부트스트랩의 상한값과 하한값 사이에 0이 존재하지 않을 때 유의한 결과로 본다. 분석결과 창업역량은 삶의 만족도에 직접적으로

• Check point
: 부트스트랩의 상한값과 하한값 사이에 0이 존재하지 않을 때 유의한 결과로 보는 이유

매개효과나 조절효과를 검증할 때 프로세스 매크로에서는 부트스트랩의 상한값과 하한값 사이에 0이 포함되지 않을 때 유의한 결과로 본다. 즉, LLCI와 ULCI값의 부호가 둘 다 (+)이거나 둘다 (-)이어야 한다는 것이다. 신뢰구간을 오차범위라고 본다면 오차 범위에 따라 0이 될 수 있다는 건 그 효과가 있을 수도 있고 없을 수도 있음을 의미하기 때문이다. 따라서 매개효과, 조절효과의 유의성을 확인할 때는 LLCI와 ULCI값의 부호가 같아야 한다.

• Check point
: 부트스트랩을 이용한 매개효과 검증 해석

바론과 케니는 위계적 회귀분석에서 매개효과를 부분매개효과와 완전매개효과로 나누어 설명했다. 그러나 부트스트랩 방식을 사용하는 프로세스 매크로에서는 매개효과를 부분매개와 완전매개로 나누는 것이 실질적으로나 이론적으로 나누는 것이 의미없다고 주장한다. Hayes(2013)의 견해를 살펴보면 다음과 같다. 완전매개와 부분매개는 연구자가 총효과가 0과 다르다는 가정을 토대로 하고 있으나, 총효과가 없는 경우에도 간접효과가 있는 경우가 있다. 따라서 이 가정은 실제 연구에 적용하기가 어렵다. 그리고 동일한 방법과 동일한 측정을 통해 동일한 과정으로 분석할 경우 표본의 수가 작을수록 완전매개가 잘 나온다. 그러나 이는 표본의 크기가 클수록 좋다는 사회과학 연구의 대원칙에 위배된다. 따라서 프로세스 매크로를 사용할 경우 부분매개와 완전매개를 구분하지 않고 매개효과의 여부만을 검증한다.

유의한 영향을 주지 않으며 창업만족도를 통해 유의한 영향을 주는 것을 볼 수 있다. 즉, 창업만족도는 창업역량과 삶의 만족의 관계를 매개함을 알 수 있다.

※ 매개효과의 개요

1. 매개효과의 의미

매개효과란 직접 효과에서 독립변수와 종속변수 간의 관계에 개입하는 제 3의 변수의 효과를 의미한다. 매개변수는 독립변수와 종속변수의 관계에서 '왜(why)'나 '어떻게(how)를 설명하는 변수라고 할 수 있다. 예를 들면 학습태도가 좋을수록 진로가 성숙한다면 왜 성숙하는지를 설명할 수 있는 변수가 매개변수라는 것이다. 학습태도가 좋을수록 진로가 성숙한다는 것을 설명할 수 있는 요인들이 많이 있겠지만 선행연구나 이론을 분석해보니 진로 성숙의 요인으로 진로 탐색 효능감이 찾아졌다면 학습태도와 진로성숙의 매개변수로 진로탐색효능감을 설정하여 연구를 통해 검증하는 것이다.

매개 모델은 〈그림 5-3〉으로 나타낼 수 있다. X가 독립변수, Y가 종속변수, M이 매개변수라 할 때, X가 Y에게 M을 통해서 영향을 준다면 이때 M은 매개효과가 있다고 볼 수 있는 것이다. 그런데 M을 통해서 영향을 주는 것과 직접영향을 주는

그림 5-3 매개 모델

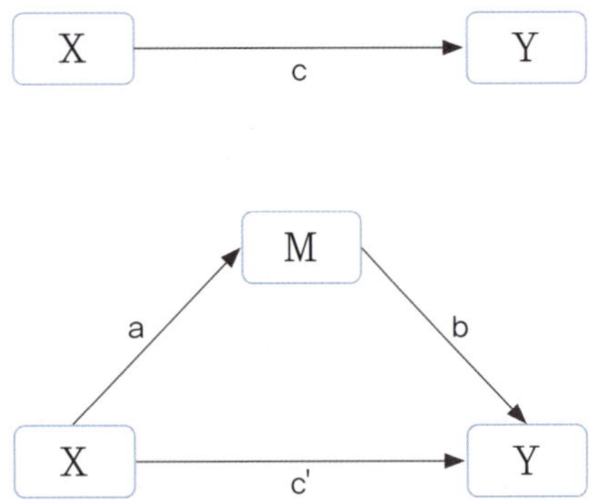

	X → M	M → Y	X → Y
완전매개	○	○	×
부분매개	○	○	○ ab < c
부분매개 (억제효과)	○	○	○ ab > c
매개효과없음	○	×	○

것이 둘 다 성립하는 경우도 있기 때문에 바론과 케니(Baron & Kenny)는 매개모델을 완전매개모델과 부분매개모델로 나누어 설명했다.

〈그림5-3〉은 기본적인 매개 모델로 직접효과(c)와 매개효과를 모두 나타내고 있다. 연구 결과에 따라 매개효과의 종류를 나눌 수 있는데 완전 매개는 a, b는 통계적으로 유의하나 c′가 성립하지 않는 것이다(c′=0 또는 ab=c). 즉, X와 Y의 관계가 M을 통해서만 성립하는 것을 완전매개효과로 본다. 그리고 a, b, c′가 모두 유의하다면 직접효과와 매개효과 모두 성립하므로 이를 부분매개로 보는 데 만약 c′의 부호에 변화가 있다면 억제효과를 의미한다. 부분매개는 매개변수를 포함했을 때 X가 Y에 주는 영향이 줄어들기 때문에 크기를 비교하면 $c' < c$ 또는 $ab < c$로, 억제효과는 $ab > c$로 확인한다. 그리고 a와 c는 유의하나 b는 유의하지 않다면 매개효과가 없음을 의미한다.

Baron & Kenny의 접근법은 매개효과 검정에서 많이 사용되고 있기는 하지만 간접효과의 유의성에 대한 검정이 어려워 Sobel test를 진행할 것을 권한다. Sobel test는 a와 b의 곱인 ab의 통계적 유의도를 검정하므로 계수의 곱 검정이라고 말하기도 한다. 그러나 Sobel test역시 통계적 검정력이 낮고 검정력을 높이기 위해서는 표본의 크기가 커야 한다는 한계가 있다. 그리고 Sobel test는 ab가 정규분포를 한다는 가정하에 검정을 하는데 이 또한 맞지 않는 경우가 많다. 그래서 Sobel test가 아닌 부트스트래핑(bootstrapping)으로 ab의 통계적 유의성을 판단할 것을 권한다. 부트스트래핑을 통한 검정은 Process Macro를 이용한 분석을 참고하길 바란다. 그리고 부트스트래핑을 통한 매개효과 검정에서는 완전매개나 부분매개를 구분하지 않는다.

2. 매개효과의 설계 및 연구의 의의

매개효과는 독립변수와 종속변수 간 유의적 관계의 원인을 찾는 것이므로 독립변수와 종속변수 사이의 유의성이 기본적으로 존재해야 한다고 주장하는 학자들이 있다. 그러나 앞서 살펴본 바와 같이 매개변수를 통해서만 유의한 경우도 있기 때문에 일반적으로 독립변수와 종속변수 간의 유의한 관계가 없어도 매개효과가 있을 수 있다고 본다.

매개변수는 독립변수의 결과이며 종속변수의 원인이 되므로 매개모델을 설계하기 위해서는 이러한 관계를 설명하는 이론적 근거가 있어야 한다. 예를 들어 변수 X가 변수 M에 영향을 준다는 선행연구가 있고, 변수 M이 변수 Y에 영향을 준다는 선행연구가 있다면 세 변수 사이에는 X → M → Y의 관계가 있다고 볼 수 있다. 이때 M을 변수라 하고 M의 매개효과를 검정하는 것이다.

매개변수가 어떤 이론적 가정의 가지고 있는가에 따라 가설을 설정할 수 있는데 매개변수의 이론적 가정으로는 강화요인과 억제요인이 있다. **강화요인은 매개변수가 개입하여 매개변수, 독립변수, 종속변수 간의 관계가 동일한 방향으로 영향을 미치는 것**이고, **억제요인은 매개변수가 종속변수에 다른 방향으로 영향을 주는 것**이다. 따라서 가설을 설정할 때 선행연구나 이론을 분석하여 매개변수가 강화요인이 될 것인지 억제요인이 될 것인지 정할 수 있다.

매개효과 분석의 연구적 의의는 독립변수와 종속변수의 관계에서 제 3의 변수를 개입하여 Why나 How를 찾는 것이다. 이를 통해 종속변수를 관리하는 관점에서 시사점을 얻을 수 있는데 예를 들어 학습태도와 진로성숙의 관계에서 진로탐색효능감이 완전매개하는 것이 나타났다면 진로 성숙을 위해 진로탐색효능감을 높여야함을 시사한다. 만약 부분매개의 결과를 얻었다면 진로성숙을 위해 학습태도를 좋게 하고 진로탐색효능감을 높여야 하는 시사점을 얻을 수 있다.

PART V

5 Process macro를 활용한 조절효과분석

■ Process Macro 실습: 조절효과 분석

연구문제: 직무적합도는 창업역량과 창업만족도를 조절할 것이다.
실습변수: 창업역량, 창업만족도, 직무적합도

연구문제를 연구 모형으로 그리면 〈그림 5-4〉과 같고 이는 Process macro의 1번 모델에 해당한다. 모델 1을 선택하여 X, Y, W에 연구에서 설정한 변수값을 넣는다.

종속변수 Y : chasati 창업만족도
독립변수 X : chcapa 창업역량
조절변수 W : jicfit 직무적합도
(실습 과정이므로 통제변수를 사용하지 않았지만 통제변수가 있다면 Covariate(s)에 넣는다.)

그림 5-4 Process macro Model 1

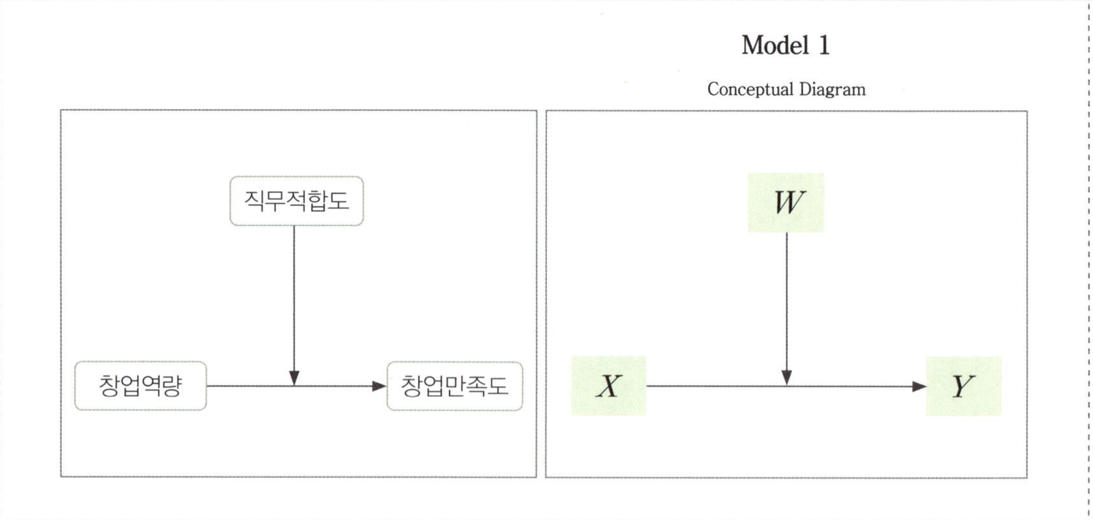

• Check point
: Process macro를 이용한 조절효과 분석 순서

① [분석]-[회귀분석]-[PROCESS 버전] 클릭
② 변수 창에서 변수 선택하여 종속변수, 독립변수, 매개변수 변수 입력 창으로 이동
③ 모델번호 선택
④ 'Options' 클릭
⑤ 'Generate code for visualizing interactions' 선택
⑥ 'Mean center for construction of products' 선택
⑦ '-1SD, Mean, +1SD' 선택
⑧ 'Johnson-Neyman output'체크
⑨ 'Probe interactions..'에서 'if p<.05'를 선택
⑩ '계속' 클릭
⑪ '확인' 클릭

① 모델 번호 선택 및 변수 넣기

변수를 입력하고 모델을 선택한 후 'Options'를 선택한다.

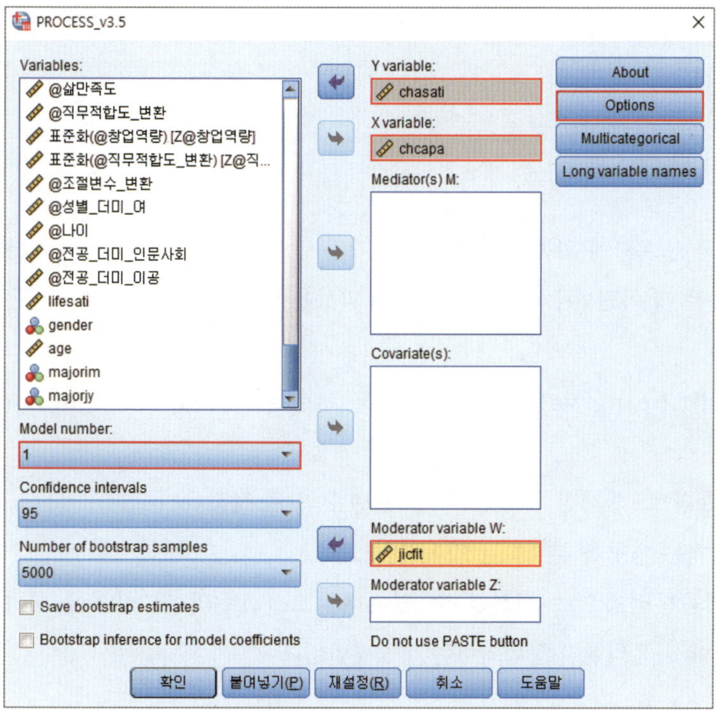

② 옵션 설정

Option 창에서 'Generate code for visualizing interactions'와 'Mean center for construction of products'을 체크하고 유의수준을 p<.05로 그리고 '-1SD, Mean, +1SD'를 선택하고 'Johnson–Neyman output'를 체크한 후 '계속'을 클릭한다.

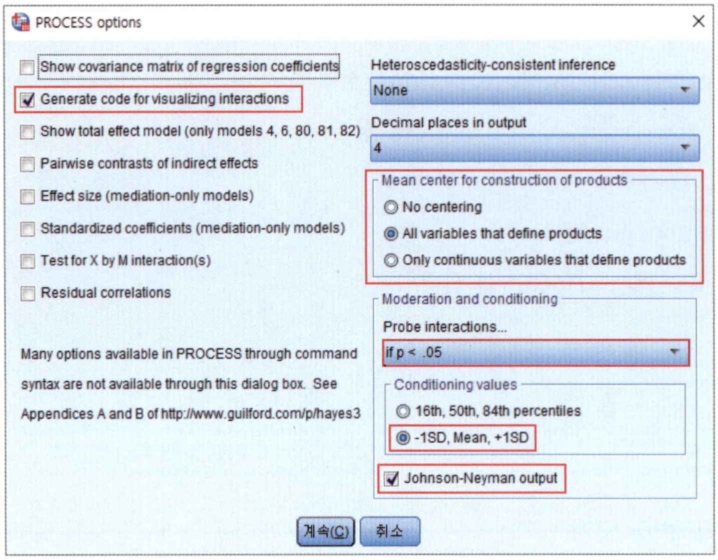

• Check point : 조절효과의 유의성 영역 검증

조절변수의 조절효과가 유의할 경우 상호작용효과에 의해 그래프의 기울기가 달라진다. 그런데 좀 더 자세한 분석을 해보자면 조절변수값이 어느 영역일 때 독립변수와 종속변수의 유의성을 변화시킬 것인가라는 질문을 해볼 수 있다.

이를 위해 조절효과 분석을 할 때 Conditioning values에서 '-1SD, Mean, +1SD'와 'Johnson-Neyman output'를 선택할 수 있다.

Conditioning values는 조건부 효과로 해석할 수 있고, 조절변수의 특정값(M-1SD, Mean, M+1SD)에서 독립변수가 종속변수에 미치는 영향을 분석하는 것이다.

Johnson-Neyman output은 조명등분석법으로 해석할 수 있는데, 조절변수의 전 범위에 대하여 조절변수값에 따른 조절효과가 어느 영역에서 유의한지를 파악하는 분석방법이다.

'Mean center for construction of products'를 체크하면 위계적 회귀분석으로 조절효과를 검증할 때 사용하던 변수의 표준화 작업을 자동으로 해주기 때문에 조절효과 검증시 체크해야 한다. 최신버전의 Process macro 에서는 'Mean center for construction of products' 항목 중 'All variable that define products'를 선택해준다.

Conditioning values에서 '-1SD, Mean, +1SD'를 선택하고 'Johnson-Neyman output'를 체크하면 조절효과의 유의성 영역을 분석할 수 있고 그 결과를 이용하여 조절효과의 그래프를 작성할 수 있다.

1) 조절효과 분석 결과

```
Model  : 1
    Y  : chasati
    X  : chcapa
    W  : jicfit

Sample
Size:  369

**************************************************************************
OUTCOME VARIABLE:
 chasati

Model Summary
          R       R-sq        MSE          F        df1        df2          p
      .2074      .0430      .5211     5.4667     3.0000   365.0000      .0011

Model
              coeff         se          t          p       LLCI       ULCI
constant     3.6328      .0379    95.7863      .0000     3.5582     3.7074
chcapa        .1934      .0521     3.7123      .0002      .0910      .2959
jicfit       -.0317      .0396     -.8002      .4241     -.1096      .0462
Int_1         .0972      .0458     2.1237      .0344      .0072      .1873

Product terms key:
 Int_1    :        chcapa    x        jicfit

Test(s) of highest order unconditional interaction(s):
       R2-chng          F        df1        df2          p
X*W      .0118     4.5102     1.0000   365.0000      .0344
----------
    Focal predict: chcapa   (X)
          Mod var: jicfit   (W)
```

Conditional effects of the focal predictor at values of the moderator(s):

jicfit	Effect	se	t	p	LLCI	ULCI
-.9743	.0987	.0622	1.5857	.1137	-.0237	.2211
.0000	.1934	.0521	3.7123	.0002	.0910	.2959
.6640	.2580	.0648	3.9786	.0001	.1305	.3855

Conditional effect of focal predictor at values of the moderator:

jicfit	Effect	se	t	p	LLCI	ULCI
-3.3360	-.1309	.1523	-.8596	.3906	-.4304	.1686
-3.1360	-.1115	.1437	-.7757	.4384	-.3941	.1711
-2.9360	-.0920	.1352	-.6807	.4965	-.3579	.1738
-2.7360	-.0726	.1268	-.5726	.5673	-.3219	.1767
-2.5360	-.0531	.1185	-.4486	.6540	-.2861	.1798
-2.3360	-.0337	.1103	-.3056	.7601	-.2506	.1832
-2.1360	-.0143	.1023	-.1394	.8892	-.2154	.1868
-1.9360	.0052	.0945	.0550	.9562	-.1806	.1909
-1.7360	.0246	.0869	.2835	.7770	-.1463	.1955
-1.5360	.0441	.0797	.5531	.5805	-.1126	.2008
-1.3360	.0635	.0729	.8711	.3842	-.0799	.2069
-1.1360	.0830	.0667	1.2435	.2145	-.0482	.2142
-.9360	.1024	.0613	1.6716	.0955	-.0181	.2229
-.8101	.1147	.0583	1.9665	.0500	.0000	.2293
-.7360	.1219	.0568	2.1465	.0325	.0102	.2335
-.5360	.1413	.0535	2.6421	.0086	.0361	.2465
-.3360	.1608	.0516	3.1138	.0020	.0592	.2623
-.1360	.1802	.0514	3.5086	.0005	.0792	.2812
.0640	.1996	.0527	3.7879	.0002	.0960	.3033
.2640	.2191	.0555	3.9441	.0001	.1099	.3283
.4640	.2385	.0597	3.9972	.0001	.1212	.3559
.6640	.2580	.0648	3.9786	.0001	.1305	.3855

2) 조절효과 해석 및 논문 작성

[표1] 창업역량과 창업 만족에서 직무적합의 조절효과

변수	β	S.E.	t	p
상수	3.3628	.0379	95.7863	.0000
창업역량 chcapa	.1934	.0521	3.7123	.0002
직무적합 jicfit	−.0317	.0396	−.8002	.4241
창업역량×직무적합	.0972	.0458	2.1237	.0344
상호작용에 따른 R^2의 증가	R^2	F	p	
	.0118	4.5102	.0344	

[표2] 직무적합에 따른 조건부 효과

조건부 효과	β	S.E.	t	p	LLCI	ULCI
−.9743	.0987	.0622	1.5857	.1137	−.0237	.2211
.0000	.1934	.0521	3.7123	.0002	.0910	.2959
.6640	.2580	.0648	3.9786	.0001	.1305	.3855

[표3] 조절효과의 유의성 영역

직무적합	β	S.E.	t	p	LLCI	ULCI
−3.3360	−.1309	.1523	−.8596	.3906	−.4304	.1686
−3.1360	−.1115	.1437	−.7757	.4384	−.3941	.1711
−2.9360	−.0920	.1352	−.6807	.4965	−.3579	.1738
−2.7360	−.0726	.1268	−.5726	.5673	−.3219	.1767
−2.5360	−.0531	.1185	−.4486	.6540	−.2861	.1798
−2.3360	−.0337	.1103	−.3056	.7601	−.2506	.1832
−2.1360	−.0143	.1023	−.1394	.8892	−.2154	.1868
−1.9360	.0052	.0945	.0550	.9562	−.1806	.1909
−1.7360	.0246	.0869	.2835	.7770	−.1463	.1955
−1.5360	.0441	.0797	.5531	.5805	−.1126	.2008
−1.3360	.0635	.0729	.8711	.3842	−.0799	.2069
−1.1360	.0830	.0667	1.2435	.2145	−.0482	.2142
−.9360	.1024	.0613	1.6716	.0955	−.0181	.2229
−.8101	.1147	.0583	1.9665	.0500	.0000	.2293
−.7360	.1219	.0568	2.1465	.0325	.0102	.2335
−.5360	.1413	.0535	2.6421	.0086	.0361	.2465

−.3360	.1608	.0516	3.1138	.0020	.0592	.2623
−.1360	.1802	.0514	3.5086	.0005	.0792	.2812
.0640	.1996	.0527	3.7879	.0002	.0960	.3033
.2640	.2191	.0555	3.9441	.0001	.1099	.3283
.4640	.2385	.0597	3.9972	.0001	.1212	.3559
.6640	.2580	.0648	3.9786	.0001	.1305	.3855

창업역량과 직무만족의 관계에서 직무적합의 조절효과를 검증하기 위해 PROSESS MACRO의 모델 1번을 이용하였고 부트스트래핑 5,000회 지정 및 신뢰구간 95%를 설정하였다. 분석결과는 〈표 1〉와 같다.

독립변인인 창업역량은 종속변수인 창업만족에 정적으로 유의미한 영향을 미쳤고(=.1934, p<0.001), 조절변수인 직무적합은 종속변수에 유의한 영향을 미치지 않았다. 창업역량과 직무적합의 상호작용항은 창업만족에 유의미한 영향을 미쳐 조절효과가 있었다(=.0972, p<.05). 즉, 창업역량이 창업만족에 미치는 영향은 직무만족의 정도에 따라 달라짐을 의미한다.

상호작용항이 추가됨에 따른 변화량은 .0118(p<0.05)이었고 이는 통계적으로 유의하여 창업역량이 창업만족의 관계에서 직무만족의 조절효과가 검증되었다.

조절변수의 특정 값에서 독립변수가 종속변수에 영향을 미치는 조건부 효과를 분석한 결과〈표 2〉, 직무적합이 .0000과 .6640에서 유의하였고, 직무적합이 −.9743에서는 조건부 효과가 유의하지 않았다. 즉, 직무적합이 낮을 때 창업역량이 창업만족에 미치는 영향은 효과가 없었다.

조절변수의 전 범위에 대하여 조명등분석법인 Johnson−Neyman 방법에 의한 유의성영역을 제시한 결과는 〈표 3〉와 같다. 창업역량이 창업만족에 미치는 영향은 직무적합이 −.8101보다 높은 영역에서 유의하였고 직무적합이 −.8010보다 낮을 때는 더 이상 유의하지 않았다. 즉, 직무적합은 값이 −.8010보다 높은 영역에서 창업역량과 창업만족을 조절하는 역할을 한다. 이는 창업 역량이 높으면 창업 만족이 높아지는데 이러한 경향은 직무적합이 낮을 때는 효과가 없음을 의미한다.

3) 조절효과의 그래프 작성

결과에서 ①부분을 복사하여 명령문 창에 붙여 넣는다. 명령문 창은 [파일]-[새로작성]-[구문]을 실행시켜 연다. ②와 같이 붙여 넣은 상태에서 블록을 설정하고 play를 실행하면 ③처럼 그래프가 그려지는데 점으로 그려지는 그래프를 선으로 표현하려면 차트편집기에서 보간선을 추가하면 된다.

①

```
DATA LIST FREE/
   chcapa      jicfit      chasati      .
BEGIN DATA.
     -.7430     -.9743     3.5903
      .0000     -.9743     3.6637
      .7430     -.9743     3.7370
     -.7430      .0000     3.4891
      .0000      .0000     3.6328
      .7430      .0000     3.7765
     -.7430      .6640     3.4201
      .0000      .6640     3.6117
      .7430      .6640     3.8034
END DATA.
GRAPH/SCATTERPLOT=
 chcapa    WITH      chasati   BY        jicfit
```

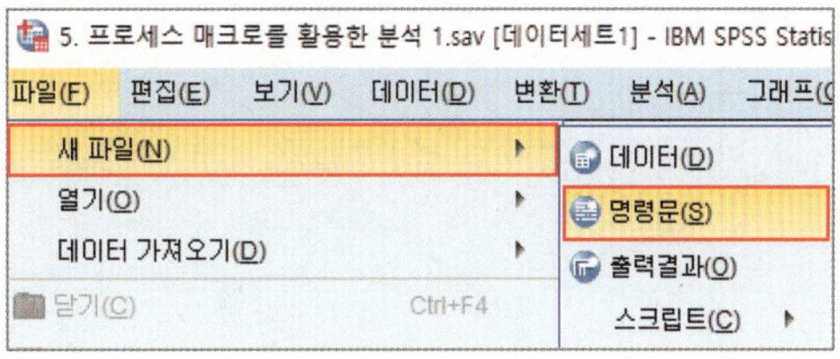

②

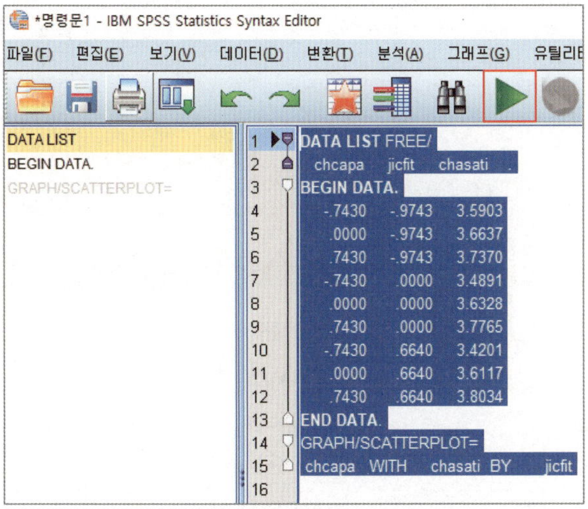

그림 5-5 조절효과 그래프

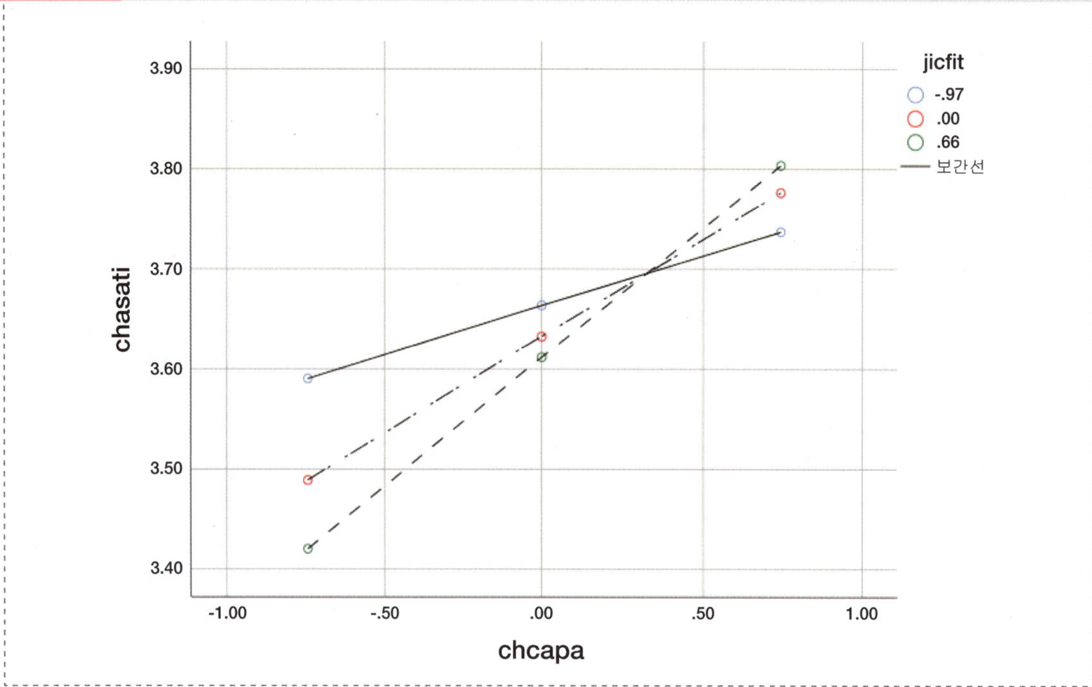

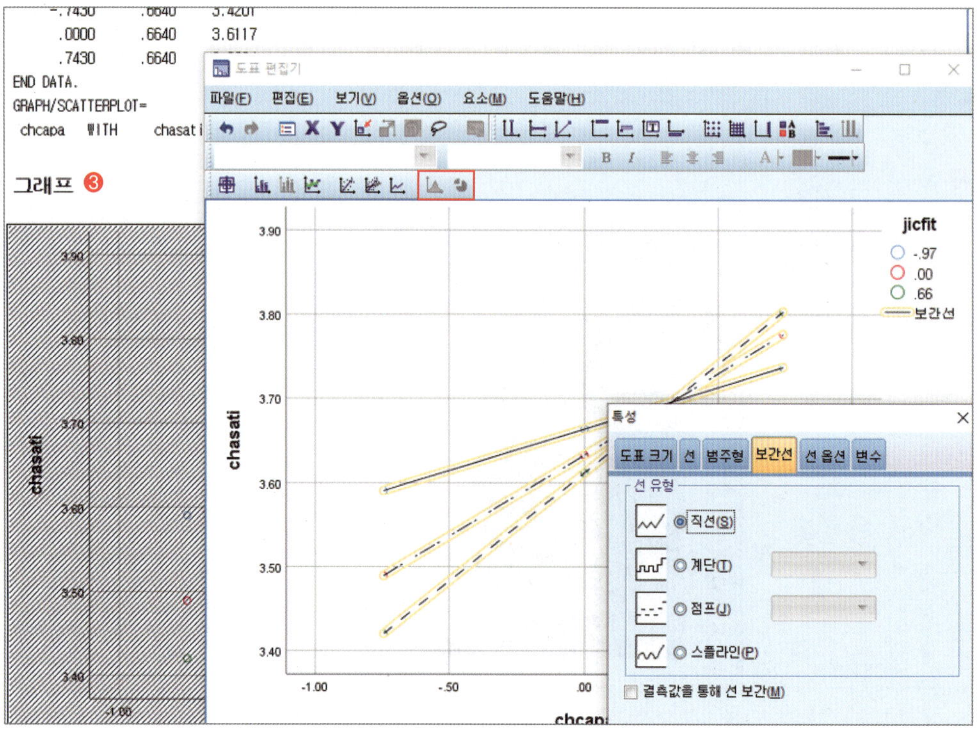

직무적합의 조절효과가 통계적으로 유의하게 나타났으므로 그 형태를 확인하기 위하여 조절효과를 그래프로 시각화하였다. 유의한 상호작용의 패턴을 확인하기 위해 조절변수인 직무적합을 저 · 중 · 고집단으로 각각 나누어 기울기를 살펴본 결과 직무적합 값이 높은 집단일 경우 창업역량과 창업만족 간의 효과가 더 커지는 것을 볼 수 있다.

1. 직접효과와 조절효과

직접효과란 창업역량과 창업만족의 관계, 학습태도와 진로성숙의 관계와 같이 두 변수 간의 관계를 직접효과라고 한다. 학습태도가 좋을수록 진로성숙이 높다면 둘은 정(+)적인 관계가 있다고 볼 수 있는 것이다.

이 둘의 관계에 제 3의 변수를 추가한다면 이 두 변수 간의 관계가 달라질 수 있다. 제 3의 변수가 두 변수의 관계에 어떤 영향을 주는가에 따라 조절변수와 매개변수로 나눌 수 있다.

조절효과란 종속변수와 독립변수 간의 관계가 제 3의 변수에 따라 크기와 방향이 달라지는 것으로 독립변수와 종속변수의 관계가 언제, 어떤 상황에서, 누구에게 등에 따라 달라지는 것을 설명하는 것이 조절변수이다. 따라서 조절변수는 상황에 따라 달라지는 것이 아닌 주어진 조건을 변수로 삼는 것이 적절하다.

조절 효과의 예로, 만약 학습태도와 진로성숙 관계의 크기가(관계 그래프의 기울기)가 성별이나 자율성에 따라 달라진다면 성별과 자율성은 학습태도와 진로성숙 간의 관계에 영향을 주는 조절변수인 것이다. 조절변수도 일종의 독립변수이므로 조절변수도 종속변수와의 관계를 나타내야 하며 성별과 같은 범주형 변수, 자율성과 같은 연속형 변수 둘 다 사용가능하다.

조절효과를 연구 모형과 통계적 모형으로 나타내면 〈그림 5-6〉과 같다.

성별은 범주형 변수이므로 집단을 비교하여 조절효과 여부를 판정한다. 즉, 남녀를 구분하지 않은 상태에서 학습태도와 진로 성숙의 관계가 0.4라고 한다면 이는 학습태도가 1증가할수록 진로성숙은 0.4씩 증가함을 의미한다. 그런데 이 둘의 관계를 남자와 여자로 집단을 구분하여 분석한 결과 남자 집단에서는 회귀계수가 0.3, 여자집단에서는 회귀계수가 0.6이 되었고, 두 집단의 차이가 통계적으로 유의하다면 학습태도와 진로성숙의 관계는 성별에 의해 조절된다고 볼 수 있는 것이다.

자율성은 연속형 범주이므로 〈그림 5-6〉과 같이 통계적 모형으로 나타내어 상호작용

그림 5-6 조절효과의 연구 모형과 통계적 모형

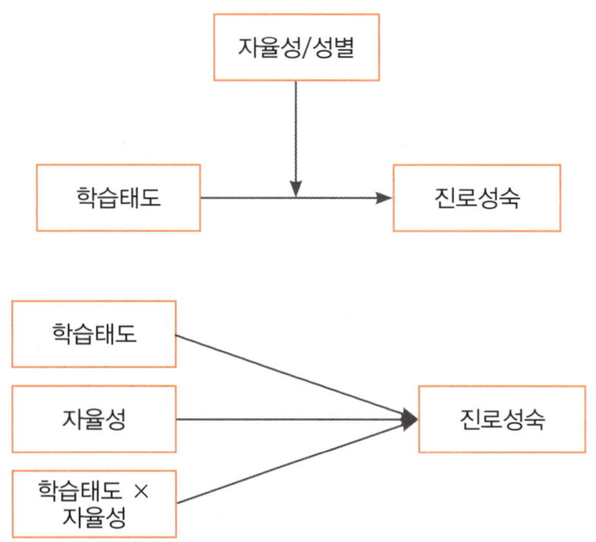

항(학습태도×자율성)이 종속변수에 영향을 주는지를 분석하여 통계적 유의성을 검증한다.

조절효과의 의의는 독립변수와 종속변수의 관계가 어떤 상황에서 더 강하거나 약해지는지 연구하는데 목적이 있다.

2. 조절효과의 이론적 가정과 검증

독립변수와 종속변수의 관계가 조절변수에 의해 변화된다고 할 때, 일단 두 가지의 경우를 생각해 볼 수 있다. 예를 들어 진로성숙도는 진로 준비를 위해 중요한 진로 태도의 요소이므로 강화시켜줄 수 있는 요인을 찾는 것은 의미있는 연구가 될 수 있을 것이다. 학습태도가 좋을수록 진로성숙도가 증가한다고 할 때, 여기에 선생님과의 좋은 관계가 투입되어 진로성숙을 높여준다면 선생님과의 좋은 관계는 진로성숙을 강화하는 효과가 있는 것인 반면, 불안한 감정은 진로성숙을 완화시키는 효과가 있다고 볼 수 있는 것이다. 선행연구나 이론을 바탕으로 독립변수와 종속변수의 관계에서 변수의 효과를 예상하여 조절변수를 설정하고 가설을 수립하여 통계적으로 검증을 하는 순서로 조절효과의 연구를 진행한다.

조절효과에는 세 가지 유형이 있다.

첫째는 강화효과로 독립변수와 조절변수가 같은 방향으로 영향을 미치고 상호작용

효과가 같은 방향으로 더 큰 영향을 주는 경우를 말한다. 즉, 강화효과는 조절변수의 크기가 증가할수록 독립변수가 종속변수에 미치는 효과가 더 커지는 것을 의미한다(그래프로 나타낸다면 기울기의 절대값이 커지는 것이다).

둘째는 완화효과이다. 조절변수가 독립변수와 종속 변수와 종속변수 간의 관계를 약화시키는 관계를 말한다(그래프로 나타낸다면 기울기의 절대값이 작아지는 것이다). 독립변수와 조절변수가 종속변수에 미치는 영향에 비해 독립변수와 조절변수의 상호작용항이 포함된 경우 독립변수가 종속변수에 미치는 효과가 줄어드는 것을 의미한다.

세 번째는 대립효과이다. 이는 독립변수와 조절변수는 종속변수에 동일한 방향으로 영향을 미치지만 상호작용효과는 반대방향으로 영향을 미치는 것을 의미한다. 조절변수의 크기가 증가할수록 독립변수가 종속변수에 미치는 효과가 반대로 나타난다는 것이다.

조절효과의 종류	X → Y	W → Y	X×W → Y
강화효과	정(+) 부(–)	정(+) 부(–)	정(+) 부(–)
완화효과	정(+) 부(–)	부(–) 정(+)	부(–) 정(+)
대립효과	정(+) 부(–)	정(+) 부(–)	부(–) 정(+)

이와같이 조절변수가 어떤 효과를 갖는지 볼 때는 상호작용항의 변수만을 볼 것이 아니라 독립변수, 조절변수, 상호작용항이 종속변수에 미치는 영향을 종합적으로 고려하여 결정해야 한다. 그리고 위의 표에 제시한 사례가 아닌 경우가 나오는 경우도 있는데 통계적으로 유의하다면 조절효과가 있는지 여부의 관점에서 기술한다.

그리고 선행연구와 이론을 분석하여 강화효과나 완화효과에 대한 가설을 세울 수 있지만 조절효과가 있을 것으로 예상은 되나 방향성이 확실하지 않을 경우는 조절효과가 있을 것으로 가설을 세우고, 통계적 검증을 통해 조절효과의 종류를 결정할 수도 있다. 〈그림 5-7〉은 세가지 조절효과를 그래프로 표시한 것이다.

그림 5-7 조절효과 그래프

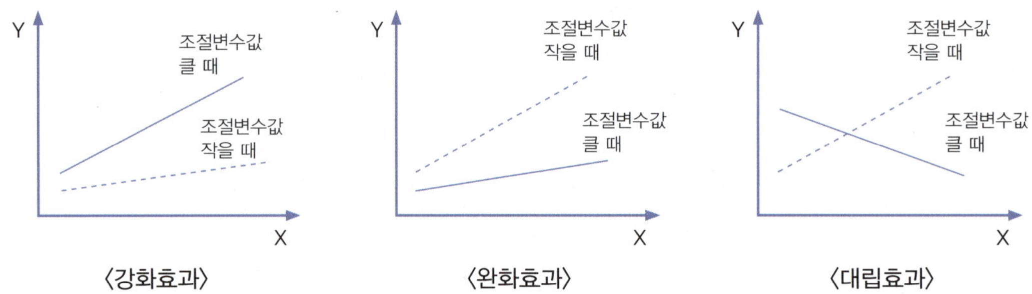

PART V

6 Process macro를 활용한 조절된 매개효과 분석

1) 주요 개념

독립변수가 매개변수를 통해 종속변수에 미치는 영향이 조절변수에 의해 변하는지를 검증하는 것이다.

조절된 매개효과는 대표적으로 두 가지가 있는데 하나는 조절변수가 독립변수와 매개변수 사이에 있는 모형이고 다른 하나는 조절변수가 매개변수와 종속변수 사이에 있는 모형이다. Process macro에는 다양한 유형의 조절된 매개모형이 있지만 기본적으로 모델 7번과 14번이 이에 해당한다. 검증결과에 따라 '조절된 매개효과'와 '매개된 조절효과'로 나누어 설명한다. Hayes(2013)는 매개된 조절과 조절된 매개는 같은 모형을 각각 다른 관점에서 설명하는 것으로 둘다 조절된 매개로 설명하는 것이 옳다고 하였다. 그러나 이 둘을 구분하자면 매개된 조절효과는 독립변인과 조절변인의 상호작용이 매개변인을 통해서 종속변인에 영향을 미치는 간접효과를

그림 5-8 Process macro Model 7, 14

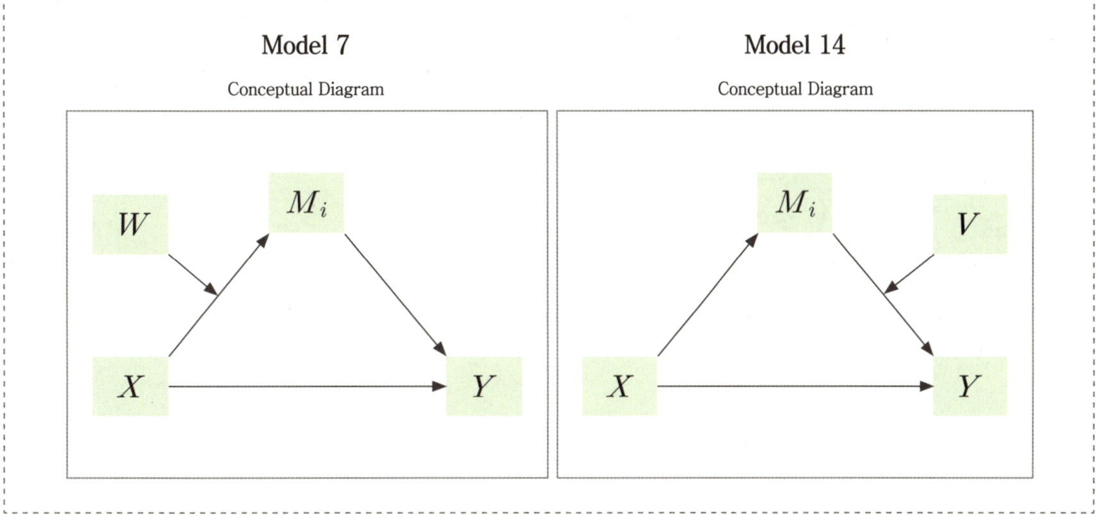

검증하는 것이며, 조절된 매개효과는 독립변인이 매개변인을 통해 종속변인에 영향을 미치는 간접효과가 조절변인에 의해 어떻게 달라지는가를 검증하는 것이다(이형권, 2015). 따라서 조절된 매개효과와 매개된 조절효과를 구분하고자 한다면 추가로 매개변수를 제거했을 때 독립변수가 종속변수에 영향을 주는지를 검증해야 한다. 독립변수와 종속변수 사이에서 조절변수의 조절효과가 있다면 이를 매개된 조절효과라 볼 수 있다. 연구 모형이 모델 7번인지 14번인지만 보고 조절된 매개효과와 매개된 조절효과를 결정하는 것은 잘못된 것이다.

이 두가지 모형 외에도 다양한 모델이 있는데 자신의 연구 모형과 맞는 모델의 번호를 확인하고 입력창에서 모델 번호를 선택하여 변수입력을 한 후 분석을 실시한다.

■ Process Macro 실습: 조절된 매개효과 분석

연구문제: 일반고 학생의 학습태도와 자아인식이 진로탐색효능감을 매개로 진로성숙에 미치는 영향: 진로에 대한 부모와의 대화의 조절된 매개효과
실습변수: 학습태도, 자아인식, 진로탐색효능감, 진로성숙, 부모와의 대화
통제변수: 성별, 지역

연구문제를 연구모형으로 그리면 〈그림 5-9〉과 같고 이는 Process macro의 7번 모델에 해당된다.

모델 7을 선택하여 X, Y, M, W에 연구에서 설정한 변수값을 넣는다. 연구에서는 두 개의 독립변수를 모두 분석하였으나 본 책에서는 학습태도 하나를 예로 들어 설명할 것이다.

종속변수 Y : YJIN 진로성숙
독립변수 X : X2HAK 학습태도
매개변수 M : MJIN 진로탐색효능감
조절변수 W : WBUMO 부모와의 대화

그림 5-9 Process macro Model 7

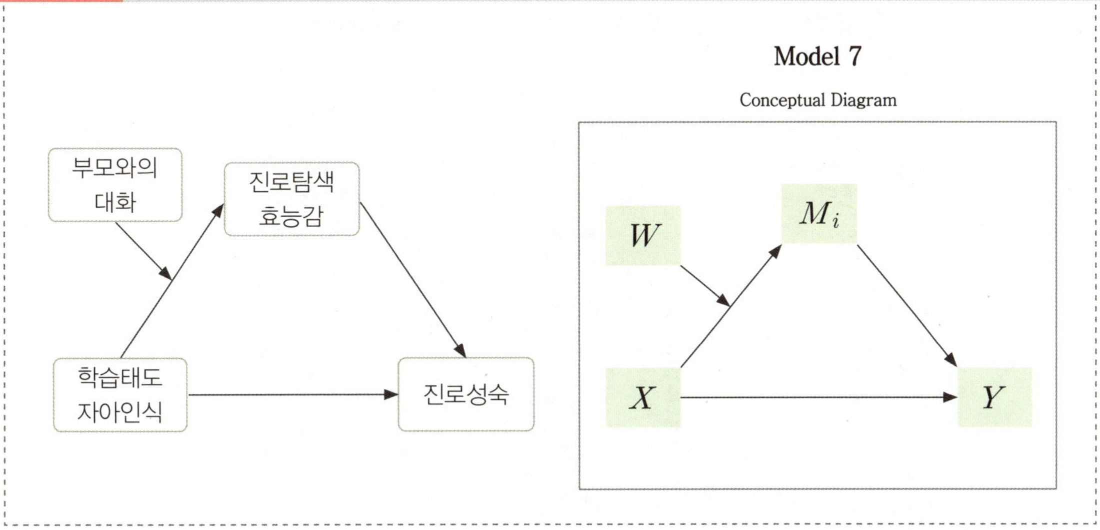

• Check point
: Process macro를 이용한 조절된 매개효과 분석 순서

① [분석]-[회귀분석]-[PROCESS 버전] 클릭

② 변수 창에서 변수 선택하여 종속변수, 독립변수, 매개변수 변수 입력 창으로 이동

③ 모델번호 선택

④ ‘Options’ 클릭

⑤ ‘Generate code for visualizing interactions’ 선택

⑥ ‘Mean center for construction of products’ 선택

⑦ ‘-1SD, Mean, +1SD’ 선택

⑧ ‘Johnson-Neyman output’체크

⑨ ‘Probe interactions..’에서 ‘if p<.05’를 선택

⑩ ‘계속’ 클릭

⑪ ‘확인’ 클릭

① 모델 번호 선택 및 변수 넣기

변수를 입력하고 모델을 선택한 후 'Options'를 선택한다.

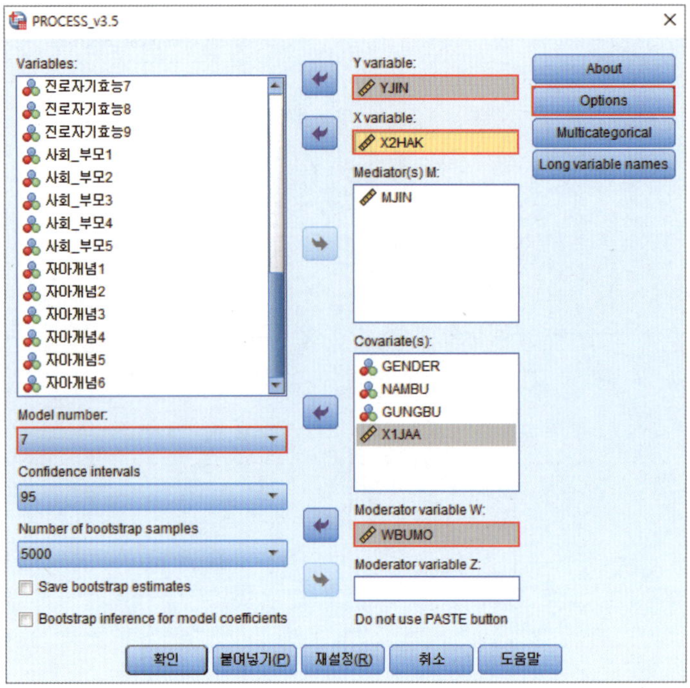

② 옵션 설정

Option 창에서 'Generate code for visualizing interactions'와 'Mean center for construction of products'을 체크하고 유의수준을 p<.05로 그리고 '-1SD, Mean, +1SD'를 선택하고 'Johnson-Neyman output'를 체크한 후 '계속'을 클릭한다.

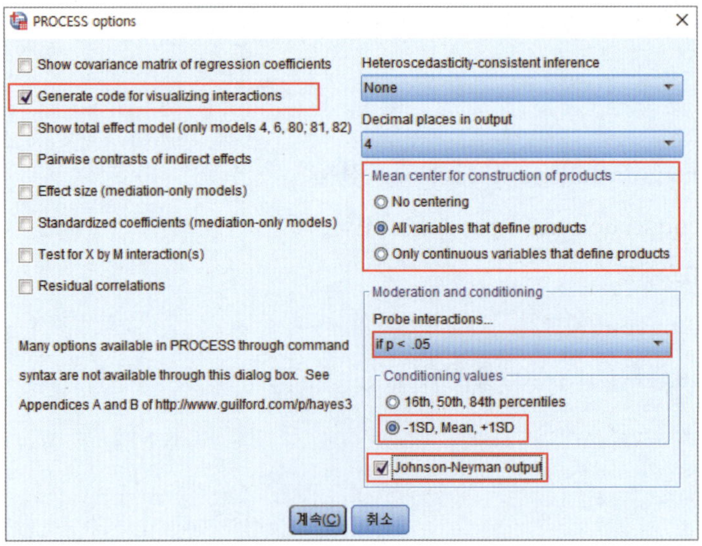

• Check point
: 독립변수가 여러개일 때

독립변수가 여러개일 때는 통제변수를 입력한 Covariate창에 같이 입력하고(원 논문에서 사용한 독립변수인 자아인식X1JAA) 분석을 실시한다. 학습태도에 대한 분석이 끝나면 분석을 실행한 학습태도를 Covariate창으로 자아인식을 독립변수창으로 이동하여 분석을 실시하면 된다. 즉, 독립변수 하나당 각각 분석을 진행하면 된다.

2) 조절된 매개효과 분석 결과

```
Run MATRIX procedure:

***************** PROCESS Procedure for SPSS Version 3.5.3 *****************

          Written by Andrew F. Hayes, Ph.D.       www.afhayes.com
    Documentation available in Hayes (2018). www.guilford.com/p/hayes3

**************************************************************************
Model  : 7
    Y  : YJIN
    X  : X2HAK
    M  : MJIN
    W  : WBUMO

Covariates:
 GENDER   NAMBU    GUNGBU   X1JAA

Sample
Size:  5943

OUTCOME VARIABLE:
 MJIN

Model Summary
          R       R-sq        MSE          F        df1        df2          p
      .6015      .3618      .3205   480.6589     7.0000  5935.0000      .0000
```

```
Model
              coeff         se          t          p       LLCI       ULCI
constant     1.9465      .0454    42.8485      .0000     1.8574     2.0355
X2HAK         .1746      .0109    15.9537      .0000      .1532      .1961
WBUMO         .0820      .0084     9.7562      .0000      .0655      .0985
Int_1        -.0431      .0104    -4.1584      .0000     -.0634     -.0228
GENDER       -.1873      .0148   -12.6240      .0000     -.2164     -.1582
NAMBU         .0376      .0160     2.3568      .0185      .0063      .0689
GUNGBU        .0389      .0227     1.7179      .0859     -.0055      .0833
X1JAA         .5012      .0121    41.4220      .0000      .4775      .5249

Product terms key:
 Int_1    :        X2HAK     x        WBUMO

Test(s) of highest order unconditional interaction(s):
       R2-chng          F        df1        df2          p
X*W      .0019    17.2927     1.0000  5935.0000      .0000
----------
    Focal predict: X2HAK    (X)
          Mod var: WBUMO    (W)

Conditional effects of the focal predictor at values of the moderator(s):

     WBUMO     Effect         se          t          p       LLCI       ULCI
    -.9210      .2143      .0149    14.3447      .0000      .1850      .2436
     .0000      .1746      .0109    15.9537      .0000      .1532      .1961
     .9210      .1350      .0141     9.5815      .0000      .1074      .1626


There are no statistical significance transition points within the observed
range of the moderator found using the Johnson-Neyman method.

Conditional effect of focal predictor at values of the moderator:
     WBUMO     Effect         se          t          p       LLCI       ULCI
   -4.1706      .3543      .0452     7.8402      .0000      .2657      .4428
   -3.8606      .3409      .0421     8.1021      .0000      .2584      .4234
   -3.5506      .3276      .0390     8.4021      .0000      .2511      .4040
   -3.2406      .3142      .0359     8.7487      .0000      .2438      .3846
   -2.9306      .3009      .0329     9.1527      .0000      .2364      .3653
   -2.6206      .2875      .0299     9.6279      .0000      .2290      .3460
   -2.3106      .2742      .0269    10.1918      .0000      .2214      .3269
   -2.0006      .2608      .0240    10.8663      .0000      .2138      .3079
   -1.6906      .2475      .0212    11.6761      .0000      .2059      .2890
   -1.3806      .2341      .0185    12.6430      .0000      .1978      .2704
   -1.0706      .2207      .0160    13.7654      .0000      .1893      .2522
    -.7606      .2074      .0139    14.9634      .0000      .1802      .2346
    -.4506      .1940      .0122    15.9686      .0000      .1702      .2179
    -.1406      .1807      .0111    16.2375      .0000      .1589      .2025
     .1694      .1673      .0110    15.2365      .0000      .1458      .1889
     .4794      .1540      .0117    13.1070      .0000      .1310      .1770
     .7894      .1406      .0133    10.5994      .0000      .1146      .1667
```

```
1.0994    .1273    .0153   8.3087    .0000    .0973    .1573
1.4094    .1139    .0177   6.4303    .0000    .0792    .1487
1.7194    .1006    .0203   4.9445    .0000    .0607    .1405
2.0294    .0872    .0231   3.7738    .0002    .0419    .1325

OUTCOME VARIABLE:
 YJIN

Model Summary
          R       R-sq        MSE          F        df1        df2          p
      .6425      .4129      .2722   695.6447     6.0000  5936.0000      .0000

Model
              coeff         se          t          p       LLCI       ULCI
constant     1.1076      .0462    23.9650      .0000     1.0170     1.1982
X2HAK         .1671      .0103    16.2847      .0000      .1470      .1872
MJIN          .4832      .0118    40.7767      .0000      .4600      .5064
GENDER        .0988      .0138     7.1567      .0000      .0718      .1259
NAMBU        -.0559      .0147    -3.8072      .0001     -.0846     -.0271
GUNGBU       -.1054      .0208    -5.0538      .0000     -.1462     -.0645
X1JAA         .0937      .0125     7.4963      .0000      .0692      .1182

****************** DIRECT AND INDIRECT EFFECTS OF X ON Y *****************

Direct effect of X on Y
     Effect         se          t          p       LLCI       ULCI
      .1671      .0103    16.2847      .0000      .1470      .1872

Conditional indirect effects of X on Y:

INDIRECT EFFECT:
 X2HAK      ->    MJIN       ->    YJIN

      WBUMO     Effect     BootSE   BootLLCI   BootULCI
     -.9210      .1036      .0090      .0860      .1214
      .0000      .0844      .0066      .0715      .0973
      .9210      .0652      .0077      .0500      .0804

      Index of moderated mediation:
            Index     BootSE   BootLLCI   BootULCI
WBUMO      -.0208      .0056     -.0318     -.0097
---
```

3) 조절된 매개효과 해석 및 논문 작성

[표] 학습태도와 진로성숙의 관계에서 진로탐색 효능감의 매개효과

경로			β	S.E.	t	p
매개변수 모형(변수: 진로탐색효능감)						
상수			1.9465	.0454	42.8485	.0000
학습태도	→	진로탐색효능감	.1746	.0109	15.9537	.0000
부모와의 대화	→	진로탐색효능감	.0820	.0084	9.7562	.0000
학습태도×부모와의 대화	→	진로탐색효능감	−.0431	.0104	−4.1584	.0000
상호작용에 따른 R^2의 증가		R^2	F		p	
		.0019	17.2927		.0000	
종속변수 모형(변수: 진로성숙)						
상수			1.1076	.0462	23.9650	.0000
학습태도	→	진로성숙	.1671	.0103	16.2847	.0000
진로탐색효능감	→	진로성숙	.4832	.0118	40.7767	.0000

일반고 학생의 학습태도와 진로 성숙의 관계에서 진로탐색효능감의 매개효과를 진로에 대한 부모와의 대화가 조절 매개하는지 검증하기 위해 Process Macro의 모델 7번을 이용하여 부트스트레핑 5,000회 지정 및 신뢰구간 95%를 설정하였다. 분석한 결과 학습태도는 진로 성숙에 정(+)의 영향을 미쳤고(=.1746, p<.001), 부모와의 대화도 진로탐색효능감도 진로 성숙에 정(+)의 영향을 미쳤다(=.4832, p<.001). 각각 통계적으로 유의하여 진로탐색효능감의 매개효과가 확인되었다. 그리고 학습태도와 진로에 대한 부모와의 대화의 상호작용항은 진로탐색효능감에 부(-)의 영향을 미치는 것을 확인할 수 있었다(=.-0431, p<.001). 이는 조절효과 중 대립효과로 볼 수 있는데 진로에 대한 부모와의 대화가 증가할수록 학습태도가 진로탐색효능감에 미치는 효과가 줄어들 수 있다는 것이다. 즉, 학습태도와 진로 성숙의 관계를 진로탐색효능감이 매개하는데, 진로에 대한 부모와의 대화가 지나칠 경우 역효과를 낼 수 있음을 의미한다.

※ 조절효과의 유형에 대한 설명은 조절효과의 개요를 참고하기 바람

[표] 부모와의 대화에 따른 학습태도의 조건부효과

부모와의 대화	β	S.E.	t	p	LLCI	ULCI
–.9210	.2143	.0149	14.3447	.0000	.1850	.2436
.0000	.1746	.0109	15.9537	.0000	.1532	.1961
.9210	.1350	.0141	9.5815	.0000	.1074	.1626

부모와의 대화에 따른 학습 태도의 조건부 효과는 부모와의 대화값이 M–1SD(–.9210)부터 M(.0000)과 M+1SD(.9210)의 수준에서 모두 유의하였다.

[표] 학습 태도와 진로 성숙의 관계에서 진로탐색효능감의 매개효과에 대한 진로에 대한 부모와의 대화의 조절된 매개효과 검증

부모와의 대화	β	S.E.	LLCI	ULCI
–.9210	.1036	.0093	.0856	.1213
.0000	.0844	.0068	.0710	.0978
.9210	.0652	.0077	.0500	.0802
진로에 대한 부모와의 대화의 조절된 매개효과				
조절된 매개지수		S.E.	LLCI	ULCI
–.0208		.0056	–.0318	–.0098

그림 5–10 진로에 대한 부모와의 대화의 조절된 매개효과 통계모형

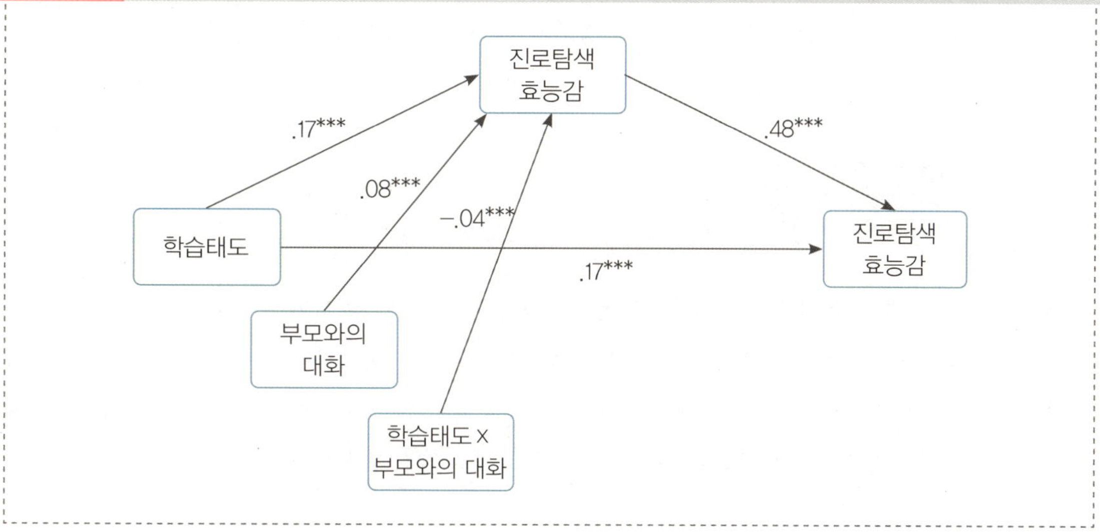

그림 5-11 학습태도와 진로탐색효능감에서 진로에 대한 부모와의 대화의 조절효과 그래프

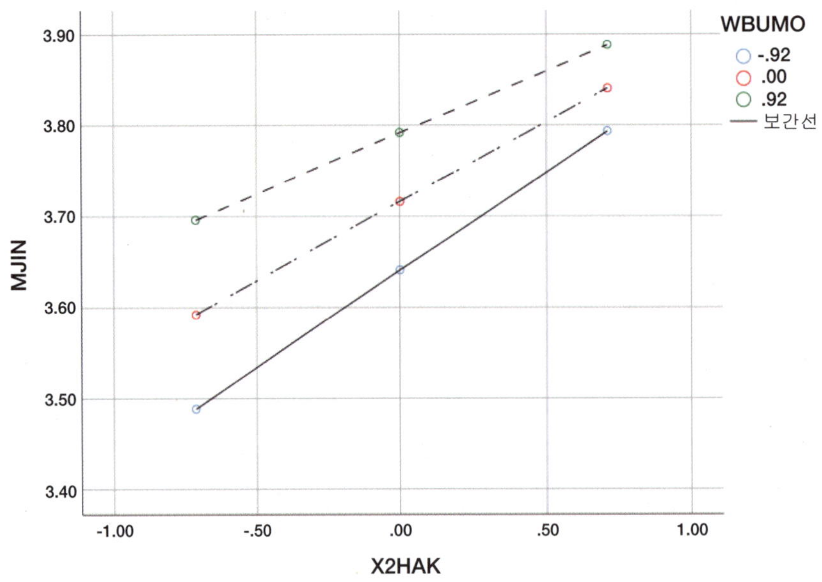

조절변수인 진로에 대한 부모와의 대화의 특정 값에서 독립변수가 매개변수를 경유하며 종속변수에 영향을 미치는 조건부 간접효과를 분석한 결과 진로에 대한 부모와의 대화 값의 M±1SD의 수준에서 모두 유의하였다. 진로에 대한 부모와의 대화의 조절된 매개효과를 종합해보면 =−.0208로 부(−)의 작용을 하는 것을 알 수 있으며 LLCI와 ULCI가 같은 부호로 유의함을 알 수 있다.

그래프로 확인한 결과 부모와의 대화의 고집단이 저집단에 비해 학습태도가 진로탐색효능감에 미치는 영향의 강도가 줄어든 것을 확인할 수 있다.

• Check point
: 조절된 매개효과의 논문 작성 순서

조절된 매개효과에 대한 통계 분석을 마무리한 후 논문을 작성한다면 매개효과와 조절효과 중 무엇을 먼저 진술해야 할까? 먼저 매개효과 검증 결과를 제시하고 조절된 매개효과를 제시해야 한다. 연구 모형의 논리적 구조를 생각해 본다면 매개효과가 유의한 상태에서 유의한 매개 효과를 조절변수가 조절하는 것이므로 논문 작성도 매개변수의 유의성을 먼제 제시하고 후에 매개된 조절효과를 제시해야 한다.

PART

VI HLM(Hierarchical Linear Model)을 이용한 다수준 분석

1. 위계구조 데이터의 개념
2. 위계적 선형모델의 개념
3. 위계선형모델의 종류와 특성
4. 설명변수의 중심 보정(Centering)
5. 다수준 연구의 진행 순서
6. 다수준분석 검증 방법

PART Ⅵ

1 위계구조 데이터의 개념

개개인은 가장 작은 범주에서 보면 특정 가구를 구성하는 구성원이지만, 더 나아가 커뮤니티, 도시, 국가라는 조직 속에서 살고 있다. 학생 개개인도 학급의 구성원이지만 더 나아가 학년, 학교, 학군, 도시, 국가에 소속되어 있다. 근로자 개인도 자신이 일하는 부서에 구성원이지만, 더 나아가 공장, 산업, 지역에 속해 있다.

사회과학 분야의 연구에서 개인 또는 도시, 지역 간 속성의 차이가 왜 나타나는가에 관심을 두는 경우는 매우 많다. 대부분의 경우 이러한 차이를 야기하는 요인들을 연구하면서 실제 그 행위를 일으키는 행위자뿐만 아니라 그들에게 영향을 주고 있는 그들이 속한 집단(환경)에 대해서도 관심을 기울이게 된다. 예를 들어 근로자들 간의 임금 격차는 학력, 경력 등과 같은 개인적 요인뿐만 아니라 근로자가 속해 있는 회사의 규모, 기업의 특성, 복지수준 등과 같은 요인들에 의해서도 영향을 받게 되기 때문이다.

하나의 단위가 그보다 상위수준(level)에 속해 있는 구조를 위계구조(hierarchical structure)라고 부른다. 위계(hierarchy), 다층(multi-level)이란 하위 분석의 단위가 보다

표 6-1 거시수준과 미시 수준에서의 단위의 예시

거시 수준	미시 수준	거시 수준	미시 수준
학교	교사	가족	자녀
학급	학생	의사	환자
이웃	가족	팀	팀원
선거구	투표자	교수	석박사생
기업	부서	학군	학교

상위 분석의 단위에 포섭되어 있다는 의미이며, 사회과학 분야의 연구를 수행하는데 있어서 연구자가 관심 대상이 되는 데이터가 계층성을 갖는 경우가 흔하게 나타나는데, 이러한 데이터를 위계구조를 갖는 데이터라고 불린다.

위계구조를 갖는 현상들은 거시 수준(상위)과 미시 수준(하위)이 연계되어 있는데 이들에서 나타나는 각 수준에서의 단위를 보면 〈표 6-1〉과 같이 나타낼 수 있다. 위계수준은 여러 단위로 계층화할 수도 있으며, 학생은 2수준, 3수준, 또는 더 나아가 4수준으로 구분하여 위계구조를 구축할 수 있다.

위계구조를 가진 데이터를 전형적인 통계방법으로 사용한다면 상당한 문제가 발생한다. 단층구조를 분석하는 전형적인 통계분석 방법의 경우 각 표본들 간에는 상관성이 없어 독립적이며, 따라서 잔차들도 서로 독립성을 갖는다고 가정한다. 그러나 위계구조를 갖는 데이터의 경우 같은 집단으로부터 표집된 대상들은 비교적 동질적이며, 서로 의존적이며, 독립적이지 못하다. 따라서 위계구조를 갖는 데이터를 최소자승법(OLS)으로 추정하게 되면 회귀모델이 준수하여야 하는 가정을 위배하게 되며, 이를 무시하고 추정하는 경우 표준오차가 상당히 작아지게 되어 귀무가설을 기각할 확률이 매우 높아지는 잘못된 추정결과를 가져오게 된다.

또한 위계구조를 가진 데이터의 경우 하위수준과 상위수준 간에 상호작용이 존재하는 경우가 매우 흔하다. 일례로 학생들의 학업 성취도에 영향을 미치는

그림 6-1 위계구조를 가진 구성원, 부서, 기업, 그룹

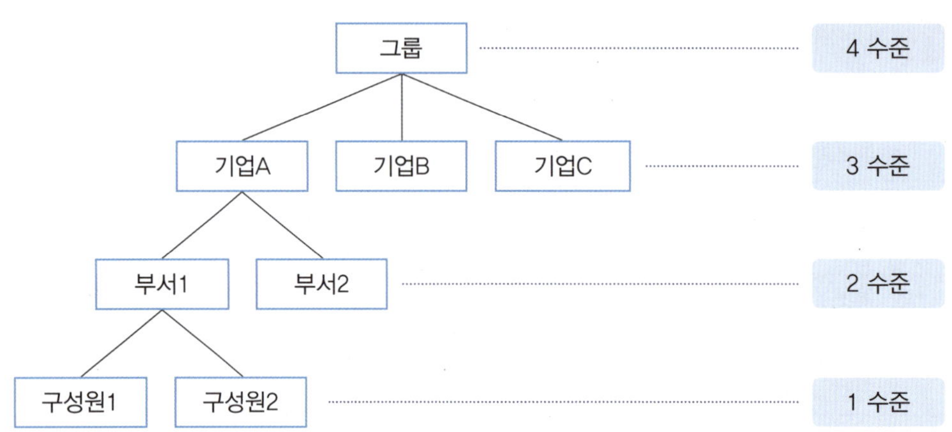

• Check point
: 최소자승법(OLS)이란?

산점도로 데이터의 분포 그래프를 그렸을 때, 데이터의 경향을 파악하기 위해 추세선을 그리는데, 이때 어떤 데이터가 주어졌을 때 최적의 추세선을 그릴 수 있는지 파악하기 위한 방법 중 하나이다. 즉, 잔차제곱합(RSS)를 최소화하여 회귀선의 파라미터 값(가중치 벡터)을 구하는 방법이다.

요인으로 교육환경 변수(예 : 교사의 스타일, 교사의 태도, 학군 특성)를 설정하고자 하는 경우 표집 데이터는 크게 두 수준의 자료이다. 하나는 하위 집단의 학생 개개인의 학업 성취도 자료이며, 또 하나는 상위 집단의 교사, 학급, 학교, 학군 자료이다. 이런 경우 학생과 교사, 학생과 학교 등 하위수준과 상위수준 간에는 상호작용이 이루어지게 된다.

PART Ⅵ

2 위계적 선형모델의 개념

1) 위계선형모델의 이론적 배경

각기 다른 수준을 가지고 있는 위계구조 데이터를 같은 수준에 있는 것으로 가정하여 분석하는 경우 통계적 오류를 범하게 된다. 위계선형모델은 위계구조를 가진 데이터를 분석하기 위한 목적으로 개발된 통계분석 방법으로, 서로 다른 수준에서 측정된 데이터들을 동시에 분석하는 모델이다. **위계선형모델**(HLM : Hierarchical Linear Model)은 **다수준모델**(multi-level model), **임의계수모델**(random coefficient model), **혼합효과모델**(mixed-effects model) 등으로도 혼용되어 사용되고 있다.

위계선형모델의 경우 종속변수는 개인수준에서 측정되지만 독립변수는 하위수준인 개인 단위와 상위수준인 집합 단위(학교, 그룹, 지역 등)라는 두 개의 수준에서 측정된다. 따라서 이 모델은 서로 다른 수준에서 측정된 변수들 간의 관련성을 분석하는 모델이다. 각 개인들은 그가 속한 지역이나 집단의 특성으로부터 영향을 받고 있으며, 특정 집단 또는 지역에 속하는 개별 행위자들은 그와는 다른 집단이나 지역에 속하는 개인들과 구별되는 특성을 공통으로 갖고 있다고 간주한다. 특히 위계선형모델은 어떤

그림 6-2 위계선형모델에서 상위-하위 수준의 관계 예시

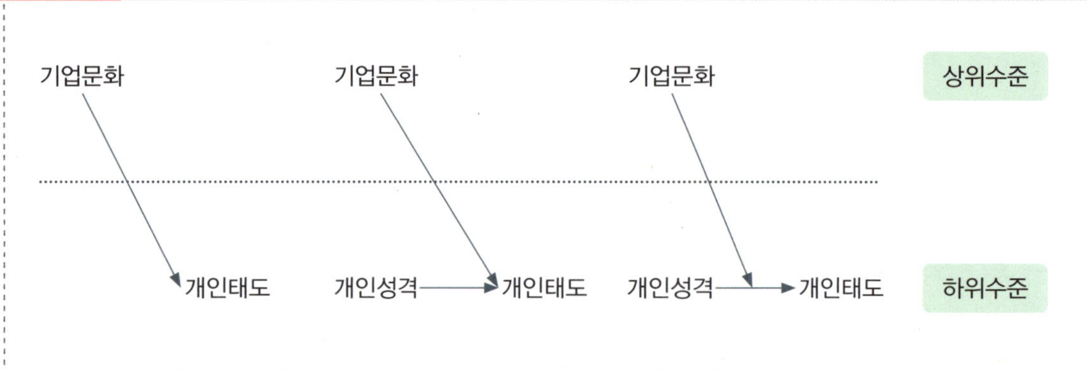

변수들이 어떤 수준에 속하는지 변수들의 직접적인 효과뿐만 아니라 각 수준 간 교차 및 상호작용 효과도 고려할 수 있다.

위계선형모델의 이론적 배경은 1950년 Robinson의 연구에서 비롯되었다고 볼 수 있다. 그는 개구리-연못 이론(frog-pond theory)을 통해 기존 통계분석의 문제점을 제기하였다. 500g의 같은 무게를 가진 개구리를 서로 다른 연못에서 추출하였다. 연못 A는 주로 작은 개구리들이 모여 사는 곳이었으며, 추출된 개구리는 연못A에서 가장 큰 개구리였다. 반면에 연못B는 비교적 큰 개구리들이 모여 사는 곳이었으며, 추출된 개구리는 연못 B에서는 비교적 작은 개구리였다. 이렇게 표본추출된 개구리를 대상으로 개구리의 무게에 영향을 주는 요인들을 OLS방법을 이용하여 추정하는 경우 개구리의 무게에 영향을 주는 서로 다른 연못의 환경적 특성을 반영하지 못하는 오류를 범하게 된다는 것이다.

2) 위계선형모델의 장점

위계선형모델의 장점은 하위수준인 개인과 상위 수준인 기업이라는 분석 단위를 함께 포함하고 있기 때문에 기존의 회귀분석 방법에 비해 보다 더 효과적으로 모수를 추정할 수 있다. 위계선형모델은 단일 수준의 일반회귀모델에 비해 잔차들의 독립성이라는 가정에서 자유로우며, 종속변수의 분산을 각 수준별로 구별하여 산출해 낼 수 있다. 예를 들어 개인별 삶의 만족도 차이에 대한 분석을 하고자 할 때 소득, 연령, 가족 구성 등과 같은 개인적 속성과 함께 현재 살고 있는 지역의 특성(기후, 문화)을 함께 고려할 수 있다. 만일 개개인의 삶의 질의 차이를 선형 회귀모델로 분석하는 경우 설명되지 못하고 남은 오차항은 하나이며, 이 오차항은 관측하지 못한 속성들(누락된 변수들)로 인해 산출된 삶의 만족도 차이로 해석하게 될 것이다.

위계구조 데이터를 위계선형모델로 분석하는 경우 추정된 계수와 분산량을 해석하는데도 많은 이점이 있다. 위계구조를 갖는 데이터의 경우 종속변수와 설명변수 간 수준이 다르기 때문에 단일 구조로 가정하고 OLS로 추정하는 경우에는 산출된 계수에 대한 해석이 모호한 경우가 발생한다. 즉, 개인의 태도에 영향을 미치는 변수가 개인수준에서 발생하는지 또는 조직수준에서 나타나는지, 아니면 조직과 개인 수준의 변수간의 상호작용으로 나타나는지에 대해 각 수준별로 구분하여 산출해 낼 수 있다.

• Check point
: 위계적선형모델의 기본가정

다층모형은 다음 가정을 가지며, 1수준과 2수준 모두에서 만족되어야 한다.

① 1수준의 잔차는 상호 독립적이고, 평균은 0이며, 정규분포를 갖는다.
② 1수준 독립변수는 1수준의 잔차와 독립적이어야 한다.
③ 2수준 잔차의 평균은 0이고, 각 집단의 분산-공분산은 다변량 정규분포를 갖는다.
④ 2수준 독립변수는 2수준의 잔차와 독립적이어야 한다.
⑤ 1수준의 잔차와 2수준의 잔차는 서로 독립적이어야 한다.

즉, 하위수준인 개인 단위뿐만 아니라 상위수준에서 발생하는 잔차들도 정규분포하여 한다. 또한 상위수준에 속해 있는 추출된 하위 수준의 표본들은 상위 수준의 대표성을 띄고 있다고 가정한다. 예를 들어 위계구조를 표본 데이터가 개인과 지역의 서로 다른 수준의 분석단위를 포함하는 경우, 각 구·시·군에서 추출된 개인 표본들은 해당 지역주민들을 대표하는 사람이라고 가정한다.

PART Ⅵ

3 위계선형모델의 종류와 특성

다층모형은 종속변수의 형태와는 관계없이 임의효과의 절편, 기울기 존재 여부에 따라 임의절편모형(random intercept model)과 임의계수모델(random coefficient mode)로 구분된다. 즉, 지역 간 차이를 절편에만 두는 것인가, 아니면 절편과 기울기에 모두 두는 것인가의 여부가 두 모형의 구분 근거라고 할 수 있다.

또한, 연구가설과 연구목적 및 데이터의 특성에 따라서 2수준에서 절편과 기울기가 고정효과(fixed effect)를 갖는지 아니면 임의효과(random effect)를 갖는가에 따라 위계선형모델이 달라지게 된다. 고정효과(fixed effect)란 선형 회귀모델과 같이 절편 및 기울기의 추정계수가 하나의 값을 갖는 것이며, 임의효과(random effect)란 절편 및 기울기의 추정계수가 2수준인 지역 혹은 집단 등의 특성에 따라 다르게 나타나는 것을 뜻한다.

1) 임의절편모델

위계선형모델 중 가장 널리 사용되고 있는 임의절편모델(random intercept model)은 상위 수준에서의 절편이 임의효과를 가지는 모델이다. 임의절편모델을 단일구조의 선형 회귀모델과 비교하면 상위 수준인 지역 특성에 따라 절편이 서로 다르게 추정되는 회귀식이라고 볼 수 있다. 즉, 선형 회귀모델의 경우 종속변수와 설명변수간의 관계가 하나의 기울기와 절편으로 추정되는데 비해 임의절편모델의 경우 기울기는 동일하지만 각 집단별로 절편이 다르게 나타난다. 임의절편모델은 분산분석과 회귀분석이 합쳐진 모델로 one way ANOVA 모델이라고도 불리워진다.

임의절편모델에서 고정효과와 임의효과를 선택하는 기준을 보면, 일반적으로 상위 수준의 집단이 성별, 산업과 같은 그 집단만의 고유한 특성을 가지는 경우에는 고정효과를 선택하고 연구자가 주로 그룹 내에 관심이 많고 그룹 간 모델에 대해 다소

그림 6-3 분산구성모델과 회귀모델이 통합된 임의절편모형

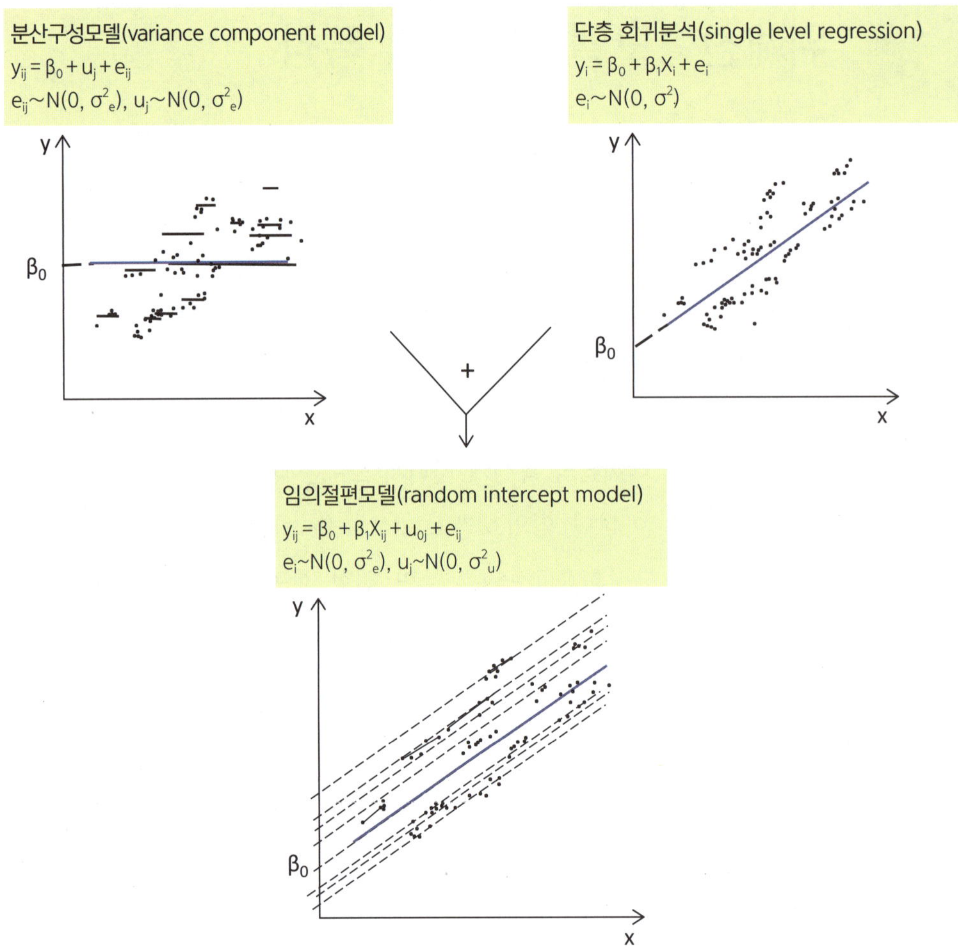

[출처 : 고급통계분석론(이희연, 노승철, 2017)]

호의적일 경우 바람직하다. 그러나 상위집단이 모집단으로부터 추출된 표본일 경우 임의효과를 고려해야 한다(Snijders & Bosker, 1999). 또한, 상위수준에서 집단효과를 측정하기 위해 추가로 설명변수를 투입하는 경우 반드시 임의효과를 채택해야 한다.

2) 임의계수모델

임의계수모델은 각 집단별로 기울기가 임의효과를 가지고 있는 경우 사용되는

그림 6-4 각 집단별로 서로 다른 기울기와 절편을 갖는 임의계수모델

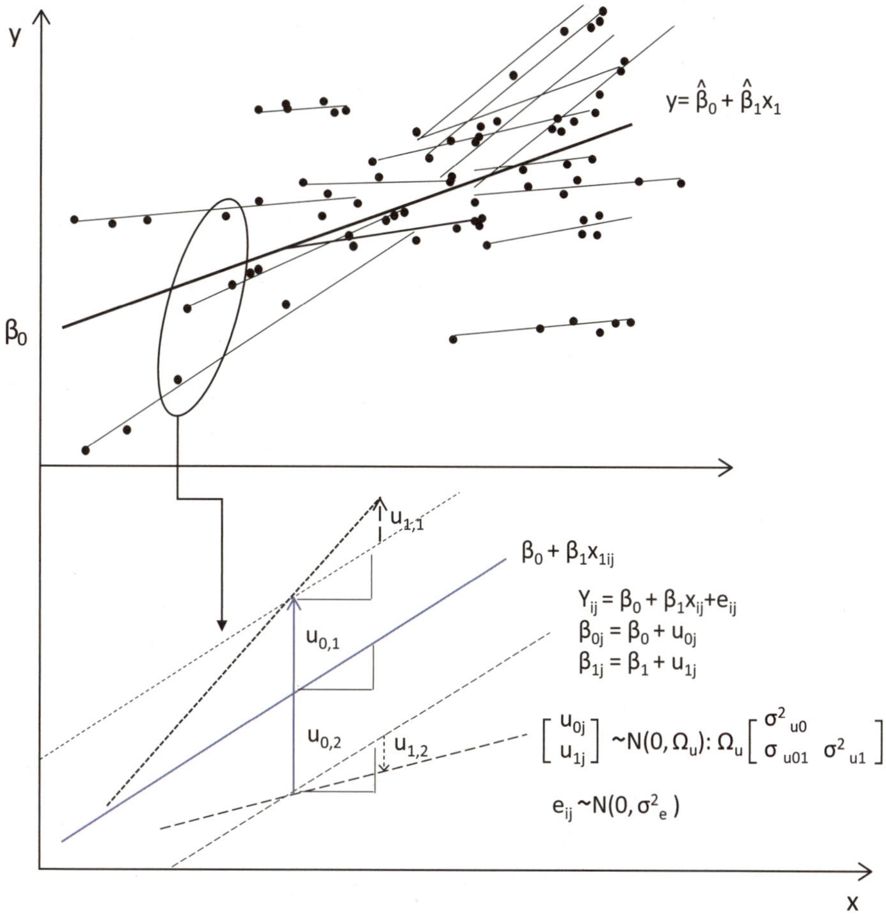

[출처 : 고급통계분석론(이희연, 노승철, 2017)]

모델이다. 따라서 임의계수모델은 각 집단별로 절편이 서로 다를 뿐만 아니라 기울기도 서로 다르기 때문에 설명변수에 대한 회귀계수가 각 집단별로 다르게 추정된다. 앞에서 살펴본 임의절편모델의 경우 각 집단의 기울기는 모두 동일하고 절편만 서로 다른데 비해 임의계수모델의 경우 각 집단별로 절편과 기울기 모두 변이를 보이고 있다. 이와 같이 임의계수모델은 각 집단별로 절편과 기울기가 모두 다르며, 따라서 오차항도 세 개로 구성된다.

PART VI

4 설명변수의 중심 보정(Centering)

설명변수의 중심보정 방법에 대한 선택은 연구자의 연구목적에 따라 달라질 수 있을 것이다. 만약 집단 간 효과를 추정하는데 연구 목적을 두고 위계선형모델을 사용하고자 하는 경우나, 연구자가 집단 내 효과와 집단 간 효과를 보다 상세하게 추정하는데 관심이 있다면 집단평균 중심보정 방법이 바람직하며, 연구자가 집단 내 효과에 관심이 있다면 전체평균 중심보정을 하는 것이 더 적합하다.

1) 중심보정의 필요성

위계선형모델에서 절편은 설명변수인 X=0일 경우 기대되는 종속변수 Y의 값을 말한다. 그러나 설명변수 X가 성별을 나타내는 더미변수이거나 직위를 나타내는 변수일 경우 X=0일 경우 그 의미를 해석하기 매우 어렵다. 만일 남성=1, 여성=2로 코딩된 더미 변수일 경우 X=0이란 자체가 의미 없으며, 만일 설명변수가 직장인의 사회적지위를 나타내는 변수일 경우에도 X=0이란 직장인의 사회적지위가 전혀 없다는 것을 의미하므로 이런 경우 절편을 해석하기 매우 어렵다. 이러한 문제를 해결하기 위하여 설명변수에 중심보정 방법을 도입하는 것이다. 중심보정을 해줌으로서 절편 값을 해석하기 쉽게 만드는 것이다. 예를 들어 전체 평균값으로 중심보정을 하는 경우 평균 직급에 따른 사회적 지위값이 절편이 되므로 평균값에 대한 분산을 통해 전체 평균값에 비해 높은 절편을 가진 집단과 낮은 절편을 가진 집단을 비교할 수 있게 된다.

2) 전체평균 중심보정(grand mean centering)

1수준의 설명변수와 2수준의 설명변수 모두 중심보정이 가능하나 2수준의 설명변수를 중심보정한 경우와 중심보정하지 않은 경우 통계적 추정 결과가 동일하기 때문에 1수준의 설명변수들에 대해 중심보정 방법을 적용하고 있다.

전체평균 중심보정 방법은 각 표본들의 값에서 전체 평균을 빼는 것이다. 각 관측치의 원래 값이 모델에 투입되는 것이 아니라 관측치와 평균값의 차이가 모델에 투입되는 것이다. 통계적으로 보면 중심보정하지 않은 모델과 전체평균 중심보정을 한 모델에서 추정되는 설명변수의 추정계수와 표준오차는 모두 동일하게 산출되고 다만 절편의 크기만 다르게 산출된다. 종속변수(Y)는 동료평가점수이며 설명변수는 직장인의 사회적지위와 회사의 직원수라고 할 때, 일반선형회귀분석과 같이 위계선형모형에서 추정계수는 설명변수의 한 단위 변화될 때 종속변수에 미치는 영향을 나타낸다. 또한, 절편값은 모든 설명변수가 0인 경우이다. 즉, 사회경제적 지위가 0이고, 회사 직장인수가 0인 회사에 다니는 직장인의 동료평가점수가 되므로 X=0일 경우 그에 따른 절편의 해석이 어려워진다. 그러나 설명변수들이 각 변수의 전체평균값으로 중심보정되는 경우 절편을 평균 직장인 수를 가진 회사에 다니면서, 평균적인 사회적 지위를 갖고 있는 직장인의 동료평가점수라는 해석이 가능하게 된다.

3) 집단평균 중심보정(group mean centering)

집단평균 중심보정은 각 관측치에서 2수준의 집단평균을 빼주는 것이다. 집단평균 중심보정의 경우 직장인들의 사회적지위에서 각자 다니고 있는 회사의 평균 사회적 지위값을 빼기 때문에 1수준 모델에서의 절편에 대한 해석이 전체평균 중심보정에 비해 조금 더 복잡하다. 집단평균 중심보정을 하는 경우 절편을 전체 회사들 가운데 회사 규모가 평균인 회사에서 각 회사별 평균 사회적 지위를 가진 직장인의 동료평가점수라고 풀이한다. 이에 비해 전체평균 중심보정을 하는 경우 절편은 전체 직장인 중 평균적인 사회적지위를 갖고 있으며 다니고 있는 회사의 규모가 평균인 직장인의 동료평가점수라고 풀이한다.

집단평균 중심보정을 한 경우의 모델은 직장인별 사회적지위와 각 회사의 사회적지위 평균을 모두 설명변수로 넣은 모델과 같다. 여기서 각 회사별 평균은 하나의 값만 있는 것이 아니기 때문에 전체 평균이 상수항으로 취급되는 것이 아닌 하나의 설명변수로서의 역할을 한다. 따라서 집단평균 중심보정을 한 모델은 설명변수가 하나 더 많기 때문에 추정계수와 표준오차도 다르게 산출된다.

전반적으로 볼 때 집단평균 중심보정은 개구리-연못 이론(frog-pond theory)과 유사하다. 이는 비교 대상이 되는 개인이 어느 집단에 속해 있는가에 따라 평가가 달라질 수 있기 때문이다. 즉, 큰 개구리들이 서식하는 연못에서와 작은 개구리들이 서식하고 있는 연못의 경우 같은 무게를 지닌 개구리의 상대적 위치는 상당히 달라질 것이다. 집단평균 중심보정은 설명변수를 연못 속의 개구리 매커니즘 원리를 적용한 것이라고 볼 수 있다.

PART Ⅵ

5 다수준 연구의 진행 순서

연구문제 : 사내기업가정신 및 학습역량은 구성원의 태도에 영향을 미칠 것이며, 인사부분사회적자본은 조절효과를 나타낼 것이다.

1) 데이터 활용

연구의 변수 활용을 위해 한국직업능력개발원에서 주관한 인적자본기업패널(HCCP : Human Capital Corporate Panel) 7차년도 조사 데이터를 사용하였다.

인적자본기업패널조사는 2005년부터 2년 단위로 시행되고 있으며 산업별, 기업별 대표 기업을 표집하여 기업이 지닌 인력의 양적, 질적 수준을 파악하고 기업 내 근로자의 인적자원개발 현황, 기업의 성과에 미치는 영향에 대한 체계적인 패널을 구축함으로써 개인, 기업, 국가의 인적자원개발을 위한 다양한 시사점들을 제안하고 있다.

다양한 기업을 대상으로 많은 응답자를 확보한 인적자본기업패널(HCCP)은 기업과 Sample의 숫자가 다양하며 그 Sample의 특성 역시 다양하게 구분되어 있다는 큰 장점을 가지고 있다. 하지만, 인적자원과 관련된 광범위한 정보를 수집하기 위해 기존 연구자들의 사용 문항을 참고하여 설계되었기 때문에, 실증연구를 위한 변수를 측정하는 항목으로 대체하기에는 정교하지 못하다는 단점이 있다.

2) 설문구성 확인

본 연구를 수행하기 위하여 연구모형 및 가설에 맞는 변수의 설문을 확인하였다.

본 연구에서 활용할 예정인 개인수준의 변수는 학습역량, 조직몰입, 직무만족이다. 조직수준의 변수는 사내기업가정신과 인적부분사회적자본이다. 사내기업가정신과 인적부분사회적자본 변수는 개인수준의 데이터를 조직수준으로 데이터로 활용하였다. 이는 설문문항이 조직수준을 묻는 문항으로 조직수준의 데이터로 활용이 가능한 점을 고려하여 진행하였다.

변수		변수처리	비고
사내 기업가정신	우리 회사는 변화와 새로운 시도를 장려한다.	1 = 전혀그렇지않음 ~ 5 = 전적으로그러함	
	우리 회사는 혁신에 대한 적절한 보상이 이루어진다.	1 = 전혀그렇지않음 ~ 5 = 전적으로그러함	
	우리 회사에서는 성실한 사람보다 창의적인 사람이 대우를 받는다.	1 = 전혀그렇지않음 ~ 5 = 전적으로그러함	
조직몰입	나는 이 회사의 문제를 내 문제처럼 느낀다.	1 = 전혀그렇지않음 ~ 5 = 전적으로그러함	
	만약 내가 이 회사를 떠나기로 결정한다면 내 인생의 너무 많은 것을 잃게 될 것이다.	1 = 전혀그렇지않음 ~ 5 = 전적으로그러함	
	이 회사는 내가 충성할 만한 가치가 있다.	1 = 전혀그렇지않음 ~ 5 = 전적으로그러함	
직무만족	나는 현재 하고 있는 일의 내용에 만족한다.	1= 전혀그렇지않음 ~ 5 = 전적으로그러함	
	나는 현재 받고 있는 임금에 만족한다.	1 = 전혀그렇지않음 ~ 5 = 전적으로그러함	
	나는 현재 직장의 인간관계에 만족한다.	1 = 전혀그렇지않음 ~ 5 = 전적으로그러함	
인적부분 사회적 자본	인사 관련 이슈에 대해 현업 부서장들을 교육하고 조언을 제공한다.	1 = 거의 없었음 ~ 5 = 많이 있었음	
	인사제도의 내용을 수시로 직원들에게 설명해 준다.	1 = 거의 없었음 ~ 5 = 많이 있었음	
학습역량	선-후배 및 동료간 상호작용을 통한 학습이 직무능력에 미치는 효과	1 = 거의없음 ~ 4 = 많이있음	
	일을 통해 스스로 학습이 직무능력에 미치는 효과	1 = 거의없음 ~ 4 = 많이있음	

3) 연구모형 및 가설

본 연구의 연구모형은 〈그림 6-4〉와 같다. 이를 통해 사내기업가정신과 학습역량이 구성원의 태도(조직몰입, 직무만족)에 미치는 영향을 분석하고자 하며 독립변수와 종속변수 간 관계에서 인사부분사회적자본 조절변수가 어떠한 영향을 미치는지 분석하고자 한다.

* 조직수준변수 : 사내기업가정신 / 인사부분사회적자본
* 개인수준변수 : 학습역량 / 조직몰입 / 직무만족

연구가설은 다음과 같이 제시하고 있다.

가설 1. 사내기업가정신은 구성원의 태도에 긍정적인 영향을 미칠 것이다.

가설 1-1. 사내기업가정신은 조직몰입에 정(+)의 영향을 미칠 것이다.

가설 1-2. 사내기업가정신은 직무만족에 정(+)의 영향을 미칠 것이다.

가설 2. 학습역량은 구성원의 태도에 긍정적인 영향을 미칠 것이다.

가설 2-1. 학습역량은 조직몰입에 정(+)의 영향을 미칠 것이다.

가설 2-2. 학습역량은 직무만족에 정(+)의 영향을 미칠 것이다.

그림 6-4 연구모형

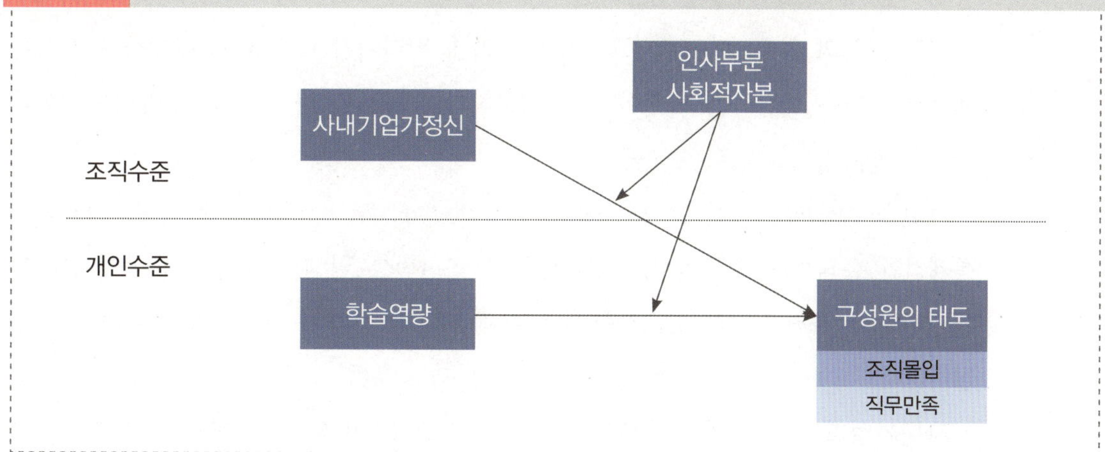

가설 3. 인사부분사회적자본은 사내기업가정신과 구성원의 태도간의 관계에서 조절역할을 할 것이다.

가설 3-1. 사내기업가정신과 조직몰입의 관계에서 인사부분사회적자본은 조절역할을 할 것이다.

가설 3-2. 사내기업가정신과 직무만족의 관계에서 인사부분사회적자본은 조절역할을 할 것이다.

가설 4. 인사부분사회적자본은 학습역량과 구성원의 태도간의 관계에서 조절역할을 할 것이다.

가설 4-1. 학습역량과 조직몰입의 관계에서 인사부분사회적자본은 조절역할을 할 것이다.

가설 4-2. 학습역량과 직무만족의 관계에서 인사부분사회적자본은 조절역할을 할 것이다.

4) 연구 대상 및 연구 방법

본 연구를 수행하기 위해 2017년도 인적자본기업패널(HCCP) 자료를 활용한다. 기업변수의 경우는 Head데이터를 활용했으며, 근로자변수의 경우 Work데이터를 활용하였다. 연구대상은 300인 미만의 제조업과 비금융업의 연구개발직 종사자로 국한하여 분석을 실시하였다. 최종적으로 국내 67개(제조업 51개, 비금융업 16개) 사업장을 총 344명 대상으로 가설을 검증하였다.

연구 대상의 경우, 연구주제 및 가설에 따라 달라지기 때문에, 연구대상을 선정할 때는 데이터를 설정하는 과정이 가장 중요하다. 〈Part6. 다수준 검증 방법- 데이터 설정 방법참고〉

가설을 검증하기 위한 분석도구로 SPSS 23.0, HLM 8.0 프로그램 등을 이용하여 통계적인 유의성을 검증한다. 우선 항목간의 신뢰성 및 타당성을 검증하기 위하여 개인수준과 조직수준의 신뢰도분석(reliability analysis)과 요인분석(factor analysis)을 실시한다.

사내기업가정신과 인사부분사회적자본이 조직수준의 구성개념으로 합산되어 조직수준으로 승화시키는지에 대한 타당성을 확보하기 위해 검증을 하여 조직 내 동의도 수준을 측정한다. 일반적으로 데이터 수집과정에서 개인수준과 조직수준으로 분리되어 수집되는 것이 일반적이지만 본 연구에서 활용된 HCCP 패널데이터의 설문 특성상 사내기업가정신과 인사부분사회적자본의 변수를 개인수준의 데이터에서 조직수준의 데이터로 승화시켜 진행하였다. 따라서 개인수준에서 조직수준으로 데이터를 승화시키는 과정은 경우에 따라 생략될 수 있다.

요인 간의 관련성을 분석하기 위하여 Pearson의 상관관계분석을 실시한다. 마지막으로 다수준분석의 기초적 정보를 얻을 수 있고 다음 분석의 기초가 되는 기초모형(null model unconditional model)을 통해 총 분산을 구성하는 두 오차항의 크기를 파악하였으며, 위계적 선형 모형(HLM)을 실시하여 연구결과를 밝혀내고자 한다.

PART Ⅵ

6 다수준분석 검증 방법

■ 다수준분석 검증 프로세스

① 데이터 확보
② 데이터 설정 및 정리
③ 개인차원/조직차원 데이터 분리
④ 요인분석 및 신뢰도 분석
⑤ 상관관계 분석
⑥ 조직수준의 변수 타당성 분석
⑦ HLM 프로그램 실행 및 데이터 입력
⑧ 다수준 분석

1) 데이터 확보

본 연구에서는 2017년도 인적자본기업패널(HCCP) 데이터를 확보하기 위해서는 한국직업능력개발원 홈페이지를 통해 다운로드가 가능하다. 추가로 데이터의 속성을 살펴보기 위해서는 코드북 및 설문지 등이 필요한데, 이 자료 역시 한국직업능력개발원 홈페이지를 통해 다운로드가 가능하다. 특히 HCCP 데이터 이외의 개인수준 및 조직수준의 데이터 확보가 가능하다면 타 데이터 활용이 가능하다.

• Check point
: HLM분석에서 표본의 크기

중요하게 고려해야 하는 사항은 표본의 크기이며, 표본의 크기에 대해서는 학자마다 상이한 의견을 제시하고 있다. 일반적으로 상위수준 분석 대상의 표본 수는 최소 30개 이상이 되어야 한다고 제안하고 있다(Kozlowski & Klein, 2000; 남정민, 2012). 또한, 각 조직은 30명 이상으로 구성하는 것이 이상적이나, HLM분석에서 조직변량을 계산하는 과정에서 각 조직의 ICC(2)를 계산하면서 보정이 되기 때문에 구성원 수는 30명 미만도 문제가 될 것은 없다(황종오, 유태용, 한태영, 2006).

- 홈페이지 접속(https://krivet.re.kr/ku/index.jsp) - 패널연구(카테고리) - 자료다운로드 - HCCP 자료 다운로드(구입신청)
- 홈페이지 접속(https://krivet.re.kr/ku/index.jsp) - 패널연구(카테고리) - 설문지 및 자료설명 - 설문지 및 코드북 다운로드

2) 데이터 설정 및 정리

인적자본기업패널(HCCP) work데이터와 head데이터를 활용할 경우 가장 먼저 데이터 가공을 진행해야 한다. 데이터 설정 방법은 다수준분석 연구 과정에 활용도가 높은 데이터 설정방법(핸들링)을 설명하고자 하였으며, 아래 제시되는 4가지 방법은 선택적으로 필요에 의해 진행하면 된다.

① 연구주제에 따른 주요 문항 추출

앞서 제시한 한국직업능력개발원 홈페이지에서 SPSS용 work데이터와 head데이터를 받은 후 파일을 오픈하여 데이터를 확인한다. 이후 work데이터와 head데이터에서 원하는 변수의 이름을 설정하고 불필요한 변수는 제외해야 추후 데이터 통합과정 및 가설검증단계에서 헷갈리지 않을 수 있다.

본 연구주제 설정에 따라 개인수준(work데이터)에서는 성별, 연령, 학력, 결혼여부, 근무기간, 학습역량, 사내기업가정신, 인사부분사회적자본에 해당하는 항목을

• Check point
: 개인수준에서 조직수준으로 데이터 통합하기

일반적으로 개인수준데이터와 조직수준의 데이터는 구분되어 있으나, 본 연구에서는 조직수준에서 도출할 수 있는 변수의 한계가 존재하여, 개인수준에서 조직수준으로 승화시킬 수 있는 변수를 확인하여 진행하였다. 그렇다고 개인수준의 모든 데이터를 조직수준으로 올릴 수 있는 것은 아니다. 본 연구에서는 사내기업가정신과 인사부분사회적자본은 개인수준에서 조직수준으로 승화시켰는데, 가능했던 이유는 설문의 문항 자체가 조직수준을 확인할 수 있는 설문이었기 때문이다.

활용한다.

조직수준(head데이터)에서는 산업, 기업연령에 해당하는 항목을 제외하고 삭제한다.

앞서 제시한 것과 같이 HCCP 패널데이터 특성상 사내기업가정신과 인사부분사회적자본의 변수는 개인수준의 데이터를 조직수준의 데이터로 승화시킬 예정이다. 따라서 향후 개인데이터를 조직데이터로 승화시키기 위해서는 기업ID를 기준으로 진행하기 때문에 기업 ID는 개인수준(work데이터) 및 조직수준(head데이터)에서 삭제하지 말아야 한다.

② 연구대상에 따른 주요 데이터 추출

앞서 진행된 것은 연구주제에 맞는 주요 변수를 제외하고 삭제한 것이며, 이제는 주요 대상을 제외하고 불필요한 대상의 데이터는 삭제해야 한다.

본 연구에서는 300인미만의 제조업과 비금융업에서 종사하는 연구개발직을 대상으로 하고 있다. 따라서 앞서 추출된 변수에서 300인 미만의 기업, 제조업과 비금융업, 연구개발직을 제외하고 삭제해야 한다.

여기서 문제점은 HCCP 패널데이터 특성상 개인수준에서는 직군을 확인할 수 있으나, 300인이하의 기업인지는 확인이 불가하다. 따라서 개인수준(work데이터)와 조직수준(head데이터)을 보고 직접적으로 매칭시켜야 한다. 개인수준과 조직수준 데이터를 매칭할 때 기능적으로 진행될 수 있는 방법이 없을 경우 직접 매칭되지 않는 조직ID를 선택하여 삭제할 수 있다. 순서를 달리하여 데이터통합을 통해 개인수준에서

• Check point
: 연구대상 및 연구주제를 제외하고 남은 변수를 삭제해야 하는가?

해당 매뉴얼은 이미 가설검증이 완료된 상태로 독자들이 이해하기 쉽도록 최종단계에서의 가설검증을 진행하는 것이므로, 꼭 연구주제에 맞는 문항과 대상을 제외하고 나머지를 삭제할 필요는 없다. 즉, 연구자가 생각할 때 필요한 또는 기존에 생각했던 연구변수가 신뢰성 또는 타당성을 확보하지 못하였을 때를 대비하여 몇 가지 주요문항과 대상을 추가하여 데이터를 가공하는 것을 추천한다.
본 연구에서도 수많은 과정을 통해 신뢰성 및 타당성을 확보하였고, 이에 해당 매뉴얼에서는 이해하기 쉽게 가설검증이 완료된 문항과 대상으로만 진행하는 것이다.

조직수준으로 승화시킨 이후에 매칭시킨다면 보다 빠르게 진행할 수 있다. 이 방법은 이후에 [개인차원/조직차원 데이터 분리]에서 조직수준으로 승화시키는 방법과 같다.

③ 추출된 데이터 정리

추출된 데이터를 기반으로 개인수준변수, 조직수준 변수, 수준별 통제변수, 조절변수 등을 구분하여 데이터를 정리하여야 한다. 개인수준의 변수인 학습역량, 조직몰입, 직무만족, 사내기업가정신, 인적부분사회적자본을 변수로 계산하여야 한다.(Part3. 데이터 핸들링 참고). 또한 개인수준(성별, 연령, 학력, 결혼여부, 근무기간) 및 조직수준(산업, 기업연령)의 변수를 통제변수로 변환하여야 한다. (Part12. 더미변환 참고).

조절변수는 사내기업가정신과 구성원의 태도 간 관계에 있어 인사부분사회적자본의 조절효과를 확인하기 위하여 조직수준에서의 사내기업가정신×인사부분사회적자본의 상호작용항을 생성해야 한다.

연구 주제 및 가설에 맞게 변수계산, 통제변수를 설정하여 더미 변환하는 작업, 조절변수 설정 등 개인수준 및 조직수준 데이터를 정리하는 작업이 가장 중요하다.

3) 개인수준/조직수준 데이터 분리

개인수준의 데이터를 조직수준으로 승화시키기 위하여 데이터 통합 기능을 활용한다. 본 연구에서는 사내기업가정신과 인사부분사회적자본의 데이터가 개인수준에 있기 때문에 조직수준으로 승화시키고자 한다. 경우에 따라 개인수준의 데이터가 조직수준으로 승화시키는 작업을 하지 않아도 되기 때문에 위 프로세스는 생략이 가능하다. 통합시키고자 하는 변수를 변수요약에 입력한다.

■ 데이터 통합 실습: 개인수준/조직수준 데이터 분리

데이터 - 데이터통합 - 구분변수 입력 - 변수요약 입력 - 통합변수만 포함된 새 데이터 파일 만들기 (데이터 파일 이름 기재) - 확인순으로 진행한다.

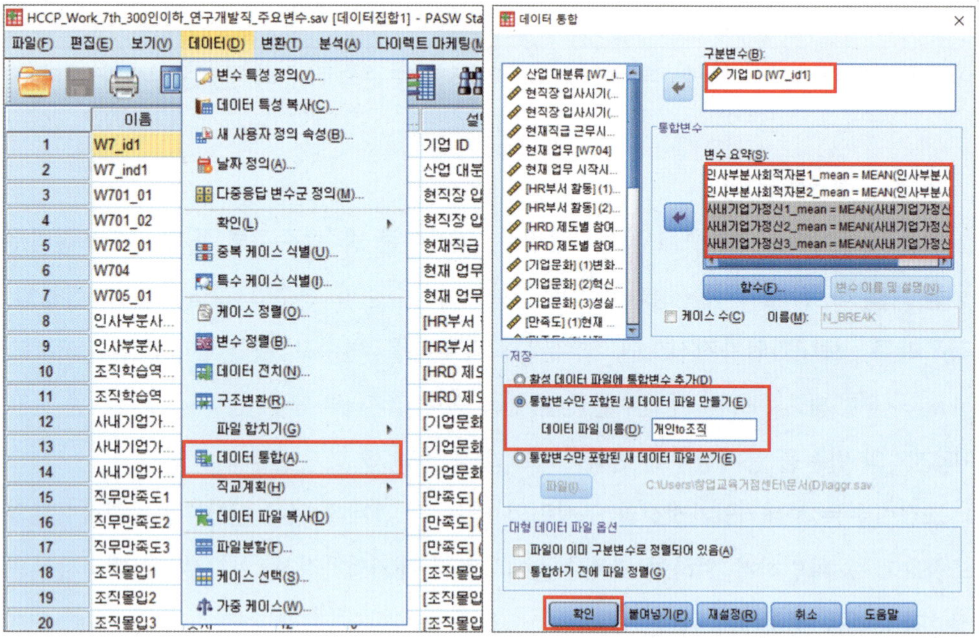

새로운 SPSS 창이 생성되면 기업ID를 기준으로 개인수준에서 조직수준으로 통합하여 승화시킨 것을 확인할 수 있다.

아래 왼쪽의 그림은 개인수준에서 나타나는 기업ID이며 아래 오른쪽의 그림은 개인수준에서 조직수준으로 통합하여 승화시킨 이후의 기업ID이다.

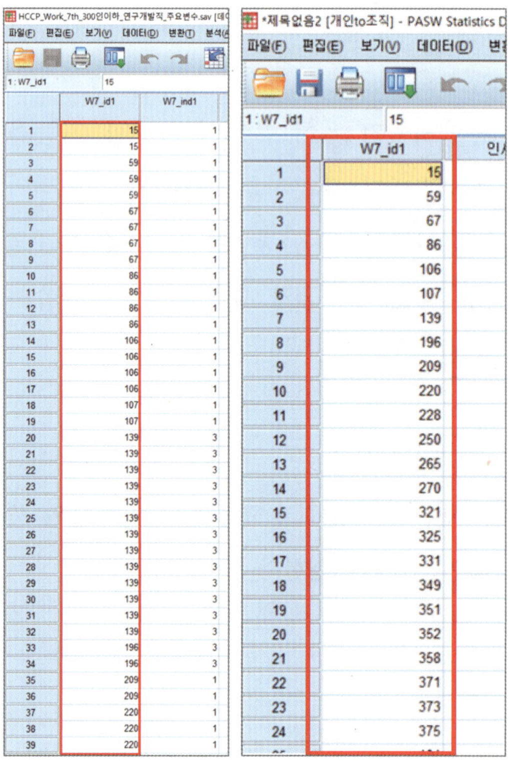

• Check point
: 개인수준에서 조직수준으로 통합하여 승화시키는 것이 무엇인가?

개인수준의 데이터는 한 기업에 다수의 종업원이 설문에 응답하여 기업ID가 다수 존재할 것인데, 이것을 기업ID를 기준으로 평균화시켜 하나의 기업ID 데이터만 나타나게 하는 것이다. 이러한 과정이 개인수준에서 조직수준으로 통합하여 승화시키는 과정이다.

기업 ID를 보면 다수였던 것이 하나의 기업ID로 평균화 되면서 조직수준으로 올릴 수 있는 것을 알 수 있다.

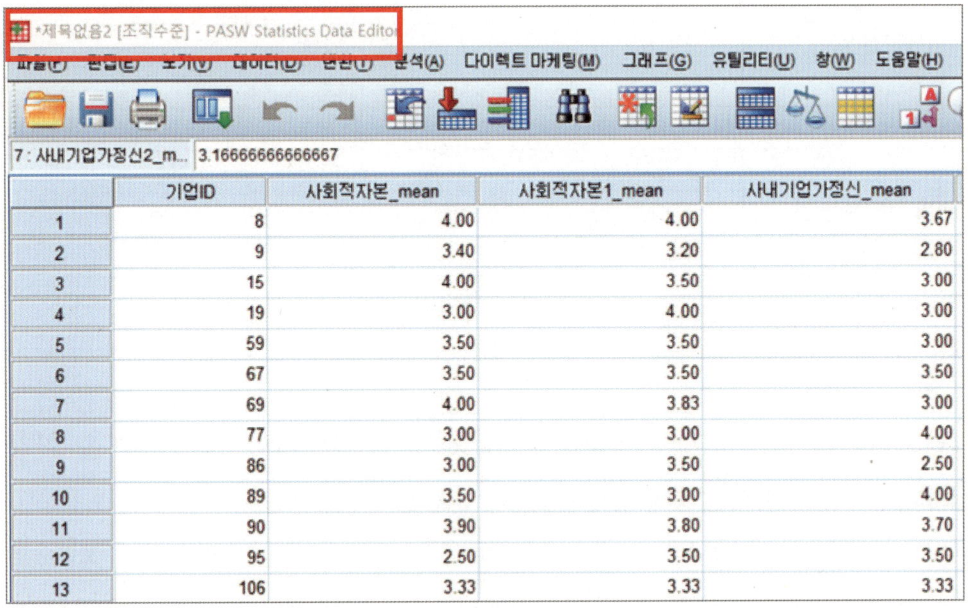

	기업ID	사회적자본_mean	사회적자본1_mean	사내기업가정신_mean
1	8	4.00	4.00	3.67
2	9	3.40	3.20	2.80
3	15	4.00	3.50	3.00
4	19	3.00	4.00	3.00
5	59	3.50	3.50	3.00
6	67	3.50	3.50	3.50
7	69	4.00	3.83	3.00
8	77	3.00	3.00	4.00
9	86	3.00	3.50	2.50
10	89	3.50	3.00	4.00
11	90	3.90	3.80	3.70
12	95	2.50	3.50	3.50
13	106	3.33	3.33	3.33

해당 파일은 따로 생성된 창이니 저장을 필히 하도록 해야 한다. 이후 head데이터에 개인에서 조직으로 승화시킨 데이터를 복사하여 붙여서 넣으면 된다. 데이터 분리가 완료되었다면 상관분석을 진행해야 한다.

4) 요인분석 및 신뢰도 분석

다수준분석에서의 요인분석과 신뢰도분석은 개인차원과 조직차원을 각각 실시하여야 한다. 현재 연구모형에 따라 조직수준(사내기업가정신, 인사부분사회적자본)

표 6-1 개인수준 신뢰성 및 타당성 분석

	구성요소			Cronbach's α
	1	2	3	
직무만족 1	.775	.246	.139	.668
직무만족 2	.733	.082	.302	
직무만족 3	.713	.177	-.117	
조직몰입 1	.015	.869	.010	.701
조직몰입 2	.297	.743	.181	
조직몰입 3	.416	.634	.039	
학습역량 1	.044	.076	.877	.725
학습역량 2	.129	.072	.857	
아이겐값	1.926	1.819	1.661	
공통분산(%)	24.079	22.732	20.765	
누적분산(%)	24.079	46.811	67.576	
Kaiser-Meyer-Olkin 표본적합도		.757		
Bartlett의 단위행렬 검정	근사 카이제곱	6611.922		
	df	28		
	유의확률	.000		

그리고 개인수준(학습역량, 조직몰입, 직무만족)의 요인분석과 신뢰도분석을 각각 실시하여야 한다. 자세한 분석 방법은 PART 3을 참고하길 바란다.

개인수준의 탐색적 요인분석 결과, 표본의 적정성을 측정하는 KMO 값이 .757으로 1에 가깝고, 구형성 검증 통계 값이 6611.922(df=28, p=.000)으로 유의수준이 유의하므로 상관행렬이 요인분석하기에 적합한 것으로 나타났다. 또한, 고유 값이 각각 1.926, 1.819, 1.661로 1이상이며, 요인은 전체 분산의 각각 24.079%, 46.811%, 67.576%를 설명함으로써 타당성을 입증하였다. 또한, 요인 적재치는 모두 0.5 이상으로 나타나 구성 개념의 타당성이 확보되었다.

5) 상관분석

상관분석도 마찬가지로 신뢰도분석, 요인분석과 같이 조직수준과 개인수준을 분류하여 진행해야 한다. 현재 연구모형에서는 조직수준(사내기업가정신, 인사부분사회적자본) 그리고 개인수준(학습역량, 조직몰입, 직무만족)의 상관분석을 각각 실시하여야 한다. 자세한 분석 방법은 PART 3을 참고하길 바란다.

개인 수준을 통해 측정된 사내기업가정신, 인사부분사회적자본, 산업 그리고 기업연령을 조직수준으로 합산(aggregation)한 이후의 자료로 분석하였다. 조직수준의 독립변수인 사내기업가정신은 인사부분사회적자본 연구에서 사용될 최종 변수들은 위계적인 형태를 취하고 있어 개인수준과 조직수준으로 분리하여 〈표 17〉, 〈표 18〉과 같이 제시하였다. 조직수준의 경우 개인자본(+)과의 상관계수가 유의하게 나타났으며, 개인수준에서의 독립변수인 학습역량은 조직몰입(+), 직무만족(+)과의 상관계수가 유의하게 나타나 연구가설의 방향과 동일한 정(+)의 방향으로 일치함을 확인하였다.

표 6-2 개인수준 상관분석 결과

	1	2	3	4	5
연령	1				
근무기간	.320***	1			
조직몰입	0.073	0.98	1		
직무만족	0.009	−0.26	.483***	1	
학습역량	−0.17	0.46	.188***	.243***	1

*p<.05, **p<0.01, ***p<0.001

표 6-3 조직수준 상관분석 결과

	1	2	3	4
사내기업가정신	1			
인사부분사회적자본	.482***	1		
기업연령	−.139	−.051	1	
산업	−.240*	−.158	.353**	1

*p<.05, **p<0.01, ***p<0.001

6) 조직수준 변수의 타당성 분석

본 연구에서는 개인수준에서 측정된 사내기업가정신과 인사부분사회적자본이 조직수준의 구성개념으로 합산되어 조직수준으로 승화시키는지에 대한 타당성을 확보하여야 한다. HLM분석에서 타당성을 확보하는 방법으로 조직수준의 사내기업가정신과 인사부분사회적자본에 대한 조직 내 동의도 수준을 측정하기 위한 검증이다(Bliese, 2000). 이 동의도는 조직신뢰에 대해나 신뢰도 측면에서 각 조직 내 동의도가 얼마나 되는지를 보여준다(James et al., 1984). 일반적으로 r_{wg}값은 0.7보다 커야 바람직하다.

ICC(1)은 ANOVA테이블에서 구해지며, 구체적인 해석 방법도 F-검정을 이용한다. ICC(1)은 특정 집단의 소속여부에 따라 설명되는 측정치의 변동분을 제시하여 준다(Bliese, 2000). 다시 말해, ICC(1)은 집단 내에서 한 개인이 집단을 대표할 수 있는 정도를 나타내며, ICC(1)이 커질수록 집단 내 개인들이 유사하다고 할 수 있다(James, 1982).

$$\text{ICC(1)} = \frac{MSB - MSW}{MSB + [(k-1) * MSW]}$$

- MSB = between-group mean square
- MSW = within-group mean square
- k = 집단 규모(집단 규모가 상이한 경우에는 집단의 평균 규모)

ANOVA 모형에서 도출되는 ICC(1)은 -1~+1까지의 값을 갖게 되며, 음(-)의 값은 집단 간 분산보다 집단 내 분산이 작을 때(즉, MSB가 MSW보다 작을 때) 나타나게 된다. ICC(1)값이 음(-)인 경우는 연구 모형이 이론상 개구리-연못(frog-pond) 효과를 나타내고 있을 가능성이 크다는 것을 뜻한다(Dansereau et al., 1984).

ICC(2)는 집단 평균의 신뢰성(reliability)을 나타내는 값으로, 보통 0.7이상이면 받아들여지게 된다. ICC(2)는 ICC(1)을 집단 크기로 조정한 값으로, 다른 조건이 같다면 집단의 크기가 커질수록 ICC(2)값은 커지게 된다. 그 이유는 많은 사람들로 구성된 집단의 평균일수록 더 신뢰할 수 있으며(즉, 안정적이며), 적은 사람들로 구성된 집단의 평균보다는 많은 사람들로 이루어진 집단의 평균이 집단의 속성을 측정하는데 더 유용하다고 여겨지기 때문이다(Klein & Kozlowski, 2000).

$$\text{ICC(2)} = \frac{MSB - MSW}{MSB}$$

앞서 평균집단의 규모와 ICC(1)의 값을 통해 Spearman-Brown공식을 통해 ICC(2)값을 도출하였다. ICC값이 r_{wg}에 비해 많이 사용되지 않는 이유는 ICC가 기본적으로 ANOVA 테이블의 수치에서 도출되어지기 때문에, 표본의 규모가 작아서 표본의 정규성(normality)이 보장되지 않는 경우에는 ICC의 값에 심각한 문제가 발생하기 때문이다(Langfred, 2000).

■ 조직수준 변수의 타당성 분석 실습: ICC 구하기

ICC(1)을 구하기 위해서는 개인수준(work데이터)에서 기업ID와 사내기업가정신평균을 통해 일원분산분석(ANOVA)를 진행해야 한다.

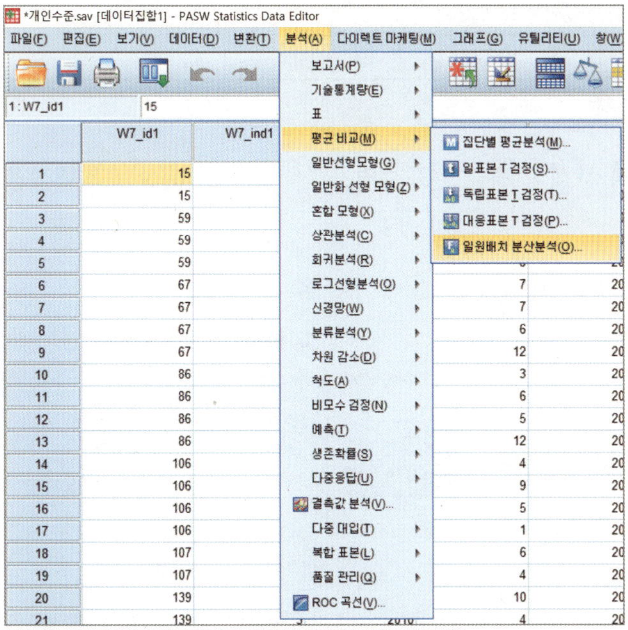

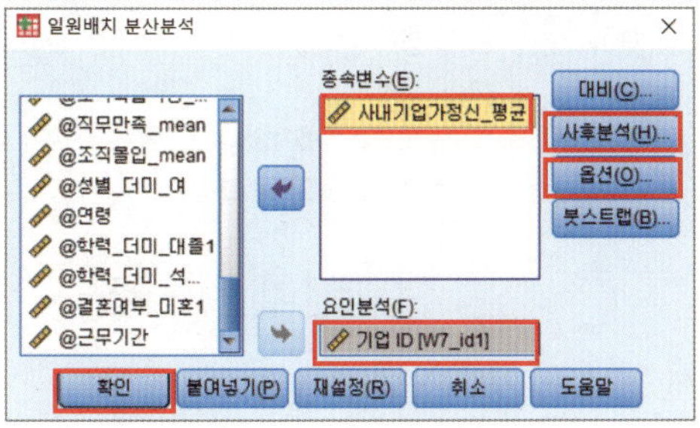

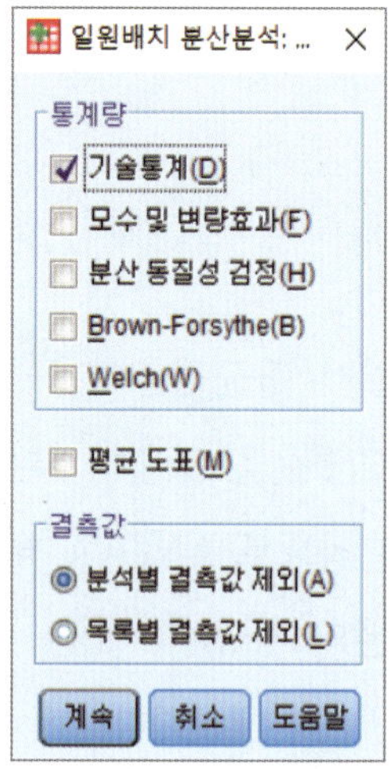

분산분석

사내기업가정신_평균

		제곱합	자유도	평균제곱	F	유의확률
MSB = 제곱합/df = 47.499/66	집단-간	47.499	66	.720	1.626	.004
MSW = 제곱합/df = 122.633/277	집단-내	122.633	277	.443		
	전체	170.131	343			

r_{wg}를 확인하기 위해 기술통계 분석 - 평균 / 표준편차 / 최소값 / 분산 / 최대값을 선택하고 확인을 클릭한다.

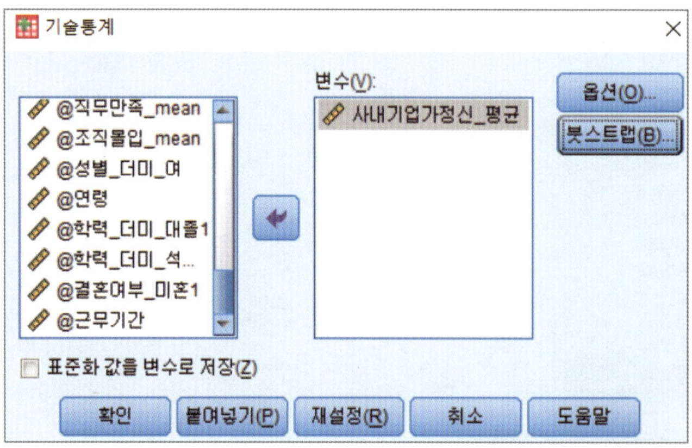

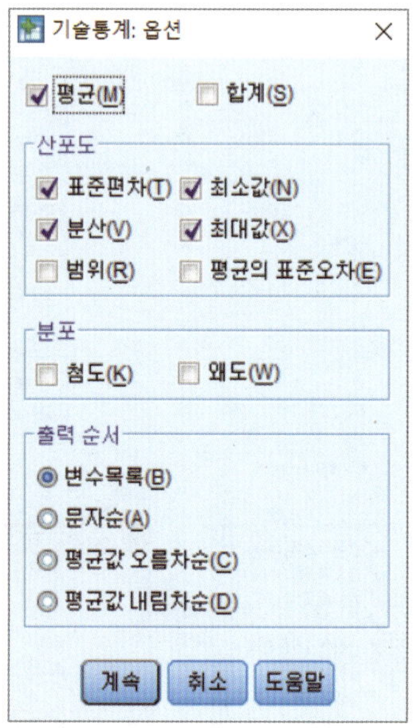

기술통계량

	N	최소값	최대값	평균	표준편차	분산
사내기업가정신평균	344	1.00	5.00	3.2258	.70428	.496
유효 N(목록별)	344					

$$r_{WG} = 1 - \frac{s_x^2}{s_{mpv/m}^2}$$

k = 관찰평가자수

M = 최대분산하의 평균

H = 척도의 최대값

L = 척도의 최저값

$$s_{mpv/m}^2 = \frac{k[M(H+L) - M^2 - H \cdot L}{(k-1)}$$

입력값 예시

k(표본수) = 344 / M(평균) = 3.2258 / H(최대값) = 5 / L(최소값) = 1 / S_x^2(분산) = .496

데이터 병합을 분석한 결과 사내기업가정신과 인사부분사회적자본에 대한 r_{wg} 값이 각각 0.87과 0.84으로 r_{wg} 값이 0.7 이상으로 나타나 개인과 조직에 대한 지각이 개인간, 조직간에 매우 유사하기 때문에 개인간 합산점수가 조직간 특성을 잘 나타낼 수 있음을 의미한다. 또한, 사내기업가정신과 인사부분사회적자본에 대한 ICC(1)의 값은 각각 0.06으로서 이들 변수들의 개인 간 분산 중에서 6% 이상이 조직 특성으로 설명된다는 것이다. ICC(2)의 값은 각각 0.76으로 ICC(2)의 값이 0.50 이상으로 나타나 조직수준 변수로 분석하는데 안정성을 갖고 있는 것으로 판단된다.

표 6-4 조직수준 동의도 및 신뢰도 분석결과

구분	r_{wg}	ICC(1)	ICC(2)	F	유의도
사내기업가정신	0.87	0.06	0.76	1.626	.004
인사부분사회적자본	0.84	0.06	0.76	1.581	.006

7) HLM 프로그램 실행 및 데이터 입력

■ HLM 프로그램 실습: 데이터 셋팅하기

- ASCII input - ASCII 파일(텍스트 파일 등) 형식의 데이터를 불러 올 경우
- Stat package input - 통계 패키지(SPSS, SAS, SYSTAT, STATA 등)의 데이터를 불러 올 경우

① HLM 실행

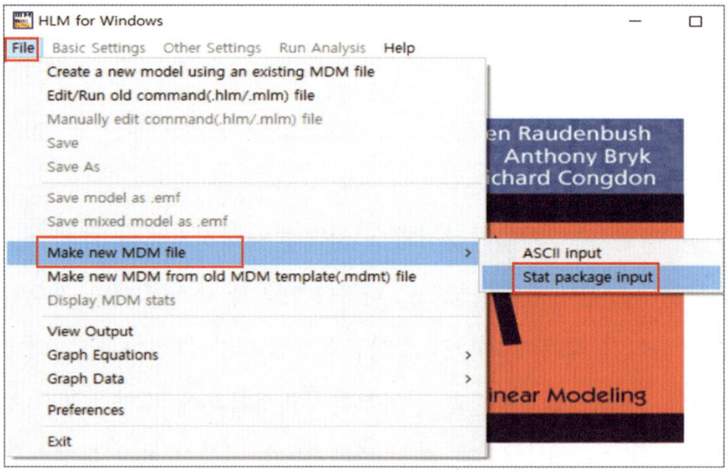

② Make new MDM file 생성

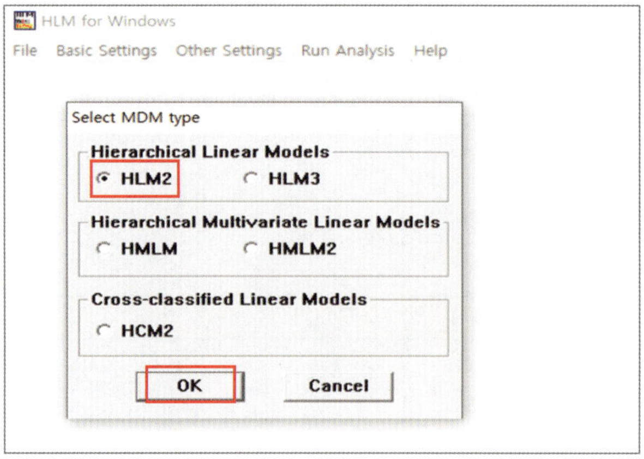

③ 분석유형 설정

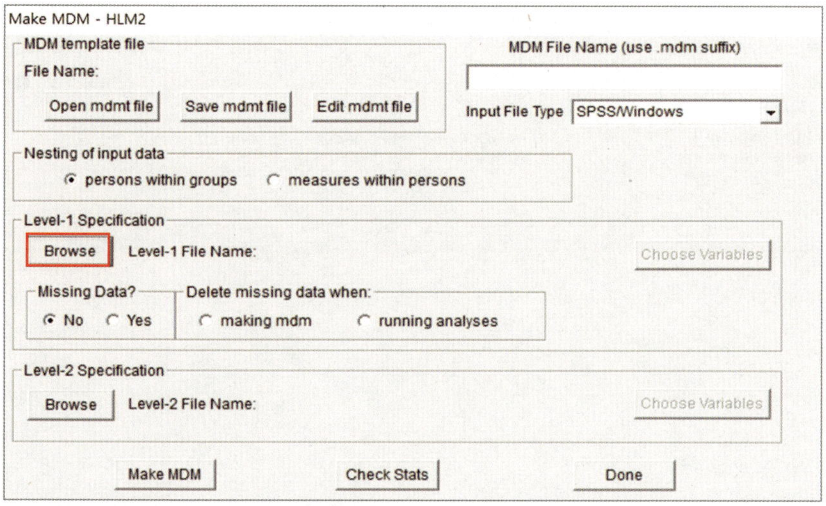

④ 개인수준/조직수준 별 파일 열기

– Browse Level–1 File Name 은 개인수준(level 1)파일을 열면 된다.

• Check point : 변수 설정의 용어 설명

	옵션	내용
Structure of Data	cross sectional (person within groups)	1 수준 데이터가 횡단적일 때, 조직 효과 연구에 적용
	longitudinal (occasions within person)	1 수준 데이터가 시점에 따라 반복 측정되었을 때, 개인의 변화에 관한 연구에 적용
	measures within groups	1 수준 데이터가 여러 측정치를 가질 때, 잠재변수 연구에 적용
Missing Data?	No	데이터에 결측이 없을 때
	Yes	데이터에 결측이 있을 때
Delete missing level–1 data when	making mdm	mdm 파일을 만들 때 결측값을 처리하는 경우
	running analysis	분석을 실행할 때 결측값을 처리하는 경우
Spatial Dependence Specification	Include spatial dependence matrix	공간종속성을 고려한 공간회귀분석을 시행하는 경우

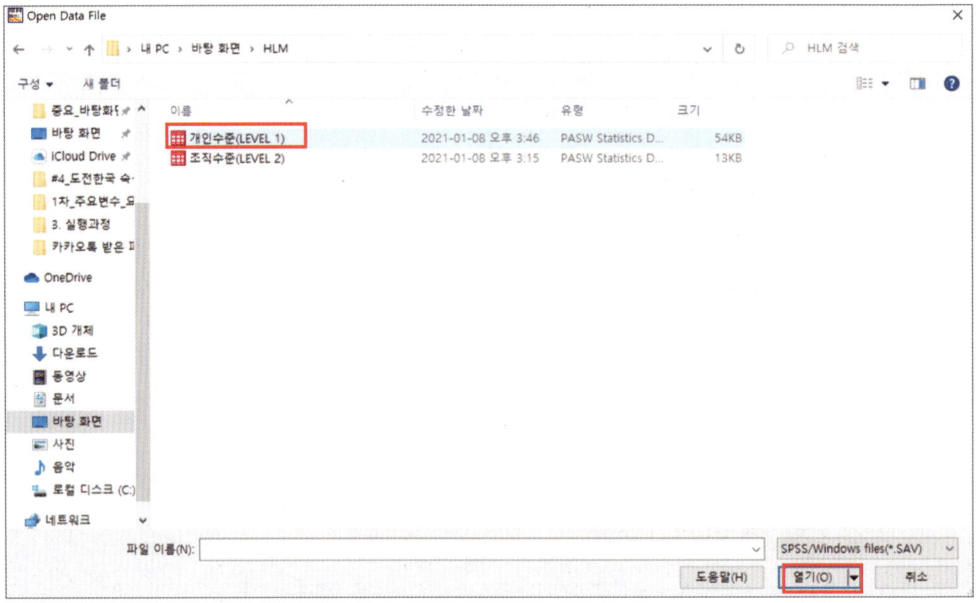

⑤ 파일 열기

– 개인수준파일을 선택한다.

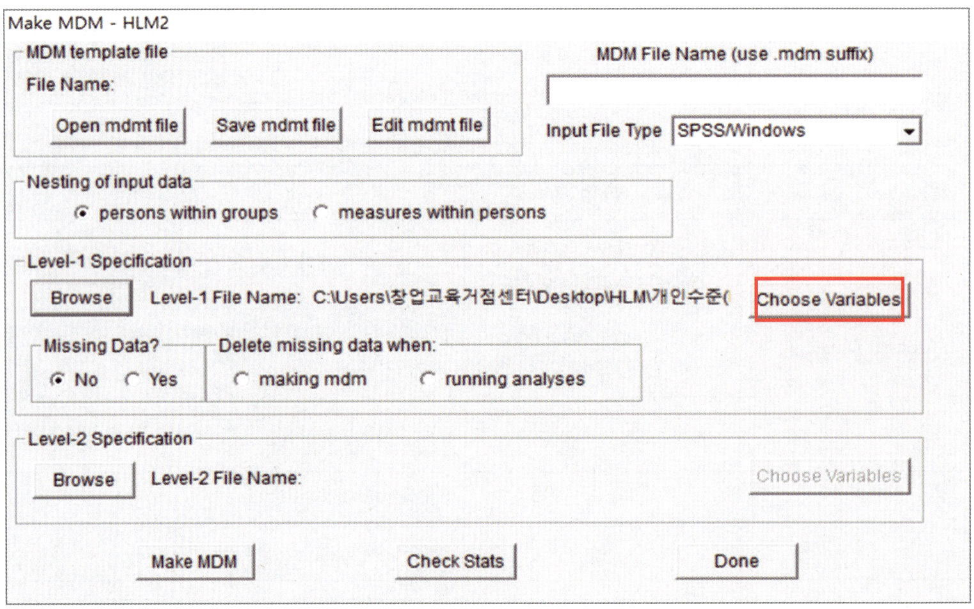

⑥ 변수설정

– Choose Variables을 클릭한다.

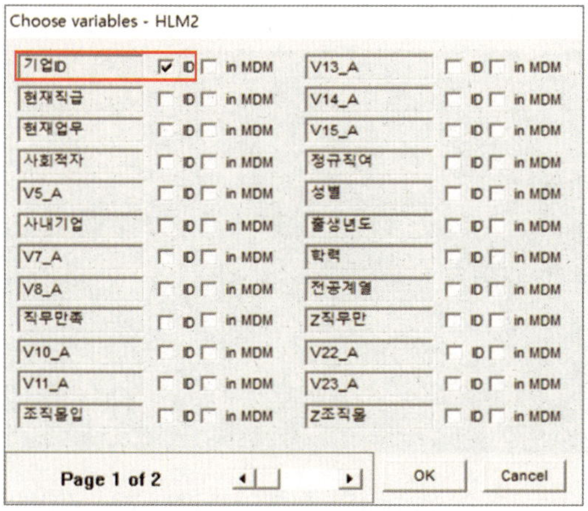

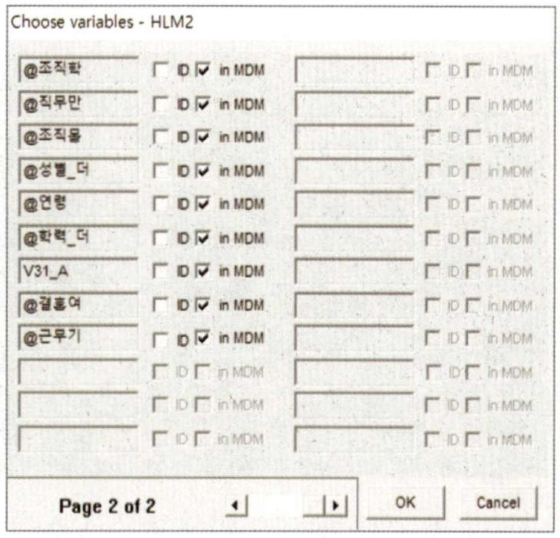

⑦ 기업ID 설정

– 기업ID에는 ID박스에 체크한다.

⑧ 기존 SPSS에서 작업해두었던 조직몰입, 직무만족, 학습역량, 통제변수에 in MDM을 체크한다. LEVEL 1에 데이터를 넣었으면 이제 LEVEL 2에 데이터를 넣어야 한다. 방법은 위와 동일하다.

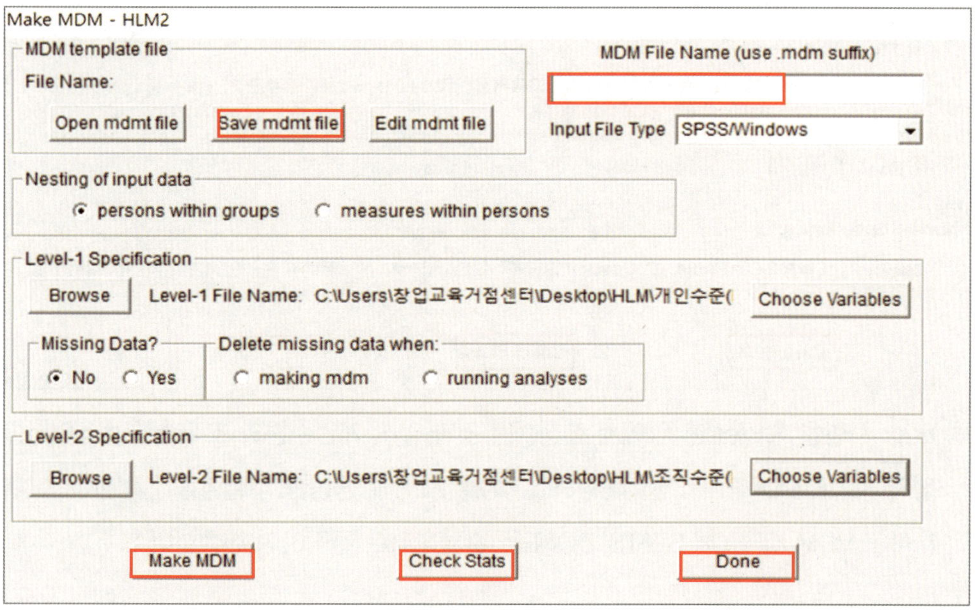

⑨ 데이터를 다 입력했으면 이제 프로그램을 돌리기 위한 과정이다. SAVE MDMF FILE 클릭 후 파일이름을 임의로 지정해준다. 저장한 파일명을 MDM FILE NAME에 기재한다. 이후 MAKE MDM을 클릭하고 CHECK STATS 클릭 후 DONE을 클릭하여 진행한다.

⑩ 그림과 같은 에러가 발생할 수 있는데 이는 변수 데이터의 정렬이 되어 있지 않아서 나타나는 것이다.

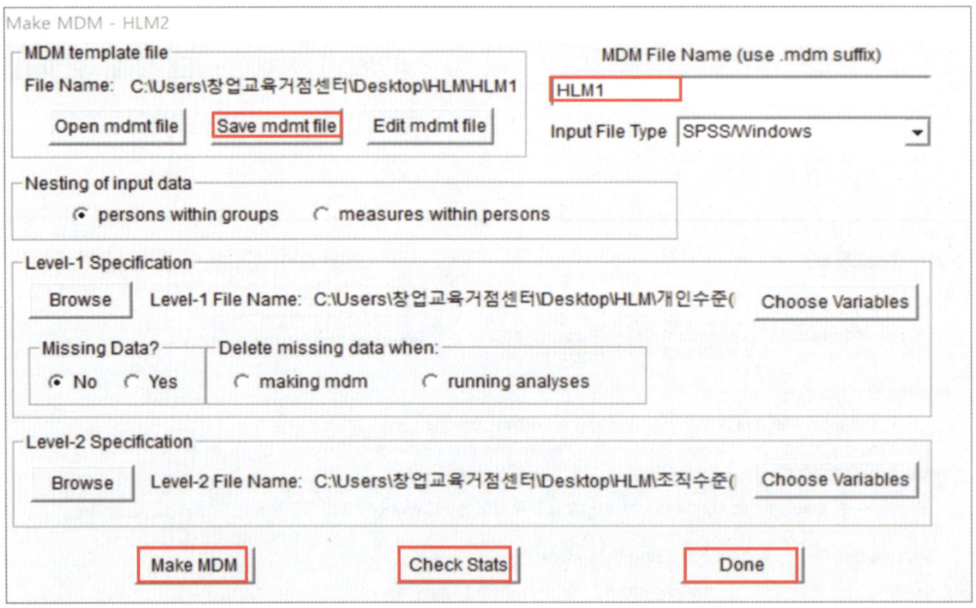

⑪ Error 사항을 확인한 후 앞에서 진행했던 것과 같이 개인수준과 조직수준의 데이터를 넣어 SAVE MDMF FILE을 생성하고 MDM FILE에 생성한 파일명을 입력한다. 이후 MAKE MDM, CHECK STATS, DONE을 순차적으로 클릭하여 진행한다.

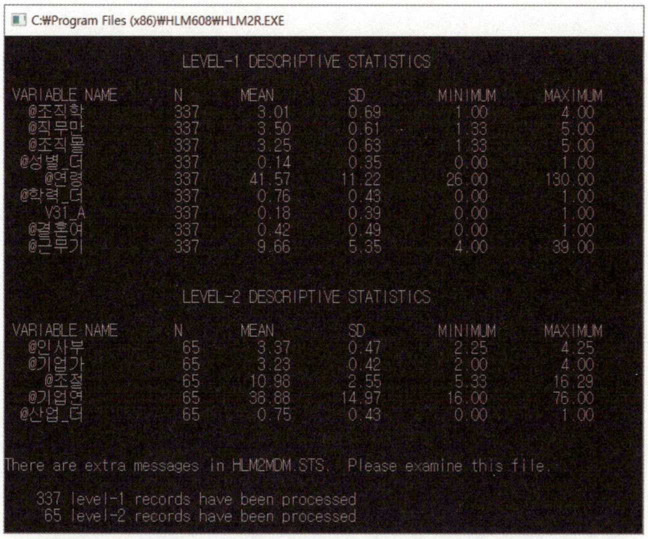

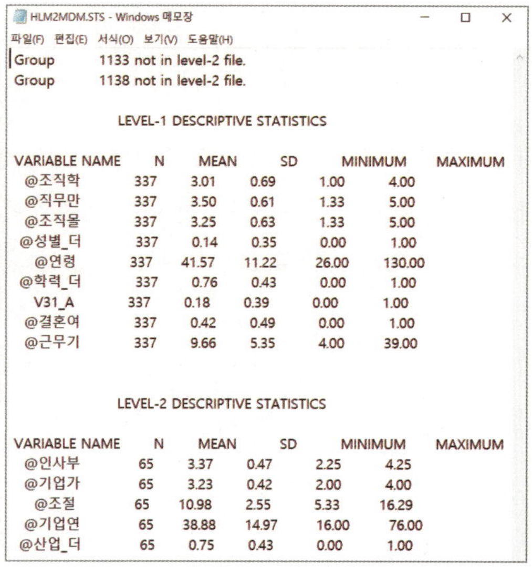

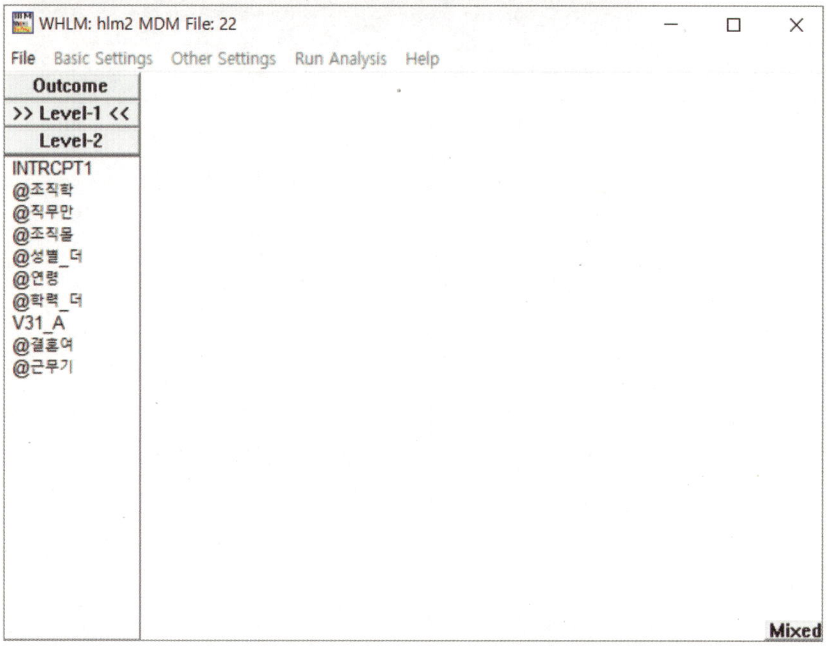

⑫ 다음과 같은 세 개의 창을 확인하면 다수준 분석을 위한 준비를 한 것이다.

• Check point
: 에러 해결방법

개인수준과 조직수준 파일에 접속하여 기업ID를 오름차순 또는 내림차순으로 똑같은 순서로 변경해주어야 한다. 이처럼 순서가 제대로 정렬되어 있지 않아 발생하는 오류라고 볼 수 있다.

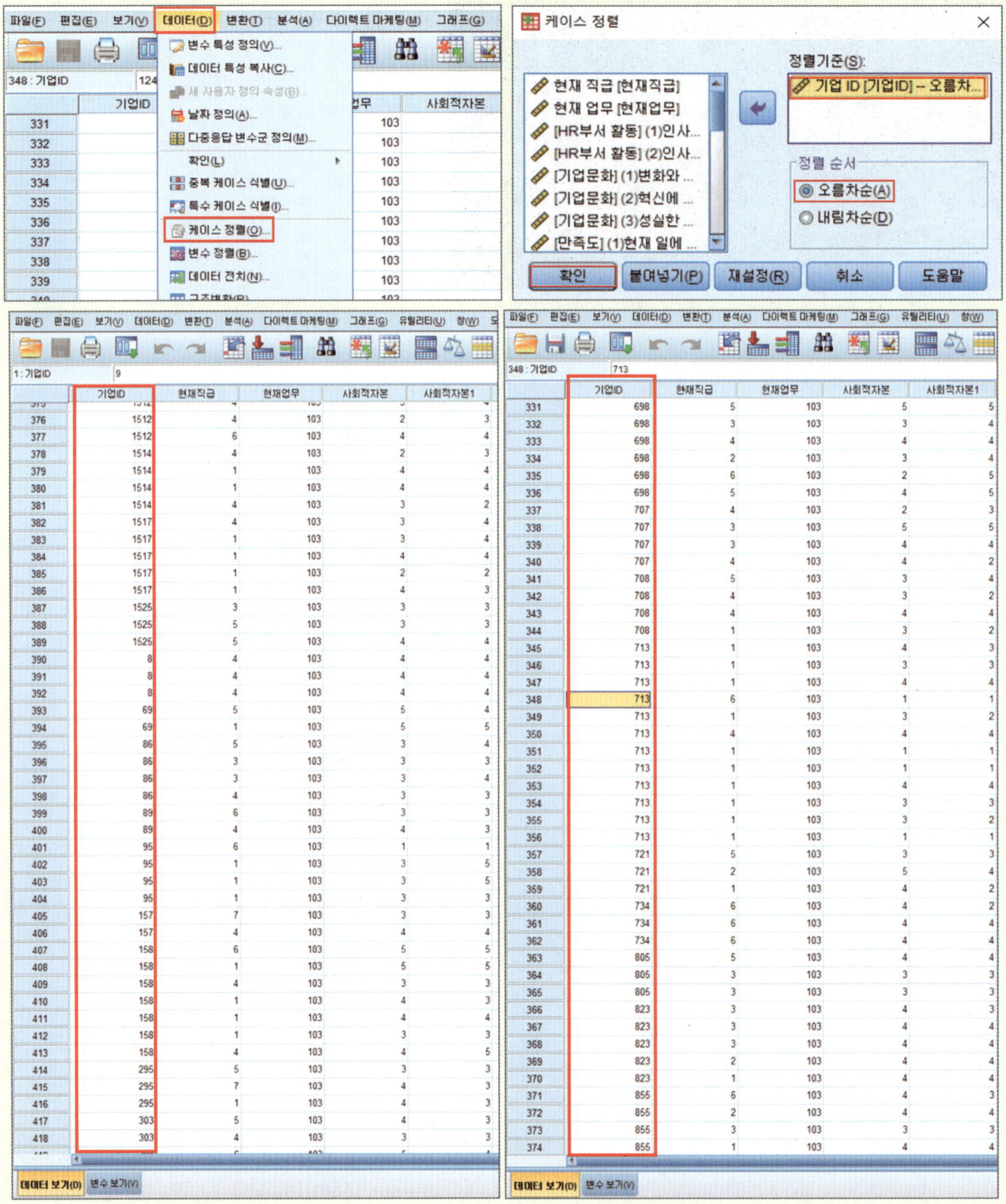

다음과 같이 정렬된 것을 확인할 수 있다. 개인수준과 조직수준 모두 정렬을 완료하고 HLM으로 돌아가 다시 진행하면 된다.

8) 다수준분석

① 기초모형 분석

다수준 분석은 기초모형(null model, unconditional model)에서 시작되며, 모든 다수준 분석에서 공통적으로 분석하는 단계이다. 기초모형은 독립변수를 포함하지 않고 단순히 종속변수와 수준(level)만이 반영된 모형을 말한다. 이러한 기초모형분석을 통해 총분산을 구성하는 두 오차항의 크기를 파악할 수 있다. 즉, 임의효과를 갖는 분산의 구성요소가 1수준과 2수준으로 나누어 추정되므로 기초모형을 통해 ICC 값을 분석할 수 있다. 일반적으로 분산비율은 5~25%로 나타나고 있다.

1단계 : $Y_{ij} = \beta_{0j} + \varepsilon_{ij}, \varepsilon_{ij} \sim N(0, \sigma^2)$

Y_{ij} : j번째 기업에 근무하는 종사원 i의 조직몰입(또는 직무만족)
β_{0j} : j번째 기업의 조직몰입(또는 직무만족) 평균(절편)정도, 즉 j번째 기업의 효과
ε_{ij} : j번째 기업에서 근무하는 종사원 i의 무선효과(random effect), 즉 종사원이 기업 평균으로부터 벗어난 정도(편차)를 나타내는 것으로 이 값의 분산은 개인수준의 변량을 나타낸다.
σ^2 : 개인수준에서의 변량

2단계 : $\beta_{0j} = \gamma_{00} + \mu_{0j}, \mu_{0j} \sim N(0, r^2)$

γ_{00} : 전체 조직수준의 조직몰입(또는 직무만족) 평균
μ_{0j} : j번째 기업의 조직몰입(또는 직무만족) 기업효과, 즉 집단 차원의 효과로써 전체 평균과 j번째 기업 간의 차이
r^2 : 집단수준에서의 변량

■ HLM 프로그램 실습: 기초 모형 분석

outcome에 종속변수를 입력하고 Run Analysis – Run the model shown – View Output 순으로 진행한다.

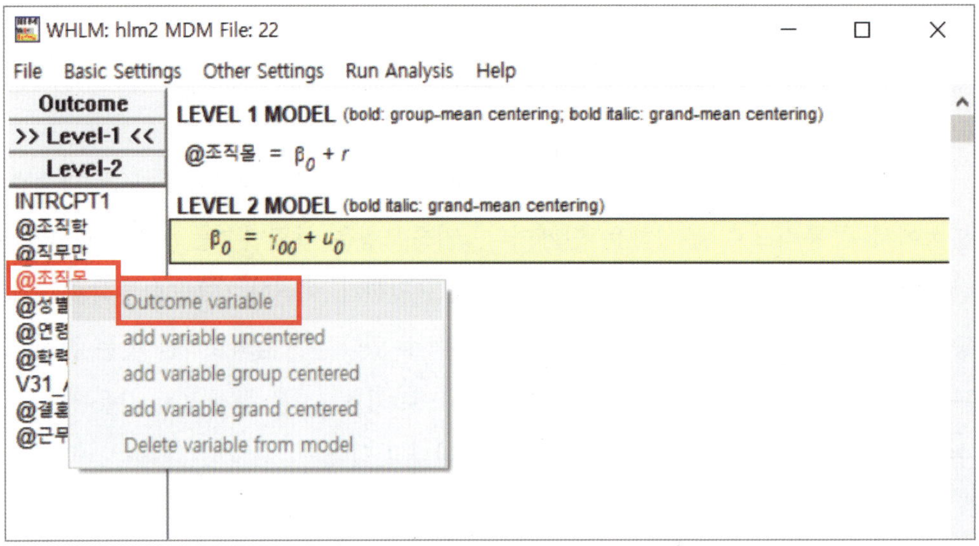
WHLM: hlm2 MDM File: 22
File Basic Settings Other Settings Run Analysis Help
Outcome
>> Level-1 <<
Level-2
INTRCPT1
@조직학
@직무만
@조직몰
LEVEL 1 MODEL (bold: group-mean centering; bold italic: grand-mean centering)
LEVEL 2 MODEL (bold italic: grand-mean centering)
Outcome variable
add variable uncentered
add variable group centered
add variable grand centered
Delete variable from model

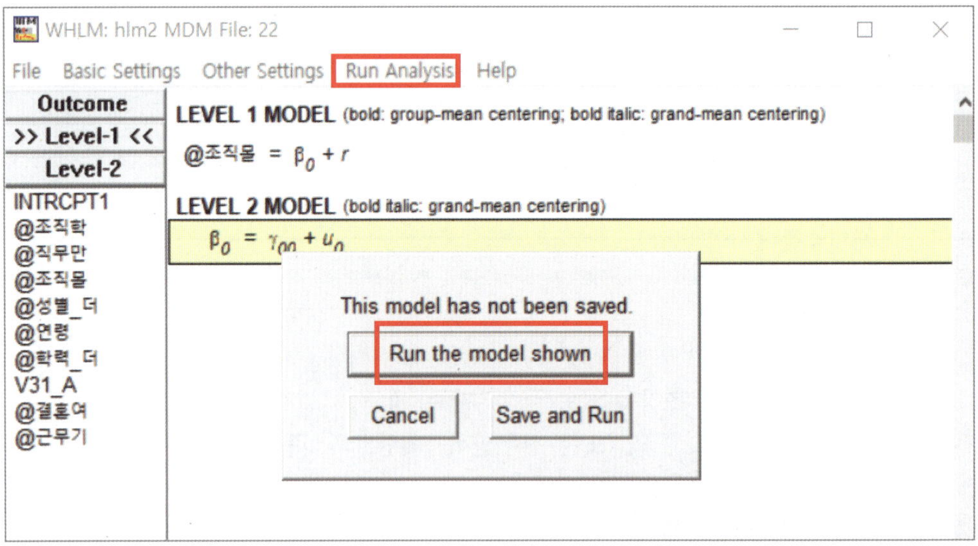
WHLM: hlm2 MDM File: 22
File Basic Settings Other Settings Run Analysis Help
Outcome
>> Level-1 <<
Level-2
INTRCPT1
@조직학
@직무만
@조직몰
@성별_더
@연령
@학력_더
V31_A
@결혼여
@근무기
LEVEL 1 MODEL (bold: group-mean centering; bold italic: grand-mean centering)
LEVEL 2 MODEL (bold italic: grand-mean centering)
This model has not been saved.
Run the model shown
Cancel
Save and Run

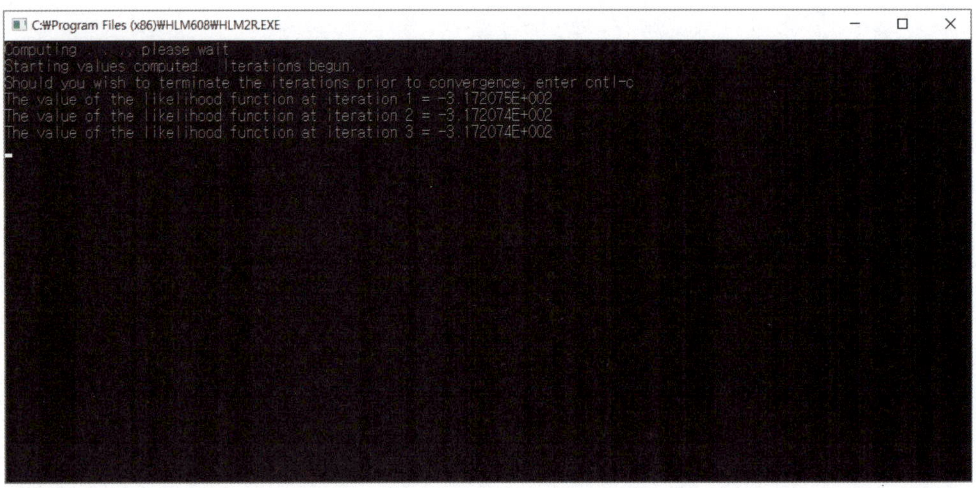
C:₩Program Files (x86)₩HLM608₩HLM2R.EXE
Computing . . ., please wait
Starting values computed. Iterations begun.
Should you wish to terminate the iterations prior to convergence, enter cntl-c
The value of the likelihood function at iteration 1 = -3.172075E+002
The value of the likelihood function at iteration 2 = -3.172074E+002
The value of the likelihood function at iteration 3 = -3.172074E+002

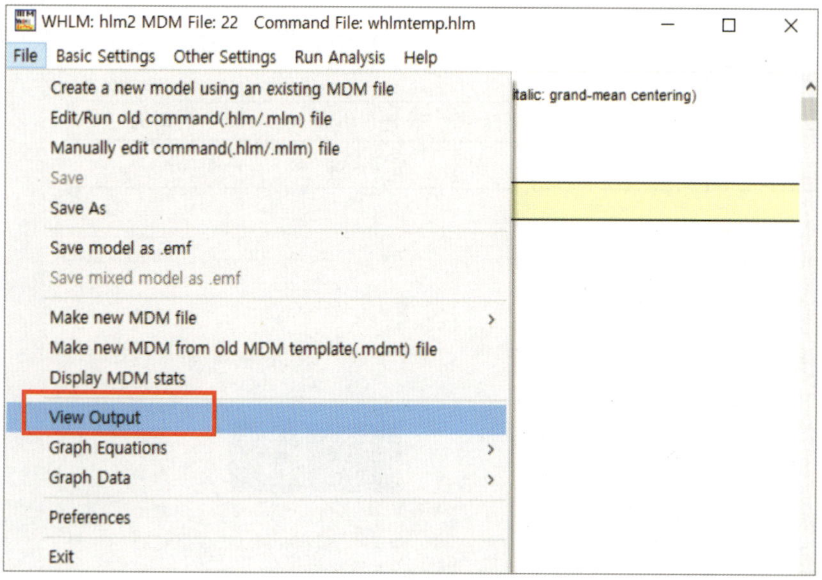


```
Summary of the model specified (in equation format)
---------------------------------------------------

Level-1 Model

        Y = B0 + R

Level-2 Model
        B0 = G00 + U0

Iterations stopped due to small change in likelihood function
♀******* ITERATION 3 *******
```

개인수준 분산 →

```
Sigma_squared =     0.33487
```

조직수준 분산 →

```
Tau
INTRCPT1,B0     0.07018


Tau (as correlations)
INTRCPT1,B0  1.000
```

조직몰입에 대한 개인과 조직수준의 차이는 개인수준의 분산이 0.335이며, 조직수준의 분산은 0.070로 분석되었다. 따라서 조직 간 차이를 설명하는 분산비율(ICC)은 17.28% (0.070/(0.070+0.335))이다. 즉, 조직몰입 차이에서 약 17.28%가 조직 간 차이에 의해 발생한다는 것이다.

표 6-5 개인 및 조직수준의 분산 결과

구분	개인수준 분산	조직수준 분산	분산비율	유의도
조직몰입	.335	.070	17.28%	.000

② 연구모형 분석 1

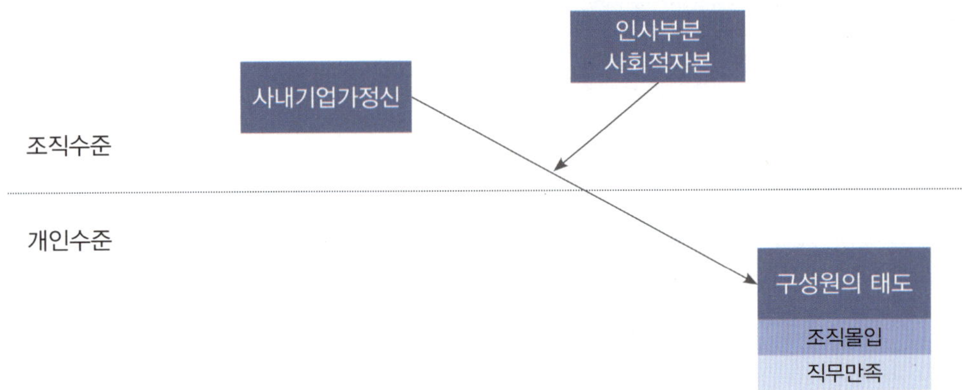

위의 기초모형에서 개인수준의 변수들에 있어서 기업간 차이가 있는 것으로 나타났기 때문에 사내기업가정신이 조직몰입에 미치는 영향과 및 인사부분사회적자본의 조절효과를 알아보기 위해 HLM을 사용하여 분석하였다. 조직수준의 변수로는 산업(제조업, 비금융업), 기업연령, 사내기업가정신, 인사부분사회적자본을 설정하였고, 개인수준이 변수로는 성별, 연령, 학력, 결혼여부, 근무기간을 설정하였다. 이를 수식으로 표현한 통계모형[1)]은 아래 식과 같다.

연구모형 : condition model

• 개인수준(1)

1단계: $Y_{ij} = \beta_{0j} + \beta_{1j}(\text{성별}) + \beta_{2j}(\text{연령}) + \beta_{3j}(\text{학력1}) + \beta_{4j}(\text{학력2}) + \beta_{5j}(\text{결혼여부}) + \beta_{6j}(\text{근무기간}) + \varepsilon_{ij} \sim N(0, \sigma^2)$

• 조직수준(2)

2단계: $\beta_{0j} = \gamma_{00} + \gamma_{01}(\text{산업}) + \gamma_{02}(\text{기업연령}) + \gamma_{03}(\text{사내기업가정신}) + \gamma_{04}(\text{인사부분사회적자본}) + \gamma_{05}(\text{조절효과}) + \mu_{0j}$

1) 연구모형의 조직몰입에 대한 수식은 직무만족과 동일한 관계로 조직몰입에 관한 식만 제시한다.

■ HLM 프로그램 실습: 조직수준의 독립변수와 조절변수 개인수준의 종속변수

종속변수인 조직몰입을 Outcome variable로 지정한다. level 1 개인수준에 통제변수를 add variable uncentered로 입력한다.

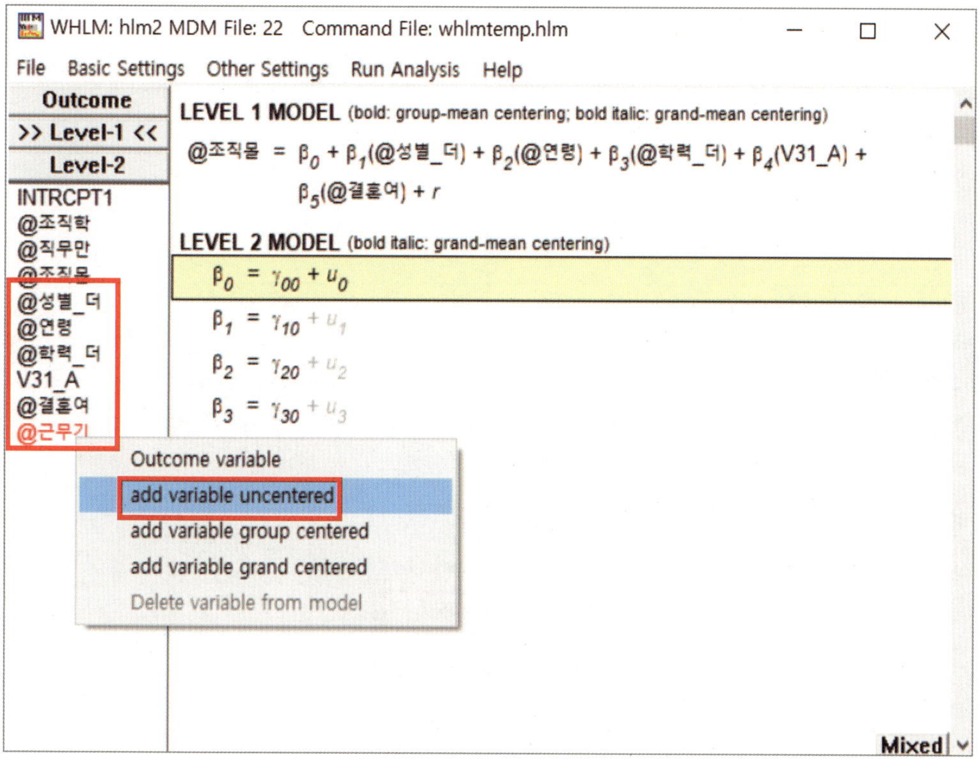

Level 2 조직수준에는 통제변수와 독립변수인 사내기업가정신을 add variable grand centered 로 입력한다.

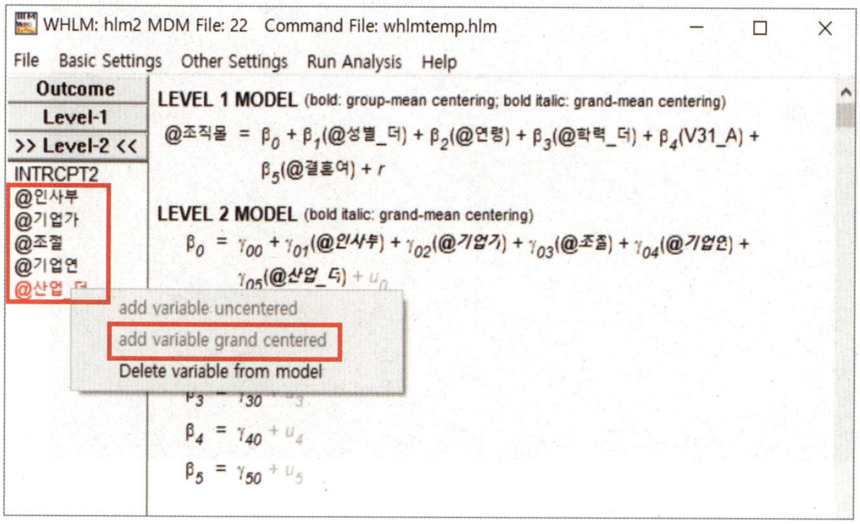

• Check point
: 변수 설정의 용어 설명

- add variable uncentered – 중심적 교정을 하지 않음. 통제 변수에 사용
- add variable group centered – 집단 평균으로 중심적 교정
- add variable grand centered – 전체 평균으로 중심적 교정
- Delete variable from model – 입력된 변수 삭제

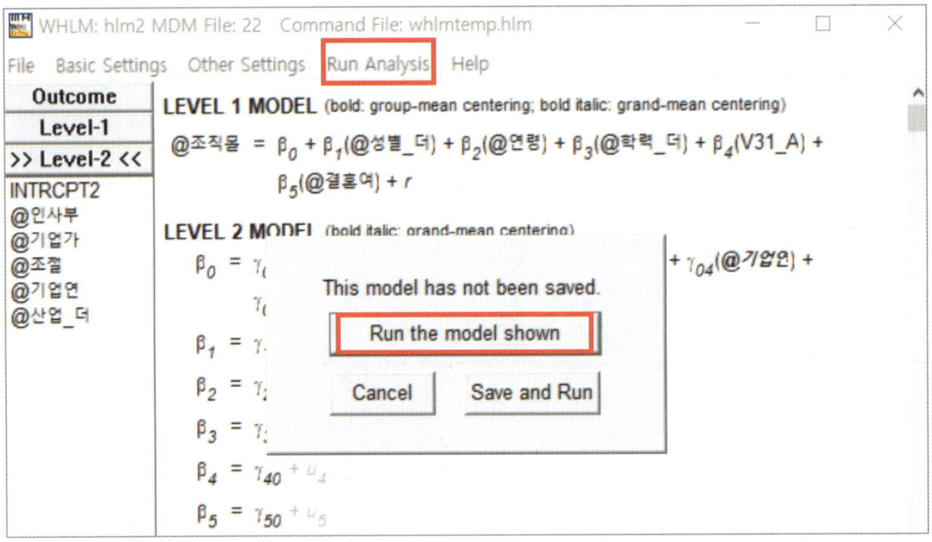

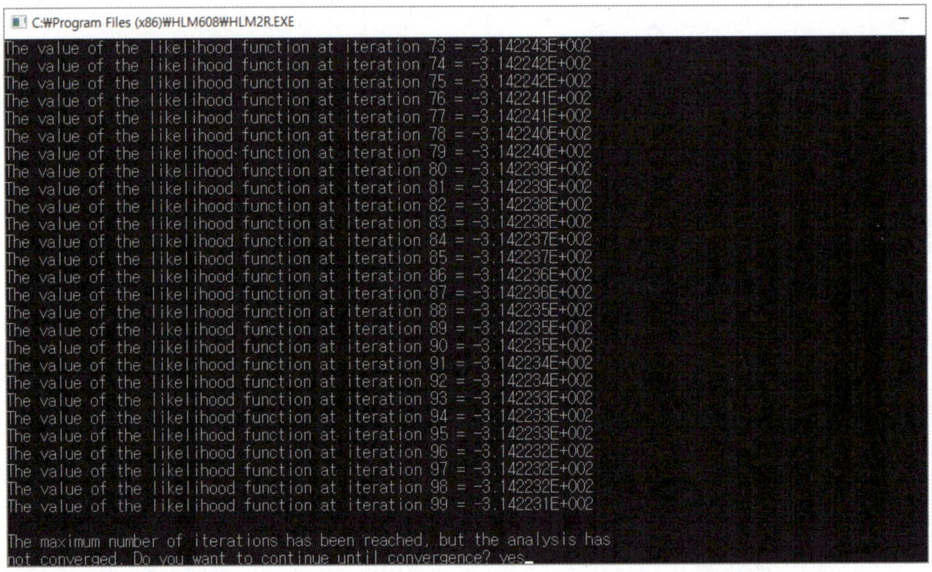

위와 같은 물음이 나타나면 'yes'를 입력하면 된다.

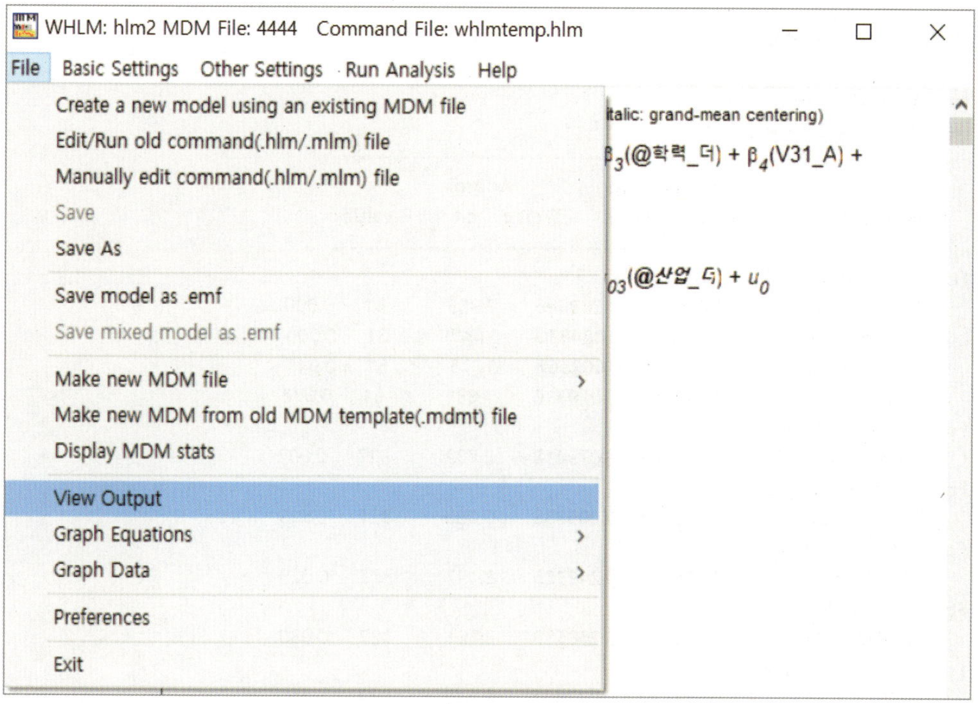

View Output을 클릭하면 아래와 같은 결과값이 도출된다.

The value of the likelihood function at iteration 207 = -3.142217E+002
The outcome variable is @조직몰

Final estimation of fixed effects:

Fixed Effect	Coefficient	Standard Error	T-ratio	Approx. d.f.	P-value
For INTRCPT1, B0					
INTRCPT2, G00	2.616363	0.201596	12.978	61	0.000
@기업가, G01	0.462082	0.096543	4.786	61	0.000
@기업연, G02	0.000215	0.002757	0.078	61	0.939
@산업_더, G03	-0.145937	0.081485	-1.791	61	0.078
For @성별_더 slope, B1					
INTRCPT2, G10	-0.216163	0.094720	-2.282	327	0.023
For @연령 slope, B2					
INTRCPT2, G20	-0.000477	0.003154	-0.151	327	0.880
For @학력_더 slope, B3					
INTRCPT2, G30	0.532561	0.143593	3.709	327	0.000
For V31_A slope, B4					
INTRCPT2, G40	0.568160	0.161265	3.523	327	0.001
For @결혼여 slope, B5					
INTRCPT2, G50	-0.051828	0.072535	-0.715	327	0.475
For @근무기 slope, B6					
INTRCPT2, G60	0.017514	0.006972	2.512	327	0.013

```
The outcome variable is  @조직몰

Final estimation of fixed effects
(with robust standard errors)
----------------------------------------------------------------------------
                              Standard           Approx.
  Fixed Effect       Coefficient   Error     T-ratio   d.f.    P-value
----------------------------------------------------------------------------
For       INTRCPT1, B0
  INTRCPT2, G00          2.616363   0.328986     7.953      61    0.000
   @기업가, G01          0.462082   0.084830     5.447      61    0.000
   @기업연, G02          0.000215   0.002867     0.075      61    0.941
   @산업_더, G03        -0.145937   0.079716    -1.831      61    0.072
For @성별_더 slope, B1
  INTRCPT2, G10         -0.216163   0.079418    -2.722     327    0.007
For    @연령 slope, B2
  INTRCPT2, G20         -0.000477   0.005330    -0.089     327    0.929
For @학력_더 slope, B3
  INTRCPT2, G30          0.532561   0.242385     2.197     327    0.029
For    V31_A slope, B4
  INTRCPT2, G40          0.568160   0.260550     2.181     327    0.030
For  @결혼여 slope, B5
  INTRCPT2, G50         -0.051828   0.077307    -0.670     327    0.503
For  @근무기 slope, B6
  INTRCPT2, G60          0.017514   0.007784     2.250     327    0.025
----------------------------------------------------------------------------
```

Final estimation of fixed effects와 Final estimation of fixed effects(with robust standard errors)의 값이 유사하다면 모형이 적합하다는 의미를 가지고 있다.

* 연구결과표는 Final estimation of fixed effects 표를 참조하여 작성하면 된다.

위와 같은 방법으로 조절변수 '인사부분사회적부분'과 '조절효과(사내기업가정신×인사부분사회적자본)'을 2수준에 입력하여 결과값을 도출하면 조절효과를 확인할 수 있다.

가설1-1(사내기업가정신이 조직몰입에 미치는 영향)의 검증을 위한 위계적 선형모형을 이용하여 분석한 결과는 다음과 같다. 검증결과 〈표 6-6〉 2단계, 사내기업가정신이 높을수록 구성원이 지각하는 조직몰입에 통계적으로 유의한 정의 영향을 미치고 있음을 보여주고 있다($\beta=0.462$, $t=0.096$, $p<0.001$). 이러한 결과는 '사내기업가정신이 구성원의 조직몰입을 높일 것이다'라는 가설1-1을 지지하고 있음을 알 수 있다. 그밖에 남성보다는 여성이 조직몰입이 높으며, 학력이 높을수록 조직몰입이 높다. 또한, 근무기간이 길수록 높은 조직몰입을 갖고 있었다.

가설3-1(사내기업가정신과 조직몰입의 관계에서 인사부분사회적자본의 조절효과)의 검증을 위한 위계적 선형모형을 이용하여 분석한 결과는 다음과 같다. 검증결과 〈표 6-6〉

• Check point
: Basic Setting이란

참고적으로 제시한다면 데이터의 특성을 고려하여 Basic Setting을 진행해야 한다. 설명은 아래와 같다.

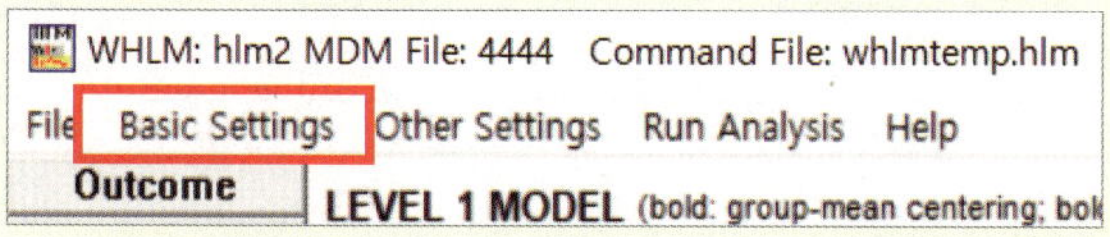

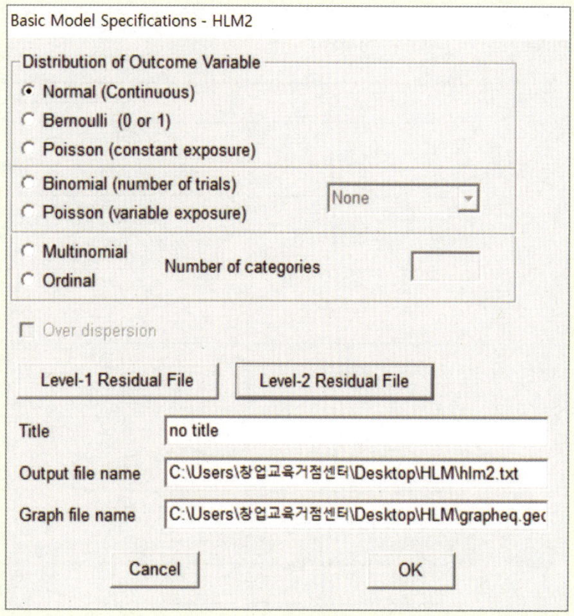

Distribution of Outcome Variable	Normal(Continuous)	연속변수를 다룰 때
	Bernoulli(0 or 1)	이분변수를 다룰 때(1회 시행)
	Poisson(constant exposure)	빈도변수를 다룰 때(기간이 일정할 때)
	Binomial(number of trials)	이분변수를 다룰 때(1회 초과 시행)
	Poisson(variable exposure)	빈도변수를 다룰 때(기간이 일정하지 않을 때)
	Multinomial	다항변수를 다룰 때
	Ordinal	서열변수를 다룰 때
Over dispersion		이항분포나 포아송분포 이용 시 과대산포를 교정하고 싶을 때
Make grape file		그래프를 얻고 싶을 때

3단계, 인사부분사회적자본은 사내기업가정신과 조직몰입간의 조절효과를 나타내고 있다(β=0.420, t=0.204, $p<0.05$). 이러한 결과는 '인사부분사회적자본이 사내기업가정신과 조직몰입간의 관계에 있어 조절할 것이다'라는 가설 3-1을 지지하고 있음을 알 수 있다.

표 6-6 조직몰입 위계적 선형 모형1 검증결과

구분	(모형1) 조직몰입		
	1단계	2단계	3단계
(상수)	2.547*** (0.212)	2.616*** (0.201)	2.634*** (0.202)
개인수준(Level 1)			
성별	−0.196* (0.098)	−0.216* (0.094)	−0.193* (0.094)
연령	0.0003 (0.003)	−0.0004 (0.003)	−0.0005 (0.003)
학력1	0.597*** (0.147)	0.532*** (0.143)	0.524*** (0.143)
학력2	0.683*** (0.164)	0.568*** (0.161)	0.571*** (0.161)
결혼여부	−0.053 (0.074)	−0.051 (0.072)	−0.058 (0.072)
근무기간	0.012 (0.007)	0.017* (0.006)	0.017* (0.006)
조직수준(Level 2)			
산업	−0.168 (0.101)	−0.145 (0.081)	−0.131 (0.080)
기업연령	−0.001 (−0.168)	0.0002 (0.002)	−0.001 (0.002)
사내 기업가정신		0.462*** (0.096)	−0.994 (0.698)
인사부분 사회적자본			−1.298 (0.669)
조절효과			0.420* (0.204)
Deviance	646.038366	628.443364	627.970448

*조절효과(사내기업가정신×인사부분사회적자본)

*p<.05, **p<0.1, ***p<0.001

*학력1 더미 처리(2/4년제대학졸업 = 1)

**학력2 더미 처리(석박사졸업 = 1)

***성별 더미 처리(여성 = 1)

****결혼여부(미혼 = 1)

③ 연구모형 분석 2

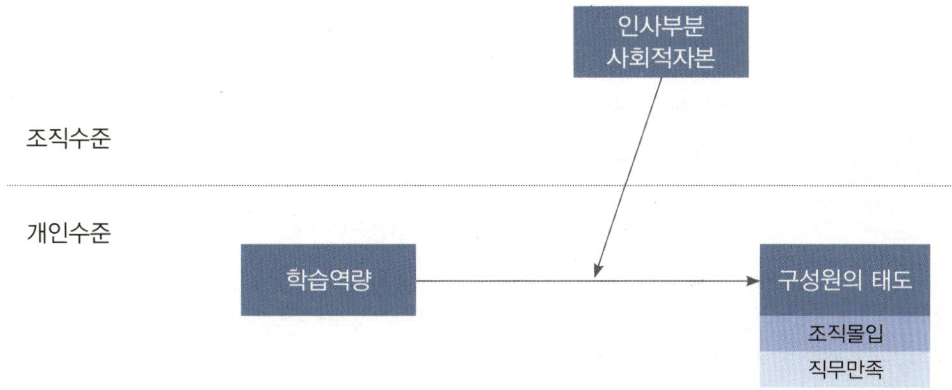

위의 기초모형에서 개인수준의 변수들에 있어서 기업간 차이가 있는 것으로 나타났기 때문에 사내기업가정신이 조직몰입에 미치는 영향과 및 인사부분사회적자본의 조절효과를 알아보기 위해 HLM을 사용하여 분석하였다. 조직수준의 변수로는 산업(제조업, 비금융업), 기업연령, 사내기업가정신, 인사부분사회적자본을 설정하였고, 개인수준이 변수로는 성별, 연령, 학력, 결혼여부, 근무기간, 학습역량을 설정하였다. 이를 수식으로 표현한 통계모형[2]은 아래 식과 같다.

연구모형 : condition model

• 개인수준(1)

1단계: $Y_{ij} = \beta_{0j} + \beta_{1j}$(학습역량) $+ \beta_{2j}$(성별) $+ \beta_{3j}$(연령) $+ \beta_{4j}$(학력1) $+ \beta_{5j}$(학력2) $+ \beta_{6j}$(결혼여부) $+ \beta_{7j}$(근무기간) $+ \varepsilon_{ij} \sim N(0, \sigma^2)$

• 조직수준(2)

2단계: $\beta_{0j} = \gamma_{00} + \gamma_{01}$(산업) $+ \gamma_{02}$(기업연령) $+ \gamma_{03}$(인사부분사회적자본) $+ \mu_{0j}$

$\beta_{1j} = \gamma_{10} + \gamma_{11}$(인사부분사회적자본)

2) 연구모형의 조직몰입에 대한 수식은 직무만족과 동일한 관계로 조직몰입에 관한 식만 제시한다.

■ HLM 프로그램 실습: 조직수준의 조절변수 개인수준의 독립변수, 종속변수

매뉴얼 방식은 위 연구모형 분석 1과 동일하여 생략하고 통계모형식만 제시하였다.

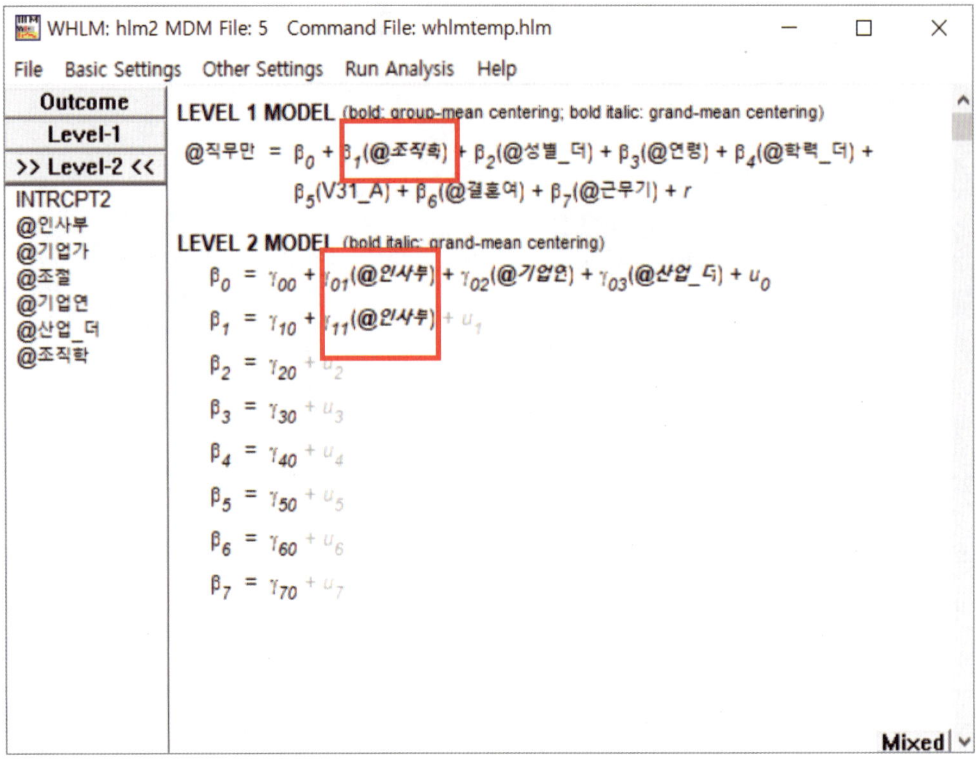

가설1-2(사내기업가정신이 직무만족에 미치는 영향)의 검증을 위한 위계적 선형모형을 이용하여 분석한 결과는 다음과 같다. 검증결과 〈표 6-7〉 2단계, 사내기업가정신이 높을수록 구성원이 지각하는 직무만족에 통계적으로 유의한 정의 영향을 미치고 있음을 보여주고 있다(β=0.481, t=0.092, p<0.001). 이러한 결과는 '사내기업가정신이 구성원의 직무만족을 높일 것이다'라는 가설1-2을 지지하고 있음을 알 수 있다.

가설3-2(사내기업가정신과 직무만족의 관계에서 인사부분사회적자본의 조절효과)의 검증을 위한 위계적 선형모형을 이용하여 분석한 결과는 다음과 같다. 검증결과 〈표 6-7〉 3단계, 인사부분사회적자본은 사내기업가정신과 조직몰입간의 조절효과를 나타내고 있지 않다.(β=0.250, t=0.198, p>0.05). 이러한 결과는 '인사부분사회적자본이 사내기업가정신과 직무만족의 관계에 있어 조절할 것이다'라는 가설 3-2을 지지하지 않음을 알 수 있다.

표 6-7 직무만족 위계적 선형 모형2 검증결과

구분	(모형2) 직무만족		
	1단계	2단계	3단계
(상수)	3.310*** (0.213)	3.437*** (0.201)	3.425*** (0.202)
개인수준(Level 1)			
성별	−0.104 (0.099)	−0.120 (0.095)	−0.097 (0.095)
연령	0.000 (0.003)	−0.000 (0.003)	−0.0002 (0.003)
학력1	0.187 (0.179)	0.063 (0.143)	0.067 (0.144)
학력2	0.154 (0.165)	−0.040 (0.161)	−0.020 (0.161)
결혼여부	0.013 (0.076)	0.020 (0.073)	0.015 (0.072)
근무기간	−0.001 (0.007)	0.004 (0.007)	0.004 (0.007)
조직수준(Level 2)			
산업	0.003 (0.096)	0.008 (0.075)	0.031 (0.076)
기업연령	−0.002 (0.003)	−0.001 (0.002)	−0.002 (0.002)
사내 기업가정신		0.481*** (0.092)	−0.453 (0.681)
인사부분 사회적자본			−0.669 (0.651)
조절효과			0.250 (0.198)
Deviance	657.503559	635.872925	636.252668

*조절효과(사내기업가정신X인사부분사회적자본)
*p<.05, **p<0.1, ***p<0.001
*학력1 더미 처리(2/4년제대학졸업 = 1)
**학력2 더미 처리(석박사졸업 = 1)
***성별 더미 처리(여성 = 1)
****결혼여부(미혼 = 1)

• Check point : HLM 결과 해석방법

*해당 부분은 위 내용 데이터와 상이하며 결과값 해석방법을 제시하고자 한다.

분석결과 1. 분산성분 추정, 신뢰도

집단 내 변량을 나타내는 1수준 분산의 값은 0.53486이며, 집단 간 변량을 나타내는 2수준 분산은 0.022이다. 이를 바탕으로 한 집단 내 상관계수(ICC)는 0.022/(0.022+0.53486)로서, 종속변수인 직무만족의 분산 중 약 4%가 기업 간 차이에서 기인했음을 의미한다. 신뢰도(Reliability estimate)는 전체 분산 중 모수치 분산이 차지하는 비율로서 이를 통해 표본 평균이 모수치를 얼마나 잘 대표하는지를 알 수 있다.

```
Sigma_squared =  0.53486

Tau
INTRCPT1,B0   0.02200

Tau (as correlations)
INTRCPT1,B0  1.000

----------------------------------------------------
 Random level-1 coefficient   Reliability estimate
----------------------------------------------------
 INTRCPT1, B0                        0.148
----------------------------------------------------
```

분석결과 2. 추정 결과

두 가지로 추정되는 고정효과의 결과 중 처음 결과는 최대우도법을 이용한 추정이고 두 번째는 로버스트 표준오차를 이용한 추정이다. 만약 두 결과 간 표준오차의 차이가 크다면 분석 데이터가 다층모형분석의 가정을 만족하는지 점검해야 한다.

```
The value of the likelihood function at iteration 16 = -5.556295E+002
The outcome variable is    직무

Final estimation of fixed effects:
----------------------------------------------------------------------------
                                  Standard             Approx.
   Fixed Effect        Coefficient   Error      T-ratio   d.f.    P-value
----------------------------------------------------------------------------
For      INTRCPT1, B0
   INTRCPT2, G00        -0.016014   0.036966    -0.433     105     0.665
      자본, G01           0.116352   0.044572     2.610     105     0.011
      정신, G02           0.291162   0.050432     5.773     105     0.000
   조절변수, G03         -0.026198   0.045516    -0.576     105     0.566
----------------------------------------------------------------------------

The outcome variable is    직무

Final estimation of fixed effects
(with robust standard errors)
----------------------------------------------------------------------------
                                  Standard             Approx.
   Fixed Effect        Coefficient   Error      T-ratio   d.f.    P-value
----------------------------------------------------------------------------
For      INTRCPT1, B0
   INTRCPT2, G00        -0.016014   0.036000    -0.445     105     0.657
      자본, G01           0.116352   0.046027     2.528     105     0.013
      정신, G02           0.291162   0.053930     5.399     105     0.000
   조절변수, G03         -0.026198   0.034265    -0.765     105     0.446
----------------------------------------------------------------------------


Final estimation of variance components:
-----------------------------------------------------------------------------
Random Effect          Standard     Variance     df    Chi-square  P-value
                       Deviation    Component
-----------------------------------------------------------------------------
INTRCPT1,       U0      0.14833      0.02200    105    117.62366    0.188
 level-1,       R       0.73134      0.53486
-----------------------------------------------------------------------------
```

분석결과 3. 적합도

Deviance 값은 최대우도값에 -2를 곱한 값(-2LL)으로 모형의 적합도를 비교하는데 활용하며, Deviance 값이 작을수록 적합한 모형이다.

```
Statistics for current covariance components model
--------------------------------------------------
Deviance                       = 1111.259083
Number of estimated parameters = 2
```

INDEX

ㄷ

ㄹ

ㅁ

ㅂ

ㅅ

ㅇ

| 저 자 |

- **남정민** namjm@dankook.ac.kr
  단국대학교 일반대학원 미래ICT융합창업학과 학과장
- **유현경** happyhk1221@gmail.com
  Process Macro 영역 책임 연구
- **김수진** tnwls142@dankook.ac.kr
  HLM 영역 책임 연구
- **이슬기** drlsk84@naver.com
  SPSS 영역 책임 연구
- **이성호** lsh69041@gmail.com
  AMOS 영역 책임 연구

연구의 기초에서 고급통계방법론까지
: SPSS, Process Macro, Amos, HLM 실습

초판 발행 2023년 01월 15일
초판 인쇄 2023년 01월 15일

저자 남정민 유현경 김수진 이슬기 이성호
펴낸이 조승옥
펴낸곳 **사람**과 **경영**
주소 경기도 고양시 일산서구 덕산로 195번길 105-23
등록 2010년 6월 7일 / 제 2010-000069 호
전화 (070) 4255-1095
팩스 (031) 922-1095
홈페이지 http://www.hnbpub.biz
ISBN 978-89-98581-55-8

정가 20,000 원

HUMAN n BUSINESS
사람과 경영